LGBT+ NA LUTA

AVANÇOS E RETROCESSOS

Proibida a reprodução total ou parcial em qualquer mídia
sem a autorização escrita da editora.
Os infratores estão sujeitos às penas da lei.

A Editora não é responsável pelo conteúdo deste livro.
A Autora conhece os fatos narrados, pelos quais é responsável,
assim como se responsabiliza pelos juízos emitidos.

Consulte nosso catálogo completo e últimos lançamentos em www.editoracontexto.com.br.

LGBT+ NA LUTA

AVANÇOS E RETROCESSOS

Laura A. Belmonte

Tradução
Alcebiades Diniz Miguel

Copyright © Laura A. Belmonte, 2021
Esta tradução de *The International LGBT Rights Movement:*
A History, First Edition é publicada conforme acordo
com Bloomsbury Publishing Plc.

Todos os direitos desta edição reservados à
Editora Contexto (Editora Pinsky Ltda.)

Capa e diagramação
Gustavo S. Vilas Boas

Coordenação de textos
Carla Bassanezi Pinsky

Preparação de textos
Lilian Aquino

Revisão
César Carvalho

Dados Internacionais de Catalogação na Publicação (CIP)

Belmonte, Laura A.
LGBT+ na luta : avanços e retrocessos / Laura A. Belmonte ;
tradução de Alcebiades Diniz Miguel. – São Paulo : Contexto, 2024.
320 p. : il.

Bibliografia
ISBN 978-65-5541-398-4
Título original:
The International LGBT Rights Movement: A History

1. Direitos dos homossexuais 2. História 3. Minorias sexuais
4. Direitos Humanos I. Título II. Miguel, Alcebiades Dinis

24-0429   CDD 306.76

Angélica Ilacqua – Bibliotecária – CRB-8/7057

Índice para catálogo sistemático:
1. Direitos dos homossexuais

2024

EDITORA CONTEXTO
Diretor editorial: *Jaime Pinsky*

Rua Dr. José Elias, 520 – Alto da Lapa
05083-030 – São Paulo – SP
PABX: (11) 3832 5838
contato@editoracontexto.com.br
www.editoracontexto.com.br

Para Susie

Sumário

Apresentação 9
Luiz Mott

Introdução 13

Origens 23

Protestos e perseguição,
1914-1945 67

O movimento homófilo global,
1945-1965 109

Liberação e confronto,
1965-1981 159

Fúria e esperança,
1981-2000 207

Igualdade global, reação global,
2001-2020 239

Conclusão 269

Notas 277

Bibliografia 301

Siglas e acrônimos 311

Agradecimentos 315

A autora 319

Apresentação

Luiz Mott,
Professor titular de Antropologia aposentado, UFBA

Durante mais de dois mil anos, em todo o mundo cristão, a homossexualidade foi tratada como "o mais torpe, sujo e desonesto pecado" – ou tão simplesmente como "o mau pecado". Era considerada tabu tão abominável que passou a ser chamada de "pecado nefando", isto é, cujo nome não podia ser pronunciado, já que sua simples menção atiçava de tal modo a ira do Deus dos Exércitos que descarregava sobre a Terra terríveis calamidades: terremotos, secas, pestes e inundações. Até recentemente houve Igrejas que atribuíram a aids e a covid ao castigo divino contra as paradas gays... E para execrar do orbe terrestre perversão sexual tão horrenda, reis, bispos e inquisidores proclamaram leis draconianas e castigaram o amor entre dois machos ou duas fêmeas com o mesmo rigor dos crimes mais hediondos, tipo regicídio e traição nacional. No Antigo Regime a prática do homoerotismo, mesmo que realizada secretamente entre adultos com consentimento recíproco, era mais punível do que estuprar a própria mãe. Assim, a cruz e a espada se uniram para, através da pedagogia do ódio e do medo, senão erradicar, quando menos dificultar e proscrever do convívio social os "filhos da dissidência" inculpados na prática do abominável e nefando pecado-crime de sodomia.

Na nossa tradição luso-brasileira, já em 1535, quando da divisão da Terra de Santa Cruz em capitanias hereditárias, trouxeram os capitães-mores alvarás outorgando-lhes poderes para prender, processar e executar a pena de morte aos sodomitas sem ter de consultar as demoradas autorizações del Rei. Em 1613, quando da fundação de São Luiz do Maranhão, os capuchinhos franceses, após condenação sumária, estraçalharam na boca de um canhão o corpo de um indígena tupinambá, para limpar a terra do abominável pecado praticado pelos "tibira", nome tupi para sodomita.

Nesse *continuum* milenar de homofobia cultural e estrutural, a publicação de volumoso livro sobre a história dos hoje chamados LGBT+ representa ato heroico fundamental de resistência política a tantos séculos de perseguição, ocultamento e cancelamento de uma tribo calculada em 10% da humanidade, cujos membros continuam ainda criminalizados e condenados à pena de morte em dezenas de países muçulmanos e africanos, sendo entre nós expulsos de casa quando a família descobre tratar-se de uma "bicha, sapatão ou traveca". Realidade crudelíssima que faz do Brasil o campeão mundial de assassinatos e suicídios de LGBT+, onde pais e mães repetem de norte a sul do país essa absurda pena de morte homofóbica: "Prefiro um filho morto do que viado!" – frase dita publicamente pelo abominável ex-presidente da República que, juntamente com seus filhos, se vangloriava de ser homofóbico.

Em boa hora a Editora Contexto colabora para quebrar esse execrando complô do silêncio contra "o amor que não ousava dizer o nome" ao traduzir e publicar uma obra de síntese importantíssima e de excelente conteúdo para o resgate da cidadania dessa "raça maldita" (Proust): *LGBT+ na luta: avanços e retrocessos*. O livro concentra-se numa área nevrálgica desta realidade: a inserção dos "desviados sexuais e de gênero" na agenda dos direitos humanos.

Apresentação

Sua autora, Laura A. Belmonte, Ph.D., professora de História e atualmente reitora da Tech College of Liberal Arts and Human Sciences da Virgínia, é muito conhecida e respeitada no *milieu* acadêmico norte-americano como especialista na história das relações exteriores dos EUA, com livros e artigos consagrados notadamente no período da Guerra Fria e sobre diplomacia cultural. Participou do conselho nacional da Sociedade de Historiadores das Relações Exteriores Americanas e do Comitê Consultivo para Documentação Diplomática Histórica do Departamento de Estado dos EUA. Lésbica assumida, nos agradecimentos cita sua esposa. Belmonte atuou recentemente como reitora associada de instrução e pessoal na Faculdade de Artes e Ciências da Universidade Estadual de Oklahoma, diretora do Programa de Estudos Americanos e cofundadora do Programa de Estudos de Gênero e Mulheres. Pergunto eu: quantos são nas universidades brasileiras reitores e reitoras lesbigays que já ousaram sair do armário? Dois detalhes: como eu, a autora se contenta com a sigla LGBT+ e no capítulo "Fúria e esperança, 1981-2000" cita "uma turnê de palestras nos EUA" organizada pela International Lesbian and Gay Human Rights Commission, realizada pelo "Dr. Luiz Mott, fundador e presidente do Grupo Gay da Bahia, Brasil. Mott apresentou sua pesquisa a respeito dos mais de 1.200 assassinatos de gays e lésbicas no Brasil desde 1980". O Brasil é citado 30 vezes nesta obra.

LGBT+ na luta: avanços e retrocessos é um livro baseado em pesquisas aprofundadas em bibliotecas e arquivos dos Estados Unidos e da Europa, incluindo os acervos de importantes instituições LGBT+, com vasto e atualizado referencial bibliográfico, resumindo de forma clara e objetiva os principais momentos, as tendências e os atores que contribuíram significativamente para a construção dos direitos humanos da tribo hoje chamada de LGBT+.

O livro tem um conteúdo amplo e importante. Alguns dos seus temas centrais são: idade de consentimento, identidade de gênero, descriminalização, gay, libertação e orgulho gay, direitos dos gays, homófilo, homossexualidade, direitos humanos, lésbicas, bissexual, ativismo e militância LGBT+, desejo pelo mesmo sexo, relações sexuais com o mesmo sexo, casamento com parceiro do mesmo sexo, minorias sexuais, transgêneros, ativismo transnacional, atentado ao pudor.

Dividido em seis capítulos, inclui sugestivas ilustrações que fazem desta obra leitura indispensável para historiadores, militantes e membros da comunidade LGBT+, assim como para pessoas em geral interessadas em conhecer a progressiva universalização do reconhecimento internacional dos direitos humanos. Através de acurada pesquisa, a autora revela como os amantes do mesmo sexo foram milenarmente perseguidos: apedrejados pelo judaísmo, queimados nas fogueiras inquisitoriais, decapitados pelos protestantes, até que o bom senso do humanismo iluminista, nos inícios do século XIX, começou a descriminalizar a sodomia e alguns países a reconhecer aos "filhos da dissidência" o direito, quando menos, de não serem apedrejados. Não obstante tal incontornável progresso civilizatório, os desviados sexuais e de gênero tornaram-se a partir de então objeto de investigação e de doloridos e inócuos tratamentos por parte dos médicos e sexólogos, "cães de guarda da moral oficial", conforme expressão da psicóloga Evelyn Hooker (1957) – práticas estas sim, abomináveis, às quais entidades fundamentalistas contemporâneas insistem em perpetuar através da famigerada "cura gay", capitaneada sobretudo pelas igrejas evangélicas.

LGBT+ na luta: avanços e retrocessos está cronologicamente dividido em seis capítulos: "Origens"; "Protestos e perseguição, 1914-1945"; "O movimento homófilo global, 1945-1965"; "Liberação e confronto, 1965-1981"; "Fúria e esperança, 1981-2000"; "Igualdade global, reação global, 2001-2020". A escrita da autora é bastante clara e corrida, sua leitura agradável e atraente.

Obra fundamental na bibliografia sobre direitos humanos da população LGBT+, agora acessível também em nossa língua: contribuição definitiva na construção de um novo mundo a que todos aspiramos, conferindo aos milhões de LGBT+ também do Brasil a tão desejada igualdade cidadã: "Direitos iguais, nem menos nem mais!"

Introdução

O panorama global dos direitos de lésbicas, gays, bissexuais e transgêneros (LGBT+) é repleto de complexidades geopolíticas e vívidos contrastes. Em 2019, 123 dos 193 Estados-membros da Organização das Nações Unidas (ONU) haviam legalizado as relações sexuais consensuais realizadas por pessoas do mesmo sexo; contudo, 68 países ainda criminalizavam tais comportamentos, incluindo 6 nações que impunham como punição a pena de morte. Outros 26 países puniam relações sexuais realizadas por pessoas do mesmo sexo com sentenças que variavam dos 10 anos de cadeia à prisão perpétua. Se, por um lado, 26 países legalizaram o casamento de pessoas do mesmo sexo e 73 dispunham de legislação para proteção de gays e lésbicas de atos discriminatórios, por outro, 32 nações contavam com leis de "bons costumes", que circunscrevem a liberdade de expressão no que diz respeito à orientação sexual e identidade de gênero, em geral sob o disfarce de leis para proteção da juventude ou relacionadas à difusão de "propaganda", empregando como modelo a lei – impetrada na Rússia em junho de 2013 – que bania a propaganda homossexual e a defesa da igualdade LGBT+.[1]

Todos esses triunfos e recuos refletem o longo arco dos esforços transnacionais de promoção dos direitos LGBT+ desde meados do século XIX até a atualidade. Trata-se de uma trajetória que envolveu indivíduos, redes informais, organizações não governamentais (ONGs) e Estados nacionais, nem sempre atuando em sintonia; de fato, com frequência, tais esforços enfrentaram resistência de uma constelação de agentes mais ou menos consistente, determinada a anular o movimento global da busca de igualdade para as pessoas LGBT+. Assim, enquanto houve algum avanço, que garantiu para essas propostas de igualdade certo destaque em diversos países, em muitos outros vigora a mais brutal repressão para os considerados "desviantes". A comunidade, em termos globais, persiste em sua tarefa de assegurar que os direitos LGBT+ tornem-se um elemento integral das noções universais de direitos humanos, mas os resultados de tais esforços em aplicar leis e suprimir as dramáticas disparidades que ocorrem nas experiências das pessoas LGBT+ ao redor do mundo são bastante limitados. Ao destacar certas figuras históricas, organizações e eventos para trazer alguma luz às conjunturas críticas do movimento LGBT+ global, este livro apela ao leitor para que avalie se uma "vitória", a igualdade LGBT+ em termos globais, é mesmo possível, qual seria a forma de tal sucesso e por meio de quais ações a comunidade global poderia facilitar tal conquista.

Embora exista um amplo *corpus* documentando os movimentos pelos direitos dos gays em certos países e regiões,[2] apenas recentemente as conexões transnacionais entre ativistas LGBT+ receberam atenção sistemática dos pesquisadores.[3] Especialistas em relações internacionais têm observado como os direitos LGBT+ se tornaram um paradigma do discurso concernente aos direitos humanos em termos globais, tendo por foco de suas análises as interconexões entre direitos

LGBT+ e outras lutas sociais e políticas em escala mundial, levando em conta os motivos pelos quais as trajetórias que levariam ao reconhecimento legal de pessoas marginalizadas diferem de um país para outro.[4] A abordagem dos estudos de historiadores da sexualidade também inclui as causas pelas quais os fluxos e as conexões transnacionais foram moldados por interações sexuais que fundamentam estruturas legais, definições de cidadania e as relações de poder entre indivíduos e o Estado, além de debates globais a respeito de liberalismo, globalização e ocidentalização.[5] Paralelamente, há um direcionamento para a documentação histórica da revolução dos direitos humanos. Os pesquisadores nesse campo fornecem explicações instigantes a respeito dos alicerces legais e filosóficos das legislações de direitos humanos, do papel das ONGs que trabalham por essa causa e da evolução da agenda relacionada. Contudo, boa parte desses estudos não considera, de forma aprofundada, a miríade de caminhos pelos quais os direitos LGBT+ cruzam, enriquecem e problematizam a história dos direitos humanos considerada de forma mais ampla.[6]

Neste livro, me baseio em tais abordagens e forneço uma síntese do ativismo LGBT+ transnacional desde a metade do século XIX. Embora tenham existido trocas intelectuais entre os primeiros sexólogos[7] japoneses, indianos, europeus e americanos, meu foco inicial é em um conjunto de indivíduos e organizações, em grande parte de origem estadunidense e europeia, pelo fato de que os primeiros indivíduos a articular reivindicações de completa inclusão política e legal de pessoas LGBT+, confrontando noções de homossexualidade compreendida como prática criminosa ou patológica, estavam situados nessas regiões, que também abrigaram as primeiras redes e organizações transnacionais LGBT+. Embora o movimento pelos direitos LGBT+ tenha adquirido dimensões globais apenas ao final do século XX, ele já tinha dimensões internacionais desde sua origem; além disso, organizações supranacionais como a ONU ou a União Europeia mantêm, já há bastante tempo, fóruns nos quais a igualdade LGBT+ é discutida, com avanços e reveses. Adotei, dessa forma, um conceito elástico de movimento, que utilizo para descrever ações coletivas que foram tomadas contra Estados, autoridades ou costumes culturais na forma de protestos públicos coordenados ou resistência individual.[8] Defino *ativismo* como redes de indivíduos e organizações, formais ou informais, que trocam informações; destacam as difíceis condições das pessoas marginalizadas expostas ao risco da violência ou para as quais foi negada a completa igualdade civil; pressionam os Estados para utilizarem seu poder econômico, político e legal em defesa de causas ou questões específicas; e, em seguida, cobram a responsabilidade de tais Estados na aplicação de quaisquer proteções que sejam promulgadas.[9]

Neste livro, forneço um panorama sintético do ativismo LGBT+ transnacional desde meados do século XIX. Não apenas incorporei uma ampla gama de fontes secundárias, mas também fiz uso de fontes primárias provenientes de acervos de modo geral ignorados pelos pesquisadores de relações internacionais, como IHLIA LGBT Heritage na Amsterdam Public Library, o Hall-Carpenter Archives na London School of Economics, o ONE Archive na University of Southern California, além de uma ampla variedade de publicações LGBT+ que inclui *The Advocate*, *The Washington Blade* e a *ONE Magazine*.[10] Tais acervos estão repletos de material a respeito de indivíduos, temas e organizações que conduziram a ampliação do ativismo pelos direitos LGBT+ em termos internacionais – tendências em grande parte omitidas das fontes tradicionais disponíveis, empregadas pela história da diplomacia, como a série *Foreign Relations of the United States*, registros do Departamento de Estado dos EUA e documentos presidenciais. Assim, entrelaçaremos a historiografia focada na história dos direitos humanos e da sexualidade, fornecendo deste modo um volume introdutório voltado ao público geral, que se faz bastante necessário.

Essa abordagem, contudo, possui suas limitações. Por definição, uma síntese não é capaz de oferecer uma análise exaustiva de cada região, cada questão, cada época. De fato, mesmo que haja alguém disposto a realizar um trabalho assim, enciclopédico, consideráveis lacunas nos materiais usados como fonte primária e secundária seriam fatores

Introdução

que dificultariam tal empreitada. Arquivistas, tanto profissionais quanto amadores, precisam tomar decisões sobre aquilo que julgam merecer salvaguarda. Tais decisões são pautadas por preconceitos de classe, etnia e gênero, além de noções gerais de moralidade. Na prática, isso significa que o material a respeito de lésbicas e pessoas não brancas, além daquele que seja sexualmente explícito, dificilmente costuma ser preservado, algo que cria omissões na documentação histórica que devem ser cuidadosamente avaliadas se seriam indicativas da não existência de tais comunidades ou da ausência de reflexões sexualizadas em torno da vida LGBT+.[11] Além disso, embora a existência de mulheres que se dedicaram às relações com o mesmo sexo ao longo da história seja inquestionável, homens que se engajaram em intimidades semelhantes ganharam muito mais atenção de autoridades políticas e judiciais; consequentemente, estão disponíveis, em maior quantidade, fontes a respeito dos aspectos concernentes às experiências masculinas em períodos diversos. Depois da Segunda Guerra Mundial, quando tanto homens quanto mulheres passaram a se mobilizar pelos direitos dos gays, tal mobilização raramente se deu no interior dos mesmos contextos organizacionais; e nas ocasiões em que isso de fato ocorreu, tensões que tangenciavam problemas de gênero, em geral, emergiam. O movimento LGBT+ internacional ainda enfrenta desafios relacionados a sexismo, racismo, desigualdade econômica, diferenças entre países desenvolvidos e em desenvolvimento, interseccionalidades. Além disso, existem disparidades significativas entre diferentes nações – especialmente em países nos quais a homossexualidade permanece ilegal – nos esforços para preservar material relacionado a conteúdo LGBT+ e produzir estudos e monografias acadêmicas que documentem pessoas e comunidades LGBT+.

A terminologia apresenta outra série de dificuldades. Historiadores da sexualidade, por muito tempo, distinguiram os *atos* sexuais, nos quais as pessoas se engajam, de suas *identidades* próprias. Autoridades religiosas, judiciárias e médicas definiram as pessoas utilizando suas práticas sexuais com o mesmo sexo muito antes de elas se identificarem, voluntariamente, como membros de um subgrupo distinto. *Sodomita, pederasta, uraniano, homossexual, homófilo, gay, lésbica, bicha**: essas são apenas algumas das expressões utilizadas em diferentes momentos por diversas pessoas como marcas de condenação ou significantes carregados de orgulhoso desafio. Por todo o livro, tentarei não utilizar termos anacrônicos, mas haverá momentos em que a busca por clareza e a falta de alternativas em termos de vocabulário tornarão os anacronismos inevitáveis.

Interpretações diferentes de sexualidade e resistência a modelos de militância impostos externamente são fatores que geram complicações posteriores adicionais. Em várias nações do Oriente Médio, a confluência do comportamento com a identidade sexual e a definição da orientação sexual como categoria protegida na legislação dos direitos humanos são questões bastante problemáticas. Em muitas culturas de origem árabe, o discurso ocidental a respeito da identidade LGBT+ não corresponde exatamente às terminologias locais para descrever aqueles que se engajam em relações sexuais com pessoas do mesmo sexo. A visão de que deveriam existir direitos civis universais baseados nas condutas sexuais também é debatida. Além disso, países ocidentais costumam empregar a hostilidade de sociedades árabes e islâmicas aos direitos LGBT+ como uma forma de caracterização de tais sociedades como atrasadas ou violentas – algo que não apenas permite a evocação de acusações a respeito de posturas imperialistas, mas também reduz a não heteronormatividade nos países árabes à posição de vítimas passivas. Não é surpreendente, portanto, que muitos ativistas no Oriente Médio rejeitem enfaticamente tal caracterização. Ao mesmo tempo que rejeitam a noção ocidental de "sair do armário" como condição *sine qua non* para combater a homofobia, engajam-se em formas mais sutis de militância, como organização através de mídias sociais e uso de blogs. Em vez de promover, de forma pública, os "direitos dos gays",

---

* N.T.: No original, *"queer"*. É um termo de difícil tradução – certos estudos argumentam, inclusive, que sua tradutibilidade é uma tarefa impossível. Contudo, neste momento específico, a autora evoca a imagem das pessoas LGBT+ construída desde o exterior, na forma de adjetivação, à revelia até mesmo do próprio indivíduo. Por conta disso, neste caso, optamos pela expressão "bicha", muito empregada em nosso idioma para essa definição forçada.

Introdução

exigem uma ampliação dos modos de salvaguarda da privacidade ou a implementação de formas de liberdade radicais que permitiriam às pessoas relacionamentos com o mesmo sexo em segurança, situando-se fora do alcance das autoridades e da lei. Em vez de deixar bem claro que "saíram do armário" para a família e a sociedade como um todo, esses indivíduos optam por "interiorizar-se" através do compartilhamento de suas vidas privadas com um grupo seleto e escolhido. Reconhecem, assim, que, nessas sociedades, a visibilidade é frequentemente mais perigosa que libertadora.[12]

Essas distinções também são evidentes na América Latina e na África. Na América Latina, práticas sexuais associadas com a cultura do "macho" e as culturas das sociedades indígenas, em termos de sexualidade, não são facilmente subsumidas nos pressupostos categóricos que embasam o modelo ocidental de militância LGBT+.[13] Na África Subsaariana, poucos gays, lésbicas, bissexuais ou transgêneros, de fato, utilizam a expressão ou reconhecem-se como pertencentes à identidade *queer*, que é percebida como um conceito predominantemente ocidental. Em 2017, ILGA-Africa* estimou que existiriam mais de 250 organizações LGBT+ espalhadas pelo continente, embora muitos desses grupos operassem na clandestinidade. Organizações de militância LGBT+ que possuem funcionamento mais amplo e que são melhor subsidiadas encontram-se em países como Uganda, Quênia e Nigéria, cujos governos atuam na supressão dos direitos LGBT+, aproximando-se da retórica anti-LGBT+; os ativistas locais colocam-se em grave risco de violência física ou prisão ao confrontarem publicamente tais diretrizes políticas. Essa militância por vezes é acusada de incentivar o imperialismo ocidental, por aceitar financiamento e adotar prioridades de organizações estrangeiras, nem sempre alinhadas com as demandas e necessidades das comunidades LGBT+ locais.[14] Além disso, a profissionalização e a burocratização exigidas por muitas ONGs

---

* N.T.: *Pan Africa ILGA* (PAI) é a seção africana da ILGA, Associação Internacional de Gays e Lésbicas (em inglês, de onde vem a sigla, International Lesbian, Gay, Bisexual, Trans and Intersex Association).

como pré-requisito para financiamentos podem resultar na divisão dos recursos e energias dos ativistas em relação à organização das bases e prestação de serviços essenciais – um fenômeno descrito como "ONG-padronização".[15]

Este livro foi organizado em seis capítulos. O primeiro fornece um panorama breve do contexto histórico do surgimento das primeiras leis concernentes à sodomia. Logo depois, seu foco será o exame das origens e da evolução da militância LGBT+ de meados do século XIX até o início da Primeira Guerra Mundial. O segundo capítulo investiga como esse conflito mundial paralisou a primeira onda de organização internacional, embora tal acontecimento tenha possibilitado tanto o surgimento dos primeiros movimentos de massa reivindicando a emancipação homossexual quanto a renovação do ativismo internacional no período entreguerras. Embora a ascensão do fascismo tenha tido por consequência a assustadora escalada de perseguições às pessoas não heteronormativas e não binárias, a Segunda Guerra Mundial proporcionou, igualmente, a homens e mulheres gays novas oportunidades para autoconhecimento e fortalecimento de comunidades, elementos que se mostrariam úteis para a emergência, após a Segunda Guerra, do movimento LGBT+ transnacional. Tendo por prelúdio a perseguição de homens gays na Alemanha imediatamente após o término da Segunda Guerra Mundial, o terceiro capítulo aborda as formas como o aparecimento da Guerra Fria levou à globalização do Lavander Scare* – uma fusão de histeria antigay e inquietações em torno da segurança nacional que afetavam gays e lésbicas em muitos países ocidentais. O clima político repressivo pareceu simultaneamente ameaçador e propício, o que resultou no aparecimento de uma nova onda de grupos homossexuais e no surgimento de laços transnacionais. Embora sem êxito perceptível à época, essa nova onda exigiu a inclusão de novas definições no âmbito dos direitos humanos internacionais. Por volta de 1965, momento de efervescência política e cultural,

---

* N.T.: O Lavander Scare (Medo Lavanda) foi um movimento de pânico moral que teve por foco os homossexuais durante a Guerra Fria nos EUA em meados do século XX, que levou a demissões em massa, notadamente dos quadros de funcionários governamentais.

Introdução

uma quantidade maior de militantes homossexuais passou a rejeitar o assimilacionismo, adotando formas mais agressivas de militância. O quarto capítulo rastreará o impacto internacional do Levante de Stonewall e o surgimento de leis que descriminalizaram relações do mesmo sexo em diversos países. Tomou forma um movimento internacional pelos direitos LGBT+ mais decidido e visível, com o ativismo passando a coordenar demonstrações em esfera transnacional, especialmente em determinados países. Uma vitória importante para a militância no Tribunal Europeu de Direitos Humanos resultou em ramificações a longo prazo. Ao mesmo tempo, as pessoas LGBT+ que viviam sob regimes políticos autoritários forjaram laços hesitantes com o movimento LGBT+ internacional, uma estratégia que trouxe tanto vantagens quanto riscos. O quinto capítulo examinará como a inação dos Estados diante da pandemia de HIV/aids inspirou novas formas transnacionais de protesto. Nesse mesmo capítulo, será descrito o impacto do final da Guerra Fria e a subsequente expansão das instituições supranacionais na Europa, o que representou a expansão dos direitos LGBT+ por todo o continente. O sexto capítulo seguirá o controverso e prolongado processo no qual a igualdade LGBT+ e as organizações LGBT+ adentraram os discursos e as instituições da ONU. O capítulo de conclusão iluminará as tensões não apenas entre a militância pelos direitos LGBT+ e seus oponentes, mas igualmente entre os próprios militantes LGBT+.

A trajetória histórica que traço foi pontuada por vitórias emocionantes e derrotas esmagadoras. Pioneiros audazes e corajosos coexistiram com aqueles que, guiados pela fé, pelo medo, pelo oportunismo político (ou pelos três), procuraram destruir tais desbravadores. O caminho que conduz à liberação LGBT+ é feito de avanços e recuos, em diferentes lugares, em condições históricas variadas, e é percebido de formas múltiplas a depender do sexo, da cultura, da classe social, da raça, da região e do contexto. Embora os significativos avanços alcançados pelo movimento internacional dos direitos LGBT+ sejam inquestionáveis, é improvável que a aceitação universal da igualdade LGBT+ seja, de fato, conquistada.

Origens

Embora organizações LGBT+ formalizadas que tenham por meta assegurar a igualdade LGBT+ em termos políticos e legais fossem raras até a Segunda Guerra Mundial, as dimensões transnacionais da militância LGBT+ já existiam muito antes. No século XIX, enquanto subculturas homossexuais específicas emergiam em Londres, Paris, Amsterdã e Nova York,[16] um punhado de cidadãos europeus desafiou ideias bastante arraigadas a respeito da homossexualidade e iniciou a luta pela descriminalização das práticas sexuais entre pessoas do mesmo sexo. Suas opiniões se espalharam internacionalmente e foram o princípio de conexões transatlânticas entre intelectuais que compartilhavam ideias semelhantes.

Na mesma época, a ascensão do imperialismo e a emergência de um novo modelo médico da homossexualidade contribuíram para a escalada de repressão das atividades e da identidade gay. A Grã-Bretanha impôs leis que determinavam a aplicação de rigorosas punições às atividades sexuais entre pessoas do mesmo sexo em suas colônias por todo o mundo. As autoridades médicas alegavam que o comportamento homossexual decorria de anormalidades físicas e mentais, o que resultava em novas inquietações a respeito da atração pelo mesmo sexo em homens e mulheres, algo que já era, de modo geral, visto como profano e criminoso. Uma série de escândalos bastante divulgados na imprensa exacerbaram os medos em torno do crescimento de uma subcultura homossexual que ameaçaria a ordem social estabelecida. Mas as perseguições a homens gays, como os julgamentos do escritor irlandês Oscar Wilde em 1895, também ampliaram a visibilidade dos gays e inspiraram os primeiros esforços de organização pelos direitos internacionais dos homossexuais. Naquele momento, como atualmente, os movimentos que buscavam percepções mais aceitáveis da homossexualidade e a descriminalização do comportamento homossexual coexistiam com ferrenha condenação das relações entre pessoas do mesmo sexo e rigorosas punições legais, políticas e sociais daqueles que eram percebidos ou reconhecidos como gays.

Representação de amor entre homens na Grécia Antiga
em um afresco na Tumba do Mergulhador
(atual sul da Itália), datada de 475 a.C.

As posturas em relação à homossexualidade sofreram mudanças drásticas desde a Antiguidade até fins do século XVIII. Na Antiguidade indiana, chinesa, egípcia, grega e romana, as práticas homossexuais eram toleradas. Com a ascensão do judaísmo, do cristianismo e do islamismo, a aceitação deu lugar à denúncia, nos mais diversos espaços. O Levítico, na Torá, apresenta duas passagens geralmente interpretadas como referências negativas a atos homossexuais. Em Levítico 18:22,* temos a seguinte declaração: "Não te deitarás com um homem como se deita com uma mulher. É uma abominação". Em Levítico 20:13, por sua vez, está escrito: "O homem que se deita com outro homem como se fosse uma mulher, ambos cometem uma abominação, deverão morrer, e o seu sangue cairá sobre eles". Tais éditos oriundos do judaísmo fundamentaram as interpretações cristãs iniciais a respeito da história de Sodoma e Gomorra no livro de Gênesis da Bíblia. Enquanto as interpretações judaicas descrevem a destruição divina das duas cidades como castigo pela imoralidade e falta de hospitalidade em relação a Lot e seus convidados celestiais, escritores cristãos atribuíam ao homoerotismo local o pecado que desencadeou a fúria de Deus. A narrativa bíblica de Sodoma e Gomorra também está presente no Alcorão, sendo que a homossexualidade masculina é denunciada na Sura 4:16:** "E aqueles dois, dentre vós, que a cometerem [obscenidade], então, molestai-os. E, se ambos se voltarem arrependidos e se emendarem, dai-lhes de ombros. Por certo, Allah é remissório, misericordioso". Diferentemente do Antigo Testamento, o Alcorão não exortava os fiéis a punir o comportamento homossexual com a execução. Contudo, certos *hadiths* – por vezes atribuídos ao profeta Maomé, ainda que escritos dois séculos após sua morte – descrevem a homossexualidade como um profundo "insulto" ao islamismo, merecedor da morte por apedrejamento.[17]

Apesar de tais interpretações controversas dos "pecados de Sodoma", preceitos que tornavam as atividades sexuais entre pessoas do mesmo sexo puníveis com morte ou castração se espalharam por

---

* N.T.: As traduções de citações bíblicas empregadas foram retiradas da seguinte edição: *Bíblia de Jerusalém*. São Paulo: Paulinas, 1992.

** N.T.: Para a citação do *Alcorão*, foi consultada a seguinte fonte: *Alcorão. Tradução do Sentido do Nobre Alcorão para a Língua Portuguesa*. Trad. Dr. Helmi Nasr. SL: Complexo do Rei Fahd, SD.

toda a Eurásia e pela África. A definição legal de sodomia variava. Por vezes, limitava-se à penetração anal masculina até o ponto da ejaculação. Nem sempre estava incluído o sexo oral, mas algumas interpretações dos preceitos religiosos abrangiam atos sexuais não relacionados à procriação, independentemente do gênero (e, em alguns casos, da espécie) dos envolvidos. Contudo, diversas sociedades de povos originários nas Américas, na África Subsaariana e no Pacífico Sul aceitavam as intimidades entre pessoas do mesmo sexo e, em alguns casos, chegavam mesmo a celebrar aqueles que desafiavam as normas de gênero.[18]

A partir do rompimento de Henrique VIII com a Igreja Católica, as cortes reais inglesas substituíram as cortes eclesiásticas para a punição de sodomitas. O Ato de Sodomia de 1533,* primeira legislação inglesa concernente à sodomia, não definia tal ato, mas punia com execução "o detestável e abominável vício da sodomia, cometido com homens ou animais". A lei tinha por alvo *atos* sexuais específicos, não destinados à procriação, sem mencionar grupos específicos de pessoas. Ao optar por manter questões legais em mãos eclesiásticas, Maria I revogou a lei em 1553, momento em que a jurisdição da Igreja Católica foi restabelecida. Nove anos depois, quando Elizabeth I ascendeu ao trono, o parlamento recompôs essa lei, que não foi consistentemente aplicada depois disso. Em 1716, o caso *Rex v. Richard Wiseman* definiu sodomia heterossexual como um crime pelo Ato de Sodomia; contudo, em 1817, em *Rex v. Samuel*, chegou-se à conclusão de que, se um adulto pratica felação em um menino, ele não viola o Ato de Sodomia. Onze anos depois, como parte do plano estabelecido pelo primeiro-ministro Robert Peel de sistematizar a legislação criminal inglesa, o parlamento reforçou a lei antissodomia retirando as exigências de provas da "ejaculação do sémen", tornando suficiente a "prova apenas da penetração" como base para condenações. Nesse processo, a lei foi adicionada aos códigos criminais das Índias Orientais e da Irlanda. Embora a última execução por

---

* N.T.: No original, *Buggery Act 1533* ou, formalmente, *An Acte for the Punishment of the Vice of Buggerie* (25 Hen. 8 c. 6). *Buggery*, a expressão que batiza a lei, hoje em desuso, surgiu na língua inglesa no século XIV, denotando "heresia" (do francês antigo *bougre*, "herege"). Posteriormente (a partir de 1510), passou a designar "relações sexuais antinaturais" entre homens ou animais.

Origens

sodomia na Inglaterra tenha ocorrido em 1835, manteve-se a tipificação de crime sujeito à pena capital na Inglaterra, no País de Gales e na Irlanda até a aprovação da Lei das Ofensas Contra as Pessoas, em 1861.[19]

Invocando as condenações bíblicas aos "crimes contra a natureza", autoridades civis e religiosas conduziram campanhas antissodomia em diversas cidades italianas no século XV, e por toda a Espanha no século XVI. Em 1553, o novo Tribunal do Santo Ofício em Portugal ampliou a definição legal de sodomia para incluir a penetração anal tanto com homens quanto com mulheres e a condenação era dada tanto para quem penetrava quanto para quem recebia a penetração. Se fosse considerado culpado, o acusado desse tipo de violação poderia ser queimado vivo, ter sua propriedade confiscada ou ser deportado, condenado a trabalhos forçados no Brasil, na África ou na Índia.[20] Quando França, Espanha, Holanda e Inglaterra iniciaram a colonização da América do Norte, tornaram crime as atividades sexuais masculinas envolvendo o mesmo sexo em praticamente todas as suas colônias, enquanto impunham as normas sexuais da Europa para "civilizar" os povos indígenas.[21] As autoridades, igualmente, passaram a perseguir homens e mulheres que desafiassem as normas de gênero. Na década de 1690, Massachusetts tornou-se a primeira colônia na América a tornar *cross-dressing** um crime.[22] No final do século XVII, autoridades em Londres, Paris e Amsterdã periodicamente buscavam esmagar emergentes subculturas relacionadas à sodomia através de instrumentos como vigilância, prisões e procedimentos penais. Durante esse período, tanto reformadores católicos quanto protestantes condenaram a sodomia, o sexo fora do casamento, a masturbação e o sexo oral. Aqueles que eram flagrados em tais comportamentos eram condenados a penas rigorosas, que incluíam multas, encarceramento, açoitamento, apedrejamento, mutilação, marcação com ferro em brasa, humilhação pública, amputação, execução e execução seguida de desmembramento.[23]

---

* N.T.: Ou *transformismo*, embora a forma mais usada hoje seja do inglês, *crossdressing* – termo que se refere ao ato de alguém buscar uma expressão de gênero (roupas ou acessórios) associada ao gênero oposto ao seu, por qualquer uma de muitas razões possíveis.

27

As autoridades raramente perseguiam mulheres que se engajavam em atos sexuais com outra mulher. O Ato de Sodomia de 1533 na Inglaterra não menciona sexo lésbico. De fato, poucas pessoas daquela época eram capazes de conceber o ato sexual que não envolvesse a penetração peniana. Processos de mulheres acusadas de crimes sexuais perpetrados com outras mulheres eram raros e, em geral, envolviam mulheres que adotavam personas masculinas através de *crossdressing* – sendo, assim, vistas como uma perigosa ameaça às concepções patriarcais. Mas os registros religiosos e jurídicos contam apenas parte da história. Mulheres desse período expressavam profundos laços emocionais com outras através de cartas, poesia, literatura e música. Assim, algumas mulheres não casadas compartilhavam suas casas. Não há dúvida de que alguns desses relacionamentos também eram de natureza sexual, e o termo "lésbica" foi usado pela primeira vez na Inglaterra, nos anos 1730, mais de um século antes de a expressão "homossexual" ter sido cunhada na Europa. Contudo, embora o sexo lésbico não fosse ilegal e as intimidades entre pessoas do mesmo sexo no caso das mulheres fossem de certa forma reconhecidas, isso não quer dizer que tais práticas eram aceitáveis.[24] Em 1740, quando a dinastia Qing baniu na China o sexo homossexual entre homens feito de forma consensual da mesma forma que o estupro homossexual, a omissão das mulheres na lei refletia noções taoístas centradas no homem, no que dizia respeito a sexo e patriarcado, e que tornava a sexualidade feminina invisível, não uma aceitação tácita de relações lésbicas.[25]

No final do século XVIII, o iluminismo iniciou uma mudança significativa nas posturas relacionadas ao comportamento sexual privado. Frederico, o Grande, da Prússia, e José II, da Áustria, argumentavam que "os indivíduos devem ser livres para crer, pensar e mesmo agir conforme seus desejos, de forma adequada aos direitos de outras pessoas, à manutenção da ordem pública e à autoridade definitiva do Estado". Ao suceder seu pai, Frederico Guilherme I, Frederico, o Grande – possivelmente por conta de suas próprias inclinações sexuais – encerrou as investidas antissodomia realizadas nas tavernas e nos bordéis masculinos em Berlim. Ele, contudo, não conseguiu anular as leis que seguiam tal orientação. Na França, Voltaire, Montesquieu e outros filósofos denunciaram tanto a licenciosidade sexual quanto as práticas desviantes, como sodomia, adultério e prostituição, mas não o fizeram a partir de alicerces religiosos. Críticos ferozes da religião organizada, os filósofos apresentaram suas objeções aos desvios sexuais não em termos morais, mas com base no ponto de vista de que o vício sexual desestabilizaria a ordem social. Em um período de guerras frequentes e aumento da competição econômica, tais pensadores percebiam no crescimento populacional algo de essencial à prosperidade e segurança das nações. Dessa forma, condenavam atividades sexuais não relacionadas à procriação, como a sodomia. Mas suas críticas eram ainda mais incisivas no caso do tratamento brutal dado pelo Estado aos condenados por desvios sexuais.[26]

Um dos filósofos mais proeminentes na França, o marquês de Condorcet, levou tal argumento à sua consequência lógica e propôs a descriminalização da sodomia. Escreveu: "Sodomia, conquanto não haja violência envolvida, não deveria estar nos domínios da lei criminal. Pois não é a violação dos direitos de outro homem. Trata-se, apenas, de uma influência indireta na ordem adequada de uma sociedade, como a embriaguez ou o vício em jogos de azar". Embora ele fizesse coro a seus contemporâneos ao afirmar que a sodomia era "um vício baixo, repulsivo", argumentava que a punição apropriada seria "o desprezo", não o encarceramento ou sanções ainda mais rigorosas[27] aprovadas pelo Estado.

Ao contrário dos filósofos franceses da época, que faziam breves comentários relacionados aos desvios sexuais, o filósofo britânico Jeremy Bentham escreveu bastante sobre o tema. Criador do utilitarismo, Bentham escreveu o mais longo ensaio a respeito da sodomia produzido no século XVIII – o mais longo, na língua inglesa, até o final do século XIX. Bentham temia que a publicação de tal trabalho destruísse sua reputação, assim, optou por não divulgá-lo. Seu trabalho sobre sodomia só foi publicado em 1978, quase 200 anos depois.

Em um texto de 1785, Bentham levanta – para depois demolir – todas as objeções concebíveis à pederastia, um sinônimo para sodomia sem a condenação religiosa que impregnava este termo. Em resposta às afirmações de Montesquieu sobre o impacto debilitador do desvio sexual, Bentham lembrava o poderio de gregos e romanos na Antiguidade, que se engajavam em atividades sexuais entre o mesmo sexo. Por crer que pessoas que se dedicavam exclusivamente à vida sexual com o mesmo sexo corresponderiam a uma parte pequena da população, Bentham ironizou os temores do filósofo francês Voltaire, de que o desvio sexual dificultaria o crescimento populacional. Diante das alegações de que a pederastia ameaçava o casamento, Bentham respondeu que o adultério representaria um perigo muito maior. Depois, Bentham descartou completamente a noção de que a sodomia seria um "crime contra a natureza", afirmando o seguinte: "Se o prazer não for bom, para que serve a vida, e qual o propósito de preservá-la?"[28]

Bentham enfatizava que seria a punição contra a pederastia, ao evitar sua prática, aquilo que prejudicaria a sociedade e os indivíduos. E fazia um alerta sobre a penalização da sodomia, que radicalizaria os já condenados e os tornaria mais propensos, e não o contrário, a reincidir no desvio sexual. A criminalização de um comportamento apenas por causa de uma maioria que o considera ofensivo poderia resvalar na tirania. A simples existência de estatutos antissodomia, argumentava Bentham, criava oportunidades para extorsão, chantagem e perseguições fraudulentas. O autor também articulou vários argumentos ainda empregados com sucesso para justificar a descriminalização das relações homossexuais entre adultos.[29]

Enquanto Bentham mantinha suas opiniões em privado, outros pediam, publicamente, pela liberalização ou abolição dos estatutos para ofensas morais. Em 1780, depois que um inglês condenado por tentativa de sodomia morreu por asfixia durante humilhação pública no pelourinho – o que foi testemunhado por uma multidão eufórica –, Edmund Burke, um conservador membro do partido Whig,* implorou

---

* N.T. O partido Whig representava um grupo político de tendências liberais no Reino Unido, em contraposição aos Tories, conservadores.

Origens

a seus colegas na Câmara dos Comuns para abandonar tais punições bárbaras. Burke obteve algum apoio no parlamento, mas a imprensa o fustigou por expressar simpatia em relação a um sodomita. Castigos físicos duríssimos para o delito de sodomia permaneceram previstos na lei britânica por décadas após tais acontecimentos.[30]

O foco do iluminismo nos direitos e liberdades individuais deu início a mudanças imediatas em todos os lugares. Na esteira da Revolução Americana, vários dos estados que formavam a União reformaram seus códigos legais. Thomas Jefferson não conseguiu convencer os representantes parlamentares da Virgínia a adotar castração como pena para a sodomia em vez de execução. Em 1777, a Geórgia rejeitou, igualmente, um pedido para tornar a sodomia crime não capital. Contudo, dez anos depois, a Pensilvânia optaria por punir a sodomia com prisão, não morte. Em 1796, Nova York e Nova Jersey fizeram reformas similares, seguidas por Massachussetts (1805), New Hampshire (1812) e Delaware (1826).[31]

Na França revolucionária, as exortações por liberalização geraram, igualmente, mudanças consideráveis nas leis antissodomia. Em 1791, com o impulso fornecido pelas abrangentes ideias de direitos individuais, que não estavam mais limitadas pelos códigos pré-revolucionários que fundiam religião e lei, a França tornou-se a primeira nação na Europa moderna a descriminalizar as relações homossexuais de natureza consensual, desde que entre adultos e em privado. Como parte de uma ampla tendência de eliminar punições para crimes sem vítima, na França omitiu-se a sodomia tanto do Código Penal de 1791 quanto do Código Civil que Napoleão promulgaria em 1804. Jean-Jacques Cambacérès, cuja homossexualidade era notória entre seus colegas na Assembleia Nacional e mesmo por Napoleão, supervisionou os esboços do Código Civil napoleônico. A omissão de "crimes imaginários" na lei francesa assinalou um avanço decisivo na direção de respostas mais humanas do Estado no que diz respeito às relações sexuais entre o mesmo sexo. Embora alegações a respeito de homossexualidade permanecessem sendo poderosa ferramenta para difamar inimigos políticos, e autoridades estatais prosseguissem, ainda que esporadicamente, reprimindo as relações sexuais entre o mesmo sexo, consideradas uma ameaça à moral pública, a maioria dos franceses do sexo masculino que praticavam sexo com outros homens escapavam da intimidação policial e de complicações legais.[32]

As reformas na França estimularam mudanças consideráveis em outros lugares. Bélgica, Espanha, Portugal e os países escandinavos – todos adotaram códigos similares. Embora algumas dessas nações tenham se desviado temporariamente do modelo francês, "quase nenhum dos países pertencentes aos impérios europeus, com exceção do britânico, impuseram sanções penais às atividades consensuais envolvendo o mesmo sexo em privado".[33] Quando a França invadiu a Holanda em 1811, impôs o Código Napoleônico, abolindo, dessa forma, a lei holandesa que definia a sodomia como crime grave. Quando a Holanda recuperou sua independência dois anos depois, nenhuma lei relacionada à sodomia foi decretada.[34] Em 1830, oito anos depois de o Brasil ganhar sua independência de Portugal, D. Pedro I assinou o Código Criminal Imperial; sob influência do Código Penal francês de 1791 e do Código Napoleônico, o código brasileiro omitiu qualquer referência à sodomia.[35] Em 1839, o estado germânico de Württemberg aboliu seus estatutos concernentes à sodomia.[36] Hanôver e Braunschweig fizeram o mesmo no ano seguinte. Quando a França ocupou o México entre 1862 e 1867, impôs o Código Napoleônico e assim não criminalizou explicitamente atos homossexuais. Ao instituir seu código criminal próprio em 1871, o México também omitiu referências à sodomia, mas tornou ilegais "ataques à moral e aos bons costumes" da nação, expressões suscetíveis a ampla e variada possibilidade de interpretação.[37] As divergências entre as nações influenciadas pelos códigos penais da França e aquelas influenciadas pelo modelo britânico ou pela lei islâmica da xaria moldaram a paisagem global no que diz respeito aos direitos LGBT+ de maneiras que ressoam até os dias de hoje.

A Rússia, por sua vez, tomou um caminho inteiramente distinto. Na era medieval, a homossexualidade era tolerada, e a sodomia, vagamente definida, englobando todo ato sexual que se desviasse das

Origens

relações heterossexuais em "posição de missionário". A Igreja Ortodoxa considerava a homossexualidade um pecado, mas raramente condenava tal prática entre os leigos. As punições religiosas não faziam distinção entre transgressões heterossexuais e homossexuais. Não havia leis contra a sodomia e diversos visitantes estrangeiros relatavam espantados, na Rússia nos séculos XV, XVI e XVII, as intimidades abertamente compartilhadas entre homens de todas as classes sociais. Em 1706, Pedro, o Grande, revisou a legislação militar russa com o fito de criminalizar "devassidão antinatural" entre os soldados; dez anos depois, contudo, a pena foi suavizada: de ser queimado vivo para o exílio perpétuo. Mais de um século se passou até o ano de 1832, quando o código penal tornou crime o *muzhelozhstvo* (legalmente definido como "ato sexual com penetração anal") entre civis, impondo uma pena, exílio siberiano, de até cinco anos, além da perda de todos os direitos e propriedades. Apesar disso, tal lei raramente foi aplicada, e muitos homens da elite russa com inclinações para intimidades entre pessoas do mesmo sexo, como o compositor Piotr Tchaikovski e o explorador Nikolaï Prjevalski, puderam manter seus relacionamentos com relativa liberdade.[38]

Independentemente da nacionalidade, a esfera de existência privada de inúmeras pessoas foi profundamente afetada pelas abruptas mudanças econômicas, políticas, sociais e legais que ocorreram no século XIX. A industrialização alterou dramaticamente os padrões pré-industriais de trabalho e da vida familiar em boa parte da Europa e da América do Norte. A absorção de pessoas em busca de trabalho que deixavam as áreas rurais transformou dezenas de cidades: de pequenas localidades em metrópoles de expansão tentacular. Famílias das classes média e alta adotaram uma estrita separação entre trabalho e lar, divisão que seguia configuração de gênero. Os lares foram reprojetados para criar privacidade. Sexo, amamentação e higiene pessoal, doravante, passaram a ocorrer atrás de portas fechadas. Além disso, as divisões entre o rural e o urbano, a classe trabalhadora e os ricos, os empregados domésticos e seus empregadores também criaram novos espaços para a atração sexual e desvios em relação às normas convencionais.

Apesar de ser uma época em que a ênfase maior estava no casamento e na esfera doméstica, relações íntimas entre homens e entre mulheres floresceram, embora alguns estudiosos estejam em desacordo no que diz respeito a quantos desses relacionamentos eram de cunho sexual. A vida urbana oferecia às pessoas interessadas em relações com o mesmo sexo um tipo de fuga ao controle rigoroso exercido pela família e a possibilidade de encontrar pessoas com tendências semelhantes.[39]

Ninguém celebrou tais novas liberdades como Walt Whitman. Após sua chegada na cidade de Nova York, em 1841, tal cidade o eletrizou. Com uma crescente população de 300 mil habitantes, Nova York era vibrante e diversificada como qualquer das maiores capitais europeias à época. Whitman caminhava por horas, encantado pela vida nas ruas, cruzando seu caminho com homens da classe trabalhadora nos parques públicos, docas, balsas, bondes e, ocasionalmente, bares. Ele manteve notas detalhadas de seus encontros com outros homens. Alguns desses encontros se transformaram em relações amorosas de longa duração.

Em conflito por causa de seus sentimentos por homens jovens, Whitman voltou-se para a frenologia, em sua época uma moda de sucesso que alegadamente explicaria as ligações entre a forma da cabeça de determinada pessoa e suas características mentais determinantes. Em 1847, Whitman visitou o conceituado frenologista Lorenzo Fowler para que sua cabeça pudesse ter esse tipo de leitura. Fowler concluiu que Whitman possuía dois traços bastante pronunciados – amatividade (de tipo sexual) e aderência (companheirismo). Whitman agarrou-se ao conceito de aderência como uma maneira de explicar de forma positiva sua intensa atração por homens. Tendo solucionado os conflitos de sua sensibilidade, passou a expressá-los abertamente em sua poesia. Em 1860, Whitman acrescentou os poemas de *Cálamo* à nova edição de seu livro *Folhas de relva*, originalmente publicado cinco anos antes. Como reflexo de seu engajamento à aderência, os poemas celebram, corajosamente, "o amor masculino de camaradas". Os poemas irritaram os críticos que se opunham à natureza "obscena" do trabalho de Whitman.

Mas eles também fizeram de Whitman um herói internacional para os homens atraídos pelo mesmo sexo que buscavam definir sua identidade sexual, como o crítico cultural britânico John Addington Symonds, o dramaturgo irlandês Oscar Wilde e o autor francês André Gide.[40]

Em um período no qual o conservadorismo ressurgia, na esteira das revoluções políticas ocorridas na Europa em 1848, o aumento na visibilidade de homens como Whitman alarmou as autoridades legais, enquanto cientistas de áreas médicas passaram a investigar com mais afinco as causas dos desvios sociais. Várias cidades nos EUA aprovaram decretos tornando ilegal que indivíduos usassem trajes "que não pertenciam ao seu sexo"[41]. Em 1857, o médico francês Bénédict A. Morel escreveu *Tratado sobre a degenerescência*, associando atração pelo mesmo sexo com degeneração. Nesse mesmo ano, Ambroise-Auguste Tardieu, o maior especialista em medicina forense da França, publicou *Estudo médico-legal sobre assédios indecorosos*. Baseando-se nos exames físicos realizados em centenas de homens condenados, Tardieu declarou ser capaz de identificar "verdadeiros pederastas", pois a prática frequente do sexo homossexual dava a seus ânus e pênis formas diferenciadas. Alertava que tais homens não eram detectados na sociedade, mas eram capazes de comunicar sua presença a outros, da mesma estirpe. Dessa forma, Tardieu clamou por uma aplicação rigorosa das leis contra a indecência pública e a inspeção física dos suspeitos de cometer pederastia para minimizar o efeito desestabilizador que teriam na sociedade. A identificação e a classificação dos desviantes sexuais tornam-se armas poderosas, em termos jurídicos e médicos, contra todos aqueles que desafiam as normas sexuais e de gênero.[42]

Tais posturas eram evidentes entre as autoridades brancas que governavam as colônias britânicas em todo o mundo. Embora alguns europeus afluíssem para as colônias além-mar com o objetivo de escapar das imposições sexuais de seus países de origem, as autoridades imperiais impunham códigos penais projetados para supervisionar as populações nativas, vistas como especialmente propensas ao "vício".[43] Mesmo havendo variações, tais códigos compartilhavam uma condenação comum às atividades sexuais envolvendo pessoas do mesmo sexo na lei imperial britânica. De forma alguma tais povos subjugados tinham voz na constituição ou imposição dessas leis, adotadas independentemente de suas culturas ou tradições. As leis relacionadas à sodomia eram impostas unilateralmente, por governantes brancos persuadidos de sua superioridade moral, com a intenção de controlar as atividades sexuais consideradas corruptas.

O modelo imposto de forma mais ampla foi o Código Penal indiano de 1860, cuja autoria foi principalmente de Thomas Babington Macaulay. Seu Parágrafo 377 diz o seguinte: "Quem quer que voluntariamente tenha relações carnais contra a ordem da natureza com qualquer homem, mulher ou animal, será punido com prisão perpétua ou com prisão [...] por um prazo que pode se estender a 10 anos, além de estar sujeito a multa". Todos os participantes de tais atos eram igualmente condenados, independentemente da suposição do papel de passivo ou de ativo, idade, consentimento ou ocorrência do ato em espaço público ou privado. Adotado em mais de 30 territórios pela Ásia, África e Pacífico, o Parágrafo 377 era um instrumento contundente para aglutinar em uma mesma categoria relações sexuais consensuais, privadas, com pessoas do mesmo sexo e crimes sexuais violentos como estupro e pedofilia.[44] Tendo abandonado tacitamente o uso da pena de morte por crimes de sodomia em 1836, a Grã-Bretanha codificou oficialmente a mudança um ano após a implementação do Parágrafo 377 na Índia. O Ato dos Crimes Contra a Pessoa de 1861 modificou a lei de sodomia na Inglaterra, no País de Gales e na Irlanda, diminuindo a penalidade de execução para 10 anos de encarceramento.[45]

Apenas um ano depois, Karl Heinrich Ulrichs escreveu uma incisiva crítica às leis sobre sodomia, e começou a articular uma teoria sobre a atração de homens por parceiros do mesmo sexo com ramificações transnacionais. Nascido no ano de 1825 em Aurich, na Alemanha, Ulrichs estudou Direito em Göttingen e Berlim, tornando-se advogado assistente do Reino de Hanôver. Em 1861, na cidade de Frankfurt, Ulrichs tornou-se secretário de Justin T. B. von

Linde, o representante de Liechtenstein, Reuss e Homburg na Dieta da Confederação Germânica. Em 1862, após seu amigo, Johann Baptist von Schweitzer, um ativista do movimento de trabalhadores social-democrata, ser preso por indecência em público com um jovem em Mannheim, Ulrichs escreveu uma defesa e a enviou para Schweitzer, mas parte desse material foi interceptado, sendo depois entregue às autoridades.

Embora não tivesse formação em Medicina, tal incidente inspirou Ulrichs a estudar as origens da atração pelo mesmo sexo. Após informar sua família, que ficou aturdida, de suas intenções, começou a escrever *A raça de hermafroditas uranianos ou o amor masculino pela metade*. Completou o primeiro volume em 1863, tendo publicado tal livro com o pseudônimo literário "Numa Numantius" no ano seguinte. Revelaria publicamente sua autoria apenas em 1868. Entre 1864 e 1879, Ulrichs publicou 12 volumes intitulados *Forschungen über das Rätsel der männerlichen Liebe* (*Pesquisas concernentes ao enigma do amor entre homens*). As análises iniciais de Ulrichs eram baseadas, em grande parte, nas suas experiências pessoais, que ele presumiu serem compartilhadas por outros homens atraídos pelo mesmo sexo.

Ao mergulhar no novo campo da Embriologia, Ulrichs percebeu que os embriões humanos em seus estágios preliminares de desenvolvimento não possuem órgãos sexuais distintos. (Os cromossomos marcadores para o sexo só foram descobertos em 1905). Ulrichs agarrou-se a esse fato para estabelecer uma ligação entre órgãos sexuais e desejo sexual (uma ligação, atualmente, rejeitada) e para argumentar que ambos poderiam se desenvolver naturalmente, em qualquer direção. Um homem poderia experimentar uma disjunção entre seu corpo masculino e sua psiquê feminina, manifestando, dessa forma, um "terceiro sexo". Baseando-se não na ciência, mas no discurso sobre amor de Pausânias em *O Banquete*, de Platão, Ulrichs cunhou o termo *urning* (uraniano), uma referência à Afrodite Urânia para descrever o meio-homem hermafrodita; e *dioning* (dioniano), para descrever um homem heterossexual. *Urningin* e *dioningin* seriam as expressões comparáveis para as mulheres. Após encontrar outras pessoas com inclinações sexuais voltadas ao mesmo sexo, Ulrichs expandiu seu léxico com outros termos que descreviam uma variedade maior de combinações dos atributos físicos e das tendências sexuais. Dessa forma, ponderou que, sendo tais tendências sexuais definidas no nascimento, relações íntimas entre pessoas do mesmo sexo seriam "naturais" e, portanto, mereciam proteção legal desde que fossem consensuais. Embora alguns críticos tenham atacado sua teoria do "terceiro sexo", uma vez que o próprio Ulrichs admitiu sentir atração por outros homens, ela apresentou um forte argumento para a abolição de restrições legais a atos "não naturais" consentidos entre adultos.

Para Ulrichs, não se tratava apenas de um exercício intelectual, mas de uma urgência política. Uma vez que sua Hanôver natal não criminalizava atos consensuais de natureza homossexual, ele estava justificadamente perturbado pelo fato de que a Prússia poderia impor sua rigorosa lei antissodomia ao invadir Hanôver em 1866. E a questão repressiva logo se manifestou no caso de Ulrichs: ao desafiar o novo governo, foi encarcerado duas vezes.[46] Durante sua segunda prisão, em 1867, a polícia invadiu sua casa e confiscou seus materiais de pesquisa sobre o "terceiro sexo". Ridicularizado pela imprensa, Ulrichs deixou Hanôver depois de sair da prisão e se mudou para a Bavária, onde relações sexuais com o mesmo sexo ainda eram legais. Em 19 de agosto de 1867, no Congresso de Juristas Alemães em Munique, Ulrichs proferiu um discurso público defendendo os direitos de homens e mulheres atraídos pelo mesmo sexo, uma ação corajosa que marcou o início do movimento pelos direitos dos gays na Alemanha. Foi calado nessa ocasião, mas escreveu em privado sobre seu orgulho em ter dado um passo na "trilha para a liberdade".

A coragem de Ulrichs, contudo, não evitou a adoção em toda a Prússia de leis antissodomia quando da Unificação do Império Germânico em 1871. O Parágrafo 175 do Código Penal alemão à época tornou o "antinatural" sexo entre homens crime punível com prisão. Após escrever um ensaio lamentando o trágico impacto de criminalizar "o amor entre homens" em 1879, Ulrichs partiu para a Itália. Passou o restante de sua vida em L'Aquila, obtendo dinheiro para sobreviver por meio do ensino de idiomas e da publicação de uma revista em latim. Morreu nessa mesma cidade em 14 de julho de 1895, enquanto seu trabalho passava a ser questionado pelos novos modelos médicos sobre a homossexualidade.[47]

As ideias de Ulrichs tiveram grande influência em Karl-Maria Benkert, um húngaro germânico que foi tradutor, jornalista e militante dos direitos humanos; foi ele que cunhou os termos "homossexual" e "heterossexual". Nascido em Viena no ano de 1824, Benkert mudou-se com sua família para Budapeste ainda na infância. Na juventude, trabalhou como aprendiz em uma livraria. Benkert foi marcado profundamente pelo suicídio de um amigo que teve relações sexuais com homens e foi chantageado por outro homem. Após servir no exército húngaro, Benkert trabalhou como jornalista e escritor de viagens, publicando mais de 25 livros abordando assuntos diversos. Em 1847, teve permissão da polícia de Viena para usar o aristocrático nome de seus parentes húngaros; assim, passou a chamar-se Károly Mária Kertbeny. Mesmo sem nunca ter se casado e professando ter "sexualidade normal" em seus textos, os diários de Kertbeny descrevem numerosos encontros com homens. Após iniciar uma troca de correspondências com Ulrichs, ficou aterrorizado quando este foi preso.[48]

O medo, contudo, não o dissuadiu de escrever exaustivamente sobre a homossexualidade. Em 1869, quando o novo código penal para a Confederação da Alemanha do Norte era esboçado, Benkert escreveu duas brochuras anônimas clamando pela abolição do Parágrafo 143 do Código Penal da Prússia, seção que criminalizava o sexo consensual, em privado, entre homens (que se tornou o Parágrafo 175 no Código Penal unificado em 1871). Ele empregou em seu raciocínio os clássicos argumentos liberais a respeito dos direitos individuais. Evocando seu falecido amigo, Kertbeny argumentava que os chantagistas utilizavam a lei para atingir homens atraídos pelo mesmo sexo e que o Estado não tinha o direito de interferir na vida sexual privada de seus cidadãos.

Nessas brochuras, Kertbeny utilizou os termos "homossexual" e "heterossexual" pela primeira vez.[49] Tratava-se da união de um termo do grego, *homos* ("mesmo") e a expressão vinda do latim medieval *sexualis*. Com isso, Kertbeny proporcionou uma forma para homens e mulheres atraídos pelo sexo descreverem a si mesmos de modo neutro, legalista e científico. Ele forneceu uma alternativa aos termos pejorativos "sodomita" e "pederasta". Tanto homossexualidade quanto heterossexualidade, afirmava, eram inatas e imutáveis. Contudo, embora Kertbeny não acreditasse que a atração pelo mesmo sexo fosse criminosa ou profana, associava tal comportamento ao doentio, ao desviante. Faleceu em 1882, ou seja, não viveu para testemunhar a ampla utilização de sua terminologia.[50]

Se Ulrichs e Kertbeny ansiaram pela suavização das leis contra a homossexualidade, houve muitos, bastante alarmados pelo questionamento das normas sexuais vigentes, que ampliaram a pressão por medidas mais rigorosas, tendo em vista a salvaguarda da moralidade tradicional. Na década de 1860, autoridades britânicas aprovaram uma série de Atos Contra Doenças Contagiosas, que permitiam aos agentes do Estado exigir que qualquer mulher, suspeita de prostituição, passasse por exames para averiguar se carregava doenças sexualmente transmissíveis. Tal legislação provocou uma reação furiosa de moralistas, que acreditavam existir alguma tolerância à prostituição em tais leis, mas também de defensores das liberdades civis, que se opunham a ela devido ao aumento do poder da polícia, e de reformadores que viam as prostitutas como vítimas do patriarcado e da dupla moral. Embora só lograssem a revogação de tais atos em 1886, essa coalizão cresceu e tornou-se a influente Aliança de Pureza Social, uma influente organização. Por volta da década de 1870, surgiu uma histeria em torno de meninas e mulheres supostamente forçadas à prostituição (por vezes tais acontecimentos eram denominados "escravidão branca"). Tabloides supriam o interesse público em escândalos com aspectos sórdidos e amplificaram os temores correntes de desordem social.[51]

Por essa época, a histórica tolerância à homossexualidade masculina no Japão erodia rapidamente. *Nanshoku* ("amor entre homens"), uma tradição de intimidade sexual entre pessoas do mesmo sexo surgida entre os aristocratas, monges budistas e guerreiros samurais centenas de anos no passado, mercantilizou-se quando burgueses passaram a patrocinar a prostituição masculina nas casas de chá do Japão da Era Tokugawa, no início da modernização. De 1603 a 1867, os xoguns, que governavam o Japão, proibiram o comércio com o Ocidente e suprimiram o cristianismo. Tal isolamento autoimposto e a ausência de uma oposição religiosa permitiram o surgimento de uma cultura em que floresceram subculturas voltadas aos homens atraídos pelo mesmo sexo, sem a presença de tabus morais contra a prática da sodomia. Mas a abertura dos portos japoneses ao comércio estrangeiro em 1859 modificou comportamentos amplamente aceitos. Após o colapso do xogunato e da Restauração Meiji, com o retorno imperial ao controle do governo em 1868, o Japão iniciou sua modernização, de forma que a moralidade cristã se infiltrou na sociedade. Em 1873, o governo tornou ilegal o sexo entre homens. Dez anos depois, quando o Japão adotou um código jurídico inspirado no modelo francês, a lei antissodomia seria revogada e nunca mais restituída. De qualquer forma, a cultura do *nanshoku* foi forçada à clandestinidade conforme o Japão aproximou-se em termos comerciais e políticos do Ocidente.[52]

Velozes mudanças sociais também remodelaram as culturas homossexuais em outros lugares.[53] Em 1884, período de intensa agitação em torno do *Home Rule** da Irlanda, um escândalo em Dublin revelou os riscos que mudanças no humor da opinião pública ofereciam aos envolvidos em uma subcultura homossexual que se tornava mais e mais visível. Naquele ano, nacionalistas irlandeses que ocupavam posições intermediárias usaram alegações obscenas em prol de sua causa, afirmando que os funcionários do Castelo de Dublin, edifício utilizado como metáfora para o governo inglês que administrava a Irlanda, participavam de orgias gays. William O'Brien, membro do parlamento,

---

* N.T.: *Home Rule* da Irlanda era um estatuto que dotava a região de certa autonomia dentro do Reino Unido. Sofreu derrotas nas câmaras dos comuns e dos lordes e só foi implementado de fato com a divisão da Irlanda no início do século XX.

representante de Cork* e editor do jornal *United Ireland*, acusou Gustavus Cornwall, chefe dos correios na Irlanda, de ser homossexual. Indignado, Cornwall processou O'Brien por calúnia. Testemunhas no julgamento subsequente, que durou cinco dias, relataram seus encontros sexuais com Cornwall e revelaram a existência de uma vibrante subcultura gay em Dublin. A imprensa, tanto na Irlanda quanto na Inglaterra, cobriu amplamente o caso. Quando o julgamento terminou, com a rejeição do processo de calúnia de Cornwall, nacionalistas irlandeses por todo o país comemoraram. Mas as consequências para os homens gays na Irlanda e na Grã-Bretanha foram drásticas.

Na esteira do julgamento, jornais promoveram ferozes ataques homofóbicos e a polícia escolheu os gays como alvos. Cornwall, que fugira para a casa de seu cunhado na Escócia, foi preso e levado a julgamento em Dublin por sodomia e corrupção de menores. Outros, suspeitos de serem homossexuais, foram presos e levados a interrogatório, como foi o caso de James Ellis French, o diretor responsável pelos detetives da força policial irlandesa. Muitos deixaram a Irlanda para escapar da perseguição. Oito homens, incluindo três proprietários de bordéis masculinos, foram a julgamento. French foi condenado a dois anos de prisão e trabalhos forçados. Embora Cornwall tenha sido absolvido das acusações de sodomia, o juiz declarou ser evidente a culpa dele em "vícios e práticas igualmente repugnantes", mesmo que fossem legais. Cornwall, prosseguiu o juiz, pertencia à "quadrilha vil [que] atua nesta cidade, unida pela busca da depravação antinatural e do vício". Em outro julgamento, o promotor descreveu o réu como "musical", um eufemismo para homossexual que seria usado por anos.[54]

Na Inglaterra, o escândalo do Castelo de Dublin contribuiu para a aprovação de uma parte do Ato de Emenda à Lei Criminal (*Criminal Law Amendment Act*) de 1885, que foi devastadora, com ramificações que afetaram de forma duradoura os homens gays britânicos e irlandeses.

---

* N.T.: Cork é a segunda maior cidade da República da Irlanda e a terceira mais populosa da ilha da Irlanda. É a capital e a principal cidade do condado de Cork e também a maior cidade de Munster.

Tal legislação elevou a idade de consentimento dos 13 para os 16 anos, além de impor penas mais rigorosas para delitos sexuais como sedução através de fraude ou drogas e sequestro de moças com idades abaixo dos 18 anos com objetivo de sedução. Mais tarde, nesse mesmo debate, supostamente por preocupação com o aumento da prostituição e degeneração masculina nas áreas urbanas, Henry Labouchère, parlamentar do Partido Liberal de Northampton e editor-fundador da revista especializada em jornalismo de denúncia *Truth*, introduziu uma emenda que tornou o "atentado violento ao pudor" crime no Reino Unido. Embora a emenda excluísse atividades sexuais de natureza lésbica, cobria um leque muito mais amplo de atividades sexuais entre homens que o estatuto antissodomia de 1861. Enquanto a velha lei criminalizava apenas o coito anal que pudesse ser fisicamente provado, a emenda de Labouchère abrangia felação, masturbação mútua e outras atividades sexuais que não incluem penetração e que não exigem prova física. Qualquer homem que fosse condenado por "atentado violento ao pudor" com outro homem, "em público ou em privado", podia ser preso por dois anos com ou sem trabalhos forçados. Uma cláusula adicional permitia a ação penal contra qualquer um que tivesse auxiliado a "praticar" um atentado ao pudor. Posteriormente, em 7 de agosto de 1885 – quase sem qualquer debate, em um momento em que o parlamento estava quase vazio –, a Câmara dos Comuns aprovou essa emenda como a seção 11 do Ato de Emenda à Lei Criminal. Quaisquer que fossem as intenções daqueles que elaboraram e deram apoio à emenda de Labouchère, a inclusão feita por ela de atos privados considerados como públicos, além de uma definição extremamente vaga do contato sexual entre homens, independentemente de idade ou consentimento, forneceu a policiais, procuradores e chantagistas uma ferramenta poderosa para atingir homens gays ou que supostamente o fossem. Nenhuma outra nação aprovaria uma lei tão excessivamente rigorosa até a ampliação, feita pelos nazistas, do Parágrafo 175 da lei alemã em 1935.[55]

O desenvolvimento de teorias médicas que postulavam ser a homossexualidade uma doença mental agravou as dificuldades enfrentadas por homens e mulheres atraídos pelo mesmo sexo. Em 1886, o psiquiatra austro-germânico Richard von Krafft-Ebing publicou *Psychopathia Sexualis*, um compêndio de desvios sexuais projetado como uma ferramenta de referência científica para profissionais nos âmbitos médico e legal. Como uma forma de dissuadir os leitores médios, empregou um título em latim e escreveu parte do texto em latim. Mesmo assim, o livro vendeu bem, teve 12 edições e foi traduzido para diversos outros idiomas.

Ao categorizar como "aberrante" toda relação sexual que não fosse destinada à procriação, Krafft-Ebing se baseou em estudos por ele conduzidos com pacientes homossexuais a partir das observações realizadas quando trabalhava em um asilo para doentes mentais e com seus pacientes particulares. Articulando uma elaborada teoria da homossexualidade, Krafft-Ebing argumentava que tal afetividade desenvolvia-se em estágio intrauterino e resultava em "inversão sexual" no sistema nervoso. O desenvolvimento evolutivo dos homossexuais estagnava-se, deixando-os com os centros psicossexuais mais primitivos do cérebro. Embora tenha popularizado o termo originalmente cunhado por Kertbeny e compartilhasse a visão deste e de Ulrichs de que a homossexualidade era inata e natural, Krafft-Ebing enfatizava um modelo médico que definia a homossexualidade como desviante e patológica. Por considerá-la um tipo de enfermidade e uma deficiência, resultado de uma condição neurológica herdada ou de uma condição psicológica específica, ele acreditava que essa afetividade deveria ser tratada ou curada, não perseguida pela justiça. Assim, Krafft-Ebing colocou em questão as leis que criminalizavam a homossexualidade masculina na Alemanha e no Império Austro-Húngaro.[56]

Embora Krafft-Ebing tenha depois revisado sua visão de que a homossexualidade seria patológica, alegações de que haveria conexões entre tal afetividade e a degeneração persistiram e animaram aqueles que pretendiam proteger a moralidade tradicional. A Finlândia, não dispondo de leis contra relações entre o mesmo sexo no conjunto de

Origens

leis criminais adotado em 1730, criminalizou o contato sexual tanto de homens com homens quanto de mulheres com mulheres (com a penalidade mais grave alcançando dois anos de encarceramento) na revisão do código penal em 1889. Ao rejeitar noções predominantes de que as mulheres seriam sexualmente passivas, sendo que necessitariam de um homem para tomar parte em atividades sexuais (um consenso que logo foi questionado pela afirmação de sexólogos de que as lésbicas seriam "invertidas", dotadas de desejo masculino), a Finlândia se tornou uma das únicas nações no mundo a incluir o lesbianismo em suas definições de sodomia à época.[57] Outros países optaram, ao não recriminalizar a sodomia, por empregar interpretações amplas de códigos penais relacionados à "indecência em público" e "vadiagem" para restringir comportamentos e identidades homossexuais. Em 1889, um novo código penal brasileiro manteve a longa tradição de descriminalização da sodomia, mas concedeu à polícia a autoridade de prender pessoas em *crossdressing*, usando maquiagem, participando em encontros públicos de natureza sexual ou engajadas na prostituição masculina.[58] No mesmo ano, a Itália adotou um novo código criminal que omitiu referências às atividades sexuais entre adultos do mesmo sexo, mas incluiu medidas semelhantes para coibir a "indecência pública".[59] Homens atraídos pelo mesmo sexo em diversas cidades, incluindo Nova York, Chicago, São Francisco, Washington, Londres, Berlim, Amsterdã, Paris, Havana, Cidade do México, Buenos Aires e Rio de Janeiro, logo aprenderam a temer e burlar tais estatutos.

Escândalos sexuais apenas reforçavam as convicções daqueles que percebiam, nas subculturas homossexuais mais aparentes, evidências da aceleração da decadência social. Em 1889, a polícia de Londres prendeu um garoto, mensageiro dos correios, de 15 anos, suspeito de roubo. Ao ser interrogado, o garoto declarou que recebera a considerável soma de dinheiro que portava por realizar serviços como prostituto em um bordel masculino na Cleveland Street, nº 19. Disse ainda que três de seus colegas mensageiros também trabalhavam nesse mesmo local como prostitutos. Os testemunhos desses rapazes, bem como a vigilância policial, logo revelaram que alguns dos membros mais seletos da sociedade britânica eram clientes, incluindo Lorde Arthur Somerset, escudeiro do Príncipe de Gales. Havia rumores sem provas de que o príncipe Albert Victor, filho mais velho do Príncipe de Gales e segundo na linha sucessória ao trono britânico, também fazia visitas ao local na Cleveland Street, nº 19, o que ampliava ainda mais as intrigas.

Contudo, a polícia prendeu apenas dois homens: um sócio do proprietário e o mensageiro implicado na sedução e no recrutamento de outros mensageiros. Ambos se declararam culpados por indecência e receberam penas menores de trabalhos forçados. Lorde Somerset e Charles Hammond, proprietários do bordel, fugiram do país rápida e facilmente. Sem saber qual atitude tomar diante de um problema tão explosivo, a polícia demorou meses para expedir o mandado de prisão em nome de Somerset. Quando tal se deu, ele já estava instalado com segurança no exterior; uma vez que nenhum pedido para sua extradição jamais foi formalizado, passou o resto de sua vida exilado no sul da França. Em janeiro de 1890, 60 suspeitos foram acusados, mas 42 deles já haviam abandonado a Inglaterra para escapar aos procedimentos legais. A grande imprensa britânica cobriu o caso de forma bastante superficial.

Mas Ernest Parke, editor do hebdomadário radical *The North London Press*, garantiu que essa história recebesse atenção internacional. Desconfiado por informações recebidas de um de seus repórteres a respeito da aplicação de sentenças mais leves aos condenados que eram prostitutos (a sentença usual para "atentado ao pudor" era de dois anos), Parke descobriu que os garotos haviam implicado destacados aristocratas. Conduziu, então, reportagens acerca das investigações, inicialmente sem mencionar nomes, mas depois alegando abertamente que Henry Fitzroy, conde de Euston, estaria envolvido em "um escândalo indescritivelmente repugnante em Cleveland Street". Euston processou Parke por calúnia e ganhou, mas o julgamento foi

Origens

repleto de relatos minuciosos a respeito do submundo homossexual de Londres. Em 28 de fevereiro de 1890, persuadido de que havia base nas alegações de Parke a respeito de haver ocorrido um acobertamento, Henry Labouchère propôs uma moção no Parlamento para dar início a uma investigação oficial. Embora concedesse ser improvável que "um cavalheiro em posição de destaque" (provavelmente se referia ao príncipe Albert Victor) estivesse envolvido no caso, Labouchère afirmava que o primeiro-ministro Lorde Salisbury, o Lorde Chanceler da Inglaterra, e o procurador-geral Richard Webster haviam conspirado para anular a investigação. Webster negou veementemente as alegações e, após sete horas de debate, a Câmara dos Comuns rejeitou categoricamente a moção por 206 a 66 votos. Embora o escândalo tenha se esvanecido rapidamente da memória pública, alimentou a visão de que a homossexualidade masculina era um vício aristocrático que corrompia a juventude da classe trabalhadora.[60] Alegações semelhantes voltaram à tona quando 41 homens foram presos em uma incursão policial em um baile *drag* na Cidade do México em 1901 e, dois anos depois, quando a polícia francesa acusou o barão d'Adelswärd-Fersen e Albert Hamelin de Warren de indecência em público e de "incitar menores à libertinagem", ao convidarem alguns garotos em idade escolar para o apartamento em que ambos viviam, com o objetivo de ler poesia[61] e realizar *tableaux vivants*.*

---

* N.T.:*Tableau vivant* (plural: *tableaux vivants*) é uma expressão francesa que indica a representação – utilizando atores ou modelos – de obra pictórica, existente ou inédita.

47

Ilustração de um impresso anti-LGBT+ que denunciava a realização de um baile *drag* na Cidade do México que foi invadido pela polícia em 1901. Na legenda da imagem, podemos ler: "As 41 bichas que estavam dançando na Calle de la Paz a 20 de novembro de 1901". Havia rumores de que o genro do presidente do México, Porfirio Díaz, seria o quadragésimo segundo convidado na infame "Dança dos 41", mas as autoridades não confirmaram a presença dele. Embora os 41 homens não tivessem infringido qualquer lei, o governo impôs como punição que limpassem as ruas ainda trajando roupas femininas e que cavassem trincheiras para os soldados que combatiam os maias em Iucatã. Os ativistas do movimento LGBT+ mexicano, posteriormente, reivindicaram o número "41" como símbolo de resistência e coragem.

Origens

Tanto a aprovação da emenda de Labouchère quanto o caso da Cleveland Street enraiveceram e aterrorizaram aqueles que clamavam pela aceitação social da homossexualidade. John Addington Symonds, rico e independente estudioso da literatura, além de ensaísta conhecido pelos sete volumes de sua história cultural do Renascimento, é um bom exemplo dessas reações. Quando jovem, Symonds fora atormentado pelo que sentia em relação a outros homens, e era acometido por náuseas diante da possibilidade de expressar fisicamente tais sentimentos. Acusado falsamente de ter corrompido um dos garotos do coral quando estava em Oxford, deixou a universidade e encontrou refúgio em viagens ao exterior e no casamento. Tendo, por boa parte de sua vida, saúde frágil, sentiu as tensões cobrarem seu preço e sofreu um colapso nervoso. Ao se recuperar, Symonds decidiu aceitar sua identidade sexual. Após se apaixonar por um rapaz de 17 anos, confessou seus sentimentos relacionados a outros homens para sua esposa. Propôs que tivessem um casamento celibatário e prometeu discrição em suas relações sexuais masculinas em troca de permanecer sendo marido e pai. Surpreendentemente, ela aceitou.

Os poemas da seção Cálamo tiveram profundo efeito em Symonds, que começou, então, a escrever poesia homoerótica e traduzir a poética clássica com temática homossexual. Em 1871, iniciou longa correspondência com Walt Whitman e, nos 20 anos seguintes, pediu diversas vezes ao poeta para identificar formas específicas de interação entre homens e o próprio conceito de aderência. Whitman se esquivou dessas questões por anos. Em 1873, Symonds escreveu *A Problem in Greek Ethics*, uma defesa apaixonada do amor emocional e físico entre homens na Grécia antiga. Na visão de Symonds, a homossexualidade masculina não era de forma alguma afeminada, patológica ou desviante. Mas levaria outra década até que ele compartilhasse seu trabalho com amigos em dez cópias impressas privadamente.

Como parte de seus constantes esforços em reconciliar sua personalidade pública e privada, começou a escrever *A Problem on Modern Ethics*, um estudo dos comportamentos em relação à homossexualidade a partir da Medicina, Psicologia e literatura contemporâneas. Em 1890, confiante de uma resposta assertiva por parte de Whitman para suas posições favoráveis à inversão, Symonds escreveu uma carta na qual perguntava sem rodeios as opiniões do poeta sobre a intimidade sexual entre homens. Sempre cauteloso em seus escritos particulares, para deixar sua poesia aberta a uma miríade de interpretações, Whitman negou enfaticamente que o sexo fosse um componente em sua concepção de camaradagem entre os homens – uma afirmação que Symonds julgou, de fato, ambígua. Tendo impresso, de forma privada, 50 cópias de *A Problem in Modern Ethics* em 1891, Symonds decidiu buscar audiência mais ampla para discussões francas acerca da sexualidade. Embora temesse a exposição pública de sua homossexualidade e ficasse apreensivo com a possibilidade de que a falta de credenciais acadêmicas minasse sua autoridade no assunto, Symonds forjou uma aliança com Havelock Ellis, o primeiro sexólogo da Inglaterra.

Extremamente tímido e bastante limitado em sua própria experiência sexual, Ellis era intelectualmente voraz, um dos principais escritores entre os intelectuais de esquerda britânicos. Depois de passar grande parte de sua juventude na Austrália rural, Ellis retornou para a Inglaterra com o objetivo de estudar Medicina; logo se tornou ativo nos círculos socialistas e de vanguarda em Londres. Em 1890, publicou *The New Spirit*, tratado a respeito da liberdade individual. Em 1891, com 32 anos, estabeleceu um casamento celibatário e pouco convencional com Edith Lees, uma conhecida feminista e lésbica. Seu casamento e suas relações de amizade com homens gays, que incluíam pessoas como Edward Carpenter, poeta e escritor abertamente socialista e homossexual, estimularam o interesse intelectual de Ellis na homossexualidade. Após trocar algumas cartas com Symonds, os dois concordaram na colaboração em um estudo médico acerca da homossexualidade. Enquanto Symonds, crítico literário e homem gay, se esforçava consideravelmente para refutar as afirmações de representantes da medicina que definiam a homossexualidade como patologia, Ellis, um médico heterossexual, confiava mais nas autoridades médicas, e estava mais motivado por curiosidade intelectual do que por uma questão pessoal. A despeito de suas abordagens diferentes e de nunca terem se encontrado pessoalmente (Symonds permanecia no exterior a maior parte do tempo), eles começaram a coletar estudos de casos e incorporaram Edward Carpenter no projeto. Após a morte de Symonds aos 53 anos, em 1893, Ellis optou por concluir o trabalho sozinho e Carpenter embarcou em seu próprio projeto.

Casados em 1891, Edith Lees e Havelock Ellis tiveram uma união pouco convencional. Declaradamente lésbica, Lees teve vários casos com mulheres, com o conhecimento de Ellis. Romancista e ativista dos direitos femininos, ela era uma intelectual ativa e sólida apoiadora do trabalho de seu marido em Sexologia.

LGBT+ na luta

Profundamente impressionado por *Folhas de relva*, que leu aos 20 anos, Carpenter foi um autor prolífico e militante de várias causas, incluindo feminismo, liberação sexual, socialismo, misticismo oriental e vegetarianismo. Em 1883, publicou *Towards Democracy*, um livro que previa que a revolução socialista daria início a uma nova era democrática, na qual seriam celebradas a liberdade sexual e a "camaradagem". Aos 45 anos de idade, encontrou George Merrill, um jovem de 20 anos oriundo da classe trabalhadora que se tornou seu companheiro pelo restante da vida. Entre 1894 e 1895, escreveu uma brochura a respeito do "amor homogêneo" (optando pelo termo inteiramente grego à estranha fusão de grego e latim medieval de "homossexual"). Ao trabalhar com o conceito lançado por Ulrichs, o "terceiro sexo", Carpenter argumentava que todas as pessoas eram um amálgama de características femininas e masculinas, com extremos de masculinidade e feminilidade mais evidentes em alguns indivíduos. Rejeitava a visão de que a homossexualidade era uma patologia e postulava ser a inversão sexual quase sempre "algo instintivo, mental e fisicamente; além disso, ligado às raízes da vida individual e praticamente impossível de erradicar". O amor homogêneo, prosseguia Carpenter, seria benéfico à sociedade por promover uma comunidade mais democrática, para além da proximidade da família e das estruturas de classe social.[62]

Mas no momento em que Ellis e Carpenter terminaram seus trabalhos e começaram a buscar editores interessados, o mais notório escândalo sexual gay explodiu e os julgamentos de Oscar Wilde ofuscaram todos os esforços em promover imagens mais positivas da homossexualidade. Poeta, romancista, editor, jornalista e dramaturgo, Wilde era uma das pessoas mais célebres do mundo. Nascido no ano de 1854, em Dublin, Wilde estudou no Trinity College e na Universidade de Oxford, ganhando reputação pelo seu brilhantismo como estudioso de temas clássicos, sua aguda sagacidade e estilo extravagante. Adepto do esteticismo, Wilde rejeitava a respeitabilidade da classe média e valorizava a beleza e o bom gosto acima de todos

Origens

os outros ideais. Casou-se, em 1884, com Constance Lloyd. Dois anos depois, quando Constance estava grávida de seu segundo filho, Wilde foi seduzido por Robert "Robbie" Ross. Wilde e Constance permaneceram juntos, criaram os filhos que tiveram e, com frequência, recebiam visitas em sua casa ricamente decorada. No entanto, começaram a circular rumores sobre a sexualidade de Wilde, especialmente após a primeira edição de *O retrato de Dorian Gray* (1890), que incluía passagens homoeróticas que os críticos atacaram como "imundas" e "perversas". Wilde eliminou boa parte desse conteúdo condenado pela crítica na segunda edição do romance, mas a versão original voltaria a assombrá-lo no futuro.[63]

Após seu *affair* com Robbie, Wilde passava um tempo cada vez maior passeando em West End, em meio a escritores aspirantes, no encalço de jovens pertencentes às classes urbanas mais baixas. Em junho de 1891, foi apresentado a Lorde Alfred "Bosie" Douglas, um estudante na *alma mater* de Wilde, Magdalen College, Oxford, e filho mais novo do marquês de Queensberry. Wilde imediatamente apaixonou-se e os dois logo se tornaram inseparáveis. Seu caso era escancarado e eles se misturavam abertamente com prostitutos e *crossdressers* em restaurantes e hotéis no West End, nas residências, nos quartos em St. James Place, onde muitas vezes também recebiam a companhia de um amigo de Wilde, Alfred Taylor. Em 1895, Wilde voava alto. Sua peça *Um marido ideal* fez estrondoso sucesso e sua segunda peça, *A importância de ser prudente*, logo estrearia.

Oscar Wilde e Lorde Alfred "Bosie" Douglas no ano de 1894. Apresentados em 1891, Wilde e Douglas tiveram um relacionamento tumultuado que terminou alguns meses após a libertação de Wilde da prisão em maio de 1897. Em 1902, Douglas casou-se com Olive Custance, herdeira bissexual e poeta; posteriormente, ele se converteu ao catolicismo. Foi uma figura controvertida, que denunciou a homossexualidade, defendeu pontos de vista antijudaicos e se envolveu em vários casos de difamação.

Origens

Após meses tentando terminar o relacionamento entre Wilde e Bosie, o marquês de Queensberry fez uma visita ao Albemarle Club em 18 de fevereiro de 1895 e deixou um cartão com o seguinte recado: "Para Oscar Wilde, escandaloso somdomita (*somdomite*) [sic]". Queensberry, escocês mais conhecido por emprestar seu nome para as regras oficiais do boxe amador, era uma figura controversa. Após se divorciar de sua esposa por conta da relação com uma mulher muito mais jovem, teve seu segundo casamento anulado. Estava afastado de seus cinco filhos e tinha uma série de amantes. Assim, depois da tentativa de seus colegas britânicos na Câmara dos Lordes de reelegê-lo – malsucedida por causa de seu ateísmo –, ficou furioso quando o governo nomeou seu filho mais velho para seu posto.

Esse episódio deixou o marquês ainda mais empenhado em manter Wilde longe de Bosie. Ele foi até a casa de Wilde e insinuou que o escritor estaria praticando sodomia com seu filho. Wilde conseguiu frustrar os planos do marquês de interromper a estreia de *A importância de ser prudente*, e ainda decidiu – contrariando as advertências de seus amigos – apresentar acusações criminais de difamação contra Queensberry. Não se sabe se Wilde foi inspirado pelo sucesso de Lorde Euston em seu caso de difamação contra Ernest Parke no escândalo da Cleveland Street. Aparentemente, ele não previu que Queensberry contrataria um detetive particular com o intuito de reunir evidências para provar suas alegações, a maneira mais segura de refutar o caso de difamação movido por Wilde.

Apesar de ter reputação bastante questionável, Queensberry se apresentou como um pai preocupado tentando salvar seu filho da corrupção representada por um homem mais velho. O julgamento foi uma sensação na mídia, repleto de drama e refletindo as ansiedades da época sobre cultura, gênero, classe e decadência moral. No apelo formal de Queensberry, sua equipe de advogados apresentou um retrato devastador das solicitações e da prática de atos "indecentes" por parte de Wilde, envolvendo pelo menos dez homens e garotos em diversos locais, alegações impossíveis de refutar, dada a indiscrição de

Wilde a respeito desses encontros públicos. O apelo também apontou para as passagens homoeróticas eliminadas da primeira edição de *O retrato de Dorian Gray* como evidência da familiaridade de Wilde com as "relações, intimidades e paixões de certas pessoas de hábitos, gostos e práticas sodomitas, antinaturais". *Sir* Edward Carson, advogado de Queensberry, retratou habilmente os escritos de Wilde e suas ações sexuais como influências corruptoras sobre os jovens.

Durante o julgamento, Carson e Wilde se confrontaram em disputas fascinantes. Wilde se apresentou como um amigo da família Douglas e um convidado frequente, aceito na casa por todos. Divulgou a descrição de Queensberry feita por Bosie, que essencialmente retratava uma pessoa agressiva e implacável –, afirmação aparentemente validada diante do fato de que Queensberry e seu filho mais velho tinham sido presos após confronto em público. *Sir* Edward George Clarke, advogado de Wilde, tentou neutralizar possível controvérsia apresentando duas cartas sugestivas que Wilde havia escrito para Bosie, uma das quais havia sido obtida por chantagistas que tentaram, sem sucesso, extorquir dinheiro de Wilde. Wilde caracterizou uma das cartas como obra de arte sem intenção obscena. Quando Carson interrogou agressivamente Wilde sobre sua obra literária, o escritor respondeu com inteligência e charme, rejeitando a sugestão de que a arte poderia ser moral ou imoral.

No final, foi a própria imprudência de Wilde que precipitou sua ruína. Carson o encheu de perguntas sobre suas escapadas com jovens da classe trabalhadora, repetidamente martelando as diferenças de classe e idade entre Wilde e seus parceiros. Inicialmente, Wilde afirmou que não havia nada de licencioso em tais interações e defendeu sua paixão pela juventude, mas ficou visivelmente perturbado quando Carson insinuou que os tais parceiros eram, em sua quase totalidade, prostitutos que conhecera por meio de Taylor e que o escritor chegara a beijar um jovem criado. Encurralado, Wilde gaguejou: "Perdoe-me, mas o senhor me ataca, me insulta, tenta me irritar de todas as maneiras possíveis. Por vezes dizemos certas coisas levianamente, quando talvez fosse necessário falar mais sério, e isso eu admito, admito – não

Origens

consigo evitar. E é essa a sua conduta para comigo". Tendo reunido as cartas particulares, além do trabalho literário e da conduta pública de Wilde e de seus associados, Carson praticamente deixou evidente que o processo por difamação do escritor fracassaria.

Os advogados de Wilde tentaram, sem sucesso, retirar o processo. Admitiram que Wilde havia "posado" como um sodomita em seus escritos, mas negaram que ele tivesse se envolvido em condutas sexuais inadequadas. O juiz declarou Queensberry inocente, um veredicto que refletia a verdade das alegações de Queensberry e a crença de que o interesse público era atendido por suas revelações. Pelos termos do Ato de Difamação de 1843, Wilde agora era responsável pelas consideráveis despesas legais de Queensberry.

Carson, contudo, não havia terminado. Enviou todas as suas notas feitas durante o julgamento e depoimentos de testemunhas ao promotor público e o exortou a evitar que Wilde escapasse da justiça. Para garantir que o governo não se esquivasse de seus deveres, Carson também enviou uma cópia desse material aos jornais de Londres. Não tendo disposição em se incriminar por acusações de acobertamento semelhantes àquelas que atormentaram os conservadores no episódio da Cleveland Street, em 1889-1990, o governo liberal instruiu a aplicação da lei através de um processo aplicado a Wilde. Em 5 de abril de 1895, depois de ignorar as sugestões de amigos para que fugisse tendo a França como destino, Wilde foi preso por múltiplas acusações de atentado ao pudor e enviado à prisão.

Três semanas depois, seu julgamento começou. Wilde se declarou inocente. Douglas, Robbie Ross e vários outros deixaram a Inglaterra para escapar de serem chamados como testemunhas ou processados. Wilde respondeu eloquentemente quando solicitado a definir "o amor que não ousa dizer seu nome"*. O julgamento terminou com um júri empatado. Wilde recebeu a possibilidade de pagar fiança e

---

* N.T.: Originalmente, essa expressão, bastante conhecida após os julgamentos de Oscar Wilde e citada em seu *De Profundis*, foi um verso do poema "Two Loves" de Lord Alfred Douglas, escrito em 1892 e publicado na revista *The Chameleon* em 1894.

foi encaminhado para a reclusão. Carson, que confrontou Wilde no primeiro julgamento, perguntou em particular ao procurador-geral: "Não podemos deixar esse sujeito de lado agora?"

Com tanto sensacionalismo e interesse em torno do caso, a resposta foi um retumbante "não": Wilde foi julgado novamente, desta vez com Alfred Taylor como coacusado. Ambos foram acusados de atentado ao pudor e conspiração para cometer atos de indecência. Taylor enfrentou acusações adicionais de lenocínio e tentativa de cometer sodomia. A promotoria convocou um desfile de homens da classe trabalhadora que receberam imunidade em troca de seu testemunho a respeito das atividades sórdidas de Wilde e Taylor. Outros indivíduos forneceram evidências que corroboraram tais testemunhos acerca da presença de Wilde em eventos e locais específicos. Sob os termos do Ato de Emenda à Lei Criminal de 1885, que incluía a Emenda Labouchère, os réus tinham o direito de testemunhar, e a eloquência de Wilde gerou aplausos da audiência no tribunal.

Embora os casos de Wilde e Taylor tenham sido encerrados e as acusações de conspiração retiradas, os dois foram condenados e sentenciados a dois anos de prisão com trabalhos forçados.

Na prisão, Wilde foi forçado, por horas, a caminhar em uma esteira penal para impulsionar um moinho de tração humana ou retirar fibras de cordas velhas. Não tinha permissão para falar com outros prisioneiros e foi proibido de escrever e ler qualquer coisa que não fosse a Bíblia, por vários meses. Sua saúde piorou acentuadamente, principalmente após sofrer uma queda que causou o rompimento de seu tímpano direito. Enquanto esteve na prisão de Reading, escreveu – mas não teve permissão para enviar – *De Profundis*, uma carta de 50 mil palavras para Bosie na qual disseca a própria vida, assume a responsabilidade por sua derrocada e encontra redenção espiritual. "Lamentar as próprias experiências é interromper o desenvolvimento." Wilde escreveu: "Negar as próprias experiências é colocar uma mentira nos lábios da própria vida. Nada menos que a negação da alma". Robbie Ross providenciou a publicação parcial desse texto em 1905, cinco anos após

Origens

a morte de Wilde, bastante empobrecido e com a saúde deteriorada, ocorrida no exílio, na França.[64]

O escândalo de Oscar Wilde captou a atenção da mídia de todo o mundo e moldou as formas da opinião popular em relação à homossexualidade por décadas. Jornais pela Europa, América do Norte e Império Britânico cobriram os julgamentos de Wilde. A maioria dos relatos condenou fortemente a homossexualidade do escritor, mas alguns comentaristas estrangeiros também retrataram Wilde como uma vítima do puritanismo sexual britânico.[65] As extravagâncias, o estilo e o brilhantismo de Wilde inspiravam em homens gays certa veneração, enquanto sua perseguição e destino trágico demonstravam os perigos da homossexualidade em uma cultura hostil. Quando o protagonista do romance de E. M. Forster, *Maurice*, vai a um médico especialista e confessa ser "um indescritível do tipo Oscar Wilde", a passagem evoca perfeitamente o medo da ruína pública e o peso da vergonha privada que muitos homens gays enfrentaram e que o próprio Forster tinha experimentado.[66]

Mas a prisão de Wilde também inspirou corajosos atos de resistência. Em 1896, Havelock Ellis publicou a edição traduzida para o alemão de *Sexual Inversion*. No ano seguinte, após remover boa parte das análises históricas e literárias que constituíam as contribuições de John Addington Symonds ao projeto que levavam em conjunto, Ellis publicou uma versão em inglês. Indignado pelas revisões não autorizadas, o executor literário de Symonds adquiriu e destruiu todos os exemplares impressos. Inabalável, Ellis recorreu a um editor de má reputação que publicou uma reimpressão alguns meses depois. O texto, o primeiro relato médico da homossexualidade originalmente publicado em inglês, descrevia francamente as relações entre homens como naturais e não merecedoras de condenação moral ou legal – uma rejeição enfática da justificativa que embasava o Ato de Emenda à Lei Criminal de 1885 e a condenação de Wilde. Mesmo depois que as autoridades processaram um livreiro por vender o livro, tendo por justificativa a violação da lei britânica de obscenidade, Ellis continuou escrevendo e falando publicamente sobre sexualidade até sua morte em 1939.[67]

O ultraje diante da prisão de Wilde também serviu de inspiração para Magnus Hirschfeld, um dos mais destacados ativistas na história do movimento internacional pelos direitos LGBT+. Médico judeu-alemão, Hirschfeld era assombrado por dois episódios que aconteceram no início de sua carreira na Medicina. A primeira foi uma palestra sobre "degenerescência sexual", na qual um homem gay, mantido em um asilo para doentes mentais por 30 anos, desfilou, nu, diante de sua turma de estudantes de Medicina. A segunda foi mais pessoal. Quando Hirschfeld começou a tratar pessoas que expressavam atração pelo mesmo sexo, um de seus pacientes era um oficial militar alemão noivo de uma mulher, embora tentasse conciliar sua homossexualidade com seu *status* social e o *ethos* masculino da cultura alemã. Na véspera de seu casamento, o soldado deu um tiro na cabeça, deixando para trás uma nota de suicídio afirmando ser a homossexualidade "uma maldição contra a natureza humana e a lei". Hirschfeld ficou abalado com tal acontecimento. Embora mantivesse a imparcialidade esperada de um cientista de sua época e, portanto, nunca discutisse publicamente sua própria homossexualidade, redobrou seus esforços para ajudar homossexuais a se aceitarem.[68]

Em 1896, Hirschfeld escreveu *Safo e Sócrates*, livro que se baseava no trabalho de Karl Heinrich Ulrichs e exigia a revogação do Parágrafo 175. Seguindo o Código Napoleônico, Hirschfeld argumentava que o Estado não deveria interferir nas relações sexuais consensuais entre adultos. Desafiando muitos de seus contemporâneos, especialmente Albert Moll, Hirschfeld rejeitava enfaticamente a noção de que a homossexualidade era uma patologia. Enquanto alguns homens gays afluíam ao seu consultório e ficavam aliviados quando ele dizia que estavam perfeitamente saudáveis, outros temiam que os apelos de Hirschfeld por reformas legais atraíssem atenção indesejada para todos eles.[69]

Hirschfeld recrutou os principais membros do Partido Social-Democrata (SPD*), incluindo o presidente do partido, August Bebel,

---

* N.T.: Partido Social-Democrata da Alemanha – em alemão, Sozialdemokratische Partei Deutschlands (SPD).

Origens

em sua pressão pela revogação do Parágrafo 175. Em maio de 1897, Hirschfeld e alguns membros do SPD fundaram o Comitê Científico-Humanitário (WhK, na sigla em alemão), a primeira organização mundial de defesa dos direitos de gays e transgêneros. Adotando o lema "Pela ciência para a justiça", o WhK solicitou pesquisas para desmascarar preconceitos antigay e iniciou uma petição pedindo a descriminalização da conduta homossexual privada e consensual entre homens com mais de 16 anos. Apesar da vigilância policial, Hirschfeld fez uma campanha vigorosa e reuniu mais de 900 assinaturas. Em janeiro de 1898, Bebel apresentou a petição ao Reichstag, mas ela foi rejeitada de forma decisiva. Embora o esforço para revogar o Parágrafo 175 tenha falhado, ele catapultou os direitos dos homossexuais para o discurso político alemão, e Hirschfeld pôde prosseguir sua pesquisa sobre a natureza e as causas da homossexualidade.[70]

Como seus equivalentes na Irlanda e na Inglaterra, os políticos alemães usaram como arma alegações de homossexualidade na esperança de manchar a reputação dos rivais e promover seus objetivos. No ano de 1902, em uma tentativa equivocada de ganhar simpatia pela revogação do Parágrafo 175 e promover a causa do socialismo, o jornal social-democrata *Vorwärts* ("Avante") revelou que as autoridades da Ilha de Capri expulsaram o magnata do aço alemão, Alfred Krupp, por causa de suas atividades homossexuais. O "vício burguês" de Krupp, alegou o jornal, refletia a decadência das elites capitalistas estreitamente alinhadas com o Kaiser Guilherme II. Depois que o transtornado Krupp cometeu suicídio em 1903, Guilherme II elogiou seu amigo como um patriota e empresário talentoso. A notícia do escândalo Krupp varreu a Europa, e surgiram novos epítetos associando a homossexualidade à Alemanha. Os italianos usavam a expressão *"La Berlinese"*, e os franceses, *"Le vice allemand"*.[71]

Mas o caso Krupp também gerou simpatia pelos homossexuais e ajudou a alimentar o crescimento e a internacionalização do WhK. Filiais surgiram por toda a Alemanha. Após se reorganizar em 1906, o WhK ampliou a composição geográfica de seu conselho e integrou

28 membros de diversos países além da Alemanha – Áustria, Suíça, Holanda, Dinamarca, Inglaterra, Itália e Bélgica.[72] A organização continuou defendendo a revogação do Parágrafo 175. Em 1907, havia reunido mais de 6 mil assinaturas em uma petição pró-revogação, incluindo centenas de médicos e luminares como Hermann Hesse, Käthe Kollwitz, Albert Einstein e Rainer Maria Rilke. Além disso, fóruns regulares sobre homossexualidade eram promovidos por tal organização, que também publicou diversas edições de *Was Soll das Volk vom dritten Geschlecht Wissen?* ("O que é preciso saber a respeito do terceiro sexo?") e realizou conferências públicas (em geral, ministradas por Hirschfeld). O WhK divulgava suas atividades e as pesquisas de Hirschfeld através da publicação *Jahrbuch für sexuelle Zwischenstufen* ("Anuário para tipos de sexualidades intermediárias"), publicado de forma consistente de 1899 a 1923, além de um relatório mensal destinado aos membros, que foi editado até 1933. Todas essas publicações do WhK e outras eram enviadas a funcionários do governo para possíveis reformas no Código Penal e para bibliotecas em toda a Europa. Com o crescimento da reputação internacional de Hirschfeld, surgiam interessados da Rússia, da Holanda, dos países escandinavos, da Bélgica e da Itália em busca de colaboração científica e política com ele.[73]

Mesmo com todos esses sucessos, o papel desempenhado por Hirschfeld em um novo escândalo comprometeu o WhK. Em 1907, Maximillian Harden, editor de uma revista de notícias alinhada com a social-democracia, *Die Zukunft* ("O futuro"), acreditava que a política externa de Guilherme II estava enfraquecendo a Alemanha internacionalmente e que o imperador estava muito próximo dos diplomatas franceses, operando contra os interesses nacionais. Ele escreveu, então, um artigo acusando o conde Kuno von Moltke e o príncipe Philip von Eulenburg – ambos amigos e conselheiros de confiança de Guilherme II – de participação em festas homossexuais no castelo Liebenberg, pertencente a Eulenburg. Harden afirmou que Eulenburg era vulnerável a chantagens e que a amizade do príncipe com Raymond Lecomte, um diplomata francês, representava risco à segurança nacional.

Origens

Harden estava especialmente indignado com os trejeitos femininos, a indecisão e o gosto por poesia e canto de Eulenburg. O editor considerava essas características contrárias aos ideais masculinos que sustentariam a *Realpolitik*, estratégia usada por seu falecido amigo Otto von Bismarck para unificar e fortalecer a Alemanha moderna antes de ser deposto de seu cargo de primeiro chanceler por Guilherme II em 1890. Enfurecido pelas alegações de Harden, o Kaiser expulsou Moltke e Eulenburg de sua corte e exigiu que ambos respondessem à calúnia do jornalista.

Forçado a se defender, Moltke primeiro desafiou o editor para um duelo, que não foi realizado, e depois apresentou acusações formais de difamação contra Harden. Ao mesmo tempo, Eulenburg foi julgado por perjúrio por ter mentido sob juramento em outro julgamento por calúnia relativamente semelhante. Ao longo de meses, em processos judiciais amplamente cobertos pela imprensa alemã e europeia, Eulenburg e outros oficiais militares prussianos e aristocratas ligados ao Kaiser foram acusados de envolvimento em atividades homossexuais. Em vez de tentar provar que Moltke havia se envolvido em atos homossexuais, a defesa de Harden argumentou que Moltke tinha uma "orientação" homossexual. A ex-esposa do conde, Lilly von Elbe, foi chamada e testemunhou que a amizade de Moltke e Eulenburg desempenhara papel considerável no fracasso do casamento de ambos, que durou três anos (provavelmente, não foi consumado). Para fundamentar suas alegações sobre identidade sexual, a defesa chamou Hirschfeld como testemunha especializada. Embora nunca tivesse examinado Moltke fisicamente, Hirschfeld atestou que ele era inconscientemente homossexual e não havia violado o Parágrafo 175 porque não havia se envolvido em atos homossexuais. Os homossexuais, afirmou Hirschfeld, podiam experimentar o amor platônico exatamente como os heterossexuais. Convencido de que Moltke era homossexual (mesmo sem expressá-lo fisicamente), o júri considerou Harden inocente de difamação.

Indignado com o veredicto, que salpicava até mesmo sobre o Kaiser, o procurador-geral da Prússia apelou e o juiz presidente ordenou um segundo julgamento. Os advogados de Moltke descreveram Lilly von

63

Elbe como vingativa e histérica. Voltando atrás em seu testemunho original, Hirschfeld afirmou que Eulenburg e Moltke eram apenas amigos. Convencido de que Moltke era heterossexual, o segundo júri considerou Harden culpado de difamação e ele foi condenado a quatro meses de prisão. Após os escândalos de Eulenburg, a reputação de Hirschfeld foi profundamente abalada. Ele foi vilipendiado pela imprensa e alvo de ataques antissemitas e homofóbicos constantes. O número de membros do WhK despencou e os detratores de Hirschfeld ganharam força.[74]

Enquanto o WhK sofria reveses na Alemanha, os homossexuais da Rússia eram agraciados por uma recente abertura. No final do século XIX, subculturas homossexuais razoavelmente visíveis se desenvolveram em São Petersburgo e Moscou. Embora as sanções criminais por sodomia consensual entre homens continuassem duras, os processos eram cada vez mais raros em 1900. Devido aos laços estreitos entre aristocratas e a autocracia czarista, as indiscrições dessa natureza eram tratadas em particular e não havia equivalente russo ao escândalo da Cleveland Street ou aos julgamentos de Oscar Wilde. Em 1903, Vladimir Nabokov, fundador do Partido Democrata Constitucional e pai do autor de *Lolita*, escreveu um artigo sobre a situação legal dos homossexuais pedindo ao Estado que encerrasse seus processos por atividades privadas e consensuais entre pessoas do mesmo sexo.

Após levantes populares em 1905, que persuadiram o czar Nicolau II a transformar a autocracia russa em monarquia constitucional, liberais e socialistas passaram a debater se a sexualidade devia ser regulamentada. A censura de materiais impressos terminou. Pessoas abertamente gays eram proeminentes na corte imperial e nos círculos culturais russos. Em 1906, o escritor e poeta gay Mikhail Kuzmin publicou *Asas*, um romance semiautobiográfico bem recebido. No ano seguinte, Lidiia Zinov-eva-Annibal publicou *Trinta e três monstros*, um romance não tão bem-sucedido, com descrições francas de lesbianismo. Em 1908, a publicação da antologia *Pessoas de sexo intermediário* deu aos russos acesso a trechos traduzidos de trabalhos críticos contemporâneos sobre homossexualidade, incluindo pesquisas de Ulrichs,

Origens

Krafft-Ebing, do psicanalista Sigmund Freud, de Edward Carpenter e outros; também havia na coletânea relatos autográficos de "invertidos" de vários países, transcrições dos julgamentos de Oscar Wilde e de uma reunião do WhK. Traduções russas de textos completos sobre homossexualidade também foram divulgadas. Nos anos anteriores à Revolução Bolchevique, comentaristas de todo o espectro político debatiam acaloradamente temas como a emancipação homossexual e a descriminalização da sodomia.[75]

Tais mudanças encorajaram Magnus Hirschfeld a perseverar, mesmo após o embaraço causado pelo escândalo de Eulenburg. Ele lançou novos projetos de pesquisa e publicação, continuou dando palestras internacionais e colaborou com outros ativistas e sexólogos. Rejeitando a configuração binária, de gênero fixo definido a partir das normas de masculino e feminino artificialmente construídas, Hirschfeld antecipou a noção de "fluidez de gênero". Ele havia estudado pessoas intersexo para cunhar a expressão "travesti". Mesmo não adotando um termo mais específico, "transgênero", ele se tornou o primeiro pesquisador a distinguir *crossdressing*, transgeneridade e homossexualidade. Em 1909, quando o parlamento alemão avaliava a expansão do Parágrafo 175 para incluir em suas proibições os atos sexuais entre mulheres, Hirschfeld uniu forças com as principais feministas alemãs para fazer *lobby* contra tal proposta de mudança legal.[76] Em 1911, logo após o governo holandês criminalizar o sexo homossexual entre adultos e jovens ou mulheres com menos de 21 anos (a idade de consentimento para relações heterossexuais era 16), ativistas liderados pelo jurista liberal Jacob Schorer e pelo antropólogo criminal Arnold Aletrino lançaram o Nederlandsch Wetenschappelijk Humanitai Komittee, cuja sigla era NWHK (Comitê Científico-Humanitário Holandês), um desdobramento do WhK. O NWHK administrava uma biblioteca, editava publicações e divulgava relatórios destinados a estudantes, autoridades legais e médicos. Quando Hirschfeld deu uma palestra para 2 mil médicos no XIV Congresso Internacional de Medicina em Londres, realizado em agosto de 1913, sua apresentação de fotografias e diagramas de "tipos intermediários" masculinos e femininos eletrizou o público, que incluía Havelock Ellis e Edward Carpenter. Percebendo a necessidade de educar o público britânico sobre a homossexualidade, Carpenter e Ellis cofundaram a British Society for the Study of Sex Psychology (BSSSP – Sociedade Britânica para o Estudo da Psicologia do Sexo). Os organizadores do Primeiro Congresso Internacional de Pesquisa Sexual, que seria realizado em Berlim, no mês de novembro de 1914, convidaram Carpenter para realizar uma apresentação.[77]

Mas no momento em que tais parcerias transnacionais começaram a ganhar força, a turbulência política e a guerra engolfaram o continente europeu. Embora as reuniões internacionais de sexólogos e defensores dos direitos homossexuais tenham sido suspensas durante a Primeira Guerra Mundial, as alianças e trocas intelectuais entre esses indivíduos prepararam o terreno para futuros esforços de organização e geraram nova visibilidade para as pessoas atraídas pelo mesmo sexo. Liderados por pioneiros como Walt Whitman, Karl Heinrich Ulrichs e Károly Mária Kertbeny, os homossexuais passaram a dispor de novas estruturas e linguagem para entender sua experiência de vida, elementos que sequer existiam 50 anos antes. Mas leis como o Parágrafo 175 e modelos médicos que definiam a homossexualidade como patologia também moldaram a identidade gay e a vida cotidiana. A possibilidade de exposição, escândalo, prisão ou violência pairava sobre aqueles que praticavam – ou eram tidos como praticantes de – atividades sexuais entre pessoas do mesmo sexo. Contudo, após duas guerras globais, surgiria um movimento internacional de direitos LGBT+ mais assertivo e coeso.

Protestos
e perseguição,
1914-1945

A deflagração da Primeira Guerra Mundial em agosto de 1914 causou a interrupção dos ainda incipientes esforços de organização transnacional. Assim, se as tensões do período de guerra exacerbaram suspeitas direcionadas aos homossexuais, o conflito igualmente criou oportunidades para homens e mulheres gays demonstrarem seu patriotismo e aprofundarem suas interações e intimidade. Os sacrifícios feitos na época da guerra impulsionaram exigências de cidadania integral. Dessa forma, na década de 1920, ampliou-se consideravelmente a visibilidade das subculturas gay e lésbica, surgiram os primeiros movimentos emancipatórios de massa e a militância pela emancipação transnacional foi revigorada.

Entretanto, novas ameaças também surgiram. As autoridades tentaram criminalizar o sexo lésbico, além de censurar expressões cinematográficas e literárias do desejo pelo mesmo sexo. Grupos políticos da extrema direita demonizaram pessoas que contestavam as normas de gênero da heterossexualidade. Com a ascensão do fascismo, legislações e violência antigay ganharam força, ocasionando a suspensão das atividades de emancipação homossexual por toda a Europa. Com a Segunda Guerra Mundial houve, mais uma vez, essa mistura de perseguição e liberação para gays e lésbicas nas forças armadas e na retaguarda do conflito. Após a guerra, novas organizações homossexuais forjaram elos transnacionais, através da articulação de uma visão sobre a igualdade LGBT+ em termos internacionais, contestando as ortodoxias da época e as tensões da Guerra Fria.

No início do século XX, as noções mais usuais de sexo e gênero passavam por mudanças. Nos EUA, jornais publicavam matérias abordando casos de mulheres para as quais foi determinada uma identidade feminina no nascimento, mas que escolheram viver como homens.[78] Sexólogos, como Magnus Hirschfeld, começaram a trabalhar com a distinção entre identidade de gênero e homossexualidade, rejeitando a ideia de que apenas aqueles que não se conformavam externamente aos papéis de gênero vistos como apropriados experimentavam desejo pelo mesmo sexo. Na década de 1910, o fisiologista austríaco Eugen Steinach realizou cirurgias de "transplante" em ratos e outras cobaias. Ele demonstrou que "roedores macho, castrados na infância, ao receberem implantes de ovários desenvolveram certas características, que incluíam comportamento sexual associado às fêmeas, da mesma forma que roedores fêmea, igualmente castradas na infância e tendo testículos implantados, desenvolveram certas características, incluindo o comportamento sexual, de machos". O trabalho de Steinach inspirou seu colega Robert Lichtenstein na realização de tais transplantes em seres humanos. Lichtenstein removeu testículos que não desceram* de homens saudáveis e os implantou no abdômen de homens que jamais os desenvolveram ou que, por doença ou ferimento, haviam perdido seus testículos. Steinach e Lichtenstein colaboraram, também, nos esforços, malsucedidos, de "curar" alguns

---

* N.T.: Trata-se da condição médica conhecida como criptorquidia, quando há uma falha no movimento de descida dos testículos – apenas um deles ou ambos – ao escroto.

homossexuais do sexo masculino através da remoção cirúrgica de um de seus testículos seguida da implantação do mesmo órgão retirado de homem heterossexual. No início dos anos 1920, alguns cirurgiões europeus realizaram cirurgias experimentais de troca de sexo em humanos.[79]

No início de 1905, Sigmund Freud acrescentou uma dimensão psicológica às teorias sobre sexualidade, com a distinção entre o *objeto* do desejo sexual e sua *finalidade* (em outras palavras, o que se deseja realizar com o objeto de seus desejos). Freud argumentava que desvios em relação à norma poderiam acontecer nos dois casos. Ele também postulava que humanos nasciam com uma libido instintiva que avançava por cinco estágios psicossexuais (oral, anal, fálico, latente e genital). Se um indivíduo experimentasse frustrações sexuais em qualquer desses estágios, prosseguia Freud, essa pessoa (homem ou mulher) manteria ansiedades que levariam à neurose na idade adulta. Embora Freud não fizesse distinções morais entre heterossexuais e homossexuais a partir da descrição de tal processo, a ideia de um "atraso de desenvolvimento" contribuiu para a crença de que a identidade sexual poderia ser moldada pelo ambiente no qual a criança se desenvolveria – portanto "curada", se tal identidade fosse considerada anormal.[80]

Em agosto de 1913, Havelock Ellis e Edward Carpenter fundaram conjuntamente a British Society for the Study of Sex Psychology (BSSSP – Sociedade Britânica para o Estudo da Psicologia do Sexo), um fórum de discussão das teorias mais recentes a respeito da sexualidade. Inspirado pelo Comitê Científico-Humanitário de Magnus Hirschfeld (WhK, na sigla em alemão), a BSSSP teve como foco inicial a reforma da lei a respeito da homossexualidade, mas ampliou o escopo dessa agenda para incluir prostituição, doenças sexualmente transmissíveis, controle de natalidade e muitas outras questões relacionadas ao sexo. Desde o princípio, a BSSSP foi acolhedora com as mulheres na organização de leituras públicas, publicação de materiais e estruturação de uma biblioteca privada, voltada às questões da sexualidade.[81]

Apesar da escalada dos conflitos políticos entre os Estados europeus, iniciativas pró-reforma sexual tentaram remodelar pontos de vista populares. Porém um escândalo envolvendo o coronel Alfred Redl evidenciou os receios profundos da época em relação à homossexualidade. Nono de 14 filhos de um funcionário ferroviário pobre e sua esposa, ambos naturais da Galícia, Redl transcendeu suas origens humildes e frequentou uma escola militar austríaca, além do Colégio de Guerra Imperial. Fluente em ucraniano, russo e polonês, ele galgou postos no exército austro-húngaro e tornou-se chefe das operações de contrainteligência em 1907. Redl introduziu inovações, incluindo um banco de dados de impressões digitais e o uso de equipamentos de vigilância rudimentares. Contudo, ele operava, simultaneamente, como agente duplo para a Rússia. Por receber pagamentos generosos em troca dos segredos militares de alta confidencialidade que revelava, adotou um estilo de vida opulento, que evidentemente excedia suas fontes legítimas de renda. Ofereceu a seu amante, oficial da cavalaria austríaca, um apartamento luxuoso. Quando seus superiores suspeitaram de vazamento interno nos serviços de inteligência, Redl ludibriou os esforços deles para descobrir a fonte.

Redl não viveria para ver o continente europeu mergulhado na guerra ou nas consequências devastadoras de sua traição. Em 25 de maio de 1913, depois de ser confrontado por seus sucessores do serviço de inteligência austro-húngaro com provas de suas atividades de espionagem para a Rússia, Redl foi deixado sozinho com um revólver, de forma intencional. Ele, então, se suicidou. As autoridades invadiram suas propriedades e descobriram cartas perfumadas, planos de batalha austríacos e fotos de Redl envolvido em atos sexuais com outros soldados austríacos, muitos dos quais vestidos com roupas femininas e usando maquiagem. As revelações a respeito da homossexualidade de Redl, combinadas com suas atividades de agente duplo, causaram espanto em todo o Império Habsburgo e alimentaram a ideia de que os homossexuais representavam um grave perigo para a segurança nacional. Como forma de desviar a atenção de suas falhas na supervisão da inteligência e na estratégia militar, membros do Estado-Maior do Exército Austro-Húngaro culparam Redl pelas enormes perdas que suas forças sofreram na Galícia, e também por uma invasão fracassada da Sérvia no início da Primeira Guerra Mundial. Posteriormente, os serviços de inteligência em todo o mundo citariam o caso Redl como justificativa para barrar homossexuais de cargos governamentais que exigiam sigilo e confidencialidade.[82]

Contudo, o patriotismo da guerra inspirou homens e mulheres gays a desafiarem tal exclusão. Na Áustria, uma nova sucursal do WhK foi inaugurada em Viena e logo se engajou na organização de conferências públicas para combater os estereótipos antigay exacerbados pelo escândalo de Redl.[83] Embora a Grã-Bretanha tenha condenado por homossexualidade, durante o conflito, 22 oficiais e 270 soldados, não processou milhares de homens gays que serviam honradamente. As autoridades militares alemãs adotaram postura similar. Ainda que houvesse processos criminais dirigidos contra investidas sexuais de homens com homens, optou-se por ignorar a maior parte dos episódios de sexo consensual entre os soldados, pois se assumia que tais atos resultavam da privação sexual em tempo de guerra, além de não ser desejável chamar a atenção para a presença de homossexuais na corporação militar. Por meio do serviço militar e da participação em grupos como os escoteiros na Grã-Bretanha e o Wandervögel na Alemanha, os homens gays demonstravam ideais de masculinidade que contrariavam os estereótipos relacionados ao homossexual afeminado. Poetas e escritores como Wilfred Owen, Siegfried Sassoon e Marcel Proust retrataram com eloquência os laços homossociais entre soldados. A guerra também gerou maior consciência do lesbianismo. As campanhas de recrutamento de mulheres para servir em funções auxiliares nas forças armadas alimentaram o medo de que esse trabalho fosse "antinatural". Mais tarde, porém, a imprensa elogiou o bom desempenho das mulheres em papéis tradicionalmente "masculinos", ajudando assim a ampliar as noções aceitas de feminilidade.[84]

Magnus Hirschfeld também abraçou a Primeira Guerra Mundial como uma excelente oportunidade para que os homossexuais pudessem provar seu caráter e sua coragem. Embora o WhK tivesse apenas 105 membros em 1914, sua visibilidade e a proeminência de seus simpatizantes dava à organização certa influência política. Hirschfeld orientou milhares de homens e mulheres de nacionalidade alemã acerca de como se passar por soldado "normal". Ele dissuadiu, com sucesso, as autoridades militares alemãs de impor penas rigorosas a soldados que se engajassem em atos consensuais de natureza homossexual ou *crossdressing*. O WhK suspendeu sua campanha de petição pela revogação do Parágrafo 175 (que então alcançara quase 5 mil signatários, entre médicos, professores e outros) e concentrou-se no envio de pacotes de assistência aos membros de sua organização que serviam nas Forças Armadas. Ao longo da guerra, contudo, as experiências de Hirschfeld trabalhando em um hospital da Cruz Vermelha fora de Berlim seriam determinantes para fazer dele um ativista pela paz. Deixando de lado suas esperanças de que o serviço militar em combate ajudaria na eliminação dos estereótipos antigay, Hirschfeld voltou suas energias para o término da guerra: ingressou na Liga por uma Nova Pátria, aliança de pacifistas da Alemanha, Suíça, Holanda e Inglaterra. O WhK publicou artigos de seus membros britânicos e enfatizou a necessidade contínua de solidariedade transnacional entre os homossexuais.[85]

Tais ligações eram difíceis de manter quando, em um período de guerra, havia todo um esforço em utilizar estereótipos de gênero e sexualidade para demonizar os adversários. As descrições que os sexólogos faziam de "invertidos" e os escândalos mais recentes daquela época alimentavam ideias a respeito dos homossexuais como indivíduos suspeitos, fracos, covardes, facilmente dominados por chantagistas. Na Inglaterra, os conservadores intensificavam a xenofobia e o nacionalismo em seus ataques ao Partido Liberal e ao primeiro-ministro Herbert Asquith. Utilizando as noções forjadas pelo escândalo de Eulenburg, jornalistas como Lorde Alfred "Bosie" Douglas afirmavam que a Alemanha pretendia minar os esforços de guerra britânicos através da exportação da degenerescência homossexual. Ironicamente, Douglas fora o infame parceiro de Oscar Wilde anos antes, mas posteriormente passou a considerar-se um cruzado da pureza moral. Em maio de 1916, Arnold White ecoou as denúncias de Douglas em artigo para o conservador *English Review*, ao denunciar "a invasão moral e espiritual da Grã-Bretanha por *Urnings* [homossexuais] alemães e seus agentes, tendo por missão solapar o patriotismo, a energia, o intelecto e o moral não apenas dos membros da marinha e do exército britânicos, mas também de nossos líderes mais proeminentes".[86]

Da mesma forma que nos tempos de paz, políticos utilizavam alegações de homossexualidade como um poderoso instrumento para destruir um oponente ou gerar publicidade. Como consequência da Revolta da Páscoa de 1916, as autoridades britânicas desacreditaram *Sir* Roger Casement, um eloquente nacionalista irlandês, ao expor sua homossexualidade da forma mais sórdida possível. Foi uma reviravolta impressionante em relação às honras que o governo britânico havia concedido anteriormente a Casement. Nascido em Dublin no ano de 1864, Casement trabalhou na indústria naval em Liverpool e na África Ocidental. Assim, ligou-se ao Serviço Colonial Britânico e ganhou fama por detalhar horríveis abusos na exploração do trabalho em plantações de borracha do Congo Belga, descobertas que desencadearam grandes reformas na colônia. Em 1910, Casement ganhou elogios adicionais por seu relatório sobre o tratamento terrível dispensado aos indígenas amazônicos nas plantações de borracha peruanas. Em 1911, como reconhecimento ao seu trabalho inovador de direitos humanos, George V nomeou Casement cavaleiro. Após sua aposentadoria no ano seguinte, Casement se juntou ao movimento nacionalista irlandês, viajando para os Estados Unidos com o objetivo de promover essa causa. Em outubro de 1914, foi para a Alemanha em um esforço fracassado de persuadir o governo alemão a libertar prisioneiros de guerra irlandeses, para que eles pudessem se juntar a uma revolta popular contra a Grã-Bretanha. Tomou a imprudente decisão de retornar à Irlanda em um submarino alemão; foi capturado pelos britânicos, enviado ao cárcere e sentenciado à morte por traição. Lembrando o célebre humanitarismo de Casement, muitos britânicos pediram clemência.

A promotoria não se comoveu e buscou destruir a reputação de Casement. Assim, apresentou os "diários negros", privados e íntimos, de Casement, referentes aos anos de 1903, 1905, 1910 e 1911 – enviados para George V, membros do parlamento, o arcebispo de Canterbury e o embaixador dos EUA na Grã-Bretanha. Os "diários negros" forneciam detalhes extremamente explícitos dos encontros e dos parceiros sexuais de Casement (muitos dos quais eram pagos) durante seus anos de serviço colonial. Embora não excluíssem a possibilidade de esses diários serem forjados, os camaradas nacionalistas irlandeses de Casement não estavam dispostos a defender um colega cujo comportamento era caracterizado como vergonhoso e que violara as leis britânicas. Casement foi enforcado no dia 3 de agosto de 1916.[87]

No início de 1918, o membro do parlamento e ativista na cruzada pela purificação moral Noel Pemberton Billing ligava o desejo pelo mesmo sexo a uma conspiração judaico-alemã, responsável, aos olhos do parlamentar, pelo enfraquecimento do esforço de guerra britânico. Para tornar pública tal visão, encarregou o capitão Harold Spencer, assistente editorial do *Imperialist* e do *Vigilante*, dois periódicos que pertenciam a Billing, de publicar material com alegações de que o serviço secreto alemão mantinha um "livro negro", em que estariam listados 47 mil homens e mulheres britânicos, incluindo "esposas de ministros, dançarinas e mesmo alguns ministros", cujas "perversões sexuais" fariam de todos eles alvos fáceis para chantagistas. A 16 de fevereiro de 1918, Spencer, que havia sido expulso do exército britânico por "insanidade delirante", publicou um artigo intitulado "The Cult of Clitoris" (O Culto ao Clitóris), no qual sugeria que espectadores que estavam na apresentação privada realizada pela dançarina Maud Allan da peça *Salomé*, escrita por Oscar Wilde, provavelmente estariam entre os 47 mil listados no notório "livro negro" alemão.

Como Pemberton Billing esperava, Maud Allan o processou por difamação, dando a ele uma audiência muito mais ampla que aquela da Câmara dos Comuns para que pudesse lançar suas alegações de que haveria insubordinação e decadência no seio do Partido Liberal e da elite britânica. No final de maio, quando o julgamento do processo por difamação, que duraria sete dias, começou, atraiu grandes multidões e ampla cobertura jornalística tanto na Grã-Bretanha quanto em toda a Europa. A notoriedade de Maud Allan acrescentou uma camada extra de drama. Nascida no Canadá, criada em São Francisco e educada na Alemanha, Maud Allan era renomada dançarina, célebre por suas apresentações eróticas de *Salomé* no Palace Theatre em Londres. Allan tinha admiradores na realeza e patrocinadores influentes, mas já havia sido criticada por defensores da moral puritana. Seu relacionamento próximo com Margot Asquith, esposa do primeiro-ministro Herbert Asquith, gerou rumores de lesbianismo. A partir de 1910 e por 20 anos, Margot cuidou das despesas do apartamento de Maud Allan em Regent Park.

Concentrando-se no uso da palavra "clitóris" feito no artigo de Spencer, os advogados de Maud Allan argumentaram que a própria palavra sugeria lesbianismo e ninfomania – manchando, dessa forma, a reputação da "dama cujo nome encontra-se associado a tal expressão". Em resposta, Pemberton Billing, que atuou como advogado de si mesmo nesse processo, buscou provar suas alegações sobre a imoralidade sexual de Maud Allan. Apresentou a formação inicial dela em piano, realizada na cidade de Berlim, como prova das simpatias alemãs da dançarina. Tomando por base o célebre escândalo de Oscar Wilde, insinuou que a decisão de Allan de interpretar a *Salomé*, escrita por tal dramaturgo caído em desgraça, junto à amizade íntima desta com Margot Asquith, eram elementos que refletiam a própria perversidade de sua adversária. Depois que Allan admitiu no interrogatório que estava familiarizada com o termo "clitóris", Pemberton Billing argumentou que apenas uma mulher sexualmente desviada possuiria tal conhecimento. Essas táticas funcionaram. O juiz inocentou Pemberton Billing de difamação enquanto os aplausos irrompiam no tribunal. Humilhada publicamente, Allan desistiu de suas apresentações e passou a ensinar dança. Mais tarde, fugiu para Los Angeles, onde viveu com Verna Aldrich, uma secretária que se tornou sua amante, até sua morte aos 84 anos em 1956.[88]

Maud Allan como Salomé,
mostrada aqui com a cabeça de João Batista.

Como a absolvição de Pemberton Billing, a supressão do romance *Despised and Rejected* (Desprezados e rejeitados) de Rose Allatini, em 1918, refletiu ansiedades profundas na sociedade britânica durante a Primeira Guerra Mundial. Pacifista, Allatini publicou o romance sob o pseudônimo de A. T. Fitzroy; o livro conta a história de Antoinette, uma mulher bissexual, e Dennis, um homem homossexual, objetor de consciência. Com medo de que a temática dupla do livro, heterodoxia sexual e pacifismo, pudesse dissuadir os homens de ingressar nas forças armadas, o governo britânico proibiu o livro sob os termos da Lei de Defesa Territorial* e destruiu todas as cópias não vendidas.[89]

À medida que a guerra se aproximava de seu término, novas esperanças e novas ameaças surgiam para gays e lésbicas em todo o mundo. Na Rússia, a derrubada do czar Nicolau II e a eclosão da Revolução Bolchevique provocaram mudanças significativas para os

---

* N.T.: Em inglês, Defence of the Realm Act (Dora). Trata-se de uma legislação, aprovada a 8 de agosto de 1914, quatro dias após a entrada da Grã-Bretanha na Primeira Guerra Mundial, implementada conforme o conflito se desenrolava. Dava ao governo uma série de poderes, bastante amplos, durante o período de guerra, que incluíam a possibilidade de confiscar edifícios ou terra em nome do esforço de guerra, ou criar novas legislações para enquadrar crimes específicos.

Protestos e perseguição, 1914-1945

homossexuais. Após a tomada de poder em 1917, os bolcheviques aboliram a legislação criminal czarista em sua totalidade.[90] Rejeitando a perspectiva de que o Estado ou a Igreja Ortodoxa deveriam regulamentar o comportamento sexual privado, o novo poder defendia o "amor livre" e legalizou o divórcio, a prostituição, o aborto e o controle de natalidade. Depois de anos gastos em lentas deliberações, seriam adotadas as novas legislações criminais da Rússia em 1922 e 1926, que descriminalizavam *muzhelozhstvo* (sexo anal e consensual entre dois homens adultos). A abolição das penalidades legais para a sodomia entre homens, realizada pelos bolcheviques, foi celebrada internacionalmente como o maior avanço nessa área desde a descriminalização das relações entre homossexuais do sexo masculino ocorrida na França em 1791 e 1804.

Mas a descriminalização do sexo gay não indicava a aceitação da homossexualidade pelos bolcheviques. Em 1919, o Comissariado de Justiça processou o bispo Palladi de Zvenigorod por "corrupção de um jovem" e por vício antinatural (pederastia), o que resultou em condenação a cinco anos de prisão. Embora tal julgamento fosse resultado do ataque mais amplo realizado pelos bolcheviques à Igreja Ortodoxa russa, também refletiu a associação comunista da homossexualidade tanto com vício burguês quanto com decadência aristocrática que teria existido na Rússia pré-revolucionária. Além disso, os bolcheviques abraçaram a visão médica que definia a homossexualidade como uma patologia que poderia ser curada. Mesmo após as mudanças legais de 1922 e 1926, os homossexuais ainda podiam ser processados (embora nenhum fosse) por "satisfação da luxúria sexual em formas pervertidas" – linguagem vaga que mais tarde foi interpretada de forma a incluir o sexo entre homens, sexo entre mulheres ou sexo anal, independentemente do gênero dos parceiros.[91]

As notícias da Revolução Bolchevique eletrizaram esquerdistas e reformadores em todo o mundo. Na Alemanha, o WhK alinhou-se firmemente às forças que clamavam pelo fim da monarquia e do militarismo. A 10 de novembro de 1918, um dia antes da rendição oficial da Alemanha, a Liga por uma Nova Pátria convidou Hirschfeld para falar diante de uma multidão de 4 mil pessoas reunidas do lado de fora do Reichstag. Tendo como pano de fundo as balas que voavam devido ao choque entre a Guarda Vermelha e apoiadores do Kaiser nas proximidades, Hirschfeld fez um discurso empolgante em que clamava por uma revolução socialista e pela revogação do Parágrafo 175. Após o estabelecimento da República de Weimar, o WhK enviou uma delegação solicitando ao novo governo a libertação imediata de todos os prisioneiros detidos por violações do Parágrafo 175. Embora o pedido do WhK tenha sido negado, o relaxamento das restrições por parte do Estado, que logo chegou à mídia, beneficiaria os defensores da emancipação homossexual.[92]

Em maio de 1919, o cineasta Richard Oswald lançou *Diferente dos outros*, provavelmente o primeiro filme favorável aos gays da história. Escrito por Hirschfeld e Oswald, o filme abre com Paul Körner, um famoso violinista, lendo os imprecisos obituários de homens que cometeram suicídio por causa do Parágrafo 175. Em seguida, Körner atende a solicitação de Kurt Sivers para ter aulas de violino, e os dois homens acabam se apaixonando, para grande pesar de suas famílias. Interpretando "o médico", Magnus Hirschfeld faz várias participações no filme, em discursos explicativos a respeito de suas teorias sobre o sexo intermediário e os motivos pelos quais a homossexualidade não deveria ser ilegal. Quando Körner e Sivers se tornam mais abertos sobre seu relacionamento, são vistos em um parque por Franz Bollek, homem que chantageou Körner anos antes, após conhecê-lo em uma festa à fantasia. Bollek, mais tarde, aborda Körner sozinho e exige dinheiro em troca de não expor a homossexualidade de Sivers. Por meio de *flashbacks*, os espectadores descobrem como Körner tomou conhecimento de sua identidade sexual e, em um primeiro momento, tentou mudá-la por meio de hipnose terapêutica, mas depois a aceitou. Embora Körner comece a pagar Bollek, para proteger Sivers, as exigências desse chantagista aumentam e Sivers foge quando descobre que seu amante é vítima de extorsão. Bollek, então, entrega Körner à

Protestos e perseguição, 1914-1945

polícia; Körner é sentenciado pelo juiz a uma semana de prisão. Com sua reputação e carreira destruídas, Körner se mata ingerindo cianeto. O filme termina com o *close* de uma mão riscando o Parágrafo 175 de um livro de Direito.

As exibições tiveram, inicialmente, boa audiência. Mas grupos católicos, protestantes e de direita logo começaram a protestar contra o filme. Essas manifestações desencadearam um debate nacional sobre a censura. Em defesa do filme, Hirschfeld fez exibições para membros da Assembleia Nacional de Weimar e funcionários do governo. Mas não obteve sucesso em alterar a situação. Em maio de 1920, os parlamentares de Weimar aprovaram a criação de um conselho nacional de análise cinematográfica. Por recomendação de um psiquiatra e dois sexólogos, oponentes conhecidos de Hirschfeld, o conselho recomendou que as exibições públicas de *Diferente dos outros* fossem proibidas, alegando que era tendencioso contra o Parágrafo 175 e poderia confundir os jovens no que dizia respeito à homossexualidade. A proibição tornou-se lei em outubro de 1920. No entanto, na prática, a censura de conteúdo sexual ocorreria de forma pouco frequente durante a República de Weimar.[93]

Magnus Hirschfeld (de óculos e bigode,
no canto inferior direito) segura a mão de seu
amante Karl Giese durante uma festa
à fantasia, promovida pelo Instituto de Ciência
da Sexualidade em Berlim, em 1920.

Enquanto a controvérsia sobre o filme aumentava, Hirschfeld usou recursos próprios para comprar um elegante edifício em Berlim com a finalidade de servir como depósito de sua vasta coleção de materiais a respeito da sexualidade, além de centro internacional de pesquisa e militância em torno de tal tema. Inaugurado em julho de 1919, o Institut für Sexualwissenschaft (ICS – Instituto de Ciência da Sexualidade) foi a primeira instituição desse tipo em todo o mundo. O ICS oferecia aconselhamento médico gratuito e suas palestras e instalações eram abertas ao público. Pinturas e fotografias de célebres invertidos e travestis decoravam as paredes. Embora continuasse como organização independente, o WhK abriu escritórios no prédio. O empreendimento foi um sucesso imediato e, ao ano, 20 mil pessoas visitavam o ICS em busca de informações a respeito de educação sexual, contracepção, aconselhamento conjugal, tratamento de doenças sexualmente transmissíveis e consultoria sobre questões que envolvessem gays e transgêneros. Visitantes famosos incluíram o autor anglo-americano Christopher Isherwood, o poeta inglês W. H. Auden, o escritor francês André Gide e o diretor de cinema russo Sergei Eisenstein. Todos os visitantes alemães eram encorajados a assinar a petição pedindo a revogação do Parágrafo 175.[94]

Como suas contrapartes na Europa, aqueles com desejos pelo mesmo sexo nos EUA experimentaram uma mistura de possibilidades abertas com diversos obstáculos durante os anos de guerra. Os estadunidenses estavam terrivelmente divididos em clivagens étnicas e nacionalistas quanto à entrada no conflito. Os debates destacaram profundas fissuras em termos de classe, raça, gênero e sexualidade na sociedade dos Estados Unidos. O serviço militar estava intimamente ligado aos ideais de masculinidade, e imagens de mulheres vulneráveis atacadas pelos "hunos" alemães pontuavam a propaganda do governo que justificava a intervenção militar americana. Na retaguarda, progressistas lutavam para quebrar as barreiras da exclusão que prejudicavam mulheres, afro-americanos, ativistas de questões trabalhistas, radicais políticos e pacifistas.

Mobilizações durante a guerra e agitação social expuseram muitos cidadãos estadunidenses a subculturas gays, desconhecidas ou ignoradas pelo público em geral. Moradores de grandes cidades como Nova York, São Francisco e Nova Orleans há muito sabiam da existência de homens cujas roupas, linguagem e desejos sexuais desafiavam abertamente as normas de gênero. À medida que as populações urbanas floresciam, surgiam em tabloides locais relatos vívidos de repressões policiais dirigidas contra "pervertidos" em locais tão diversos quanto St. Louis, Boise, Long Beach e Portland, Oregon.

Mas um escândalo que estourou em Newport, Rhode Island, imediatamente após a guerra, chamou a atenção nacional e envolveu altos funcionários do governo dos EUA. Mais conhecido como elegante *playground* à beira-mar para os ricos, Newport também era o local de uma base de treinamento naval onde aproximadamente 24 mil marinheiros encontravam-se concentrados em 1918. Relatos do uso de cocaína por parte dos marinheiros, além de consumo excessivo de álcool e solicitação de prostitutas, atingiram diretamente Josephus Daniels, chefe do Departamento da Marinha dos EUA, e levou o prefeito de Newport a ordenar o fechamento dos bordéis. Ele não foi, contudo, capaz de impedir as interações sexuais entre marinheiros e homens que ocorriam fora da base.

Em fevereiro de 1919, o chefe dos mecânicos, Ervin Arnold, soube dessas atividades enquanto recebia tratamento no hospital da estação de treinamento da marinha. Um paciente, de nome Thomas Brunelle, compartilhou detalhes de suas atividades homossexuais em Newport, descrevendo uma próspera cena gay que envolvia tanto os homossexuais locais quanto o pessoal da marinha, frequentadores do Army & Navy YMCA e do Newport Art Club. Terminado seu tratamento médico, Arnold, um ex-detetive, decidiu verificar as alegações de Brunelle e mergulhou no mundo de *fairies* (gays afeminados e extravagantes), *trade* (homens que assumiam o papel ativo no sexo com outros homens, geralmente por dinheiro, e que poderiam ou não considerar a si próprios homossexuais), *crossdressers*, viciados em cocaína e alcoólatras inveterados. No saguão do Army & Navy YMCA, homens mais velhos – incluindo um capelão militar, reverendo Samuel Neal Kent – buscavam abertamente homens mais jovens para encontros privados.

Ainda que os motivos para tal não fossem claros, Arnold relatou suas investigações aos seus superiores na marinha. Alarmado diante da descoberta de marinheiros que se envolviam em atos sexuais com outros homens, o comandante da base ordenou a abertura de uma comissão de inquérito. O secretário adjunto da Marinha, Franklin D. Roosevelt, atuando como responsável pelo secretariado da Marinha na ausência de Josephus Daniels, concordou que fosse feita "uma investigação profunda e rigorosa" para extirpar e levar a julgamento todos que estivessem associados a tais desvios. Roosevelt solicitou ao procurador-geral, A. Mitchell Palmer, que liderasse o inquérito, sendo tomado pela fúria quando este recusou. Arnold e o tenente Erastus Hudson, oficial responsável pela assistência social da base, garantiram a Roosevelt que sabiam o que seria necessário para uma operação que envolvia disfarce ter sucesso.

Hudson e Arnold recrutaram uma equipe de marinheiros jovens e atraentes para coletar informações sobre os bares de Newport, os "pontos de cocaína", as prostitutas e os "chupadores de pau e receptores retais". Encorajaram os agentes a fazer sexo com seus colegas marinheiros, assegurando-lhes de que não seriam processados caso se envolvessem em comportamento visto como ilegal durante o cumprimento de sua missão. Os investigadores perseguiram esses objetivos com entusiasmo e apresentaram relatos vívidos de atividades sexuais, de natureza oral e anal, realizadas com outros homens.

No início de abril de 1919, as prisões começaram e se estenderam durante o verão. Os agentes de Arnold abordavam marinheiros e frequentavam espaços públicos conhecidos pela presença de homossexuais. Vários marinheiros acabaram presos acusados de sodomia, um crime que havia passado por revisão nos termos dos Artigos de Guerra. Depois de ficarem aprisionados por semanas, os réus foram julgados por um tribunal militar e encorajados a denunciar outros. Quinze marinheiros foram levados à corte marcial. Alguns receberam sentenças de prisão de até 20 anos e foram enviados para uma prisão naval no Maine. Outros foram punidos com expulsão desonrosa. Não contente em limitar os processos aos marinheiros, Arnold e sua equipe – com a aprovação de Roosevelt e o fornecimento de fundos secretos adicionais – expandiram seu escopo para englobar civis. Tal decisão se mostrou imprudente.

Depois de prenderem o reverendo Kent por 11 acusações de comportamento "indecente e escandaloso", um grupo de clérigos de Rhode Island, liderados pelo bispo James DeWolf Perry, defendeu publicamente Kent, citando seu longo histórico de boas obras e bravura quando oferecia conforto espiritual às vítimas da pandemia de gripe em 1918. Parece não ter ocorrido a Perry e seus colegas que o humanitarismo de Kent não estava em contradição com a possibilidade de que ele apreciasse sexo com outros homens. O governo e os promotores detalharam, diligentemente, como os agentes – alguns deles com apenas 17 anos – flagravam suspeitos de homossexualidade.

Tais revelações provocaram revolta. Tomado por indignação com o fato de jovens terem recebido ordens de se corromper, o júri considerou Kent inocente. Mas o governo não deixou que o assunto parasse por aí. Kent, que havia se refugiado em um asilo em Michigan, foi localizado por agentes federais e acusado com base em uma nova legislação que proibia atividades imorais em um raio de 16 km de qualquer instalação militar dos EUA.

Quando o segundo julgamento começou, em janeiro de 1920, acabou por se tornar um desastre de relações públicas para a Marinha. O advogado de defesa de Kent desconsiderou o testemunho dos agentes e enfatizou quantos dos jovens relataram ter gostado de suas aventuras sexuais com homens. Quatorze clérigos e líderes civis testemunharam em nome de Kent e ele foi novamente considerado inocente. O jornalista John R. Rathom, do *Providence Journal*, escreveu artigos contundentes sobre o andamento desse processo judicial e publicou uma carta enviada ao presidente Woodrow Wilson por um grupo de clérigos de Newport, que condenava os "métodos deletérios e perversos" da Marinha.

O *Providence Journal* decidiu por publicar tal carta, o que chamou a atenção nacional para o escândalo e colocou a Marinha na defensiva. Roosevelt passou ao ataque, argumentando que os textos de Rathom prejudicariam a reputação da Marinha e os esforços de recrutamento. Em uma série de telegramas, Roosevelt e Rathom discutiram se os oficiais responsáveis na Marinha supervisionaram adequadamente ou não a investigação, e se autorizaram a participação de agentes em atividades ilegais. Tentando mitigar a controvérsia, Daniels ordenou uma investigação interna de alto nível. Mas, dois meses depois, após a comissão divulgar um relatório que encobriu a coerção e a corrupção que a Marinha promoveu para agentes sob sua responsabilidade, o Senado dos EUA lançou uma investigação mais rigorosa e independente, abordando a forma como a Marinha lidou com os casos de Newport. Pela primeira vez, o Congresso dos EUA convocou um subcomitê para investigar a subcultura homossexual e o tratamento dado pelo governo aos homossexuais.

Protestos e perseguição, 1914-1945

Os três membros do subcomitê examinaram as transcrições do tribunal e entrevistaram marinheiros que cumpriam penas de prisão. Os condenados contaram como foram espancados, ameaçados e forçados a prestar depoimento autoincriminatório. Os senadores também entrevistaram Roosevelt (que renunciou ao cargo na Marinha para aceitar a indicação dos democratas, em 1920, para vice-presidente), Arnold, Hudson e vários dos agentes envolvidos no caso. Em seu relatório final divulgado em julho de 1921, teceram críticas a Daniels e Roosevelt pelos métodos dos investigadores. O senador Henry Keyes, um republicano que representava Vermont, pediu a libertação de todos os marinheiros condenados, detidos na prisão da Marinha localizada em Portsmouth. Dois dos senadores recomendaram que qualquer um nas forças armadas dos Estados Unidos, caso fosse suspeito de homossexualidade, deveria ser dispensado desonrosamente e encaminhado à assistência médica em vez de ser processado e preso. "A perversão não é um crime", argumentou Keyes, "mas uma doença que deve ser tratada adequadamente em um hospital". Edwin Denby, sucessor de Daniels como Secretário da Marinha, rejeitou enfaticamente a proposta. O escândalo de Newport, contudo, desapareceu rapidamente da consciência nacional e a Marinha prosseguiu com a criminalização da sodomia. Quando Roosevelt concorreu para governador de Nova York em 1928 e, quatro anos depois, para presidente, suas recusas públicas em aceitar a responsabilidade por seu papel no episódio foram esquecidas.[95]

Enquanto transcorriam as investigações de Newport nos EUA, o primeiro movimento de massa para a emancipação homossexual surgia na Alemanha. Kurt Hiller, um advogado judeu, tentou, sem sucesso, convencer Hirschfeld e outros membros do WhK de que os "invertidos" deveriam revelar-se publicamente, formar "seu próprio partido político" e lançar candidaturas ao Reichstag.[96] Assim, na primeira reunião do WhK após a guerra, em agosto de 1920, Hiller obteve apoio para restaurar as alianças transnacionais com outros grupos gays e liderar uma coalizão destinada a impedir uma tentativa de aumentar as sentenças por violações ao Parágrafo 175 para cinco anos de prisão.

85

A 18 de março de 1922, o WhK finalmente apresentou seu abaixo-assinado solicitando a revogação do Parágrafo 175 ao Reichstag, 25 anos após seu lançamento. Embora o Reichstag tenha votado pela reconsideração, por parte do governo, do Parágrafo 175, toda a atenção do regime de Weimar estava voltada para a economia alemã que entrava em colapso, e, portanto, nada fez.

Enquanto 25 subseções do WhK pressionavam por mudanças na Alemanha, Hirschfeld renovava seu trabalho internacional pelos direitos dos gays. Retomou suas apresentações no estrangeiro, em países como Holanda, Tchecoslováquia e Itália. Em 1921, organizou o Primeiro Congresso pela Reforma Sexual, que aconteceu em Berlim e inspirou a criação da Liga Mundial pela Reforma Sexual (WLSR, na sigla em inglês). Organização multinacional, a WLSR logo atraiu representantes de dezenas de países que militavam por uma variada gama de pautas, incluindo a descriminalização de atos homossexuais consensuais realizados em privado e por adultos, a revogação das leis antiaborto e a legalização do divórcio. Em 1928, a WLSR se reuniu em Copenhague para seu segundo congresso e, em Londres, no ano seguinte. Em 1931, uma reunião do grupo em Viena atraiu mais de 2 mil membros do comitê. Contudo, o congresso de 1932, em Brno, seria o derradeiro. Com a ascensão do fascismo e da depressão econômica, poucos governos responderam às demandas por reformas sexuais. Três anos depois, a WLSR foi dissolvida.[97]

Hirschfeld, por muito tempo um alvo dos antissemitas, pagou alto preço, em termos pessoais, por retomar suas atividades públicas em tempos como aqueles, de instabilidade econômica e política. Em 1920, durante uma palestra sobre endocrinologia na cidade de Munique, ele foi atacado com pedras e espancado quase até a morte por arruaceiros de extrema direita. Em fevereiro de 1923, membros de um grupo estudantil de extrema direita interromperam outra apresentação, ministrada por Hirschfeld, em Viena, ao atirar bombas de mau cheiro e abrir fogo na plateia. Embora Hirschfeld tivesse escapado, ainda que ferido, muitos na audiência da palestra não conseguiram.[98]

Protestos e perseguição, 1914-1945

Essa hostilidade não desestimulou homens gays e lésbicas da Alemanha a formar novos grupos voltados à emancipação. Após seu sacrifício pela pátria durante a guerra, muitos homossexuais se uniram a "ligas da amizade", que clamavam pela revogação do Parágrafo 175 e pelo "reconhecimento completo de direitos e cidadania dos invertidos". Em pouco menos de um ano, formou-se um grupo geral, aglutinador, chamado Liga da Amizade Alemã.

No outono de 1919, Karl Schultz soube capitalizar a aplicação relativamente frouxa das leis de censura durante a República de Weimar, ao publicar 20 mil exemplares por semana de *Die Freundshaft* (Amizade), revista de libertação homossexual centrada em opiniões políticas, cartas de leitores, contos e poesia. Quase imediatamente, militantes pela pureza da sociedade liderados por Kurt Brunner acusaram a revista de recrutamento da juventude por meio de conteúdo sexualizado e anúncios pessoais sedutores. Forçados a se defender no tribunal, Schultz e o ex-editor da revista perderam o caso e foram condenados a seis e duas semanas de prisão, respectivamente, sob as disposições de uma lei imperial concernente à obscenidade, mantida pelo governo de Weimar. O *Die Freundshaft* apelou para o Reichsgericht e, embora o mais alto tribunal da Alemanha tenha decidido que as edições contestadas da revista continham obscenidade, mantendo as sentenças dos dois acusados, rejeitou a ideia de que o conteúdo homossexual por si mesmo – fosse sexualmente explícito ou não – tornasse uma publicação obscena. O caso foi uma vitória importante para os defensores dos direitos homossexuais.[99]

Um líder que militava pelos direitos dos homossexuais, Friedrich Radszuweit, soube tirar proveito dessa decisão. Em 1923, a Liga da Amizade Alemã se fragmentou quando Radszuweit mudou o nome da organização para Bund für Menschenrecht (BfM – Liga pelos Direitos Humanos,) e lançou o *Zeitschrift für Menschenrecht* (Boletim dos Direitos Humanos). Usando sua riqueza, obtida pelo comércio de têxteis nos anos pré-guerra, Radszuweit financiou a editora que produziu sua revista carro-chefe, *Die Freundin* (A melhor amiga), e também *Die Travestit* (A travesti). *Die Freundin* foi uma publicação especialmente notável por refletir o surgimento de uma nova militância entre lésbicas, que reivindicavam sua própria identidade e seu desejo de inserção no movimento de emancipação homossexual. Ao final da década de 1920, embora não pudessem ser expostas abertamente ou vendidas a menores, havia mais de 20 publicações voltadas para homossexuais, lésbicas e travestis vendidas em todo o país nas bancas de jornal e também através de assinaturas. A BfM tornou-se o maior entre os novos grupos de emancipação homossexual, atingindo seu pico em 1929, com 48 mil membros, cerca de 1.500 dos quais eram mulheres. Seções da liga operavam em Braunschweig, Breslau, Mannheim, Weimar, Nuremberg e Colônia. Afiliadas internacionais da BfM surgiram na Suíça, Áustria, Tchecoslováquia, Brasil, Argentina e Nova York.[100]

Com fileiras bem menores que suas contrapartes alemãs, os ativistas ingleses pelos direitos dos gays também se reorganizaram após a Primeira Guerra Mundial. O subcomitê gay da BSSSP publicou panfletos com o objetivo de persuadir os heterossexuais de que os homossexuais não deveriam ser perseguidos por sua condição física inata. Mas, com apenas 234 membros em julho de 1920, a BSSSP não estava disposta a replicar a campanha de petição anti-Parágrafo 175 do WhK e defender a legalização do sexo privado consensual entre homens adultos.[101]

Tal timidez provou ser um estratagema pouco eficaz em confrontos com reformadores morais, alarmados com a forma como a guerra remodelara as fronteiras de gênero. A militância das sufragistas britânicas aumentou as preocupações com as mulheres "masculinas". Tais ansiedades ficaram evidentes no debate parlamentar sobre propostas para criminalizar o sexo entre mulheres. Em agosto de 1921, três deputados apresentaram uma emenda a um projeto de lei destinado a proteger crianças menores de 16 anos de atentados sexuais. A cláusula proposta proibiria "qualquer atentado ao pudor realizado entre mulheres", dessa forma seguindo disposições semelhantes aplicadas aos homens pelo Ato de Emenda à Lei Criminal de 1885. Em 4 de agosto de 1921, a Câmara dos Comuns aprovou a Medida 148-53, mas ela foi rechaçada na Câmara dos Lordes. Embora não tenham surgido tentativas posteriores de criminalização do sexo entre mulheres, a derrota do projeto de lei não sinalizou uma nova aceitação do lesbianismo. Seus oponentes não defenderam os direitos civis das mulheres que amam mulheres, mas, em vez disso, argumentaram que a aprovação da lei não erradicaria a perversão feminina, ampliaria consideravelmente a percepção do público a respeito do tema lesbianismo e criaria oportunidades para chantagistas se beneficiarem de mulheres enredadas em situações comprometedoras.[102]

O desprezo generalizado pelas lésbicas ficou evidente no furor gerado pelo livro *O poço da solidão*, de Radclyffe Hall. Hall era uma autora premiada, cuja riqueza garantia sua independência; além disso, também era conhecida por adotar trajes elegantes e masculinos. Em 1920, ganhou notoriedade quando *Sir* George Fox-Pitt a acusou de sedução imoral de Una Troubridge, escultora casada com o almirante Ernest Troubridge. Embora Una tivesse se divorciado de seu marido após conhecer Hall, esta processou, de forma bem-sucedida, Fox-Pitt por calúnia. Seis anos depois, ela decidiu escrever um romance sobre inversão sexual, apresentando Stephen Gordon, uma "mulher masculinizada" inglesa de classe alta. Quando criança, Stephen detestava vestidos; posteriormente, apaixona-se por uma das criadas da família. Seu pai torna-se leitor da obra de Karl Heinrich Ulrichs para entender a filha. A jovem Stephen adota um estilo de cabelo curto e roupas masculinas. Descobre um livro de Richard Krafft-Ebing na biblioteca de seu pai (supõe-se que se trata de *Psychopathia Sexualis*). Concluindo que está acometida de um defeito mental, Stephen descreve a si mesma e a outros invertidos como "terrivelmente mutilados e feios", uma visão distinta daquela de sexólogos como Havelock Ellis e Krafft-Ebing em trabalhos posteriores, que definiam a inversão como mera diferença, não degeneração. Enquanto trabalha como motorista de ambulância na Primeira Guerra Mundial, Stephen encontra o amor em Mary Llewellyn, mas o romance delas é rejeitado socialmente. As duas optam por se mudar para Paris e descobrem uma vida noturna vanguardista. (À época, a Paris da vida real tinha uma próspera subcultura gay e lésbica, com figuras notáveis como Natalie Clifford Barney, Gertrude Stein, Alice B. Toklas, Jean Cocteau, André

Gide, Sylvia Beach e Romaine Brooks.) Mas Stephen conclui que ela não pode garantir a felicidade de Mary e finge um caso com outra mulher para fazer Mary trocá-la por um homem. O romance termina com o apelo pungente de Stephen a Deus pelo "direito à nossa existência!".

Em julho de 1928, o editor Jonathan Cape lançou uma primeira edição limitada de *O poço da solidão*. Recebeu críticas mistas e as vendas iniciais foram baixas. Não houve clamores pela supressão do romance até que James Douglas, um reformador moral que trabalhava como editor da *Sunday Express*, iniciou uma campanha nesse sentido. Como reação contra a ameaça representada para as crianças pela crescente visibilidade da "inversão e perversão sexual", Douglas proclamou: "Prefiro dar a um menino saudável ou a uma menina saudável um frasco de ácido cianídrico do que este romance". Enquanto outros jornais ecoavam o apelo de Douglas à censura de *O poço da solidão*, seu editor pediu ao Secretário do Interior, Sir William Joynson-Hicks, que decidisse se tal romance seria ou não obsceno. Em agosto, embora o romance não tivesse referências sexuais explícitas, Joynson-Hicks ordenou que o livro fosse retirado de circulação e a editora responsável pela publicação acatou tal ordem. Secretamente, Jonathan Cape comprou os direitos do romance para uma editora de língua inglesa na França e cópias do romance logo reapareceram na Grã-Bretanha. Johnson-Hicks ordenou que os livros fossem apreendidos, de forma que se iniciou um debate envolvendo livrarias, funcionários da alfândega e policiais a respeito da natureza obscena do romance e se deveria ser destruído. Virginia Woolf e seu marido Leonard, além de E. M. Forster, recrutaram vários luminares literários em uma carta pública protestando contra a supressão do romance, mas muitos hesitaram quando Hall insistiu que eles também atestassem o mérito artístico do romance.

A editora francesa continuava distribuindo *O poço da solidão* internacionalmente, quando o julgamento sobre a obscenidade do livro começou a 9 de novembro de 1928. O advogado de Jonathan Cape enviou cartas a 160 testemunhas em potencial, mas muitas se recusaram a comparecer ao tribunal ou relutaram em testemunhar. As tentativas de defender o livro foram inúteis e, apenas uma semana depois de iniciado

Protestos e perseguição, 1914-1945

o julgamento, o juiz proferiu um veredicto de culpado, declarando que o romance estava repleto da "mais horrível e repugnante obscenidade". Apesar dos protestos de intelectuais conhecidos do público como George Bernard Shaw e T. S. Eliot, o tribunal de apelações confirmou a decisão. *O poço da solidão* foi banido na Grã-Bretanha, mas vendeu mais de 1 milhão de cópias durante a vida de Hall. Os esforços para bani-lo nos Estados Unidos falharam. Dois outros romances britânicos que continham temas lésbicos também foram publicados em 1928, mas nem *Orlando*, de Virginia Woolf, nem *Extraordinary Women* (Mulheres extraordinárias), de Compton Mackenzie, seriam proibidos. Por décadas, lésbicas sustentaram visões diametralmente opostas no que dizia respeito a *O poço da solidão*. Para algumas, sua leitura foi transformadora. Outras consideraram o romance implacavelmente sombrio. A partir da década de 1970, algumas feministas se opuseram ao retrato da bissexualidade e à adesão a papéis estritos de *butch/femme*.* Mas o romance em si e a controvérsia em torno de sua publicação inquestionavelmente aumentaram a consciência sobre a vida das lésbicas, uma realidade tanto lamentada quanto exaltada pelas mulheres que amavam outras mulheres.[103]

Quando as investigações em Newport destacaram a existência de subculturas gays nos EUA, estadunidenses estavam bem atrás de suas contrapartes alemãs e inglesas na militância pela emancipação homossexual. Há muito tempo envolvida em círculos políticos radicais e transnacionais, Emma Goldman foi uma das primeiras defensoras públicas dos direitos dos homossexuais. Quando a edição de 1923 do *Anuário* do WhK incluiu um artigo de Goldman, Hirschfeld escreveu um texto introdutório descrevendo-a como "a primeira e única mulher, e poderíamos mesmo dizer o primeiro e único ser humano, de reconhecida distinção a levar a causa do amor homossexual para camadas mais amplas do público". No artigo que se seguia a tal introdução, Goldman escreveu:

---

* N.T.: *Butch* e *femme* são expressões comumente utilizadas na subcultura lésbica e sáfica (termo que designa a atração de mulheres por outras mulheres de forma geral) para atribuir ou reconhecer expressões de gênero, uma delas desfeminilizada (*butch*), e a outra, feminina (*femme*), com seus traços, comportamentos, estilos, autopercepção etc.

> Considero uma tragédia que pessoas de diferentes orientações sexuais se encontrem proscritas em um mundo que tem tão pouca compreensão pelos homossexuais e que exibe uma indiferença tão grosseira pelas gradações e variações sexuais e pelo grande significado que tais indivíduos marginalizados têm para a existência humana. É completamente estranho, ao menos para mim, considerar essas pessoas menos valiosas, menos dotadas moralmente ou incapazes de sentimentos e comportamentos nobres.

Goldman afirmava ter abraçado os direitos dos homossexuais décadas antes, inspirada por lésbicas próximas que conhecera enquanto cumpria pena na prisão por suas atividades políticas. "Eu me levantei firmemente em defesa de Oscar Wilde", declarou a autora, acrescentando, "pois, como anarquista, meu lugar sempre foi ao lado dos perseguidos". Quando viajou para a Europa após os julgamentos de Wilde, Goldman conheceu os trabalhos de sexólogos como Havelock Ellis, Richard Krafft-Ebing, Edward Carpenter e, mais importante, o próprio Hirschfeld, que aumentou sua consciência sobre "o crime perpetrado [...] contra Oscar Wilde e pessoas como ele".[104]

Hirschfeld também foi uma grande influência para Henry Gerber, pioneiro nos EUA na luta pelos direitos dos homossexuais. Enquanto trabalhava para o Exército Aliado durante a ocupação da Alemanha após a Primeira Guerra Mundial, Gerber foi tomado de fascinação pelas ideias de Hirschfeld e, ao retornar a Chicago em 1924, ele e seis amigos obtiveram a aprovação do estado para criar uma corporação sem fins lucrativos chamada Society for Human Rights (SHR – Sociedade para os Direitos Humanos). Atuando como secretário da SHR, Gerber publicou duas edições de *Friendship and Freedom*, boletim informativo que reunia os objetivos da SHR de promover a tolerância, aumentar o número de membros e obter o apoio de autoridades médicas. Mas a primeira organização de direitos dos gays que se tem notícia nos EUA teve vida curta. No verão de 1925, depois que a esposa do vice-presidente da SHR relatou as atividades do grupo, a polícia invadiu a casa de

Gerber, apreendeu documentos e encarcerou ele e os outros membros da SHR por violação das leis de obscenidade. Embora as acusações tenham sido rejeitadas após o cumprimento de três dias de detenção, os honorários dos advogados quase levaram Gerber à falência e ele foi demitido de seu emprego nos correios, onde era funcionário. Após a dissolução da SHR, Gerber continuou a escrever sobre homossexualidade utilizando um pseudônimo. Em 1929, quando morava em Los Angeles, Harry Hay soube da existência da SHR pelo parceiro de um de seus ex-membros. Vinte e um anos depois, Hay seria um dos cofundadores da Mattachine Society, um dos grupos de defesa gay mais importantes da história dos Estados Unidos. Em 1963, após Gerber informar esse grupo de seus esforços de militância no passado, a *ONE Magazine* publicou um artigo com a história da SHR.[105]

No final da década de 1920, o trabalho de Hirschfeld prosseguiu e sua reputação internacional se ampliou, mas suas relações com outros ativistas alemães que lutavam pelos direitos dos gays estavam desgastadas. Adolf Brand, editor anarquista do jornal homossexual *Der Eigene* (O Singular), e o zoólogo Bernard Friedländer cofundaram o Gemeinschaft der Eignen (Comitê de Indivíduos Singulares) em 1903. Ambos, já há muito, rejeitavam as teorias do terceiro sexo de Hirschfeld e recuavam diante da aceitação pelo médico de travestis e homossexuais afeminados. A visão sustentada por Brand e Friedländer da homossexualidade celebrava a beleza masculina idealizada da Grécia antiga. O Comitê de Indivíduos Singulares nunca alcançou a visibilidade internacional ou o número de membros do WhK, mas ofereceu uma alternativa às tentativas de Hirschfeld de tornar a homossexualidade respeitável por meio da Medicina e da ciência. Brand e Friedländer, por sua vez, lançaram repetidamente ataques antissemitas a Hirschfeld, argumentando que sua fé originária o tornava um líder inaceitável para o movimento alemão pelos direitos dos homossexuais.

Embora o WhK e o Comitê de Indivíduos Singulares tenham se aliado brevemente na coalizão anti-Parágrafo 175 no início da década de 1920, as diferenças táticas e de visão de mundo dos dois grupos nunca desapareceram. Depois que a coalizão se desfez, Brand passou a defender a exposição pública de homossexuais influentes, uma posição contra a qual Hirschfeld se opunha enfaticamente. Brand e Friedländer também atacaram Hirschfeld por apoiar a criminalização do sexo com menores de 16 anos. Não seria a última vez que ativistas gays entrariam em conflito sobre a melhor forma de declarar a sexualidade abertamente e as leis a respeito da idade de consentimento.[106]

Essas diferenças táticas e filosóficas desempenharam um papel importante na cisão do movimento de emancipação homossexual, bem no momento em que sua meta estava ao alcance: a revogação do Parágrafo 175, há muito ansiada. No verão de 1929, um comitê do Reichstag que trabalhava na reforma do Código Penal alemão revisou dezenas de relatórios sobre homossexualidade, muitos apresentados ao longo dos anos pelo WhK, pela BfM e pelo Comitê de Indivíduos Singulares. Em outubro, o comitê concluiu, por votação 15 a 13, pela supressão do Parágrafo 175 em um código penal revisado; mas no dia seguinte aprovou o Parágrafo 297. A nova lei legalizou atos sexuais de natureza consensual entre homens em privado, mas impunha penalidades criminais para homens que fizessem sexo com outros homens com menos de 21 anos, que coagissem outros homens a fazer sexo ou que pagassem profissionais do sexo homens. A decisão indignou Hiller e seu colega ativista do WhK, Richard Linsert. O Parágrafo 175 ignorava inteiramente a prostituição masculina. De acordo com o Parágrafo 297, a prostituição masculina podia ser punida com até cinco anos de prisão. Também houve rejeição diante dessa proposta de lei por estabelecer a idade de consentimento para sexo homossexual em um patamar bem maior se comparada àquela considerada no sexo heterossexual (a idade de consentimento para mulheres permaneceu 16 anos). Por exemplo, Radszuweit e a BfM reivindicavam que a idade de consentimento no caso dos homens fosse de 18 anos e apoiavam a criminalização da prostituição masculina. Tal organização, diferentemente do WhK, acreditava que o movimento homossexual precisava se distanciar de *"queens"*, pedófilos e prostitutos para ganhar respeitabilidade e assegurar proteções legais.[107]

Esses debates se tornaram irrelevantes quando o início da Grande Depressão e a dissolução do parlamento inviabilizaram completamente o esforço de revisão do Código Penal alemão. Mas o conflito sobre o Parágrafo 175 levou a uma luta pelo poder dentro do WhK. Tendo liderado a organização desde seu início em 1897, Hirschfeld foi forçado a renunciar em novembro de 1929. Hiller e Linsert levaram o WhK a uma direção mais radical e lutaram contra Hirschfeld pelos fundos organizacionais e pelo futuro do ICS. Embora apoiassem a visão de Hirschfeld de que a homossexualidade era um traço biológico inato, minimizavam a ciência e articulavam um discurso político, afirmando que os homossexuais tinham plenos direitos de cidadania.

Mas as fraturas no movimento, o pequeno número de seguidores e seu fracasso em integrar as lésbicas de maneira significativa deixavam os grupos de direitos homossexuais da Alemanha em péssima posição para responder ao cenário em rápida mudança da política alemã. No início de 1930, o governo social-democrata liderado por Hermann Müller entrou em colapso antes que o esforço para revogar o Parágrafo 175 fosse levado ao Reichstag. Com os sucessores de Müller, primeiro Heinrich Brüning e depois Franz von Papen, a Alemanha moveu-se acentuadamente para a direita e o Estado tornou-se cada vez mais hostil aos organizadores que militavam pelos direitos dos homossexuais.[108]

Apesar das alarmantes mudanças no clima político, Hirschfeld prosseguia supervisionando um trabalho pioneiro em cirurgias de redesignação sexual iniciado no começo da década de 1920. Sua paciente mais famosa foi Dora "Dorchen" Richter. Nascida Rudolph em 1882, Dorchen odiava seus órgãos genitais quando criança e passou a se travestir. Já adulta, trabalhava como homem em hotéis de luxo durante o verão, mas se apresentava como mulher no restante do ano. Foi detida várias vezes por conta de sua prática de *crossdressing* e cumpriu algum tempo na prisão. Um juiz, que simpatizou com ela, escreveu para Hirschfeld, que convidou Dora para o ICS, fornecendo ajuda para ela obter permissão legal para se travestir em público. Em 1922, Dora passou por um procedimento de castração e tratamento hormonal, sob a supervisão de Hirschfeld. Ela começou a trabalhar em serviços domésticos no ICS, ao lado de outras pessoas transgênero. Em 1931, os médicos do ICS realizaram a primeira cirurgia completa de redesignação sexual, de homem para mulher, em Dora, finalizando a penectomia e a vaginoplastia. Hirschfeld também colaborou com os médicos dinamarqueses que trabalhavam com Lili Elvenes (nascida Einar Wegenar e mais conhecida como Lili Elbe), uma transexual dinamarquesa que teve seu procedimento de castração realizado no ICS. Entre 1931 e 1932, as cirurgias subsequentes para redesignação sexual de Elbe em Dresden e sua morte por infecção pós-operatória chamaram a atenção na Dinamarca e na Alemanha. *Fra Mand til Kvinde* (Homem para mulher), um relato da transformação de Elbe publicado originalmente em dinamarquês no ano de 1931, foi traduzido para alemão e inglês. De maneira notável, Hirschfeld conseguiu convencer o governo alemão a pagar pela cirurgia de outro homem, uma prova de sua reputação como autoridade científica.[109]

Mesmo assim, Hirschfeld começou a passar mais tempo no exterior. Em novembro de 1930, iniciou uma turnê de palestras nos Estados Unidos a convite de seu colega Harry Benjamin, um endocrinologista nascido na Alemanha que mais tarde ganhou fama internacional por realizar operações de redesignação sexual. Em sua primeira parada, Nova York, pensando que talvez fosse obrigado a emigrar, fez questionamentos privados sobre a possibilidade de se mudar para os EUA. Para minimizar a polêmica gerada por suas palestras, ele só falava sobre homossexualidade em alemão. Ao falar em inglês, apresentava-se como um especialista em melhorar a vida sexual de casais heterossexuais. Fez isso em parte para aumentar as vendas do Titus Pearls, um medicamento patenteado que ele desenvolveu no ICS e cujas vendas geraram considerável renda para Hirschfeld. O remédio era fabricado e comercializado por uma empresa holandesa como uma forma de cura para "nervos em frangalhos", exaustão, depressão, tontura – e como afrodisíaco para homens e mulheres. Hirschfeld esperava capitalizar sua fama como "autoridade mundialmente conhecida em Sexologia" e inventor dessas pílulas. O plano funcionou e, em pouco tempo, muitos periódicos dos EUA passaram a chamá-lo de "o Einstein do sexo".[110]

Protestos e perseguição, 1914-1945

Nos Estados Unidos, Hirschfeld chegou à conclusão de que não era seguro voltar para a Alemanha e optou por viajar, diretamente, para Ásia e Oriente Médio. Em 1931, visitou a China e deu 35 palestras (em alemão, com tradução para o chinês) sobre sexologia, refutando algumas opiniões sobre a homossexualidade que surgiram após o colapso da dinastia Qing em 1911. Em 1907, o governo Qing reescreveu o Código Penal chinês e removeu uma lei de 1734, que criminalizava o sexo anal entre homens. Ao assumir o poder em 1912, o novo governo republicano não recriminalizou a sodomia. O trabalho de Hirschfeld e de muitos outros sexólogos europeus, incluindo Richard von Krafft-Ebing, Sigmund Freud e Edward Carpenter, foi traduzido (por vezes, a partir de fontes japonesas) e divulgado. Os tradutores criaram novos termos para as teorias médicas de Krafft-Ebing e Ellis sobre a homossexualidade que definiam a atração pelo mesmo sexo como "perversão" ou "inversão". Essas teorias transformaram as concepções chinesas de relacionamentos entre pessoas do mesmo sexo, afastando-se da relativa tolerância para com a homossexualidade da época pré-moderna para a hostilidade, ecoando descrições ocidentais contemporâneas da homossexualidade como patologia. Hirschfeld rejeitava enfaticamente tais condenações do amor pelo mesmo sexo.[111]

No início da década de 1930, redes de sexólogos se espalhavam pelo mundo. Em Tóquio, Hirschfeld se reconectou com colegas japoneses que conheceu originalmente em Berlim. Nas Índias Orientais Holandesas, fiel às suas crenças socialistas, criticou duramente o colonialismo. Na Índia, apoiou o movimento de independência local e refutou veementemente as representações negativas da sexualidade indiana em *Mother India*, da autora americana Katherine Mayo, um texto supremacista branco que despertou indignação popular após sua publicação em 1927. Na Palestina, visitou ex-alunos do ICS que estabeleceram seus consultórios de sexologia em Tel Aviv. Depois de paradas em Atenas e Viena, Hirschfeld e Li Shiu Tong, um estudante de Medicina de 24 anos de idade que se tornou companheiro de Hirschfeld depois de se conhecerem em Xangai, mudaram-se para Zurique, na Suíça, em agosto de 1932. Hirschfeld começou, então, a escrever um relato etnográfico a respeito de sua turnê mundial.[112]

LGBT+ na luta

Com a saúde debilitada, percebeu que sua vida e o trabalho de anos de trajetória corriam grave perigo. Na Alemanha, Franz von Papen, um católico conservador nomeado chanceler em julho de 1932, orquestrava dura repressão à "imoralidade sexual". Embora o ICS permanecesse aberto, a polícia perseguia qualquer pessoa associada a tal instituição. A situação política dentro da Alemanha ficou ainda mais perigosa depois que o presidente Paul von Hindenburg nomeou Adolf Hitler para o cargo de chanceler em 30 de janeiro de 1933. Os nacional-socialistas (ou nazistas) de Hitler lançaram imediatamente a "Campanha por um Reich Limpo", com o objetivo de alinhar a sociedade civil alemã com os ideais nazistas. Interditaram a maioria das publicações gays, proibiram organizações de direitos dos homossexuais e fecharam a maioria dos bares e boates voltados ao público gay e lésbico em toda a Alemanha. O WhK, o Comitê de Indivíduos Singulares e a BfM destruíram suas listas de membros e logo se desfizeram.

Em 6 de maio, as atividades antigay dos nazistas atingiram sua dramática culminância quando membros da Liga Estudantil Nacional Socialista invadiram o ICS, gritando *Brenne Hirschfeld!* ("Queimem Hirschfeld!") e agrediram funcionários. Os militantes nazistas apreenderam as listas de clientes de Hirschfeld, que a Gestapo mais tarde utilizou para rastrear e prender gays e enviá-los para campos de concentração. Quatro dias depois, os nazistas queimaram milhares de livros e documentos que pertenciam à coleção do ICS e obras de autores "antialemães" em uma fogueira na Opernplatz. Na mesma noite, a polícia de Berlim declarou que o ICS estava fechado permanentemente. Com seu passaporte alemão prestes a expirar, Hirschfeld deixou a Suíça e fugiu para Paris, permanecendo no exílio com seu parceiro de longa data Karl Giese e também Li Shiu Tong. Embora Hirschfeld tenha recuperado alguns materiais do ICS por meio de compras em leilões ou de intermediários que os resgataram, suas tentativas de estabelecer um novo instituto de ciência sexual jamais frutificaram. Finalmente, ele se mudou para Nice e morreu nessa cidade a 14 de maio de 1935. Não viveu para ver sua irmã, Recha Tobias, e muitos de seus colaboradores perecerem em campos de concentração nazistas.[113]

Protestos e perseguição, 1914-1945

Soldados nazistas queimam milhares de documentos
do Instituto de Ciência da Sexualidade e outros
trabalhos considerados "antialemães" em Berlim,
na noite de 10 de maio de 1933.

A ascensão dos nazistas desencadeou uma brutal repressão ao movimento pelos direitos dos homossexuais que se espalhou por toda a Europa. Apenas dois meses depois de os nazistas terem queimado a biblioteca de Hirschfeld, a Gestapo prendeu o líder do WhK, Kurt Hiller, e o enviou para o campo de concentração de Oranienburg. Libertado após nove meses de prisão, Hiller fugiu para Praga e depois para Londres. Milhares de gays alemães sofreram destinos ainda mais terríveis. Em 30 de junho de 1934, Heinrich Himmler, comandante da Schutzstaffel (SS), liderou um expurgo que assassinou 300 membros da Sturmabteilung (SA), a ala paramilitar do Partido Nazista cujos métodos violentos foram úteis para levar Hitler ao poder. A "Noite das Facas Longas" consolidou a influência de Hitler e garantiu a lealdade do Exército alemão.

Ernst Röhm, comandante dos "camisas marrons" da SA, foi a vítima mais proeminente de tal expurgo. Röhm era o amigo mais próximo de Hitler na liderança nazista, o único ao qual era permitido chamá-lo de Adolf. O fato de Röhm ser abertamente gay e haver outros homens abertamente gays nos altos escalões da SA parece não ter incomodado Hitler, embora tenha gerado rumores de que o próprio Hitler poderia ser homossexual. Em 1931, Hitler permaneceu leal mesmo depois de esquerdistas denunciarem publicamente Röhm e um jornal de Munique publicar as cartas particulares deste a um amigo, detalhando assuntos de sua intimidade gay. Contudo, três anos depois, o primeiro-ministro prussiano Hermann Göring, o ministro da propaganda Joseph Goebbels e Himmler conspiraram contra Röhm. Usando evidências falsificadas, os três persuadiram Hitler de que Röhm estava orquestrando uma tentativa de golpe, garantindo assim que tal liderança fosse liquidada. A propaganda nazista subsequente enfatizou a homossexualidade de Röhm, bem como sua deslealdade, em contraste com a pureza moral do Terceiro Reich. Diante disso, esquerdistas de todo o mundo responderam com uma retórica homofóbica, alegando que a depravação homossexual permeava o Partido Nazista e o próprio fascismo.[114]

Com os rivais da SA eliminados e seu domínio sobre o Exército alemão consolidado, os nazistas intensificaram de forma ampla suas campanhas contra os homossexuais. Em 28 de junho de 1935, agindo de acordo com a perspectiva de que a homossexualidade era uma forma contagiosa de degeneração, os nazistas expandiram dramaticamente o Parágrafo 175 para cobrir não apenas relações sexuais ou atos semelhantes entre homens, mas também "vícios antinaturais" e "atividades de indecência criminosa" entre homens. O estatuto era intencionalmente vago e aplicado retroativamente, o que significava que o beijo, a masturbação mútua e até mesmo o desejo não consumado pelo mesmo sexo passaram a ser criminalizados. Sob os auspícios do recém-criado Escritório do Reich para Combater a Homossexualidade e o Aborto, as delegacias regionais de polícia eram obrigadas a enviar listas de homossexuais ao Estado. As prisões por violações do Parágrafo 175 dobraram em 1935 e dobraram novamente no ano seguinte. Em 1939, a Gestapo havia reunido arquivos sobre mais de 90 mil homens gays e a polícia monitorava de perto casas particulares, bares e áreas de encontro. Os homens detidos eram muitas vezes torturados e coagidos a denunciar outros homossexuais. Embora alguns poucos fossem liberados, aproximadamente 50 mil homens acabaram condenados por sodomia. Destes, entre 5 mil e 15 mil foram enviados para campos de concentração e forçados a usar emblemas triangulares na cor rosa como identificação de sua homossexualidade. Embora os homossexuais como um grupo nunca tivessem chegado a ser alvo de extermínio em massa, enfrentaram tratamento especialmente rigoroso infligido por guardas nazistas e mesmo por outros prisioneiros. Alguns foram submetidos a experimentos médicos destinados a erradicar o desejo homossexual, incluindo castração e tratamentos hormonais.[115]

Prisioneiros no campo de concentração de Sachsenhausen forçados a usar o triângulo rosa, que os nazistas empregavam para identificar homossexuais.

O fato de os nazistas não criminalizarem o sexo entre mulheres utilizando o Parágrafo 175 ampliado refletia sua visão de que as mulheres eram inferiores e sexualmente passivas. As lésbicas não apenas não representavam nenhuma ameaça política ou social, mas também podiam servir ao Estado nazista como esposas e mães de crianças arianas. Embora algumas mulheres lésbicas tenham sido encarceradas e enviadas para campos de concentração como "associais", os nazistas não as perseguiram sistematicamente. Ainda assim, o clima de medo compeliu a maioria das lésbicas para a clandestinidade, rompendo relações de amizade ou abandonando penteados e roupas pouco femininos. Algumas se mudavam para novos endereços, com o objetivo de começar uma nova vida, ou se casaram com homens – muitos deles gays – para garantir alguma proteção.[116]

Conforme se dava a expansão do totalitarismo no período entreguerras, gays e lésbicas em outras nações foram forçados a fazer escolhas semelhantes. Ao assumir o poder em 1922, o governo fascista na Itália valorizou o ideal do "novo homem", considerado incompatível com a homossexualidade. Uma revista acadêmica italiana que publicava o trabalho de estudiosos debatendo as teorias de Edward Carpenter e Magnus Hirschfeld chegou a ser fechada. Embora a homossexualidade não tenha sido recriminalizada na Itália, as autoridades fascistas condenavam publicamente gays, sujeitando-nos ao confinamento, além de empregarem informantes para espionar enclaves e estabelecimentos homossexuais. Em 1938, a polícia da cidade siciliana de Catânia prendeu gays, que foram banidos para a ilha de San Domino. Alojados em habitações austeras, sem água encanada ou eletricidade, eles podiam perambular do lado de fora até às vinte horas, horário do toque de recolher obrigatório. Ironicamente, esse exílio interno concedeu a alguns desses homens sua primeira exposição a uma comunidade gay longe da rejeição social e religiosa das famílias e da Igreja Católica Romana. Após a eclosão da Segunda Guerra Mundial em 1939, as autoridades judiciárias devolveram esses homens para suas cidades natais e os colocaram sob vigilância.[117]

Protestos e perseguição, 1914-1945

Em outros regimes autoritários, homens gays enfrentaram a recriminalização da homossexualidade. Em Portugal, após um golpe ocorrido em maio de 1926, o novo governo de direita restabeleceu as leis de sodomia. Em 1934, com a escalada dos expurgos stalinistas e a crescente ameaça da Alemanha nazista, a União Soviética proibiu a homossexualidade sob o Artigo 121, descrevendo-a como "perversão fascista". Escrevendo no *Pravda* e no *Izvestia*, Maxim Gorky declarou: "Expurguem a homossexualidade e o fascismo desaparecerá". Abandonando as políticas bolcheviques de "amor livre", os stalinistas vincularam a homossexualidade ao fascismo, e a retórica homofóbica se espalhou globalmente por meio da Internacional Comunista.

Os jornais soviéticos retratavam a homossexualidade como um crime contra o Estado e um comportamento incompatível com o socialismo. Os condenados por violar o novo Artigo 121 podiam pegar até oito anos de prisão. Embora alguns gays em Moscou, Leningrado, Carcóvia e Odessa tenham sido presos, o regime stalinista nunca perseguiu sistematicamente os homossexuais.[118]

Nos Estados Unidos, gays e lésbicas sofreram constrangimentos não pelo autoritarismo, mas pelo início da Grande Depressão. Na década de 1920, as subculturas gays floresceram no Harlem e no Greenwich Village e surgiu a chamada *"pansy craze"* ("febre de maricas"), pontuada por extravagantes artistas, gays e lésbicas, que varreu os teatros e as casas noturnas de Manhattan no início dos anos 1930. Por conta da quantidade de pessoas que se reuniam para beber ilegalmente em bares e estabelecimentos clandestinos durante a Era do Jazz, a polícia não teve muito sucesso em fazer cumprir as leis de conduta desordeira, mesmo aquelas voltadas especificamente contra gays. Mas quando a grande crise econômica atingiu o país, muitos cidadãos dos EUA culparam o declínio da moralidade nacional, o que levou as autoridades a reprimir o hedonismo público. Quando a Lei Seca terminou em 1933, as autoridades recalibraram essa legislação, originalmente voltada contra o uso de bebidas alcoólicas, para atingir indivíduos considerados "de má reputação" em bares. A polícia e os responsáveis pela regulamentação das bebidas alcoólicas uniram forças para que fossem realizadas batidas em bares que toleravam condutas vistas como desordeiras. Considerados locais infames, uma ameaça à ordem pública, muitos bares e casas de banho gays fecharam. Embora subculturas gay acabassem se tornando menos visíveis em muitas cidades, elas não desapareceram, pois as redes privadas de gays e lésbicas perduraram.[119] Em 1934, sob pressão de protestantes fundamentalistas e da Igreja Católica, Hollywood adotou o Código de Produção de Cinema, que proibia a retratação cinematográfica de "perversões sexuais". Nas décadas seguintes, caso houvesse personagens gays e lésbicas em algum filme, eram retratados como ameaçadores, suicidas, patéticos ou afeminados – estereótipos que teriam ramificações internacionais devido à popularidade e ao alcance de Hollywood.[120]

Após a eclosão da Segunda Guerra Mundial, os nazistas ampliaram suas políticas de arianização, estendendo a repressão aos homossexuais para as nações que caíram sob ocupação nazista. Tendo revogado sua lei de sodomia sete anos antes, a Polônia se viu sujeita ao Parágrafo 175 expandido depois da invasão nazista em setembro de 1939. Após assumir o controle da Holanda em maio de 1940, os nazistas proibiram todos os atos sexuais entre homens e dissolveram o WhK holandês, que estava ativo desde 1911. Mas os esforços para perseguir os gays holandeses falharam quando a polícia local se recusou a cooperar.[121]

Em Vichy, na França ocupada pela Alemanha, colaboradores dos nazistas utilizaram a guerra como pretexto para criminalizar comportamentos sexuais considerados legítimos havia mais de um século. Em substituição a estatutos que não faziam referência à sodomia e que não faziam distinção entre relações privadas homossexuais ou heterossexuais entre pessoas consideradas aptas para o consentimento mútuo (essa idade havia sido aumentada de 11 para 13 anos em 1832), o regime de Vichy, sob o comando do marechal Philippe Pétain, emendou a lei penal para criminalizar "atos vergonhosos ou antinaturais" entre homens adultos e menores de 21 anos. Um elemento-chave da ênfase do governo de Vichy na "ordem moral", a revisão legal feita em agosto de 1942 reintroduziu

Protestos e perseguição, 1914-1945

uma distinção entre atos sexuais "naturais" e "antinaturais", eliminados da lei francesa desde 1810. Mas o governo de Vichy não criminalizou a homossexualidade em si mesma – um contraste significativo com o Parágrafo 175 da Alemanha. O regime de Vichy também não orquestrou uma perseguição em massa aos gays franceses. Enquanto aproximadamente 200 homens gays na Alsácia e na região do rio Mosela foram presos tendo o Parágrafo 175 por base e enviados para campos de concentração depois que a Alemanha anexou o leste da França, a maioria dos homens gays franceses escapou da prisão e não foi alvo das autoridades de Vichy devido à sua orientação sexual. No entanto, os anos de Vichy deixaram um longo e negativo impacto sobre o *status* legal dos homens gays. Após a libertação da França, o governo provisório liderado por Charles de Gaulle não retornou ao Código Napoleônico, ao mesmo tempo que abandonou as disposições anti-homossexuais do código de Vichy; contudo, estabeleceu a idade de consentimento para relações heterossexuais para 15 anos, mantendo em vigor a proibição de sexo entre homens acima dos 21 anos com outros homens entre os 15 e 20 anos. As disparidades na idade de consentimento entre os sexos heterossexual e homossexual só seriam revisadas em 1982.[122]

A Segunda Guerra Mundial também desencadeou mudanças em nações não sujeitas à ocupação nazista. Para muitos, a guerra foi um momento de descoberta e autorrealização, pois gays e lésbicas descobriram a si mesmos em ambientes propícios tanto na retaguarda quanto nas forças armadas. Em 1940, depois que os Estados Unidos instituíram o alistamento militar em tempo de paz como resposta à eclosão da guerra na Europa, psiquiatras militares – convencidos de que podiam identificar homossexuais – persuadiram o Departamento de Guerra a revisar sua política, imposta após a Primeira Guerra Mundial, de determinar corte marcial e prisão aos soldados considerados culpados por atos de sodomia. Juntas de recrutamento começaram a rastrear recrutas suspeitos de serem homossexuais com uma série de procedimentos que eram facilmente evitados por homens e mulheres gays motivados a servir sua nação em tempos de guerra. A homossexualidade por si só não foi inicialmente considerada um elemento de desqualificação do candidato ao serviço militar, mas o governo reverteu a política em 1941. Dois anos depois, diante das necessidades críticas em termos de efetivos para travar a guerra, as autoridades americanas (e suas contrapartes alemãs) passaram a distinguir entre homossexuais ocasionais e inveterados. Um soldado que estivesse envolvido em atos homossexuais isoladamente poderia ser "reabilitado" por meio de aconselhamento e mantido nas forças armadas. Para dissuadir aqueles que poderiam reivindicar a identidade homossexual como forma de fugir do serviço militar, os líderes militares – ignorando a oposição dos psiquiatras – alertaram as juntas de recrutamento locais a respeito de qualquer recruta que afirmasse ser gay, uma decisão que teve consequências devastadoras em alguns casos. Embora muitos soldados gays e lésbicas servissem ativamente nas forças armadas, escondendo suas identidades com sucesso, alguns foram depois descobertos por autoridades militares e receberam dispensas administrativas (por vezes chamadas de dispensas "azuis", por causa da cor do papel em que eram impressas), tendo negados, posteriormente, os benefícios concedidos a outros veteranos dos EUA. Essas dispensas não exigiram nenhuma corte marcial formal, apenas uma audiência. Tal política marcou uma mudança significativa, pois era possível processar gays e lésbicas tendo por base apenas sua identidade sexual, mesmo sem que atos homossexuais tivessem sido cometidos. Embora condenações criminais em tribunais militares por sodomia forçada tenham diminuído, quase 10 mil soldados do sexo masculino foram expulsos administrativamente.

Esses eventos criaram em soldados gays e lésbicas um forte senso de solidariedade e motivaram muitos a lutar contra a discriminação com base na orientação sexual nos anos pós-guerra. Vários soldados gays e lésbicas, expulsos das forças armadas, optaram por não voltar para suas cidades natais, em geral hostis; em vez disso, permaneceram no local em que tinham recebido a dispensa, o que contribuiu para a emergência de robustas e visíveis comunidades gays em cidades portuárias, como Los Angeles, São Francisco e Nova York.[123]

Protestos e perseguição, 1914-1945

Entre os resultados da Segunda Guerra Mundial, é possível destacar o surgimento de novas organizações internacionais e a disposição para proteger os direitos humanos. Moldados pelas experiências de guerra e inspirados pelo movimento de emancipação homossexual no início do século XX, uma nova onda de ativistas pelos direitos de gays e lésbicas mobilizou-se e restabeleceu conexões transnacionais. Apesar de sofrerem intensa repressão durante a Guerra Fria e das necessárias mudanças logísticas, os homossexuais articularam conflitantes visões a respeito dos direitos dos gays: uma delas se baseava em autoridades heterossexuais para obter validação; outra definia os homossexuais como uma minoria com características próprias e que deveria ter direitos civis reconhecidos. Embora o movimento de liberação gay após Stonewall tenha posteriormente eclipsado muitos dos feitos da militância dessa época, os homossexuais preservaram e expandiram a retórica dos direitos dos gays e as estratégias pioneiramente aplicadas ao final do século XIX.

O movimento homófilo global, 1945-1965

A pesar da perseguição nazista aos homossexuais,* as minorias sexuais não seriam diretamente incluídas nas novas proteções internacionais para os direitos humanos que surgiram após a guerra. As autoridades de ocupação aliadas, e posteriormente o governo da Alemanha Ocidental, continuaram a processar homens pela violação do Parágrafo 175 até a década de 1960. Mudanças dramáticas na cultura e nas expectativas da sociedade também afetaram gays e lésbicas. Com o fim dos deslocamentos do período da guerra, muitas nações defenderam o retorno às rígidas normas heterossexuais. As taxas de casamento e natalidade do pós-guerra aumentaram e as famílias nucleares foram exaltadas como baluartes contra as incertezas

---

* N.T.: Neste capítulo, a autora utiliza o termo em inglês *"homophile"* para descrever o movimento LGBT+ nos anos após a Segunda Guerra, que possuíam características próprias, como veremos. Seguimos essa estratégia, pois o movimento LGBT+, de fato, será descrito quando de seu surgimento, a partir dos anos 1960.

da época. À medida que as relações entre EUA e União Soviética piora-vam, o anticomunismo se intensificava em muitos países ocidentais. Nos Estados Unidos, o medo da subversão comunista cruzou o caminho com ansiedades sobre gênero e sexualidade, desencadeando o Lavender Scare, onda de terror que percebia gays e lésbicas como riscos à segurança nacio-nal, resultando em centenas de expurgados de seus empregos federais e estaduais, das forças armadas e de muitas ocupações em empresas priva-das nos EUA. Dependentes da ajuda econômica e militar dos EUA e sem qualquer interesse em afastar-se de seu poderoso aliado, Grã-Bretanha, Canadá, Austrália e França adotaram políticas semelhantes, assim como organizações internacionais, inclusive a Organização das Nações Unidas (ONU), o Banco Mundial e o Fundo Monetário Internacional.[124]

Mas esse clima repressivo também inspirou ativistas dos direitos dos homossexuais na Europa e nos Estados Unidos a se organizarem. Seguindo as indicações dos reformadores sexuais anteriores à guerra, além dos discursos e das estruturas legais para proteção dos direitos hu-manos que surgiam à época, passaram à construção de relacionamen-tos transnacionais que forneceram os alicerces críticos do movimento internacional pelos direitos LGBT+ na atualidade. Novas publicações e organizações homófilas surgiram após a guerra, espalhando-se da Holanda, através do norte da Europa, chegando até os Estados Unidos, a Alemanha Ocidental, Bélgica e França.[125] Ativistas denunciaram a repressão do governo à cultura gay em suas representações públicas, além da perseguição antigay patrocinada pelo Estado. No final dos anos 1950, o Relatório Wolfenden na Grã-Bretanha e a erosão das leis de obscenidade nos Estados Unidos surgiram como fontes de esperan-ça aos homossexuais. Seus debates mais ferozes, então, se davam em torno da questão dos melhores meios de garantir vitórias significativas: se pelas estratégias assimilacionistas ou através de táticas de ação dire-ta inspiradas pelo movimento dos direitos civis. Por volta de 1965, os ativistas pareciam incapazes de reconciliar esses debates internos e o movimento estava diante de uma fase mais visível e de confronto dire-to na militância da causa por direitos de gays e lésbicas.

110

O movimento homófilo global, 1945-1965

A história da opressão antigay dos nazistas não recebeu grande atenção nem gerou muita simpatia do público por várias décadas. Na década de 1970, uma rede transnacional de ativistas LGBT+ transformou o triângulo rosa em um símbolo global da libertação gay. Tentando preencher um vazio na erudição histórica e impregnados de fervor ativista, elaboraram uma narrativa que pouco diferenciava a perseguição dos nazistas aos homossexuais em sua campanha genocida para exterminar os judeus. Mas o argumento que sustentava um "Homocausto" não resistiu ao escrutínio posterior de historiadores profissionais diante da falta de evidências que comprovassem a existência de um plano sistemático dos nazistas para erradicar os homossexuais.[126]

Esses historiadores, contudo, ajudaram a recuperar as histórias de corajosos homossexuais que lutaram por justiça depois de serem condenados por violar o Parágrafo 175 durante os 12 anos de domínio nazista. Dos 100 mil homens presos entre 1933 e 1945, cerca de 50 mil foram condenados. Destes, entre 5 mil e 15 mil foram enviados para campos de concentração. Mas, se é verdade que a maioria dos gays alemães presos por violar o Parágrafo 175 escapou dos campos nazistas, poucos se livraram do estigma gerado pela perseguição nazista aos homossexuais e das subsequentes políticas antigay dos governos aliados e da Alemanha Ocidental. Os nazistas esmagaram o próspero movimento alemão pela emancipação homossexual e fecharam bares e publicações de temática gay.[127]

Depois do fim das hostilidades na Europa, em maio de 1945, os Aliados dividiram a Alemanha em quatro zonas de ocupação. As autoridades soviéticas assumiram o controle da parte oriental. Autoridades britânicas, francesas e americanas administraram a porção ocidental. Conforme as unidades militares libertavam os campos de concentração, durante as últimas semanas da campanha europeia, prisioneiros gays acreditaram que a perseguição terminaria em breve. Mas tais esperanças foram desfeitas quando se tornou evidente que os Aliados tinham pouca simpatia pelas vítimas homossexuais dos nazistas. Tomando o manual do Departamento de Guerra como guia no que dizia respeito à administração militar da Alemanha, as autoridades americanas continuaram

111

a encarcerar qualquer pessoa cuja permanência nos campos de concentração tivesse por base alguma condenação criminal. Assim, aqueles que ainda não haviam cumprido as sentenças impostas por violações do Parágrafo 175 acabaram transferidos dos campos de concentração para as prisões militares aliadas. Apesar de a ideologia nazista ter desempenhado um papel central na expansão do Parágrafo 175 em 1935, as autoridades americanas não incluíram essa lei entre os expurgos de seu procedimento para a desnazificação do código legal alemão. Tendo a sodomia definida como crime em seus próprios regulamentos militares, as autoridades de ocupação dos EUA não se incomodaram com sua decisão de manter o Parágrafo 175. Durante cada um dos quatro anos da ocupação americana, a polícia militar dos EUA prendeu entre 1.100 e 1.800 homens por "indecência". Em muitos casos, esses homens enfrentaram juízes autorizados a permanecer no setor judiciário mesmo depois de terem trabalhado para a justiça nazista.[128]

Após a fusão das três zonas controladas pelos Aliados em um único território, a República Federal da Alemanha (RFA) foi fundada em maio de 1949. Três meses depois, os alemães ocidentais elegeram um novo governo e a recém-criada União Democrata-Cristã (Christlich-Demokratische Union Deutschlands – CDU) conquistou a maioria no Bundestag, o parlamento federal da Alemanha Ocidental. Com o chanceler Konrad Adenauer, a CDU, que era uma agremiação conservadora – e, principalmente, católica –, articulou políticas destinadas a proteger e promover a moralidade cristã, os papéis tradicionais de gênero e a família nuclear. Em contraste com o guerreiro "ariano" celebrado na era nazista, o homem ideal na Alemanha Ocidental do pós-guerra era o marido e pai dedicado.

Nesse clima político, os gays eram vistos como uma ameaça à nação alemã. O novo governo da Alemanha Ocidental, portanto, manteve a versão mais ampla do Parágrafo 175 para combater a homossexualidade masculina. Ecoando seus predecessores nas épocas imperial, de Weimar e nazista, os funcionários no poder na RFA não criminalizaram a atividade sexual lésbica. Mas, em 1953, as autoridades instituíram a

O movimento homófilo global, 1945-1965

Lei Contra a Distribuição de Material Escrito que Ameaçasse a Juventude. Como certa lei anterior, direcionada contra "lixo e obscenidade" e imposta pelo regime de Weimar na década de 1920, tal estatuto proibia a distribuição de publicações homossexuais, suprimindo os esforços nascentes para ressuscitar uma cultura lésbica e gay de amplo público na Alemanha Ocidental. Enquanto os ativistas tentavam reconstruir o movimento homossexual alemão, viam a aplicação continuada do Parágrafo 175 como símbolo forte da resistência da ideologia nazista, mesmo que sob o verniz da democracia.[129]

Esses obstáculos terríveis, no entanto, não impediram os gays alemães de questionarem a legalidade do Parágrafo 175. Após ser condenado por fazer sexo com um homem no final de 1949, um requerente, identificado apenas por "N", recorreu de sua condenação. Contudo, em 13 de março de 1951, após o Supremo Tribunal Federal considerar seu caso, confirmou-se a constitucionalidade do Parágrafo 175. Três meses depois, em uma segunda contestação à lei de sodomia, o Supremo Tribunal rejeitou a ideia de que o Parágrafo 175 violava a igualdade de gênero apresentada no artigo 3º da Constituição vigente na Alemanha Ocidental.

Em 1957, dois homens condenados a um ano de prisão cada, após condenações separadas por violações do Parágrafo 175, apelaram de seus casos para o Tribunal Constitucional Federal, o mais alto órgão judicial da Alemanha em questões relacionadas a assuntos administrativos e legislativos. Como no caso avaliado pelo Supremo Tribunal, os juízes argumentaram que as diferenças biológicas entre homens e mulheres justificavam o tratamento diferenciado aos sexos aplicado pelo Parágrafo 175. Como alguns estados haviam criminalizado a homossexualidade masculina antes da Unificação alemã – pois a versão original do Parágrafo 175 fora incorporada ao Código Penal adotado em 1871 –, os tribunais interpretaram tal legislação de maneira consistente, como uma lei nacional, não qualquer anomalia imposta pelos nazistas. Entre 1949 e 1969, mais de 100 mil homens foram presos por indecência, 59 mil dos quais foram considerados culpados.[130] Quando alguns desses homens condenados e encarcerados por tais crimes, cidadãos da Alemanha

Ocidental, apresentaram uma petição ao Tribunal Europeu de Direitos Humanos estabelecido em 1959, o Tribunal decidiu que suas condenações eram justificadas sob as exceções de "saúde e moral" da Convenção Europeia de Direitos Humanos.[131] Como seus predecessores nazistas, as autoridades da RFA mantinham *Rosa Listen* ("listas rosa"), registros de "homossexuais condenados, conhecidos ou mesmo suspeitos". Os gays nessas listas poderiam enfrentar sérias consequências, incluindo exposição pública, perda de emprego ou retirada de licenças e credenciais.

O fato de a homossexualidade masculina permanecer ilegal na Alemanha do pós-guerra dissuadiu a maioria dos detidos e encarcerados pelos nazistas de falar publicamente sobre suas experiências por décadas. Mas os paralelos entre as técnicas usadas pelos nazistas e pela República Federal para vigiar, assediar e processar gays não escaparam à atenção das publicações homófilas que começaram a aparecer na Alemanha Ocidental no início dos anos 1950. Depois que a lei referente ao chamado "lixo e obscenidade", de 1953, proibiu a exibição pública de tais publicações, surgiu o contrabando de revistas homófilas de outras nações, num esforço dos leitores para se manter informados a respeito do empenho que florescia em questionar leis e posturas antigay.[132]

A ilegalidade dos atos homossexuais impediu, da mesma forma, que as vítimas gays do nazismo recebessem indenizações das autoridades do pós-guerra. Nos termos da Lei Federal de Compensação, aprovada pelo Bundestag em 1956, apenas aqueles que foram perseguidos pelos nazistas com base em raça, religião ou crença política qualificavam-se para receber indenizações do Estado. Os 50 mil gays presos pelos nazistas – mesmo aqueles enviados para campos de concentração –, portanto, não se qualificaram para tal assistência. No ano seguinte, quando o Bundestag aprovou uma lei permitindo que sobreviventes de campos de concentração excluídos da legislação de 1956 solicitassem ajuda, "apenas 14 homens (dos entre 1.750 a 3.500 sobreviventes do triângulo rosa) se arriscaram a responder criminalmente ao revelar que haviam sido perseguidos por causa de sua homossexualidade. Todas as 14 petições foram negadas".[133]

O *movimento homófilo global, 1945-1965*

Apesar das associações feitas pelos comunistas entre homossexualidade e degeneração burguesa, a República Democrática Alemã (RDA) adotou políticas menos severas no que dizia respeito aos homossexuais, tendo em vista sua contraparte ocidental.[134] Após a Segunda Guerra Mundial, as autoridades da Zona de Ocupação Soviética tomaram medidas para revogar a versão de 1935 do Parágrafo 175. Em 20 de setembro de 1948, o Tribunal Superior do Estado em Halle derrubou a lei, de forma específica, por suas origens nazistas. Contudo, em 13 de março de 1951, a Suprema Corte da Alemanha Oriental manteve o Parágrafo 175a, a disposição da versão nazista da lei que estabelecia em 21 anos a idade de consentimento para atividades sexuais entre homens, mantendo os 16 anos para relações heterossexuais. Em 1954, o mesmo tribunal declarou que a documentação de atividades sexuais não era necessária para uma condenação com base no Parágrafo 175. Demonstrações menos diretas de intimidade física entre homens poderiam ser interpretadas como sodomia.[135]

Assim, durante a Guerra Fria, as leis antigay tinham variações consideráveis entre os países pertencentes ao Bloco Oriental. Como exemplo, é possível perceber que as políticas da RDA eram mais liberais do que as da Romênia. Tendo criminalizado as atividades homossexuais masculinas e femininas associadas ao "escândalo público" em 1937, a Romênia adotou leis ainda mais rigorosas com o governo comunista após a Segunda Guerra Mundial. Em 1948, o Estado proibiu exibições públicas de homossexualidade, determinando entre dois e cinco anos de prisão como pena. Nove anos depois, o governo ampliou tal estatuto para abranger demonstrações privadas e públicas de intimidade entre pessoas do mesmo sexo e aumentou a gama de penas de prisão, de três a dez anos.[136]

Enquanto na Romênia políticas antigay eram intensificadas, o ativista Rudolf Klimmer trabalhava pelos direitos LGBT+ na Alemanha Oriental. Psiquiatra formado em Medicina pela Universidade de Leipzig, Klimmer ingressou no Partido Comunista da Alemanha em 1926. Depois da tomada de poder pelos nazistas, foi preso duas vezes por conta de suas afiliações políticas e impedido de praticar medicina.

Temendo que a exposição de sua homossexualidade resultasse em mais perseguições por parte dos nazistas, casou-se com uma amiga lésbica para esconder sua verdadeira identidade sexual. Apesar de todos esses obstáculos, Klimmer conduziu pesquisas médicas para uma empresa farmacêutica durante a Segunda Guerra Mundial.

Assim que as hostilidades terminaram, Klimmer estabeleceu um consultório psiquiátrico em Dresden e ingressou no Partido Socialista Unificado, que governava a República Democrática Alemã. Em pouco tempo, conheceu Armin Schreier, que se tornaria seu parceiro amoroso pelo resto da vida a partir de então. Enquanto tentava manter seu relacionamento romântico e suas condenações criminais em segredo, Klimmer defendia a revogação do Parágrafo 175. Tendo por base o trabalho de sexólogos, Klimmer enfatizou a natureza congênita da homossexualidade e descreveu o Parágrafo 175 como um legado do fascismo que violava os ideais comunistas de justiça e a não intervenção do Estado na vida privada dos cidadãos. Embora ele não tenha conseguido que o governo da Alemanha Oriental revogasse o Parágrafo 175 na década de 1950, seus escritos pedindo a reforma das leis que criminalizavam as relações consensuais entre pessoas do mesmo sexo influenciaram funcionários do Estado e autoridades protestantes. Depois de 1957, as condenações por violação ao Parágrafo 175 cessaram. Por volta dessa época, Klimmer lia textos e escrevia artigos para publicações homófilas internacionais como a *Der Kreis* (O círculo), revista publicada na Suíça, uma das únicas publicações do tipo existente antes da guerra que conseguiu sobreviver à Segunda Guerra Mundial. Nem a Cortina de Ferro, tampouco a falta de organizações homófilas na Alemanha Oriental impediram Klimmer de forjar conexões com a rede transnacional de ativistas LGBT+, que começava a se consolidar no início da Guerra Fria.[137]

Na Europa Ocidental, os holandeses assumiram a liderança na reconstrução do movimento pelos direitos dos homossexuais. A indignação popular diante do Parágrafo 175 e de outras leis antigay impostas pelos nazistas durante a ocupação da Holanda no período da Segunda Guerra Mundial deu impulso aos apelos pela descriminalização da sodomia após a guerra. Embora muitos católicos e protestantes conservadores continuassem se opondo à homossexualidade, havia um crescente sentimento popular de que o Estado não deveria interferir no comportamento privado. Os ativistas holandeses da causa gay souberam capitalizar essas opiniões para que suas organizações alcançassem um nível sem paralelo em qualquer lugar do mundo à época.

Em 1946, membros da filial holandesa do Comitê Científico-Humanitário uniram forças com os editores da revista *Levensrecht* (Direito de viver), que circulava antes da guerra, e fundaram o Cultuur-en Ontspannings Centrum (Centro Cultural e Recreativo), mais conhecido como COC. Liderado por Nico Engelschman (que utilizava o pseudônimo Bob Angelo), o COC tornou-se um espaço público que albergava grupos de discussão e eventos sociais para gays, além de sedimentar alianças com ministros, funcionários de Estado e membros da força policial.[138]

Mudanças drásticas afetaram tanto a política quanto a cultura gay na Dinamarca, depois da Segunda Guerra Mundial. Antes de meados do século XIX, as autoridades civis baniam sodomitas suspeitos e conhecidos. No entanto, em 1860, a urbanização promoveu uma subcultura gay cada vez mais perceptível em Copenhague. A partir de 1906, uma série de escândalos homossexuais atraiu a atenção da imprensa e houve diversas condenações e prisões por sodomia. Apreensivos com tal furor, especialistas das áreas de Medicina e Direito pediram pela descriminalização da sodomia, à época punível com um ano de prisão para adultos que tivessem consentido e até quatro anos se envolvesse menores com menos de 15 anos. Em 1912, uma comissão real recomendou a descriminalização da sodomia, mas o Código Civil não foi alterado até 1933. Com a nova lei (que também se aplicava à Islândia), estavam legalizadas as relações homossexuais consensuais entre homens de 18 anos ou mais, sendo que a idade de consentimento para o sexo heterossexual estava fixada em 15 anos. O novo estatuto foi rigorosamente aplicado e os condenados por fazer sexo com menores do sexo masculino enfrentavam punições severas, incluindo terapia de aversão e castração. Em 1948, com a intensificação da repressão antigay, os homossexuais dinamarqueses formaram uma nova organização, de nome Forbundet af 1948 (Liga de 1948).[139]

Como ocorreu na Holanda e na Dinamarca, os gays suecos também se dedicaram à organização logo no início do pós-guerra. Embora o governo sueco tenha descriminalizado atos sexuais realizados com consentimento por pessoas do mesmo sexo com mais de 18 anos em 1944, a maioria dos suecos ainda considerava a homossexualidade imoral. O quanto tal animosidade popular era profunda tornou-se evidente quando o reverendo Karl-Erik Kejne iniciou uma campanha para acabar com a prostituição gay em Estocolmo. Em 1948, ele alegou publicamente que gangues de gays estavam ameaçando sua vida. Jornais suecos divulgaram amplamente suas alegações a respeito de uma "máfia homossexual", protegida pela polícia.[140]

Em outubro de 1950, como resposta a essa histeria, alguns gays e lésbicas – cerca de três dezenas – que pertenciam à Forbundet af 1948 reuniram-se em Solna para discutir como poderiam educar, da melhor forma possível, o público e refutar as falsas acusações de Kejne. Dois anos depois, criaram uma organização independente chamada Organização Nacional para Igualdade Sexual (Riksförbundet för sexuellt likaberättigande – RFSL). Como o COC, combinou defesa política com atividades sociais. Em 1951, tal organização iniciou um *lobby* para diminuir a idade de consentimento nas relações homossexuais. No ano seguinte, a RFSL requisitou ao delegado sueco na ONU que defendesse os direitos dos homossexuais. Em 1953, fez uma petição ao Ministério da Saúde e Assuntos Sociais da Suécia pela legalização do casamento entre pessoas do mesmo sexo. Nenhuma dessas campanhas obteve êxito e todas elas geraram controvérsias entre os membros da RFSL.[141]

As visões cada vez mais negativas da homossexualidade, postuladas por autoridades médicas em vários países, representavam um grande obstáculo para os ativistas homossexuais em todas as partes do mundo. Durante e após a Segunda Guerra Mundial, muitos psicólogos caracterizaram os homossexuais como antissociais e incapazes de relações amorosas duradouras. Desviando-se das sutilezas que existiam nas visões originais de Freud, certos psicanalistas divulgaram amplas generalizações com base em suas observações de um subconjunto muito restrito de homossexuais, presos ou encarcerados em instituições psiquiátricas. Gays bem ajustados e integrados na sociedade não foram incluídos entre os indivíduos estudados. O estereótipo distorcido do homossexual infeliz e instável passou a se infiltrar na cultura do pós-guerra com terríveis consequências legais, médicas e sociais. Psiquiatras como Edward Bergler, aluno de Freud que emigrou para os Estados Unidos em 1938, defendiam opiniões extremas, sugerindo que os homossexuais representavam uma ameaça, pois sua intenção era seduzir jovens inocentes. Em 1952, a Associação Psiquiátrica Americana acrescentou a homossexualidade à lista de transtornos de personalidade incluída em seu *Diagnostic and Statistical Manual* (Manual diagnóstico e estatístico), ampliando a ideia de que os homossexuais eram mentalmente desequilibrados, algo que, por sua vez, auxiliava na deterioração do entendimento que gays e lésbicas tinham de si próprios.[142]

Havia, entretanto, médicos e psiquiatras que desafiaram esses pontos de vista. Em 1948, Dr. William Meninger, consultor-chefe em Neuropsiquiatria para o cirurgião-geral do Exército dos EUA durante a Segunda Guerra Mundial, publicou um estudo sobre a homossexualidade ainda durante o conflito. Embora ele compartilhasse a visão da maioria de que a homossexualidade era uma patologia causada pelo desenvolvimento psicológico interrompido, expressou sua empatia ao descrever suas próprias experiências trabalhando com soldados gays. Enfatizou que a maioria dos soldados gays serviu com honra, sem sequer chamar a atenção, e rejeitou enfaticamente a condenação geral dos homossexuais.[143] Sob a liderança de Karl Bowman, a Porter Psychiatric Clinic (Clínica Psiquiátrica Porter), da Universidade da Califórnia em São Francisco, surgiu como centro de estudos sobre identidade de gênero e transexualidade.[144]

O pesquisador sexual mais famoso dessa época foi, sem dúvida, Alfred Kinsey. Seus históricos estudos a respeito do comportamento sexual masculino e feminino, publicados em 1948 e 1953, implodiram suposições preponderantes e se tornaram improváveis *best-sellers* internacionais. Embora os críticos tenham atacado suas técnicas de amostragem e acusado Kinsey de distorcer seus achados, ele revolucionou o estudo do sexo por meio do uso de questionários e entrevistas realizadas com ampla amostragem de pessoas comuns. Kinsey descobriu que as incidências de sexo antes do casamento e masturbação eram bem maiores do que se supunha pelos costumes à época.

As descobertas de Kinsey sobre o comportamento homossexual foram ainda mais surpreendentes. Ele afirmou que 37% dos homens americanos atingiam o orgasmo durante o sexo homossexual pelo menos uma vez. Também concluiu que 10% dos homens eram exclusivamente homossexuais por pelo menos três anos, e 4% o eram pela vida toda. Entre os indivíduos femininos de seu estudo, Kinsey relatou que 13% haviam experimentado orgasmo com outra mulher e aproximadamente 2% eram, sobretudo, lésbicas. Kinsey exortou seus leitores a não fazer julgamentos morais a partir do comportamento sexual, mas a formar suas opiniões com base em dados científicos coletados objetivamente. Usando uma escala de zero a seis, Kinsey descrevia a orientação sexual das pessoas com base em suas experiências e respostas em momentos específicos, variando da heterossexualidade exclusiva na extremidade inferior à homossexualidade exclusiva na extremidade superior. A maioria das pessoas se localizava em algum ponto intermediário.

As descobertas de Kinsey intensificaram um debate já vigoroso sobre a homossexualidade nos Estados Unidos do pós-guerra. Muitos gays e lésbicas se sentiram fortalecidos pela descoberta de que as afetividades entre pessoas do mesmo sexo não eram incomuns. Mas os mesmos dados alarmaram as autoridades legais, médicas e religiosas, temerosas com a possibilidade de maior relevo e, consequentemente, do número e da importância dos homossexuais. Embora entre especialistas não houvesse consenso se Kinsey havia superestimado a extensão das atividades sexuais entre pessoas do mesmo sexo, uma enxurrada de estudos e comentários sobre os perigos representados pelos homossexuais atingiu a esfera cultural dos Estados Unidos.[145]

120

O movimento homófilo global, 1945-1965

Os homófilos europeus rapidamente compreenderam as implicações globais das descobertas de Kinsey. Em dezembro de 1948, Bob Angelo, do COC, celebrou seu potencial para libertar a sociedade de "padrões hipócritas resultantes da nossa moralidade sexual". Em sua revista, *Vriendschap* (Amizade), a organização baseou-se nas estatísticas de Kinsey para extrapolar que haveria cerca de 500 mil homossexuais no seio da população holandesa. Na Suíça, os editores de *Der Kreis* utilizaram informações coletadas na revista *Time* para uma série de artigos a respeito do relatório Kinsey, publicados durante quatro meses em 1949.[146] Embora a escassez de papel tornasse bastante difícil obter o livro *Sexual Behavior in the Human Male* (Comportamento sexual em seres humanos do sexo masculino) em uma Grã-Bretanha assolada pela depressão econômica, resumos e diversas resenhas do trabalho de Kinsey foram apresentados em jornais e revistas britânicos.[147]

Conforme seu trabalho sobre sexualidade chamava a atenção global, Kinsey ia se engajando em debates, abordando identidade de gênero, com um pequeno grupo de médicos dos EUA. Depois de forjar aliança com a ativista transgênero Louise Lawrence, de São Francisco, Karl Bowman foi apresentado a transgêneros americanos que se comunicavam com Lawrence tanto por contato pessoal quanto por correspondência escrita. Em 1944, Bowman apresentou Kinsey a Harry Benjamin, endocrinologista emigrado da Alemanha, pioneiro nos estudos envolvendo o impacto rejuvenescedor dos hormônios, tendo a supervisão de Magnus Hirschfeld e Eugen Steinach em suas pesquisas durante visitas a Berlim e Viena nas décadas de 1920 e 1930. Ao contrário da maioria dos médicos em atividade à época nos Estados Unidos, Benjamin acreditava que a identidade transgênero tinha origens biológicas e, portanto, merecia intervenção médica.

Em 1949, Kinsey encaminhou para Benjamin um paciente que buscava por redesignação sexual. Depois de ler seu histórico médico, Benjamin concluiu que Val Berry (um pseudônimo) era "uma mulher [que] acidentalmente estava no corpo de um homem", e começou o tratamento hormonal em seu consultório, em São Francisco. Ele,

121

então, contatou o procurador-geral da Califórnia, Edward G. (Pat) Brown, para saber se a castração era legal naquele estado. Inicialmente, Brown encorajou Benjamin, mas, depois de consultar outro advogado, informou que "modificações genitais transexuais constituiriam 'mutilação' (ou seja, a destruição deliberada de tecido saudável), algo que exporia qualquer cirurgião que realizasse tal tipo de procedimento a uma possível ação penal". Diante dos alarmantes e possíveis riscos legais advindos ao ignorar a avaliação de Brown, por muitos anos não houve praticamente nenhum médico nos Estados Unidos que realizasse procedimentos cirúrgicos de redesignação sexual de forma aberta. Contudo, um urologista de Los Angeles, Eugene Belt, realizou alguns desses procedimentos secretamente.[148]

Tais obstáculos impeliram Christine Jorgensen, que teve atribuída uma identidade masculina ao nascer e foi criada por uma família dinamarquesa-americana, a buscar pela redesignação sexual em Copenhague, na Dinamarca. Embora não fosse a primeira pessoa que se submetia a tal procedimento, Jorgensen provocou sensação mundial ao vazar notícias de sua transformação para a mídia em dezembro de 1952 – pois se tratava de uma história que sintetizava todas as ansiedades de gênero da época, além da obsessão pela inovação científica. Ela aproveitou com sucesso seu momento de celebridade, convertendo-o em aparições públicas, um livro entre os mais vendidos daquela época e uma breve carreira de atriz. Uma enxurrada de histórias de indivíduos que passaram por redesignação sexual entrou na cultura popular americana por meio de tabloides, jornais, revistas, romances populares e filmes B como *Glen ou Glenda?* (1953), de Edward Wood Jr. Em meados da década de 1950, médicos e cientistas nos EUA adotaram a expressão *transexual*, enquanto debatiam acaloradamente a redesignação sexual e mergulhavam na literatura científica europeia do passado, referente à sexologia.[149]

Depois de passar por uma cirurgia de redesignação sexual na Dinamarca em 1952, Christine Jorgensen voltou aos Estados Unidos e compartilhou sua história com o *New York Daily News*. Ela rapidamente ganhou amplo destaque e fama, tendo depois transformado sua notoriedade em um livro *best-seller* e em breve carreira como atriz e cantora.

Com a ascensão do anticomunismo, nos anos após a Segunda Guerra Mundial, destacaram-se as discussões transnacionais sobre a sexualidade – o que impulsionou, mas também colocou em perigo, o ativismo gay. O clima político – consequência do conflito mundial – nos Estados Unidos afastou-se do bipartidarismo, tornando-se mais polarizado à medida que as relações entre EUA e União Soviética se deterioravam. Isso resultou em forte ênfase social no restabelecimento dos papéis tradicionais de gênero e da família nuclear. No início de 1950, os republicanos passaram a aproximar o anticomunismo aos sentimentos antigay, tendo resultado em uma onda de Lavander Scare, que teve ramificações transnacionais. Em dezembro de 1950, um comitê do Senado dos EUA, encarregado de investigar a existência de "homossexuais e outros indivíduos sexualmente pervertidos" no governo federal, divulgou relatório sensacionalista, no qual afirmava que os homossexuais eram emocionalmente instáveis, dotados de débil fibra moral, e que também aliciavam colegas de trabalho impressionáveis.

De maneira ainda mais alarmante, o relatório afirmava que funcionários federais gays e lésbicas ameaçavam a segurança nacional. Tais pessoas foram retratadas como alvos fáceis para chantagistas e agentes estrangeiros, que ameaçariam expor suas identidades, mantidas em segredo apenas se recebessem informações confidenciais do governo. Os autores dos relatórios citaram o caso Alfred Redl, o agente de contra-espionagem austríaco homossexual que se tornara agente duplo para a Rússia décadas antes. Apenas seis meses depois de as tropas dos Estados Unidos se unirem a uma força multinacional para combater a invasão promovida pela Coreia do Norte a seu vizinho do sul, surgiu um relatório a respeito dos "pervertidos sexuais", tendo acentuado as chances reais de existirem funcionários do governo suscetíveis a extorsão.

Para erradicar subversivos em potencial e minar oponentes políticos que alegavam ser "lenientes com o comunismo", o governo Truman lançou um programa de fidelidade ao governo no início de 1947. Envolta em sigilo e sem especificar o significado exato de "lealdade", a operação visava uma ampla gama de funcionários e logo foi replicada no caso de funcionários estaduais e distritais. O Federal Bureau of Investigation (FBI - Departamento Federal de Investigação) e os departamentos de polícia regionais compilaram listas de suspeitos de homossexualidade. Imagens

O *movimento homófilo global, 1945-1965*

ameaçadoras de gays ajudaram a impulsionar a aprovação de leis para combater "psicopatas sexuais" em vários estados. Os serviços de correio dos EUA, por sua vez, rastrearam os destinatários de material "obsceno". No início de 1953, o Departamento de Estado dos Estados Unidos demitiu 425 funcionários acusados de "tendências homossexuais", o dobro dos demitidos por "simpatias comunistas", fossem tais demissões fruto de suspeitas ou tivessem alguma comprovação.[150]

Gays que não eram funcionários federais também enfrentavam novas ameaças. "Esquadrões do vício"* rotineiramente invadiam bares gays para efetuar prisões, e jornais publicavam os nomes de funcionários e trabalhadores presos, bem como de seus patrões. Como muitas cidades proibiram a venda de bebidas alcoólicas para homossexuais notórios, os bares gays tiveram de fechar as portas ou sobreviver de forma precária, pois os proprietários teriam de pagar propinas a policiais corruptos ou mafiosos em troca de proteção. Em 1955, a descoberta de áreas de encontros gays em Boise, Idaho, iniciou na cidade uma onda de histeria que levou ao encarceramento de dezenas de homens, muitos dos quais perderam empregos, tiveram suas reputações destruídas ou receberam penas de prisão.[151]

Mas o Lavander Scare coexistiu com o surgimento de retratos mais positivos, escritos pelos próprios gays. *A cidade e o pilar* (1948), de Gore Vidal, marcou uma grande mudança nas representações ficcionais da homossexualidade. Seus personagens gays adquirem centralidade em uma história que tem a Segunda Guerra Mundial como pano de fundo. A hostilização da sociedade, não a homossexualidade, constitui a força motriz por trás da infelicidade e da atitude violenta do protagonista. Embora jornais e revistas dos Estados Unidos tenham se recusado a publicar resenhas dessa obra por anos e anos após o lançamento do romance, ela vendeu bem e Vidal continuou a publicar sob

---

* N.T.: Em inglês, *Vice Squad*. Expressão usada para denominar uma divisão policial ou das forças de segurança locais (embora, por vezes, pudesse se referir a unidades não oficiais) cujo foco seria coibir ou suprimir os assim chamados "crimes morais", relacionados a práticas sexuais e identidade de gênero que fugissem do estabelecido.

pseudônimos. Vidal, Tennessee Williams, James Baldwin e Truman Capote foram apenas alguns dos diversos autores gays que surgiram na cidade de Nova York após a guerra.

Em 1951, Edward Sagarin, usando o pseudônimo de Donald Webster Cory, publicou *The Homosexual in America*, estudo pioneiro da vida dos homossexuais nos Estados Unidos, escrito por um homem gay. Cory descreveu os gays como uma minoria merecedora de direitos civis. Estimulou os gays a se aceitarem e a criarem uma solidariedade coletiva, e os encorajou a revelar sua identidade sexual a parentes, amigos e colegas de confiança.

Cory não estava sozinho em imaginar ações coletivas em favor da igualdade homossexual. Em novembro de 1950, Harry Hay, Rudi Gernreich, Bob Hull, Charles Rowland e Dale Jennings se reuniram na casa de Hay, em Los Angeles, para fundar a Mattachine Society, primeira organização homófila duradoura nos Estados Unidos. Hay e dois outros fundadores eram membros ativos do Partido Comunista, mas haviam sido expulsos devido à acusação, feita pelo partido, de que promoviam a ligação de homossexualidade com decadência burguesa – algo irônico, dada a estreita associação feita pelos anticomunistas de homossexualidade com subversão comunista. Refletindo a doutrina marxista, a Mattachine definiu os homossexuais como uma minoria específica, para a qual se fazia necessário ampliar a consciência dos gays para criar formas de solidariedade que pudessem ser traduzidas em ação política e social. Distanciando-se das conotações negativas associadas à expressão "homossexual", adotaram o termo "homófilo", abraçando a linguagem usada pelo movimento de igualdade homossexual na Alemanha antes da Segunda Guerra Mundial. Em janeiro de 1953, Jennings e Rowland fundaram a *ONE*, a primeira revista norte-americana de sucesso dirigida ao público gay.[152]

Ao mesmo tempo, o governo dos Estados Unidos pressionava organizações internacionais e governos aliados a adotarem políticas antigay. Por insistência dos EUA, a ONU concordou em expulsar funcionários considerados "desleais" dos países-membros. Contudo, o International

O movimento homófilo global, 1945-1965

Employees Loyalty Board (Conselho de Fidelidade para Funcionários Internacionais), recém-criado para realizar verificações de antecedentes, não dispunha dos poderes necessários para o cumprimento desse tipo de fiscalização. Em 1953, a ONU demitiu menos de um quarto dos 200 funcionários considerados moralmente inadequados por investigadores que trabalhavam para o Departamento de Estado dos Estados Unidos. Indignados, os funcionários dos EUA intensificaram seus esforços para persuadir organizações internacionais a expurgar seus funcionários gays. Em 1955, Henry Cabot Lodge, embaixador dos EUA na ONU, alertou o secretário-geral da ONU, Trygve Lie, de que os Estados Unidos cortariam seu apoio financeiro se a ONU não demitisse seus funcionários estadunidenses considerados homossexuais pelos agentes de segurança do Departamento de Estado. Embora os Estados Unidos não tivessem autoridade legal para determinar quem seria funcionário adequado para organizações internacionais, as autoridades americanas continuaram a fazê-lo até 1972.[153]

Usando as políticas dos EUA como modelo, Grã-Bretanha, Austrália e Canadá também instituíram procedimentos e políticas de triagem para homossexuais que trabalhavam em cargos governamentais considerados críticos. O governo trabalhista britânico inicialmente não tinha um maior apreço pela causa dos homossexuais do que os democratas do governo Truman. Enfrentando problemas econômicos esmagadores e focado na construção de um estado de bem-estar social, o governo trabalhista imitou seu aliado americano ao vincular a homossexualidade à conspiração comunista internacional.

Esses medos pareciam muito menos paranoicos depois que Guy Burgess e Donald Maclean, dois espiões britânicos, desertaram para a União Soviética em 1951. Ambos exemplificavam os estereótipos anti-gay mais perversos daquela época. Os dois tinham origens privilegiadas: o pai de Maclean era advogado e membro do Parlamento; o de Burgess, comandante da Marinha Real Britânica. Os dois, igualmente, frequentaram internatos de elite e se matricularam na Universidade de Cambridge; em tal universidade, fizeram amizade e se tornaram ativos na defesa das causas postuladas pela esquerda radical, que se torna-ra popular durante a Grande Depressão. Enquanto ainda estavam em Cambridge, os soviéticos recrutaram ambos, Burgess e Maclean, como espiões disfarçados. Após o término da faculdade, a dupla passou a trabalhar no Serviço de Relações Exteriores britânico e, logo, ascenderam na hierarquia, apesar de serem conhecidos como alcoólatras e homossexuais (Maclean chegou a se casar com uma mulher, que tinha cerca de 20 anos de idade, mas Burgess permaneceu exclusivamente gay). Após as deserções de ambos, o paradeiro deles permaneceu desconhecido até 1956, quando a dupla foi localizada em Moscou.[154]

As autoridades britânicas, embora mortificadas pelo episódio Burgess-Maclean e em débito para com seu poderoso aliado na América, não instituíram medidas de segurança abrangentes que tivessem por alvo funcionários civis e diplomatas suspeitos de subversão ou homossexualidade. Não havia nenhuma contrapartida britânica para a Ordem Executiva 10450 do presidente Dwight Eisenhower, uma diretiva outorgada em abril de 1953 que resultou na investigação e demissão de milhares de funcionários federais acusados de serem gays e lésbicas, sob a alegação de que a "perversão sexual" em si representava um risco à segurança nacional.[155] Em contraste, o Foreign Office* adotou um código de segurança em 1956, que exigia aos diplomatas gays discrição e que seus supervisores fossem informados sobre a possibilidade de esses funcionários sofrerem chantagens, uma vez que "algumas formas de homossexualidade", na Grã-Bretanha e em muitos outros países, eram consideradas ilegais e criminosas. Não aceitando comprometer o *esprit de corps* ao ordenar que diplomatas vigiassem uns aos outros, o Foreign Office recusou-se firmemente a definir seus funcionários, fossem gays ou lésbicas, como riscos à segurança nacional tendo por base apenas sua orientação sexual, e recomendava que a demissão só ocorresse em casos de exposição pública.[156] Em uma época na qual os britânicos se ajustavam

---

* N.T.: Optamos por manter em inglês esse ministério do governo britânico, o FO, como era conhecido. Em 1968, após uma fusão, seria convertido em órgão mais abrangente, o Foreign & Commonwealth Office (FCO).

à erosão de seu poder global, essa rejeição ao macarthismo demonstrou ser uma maneira eficaz de preservar a autonomia nacional.

As autoridades australianas adotaram postura semelhante em relação à segurança nacional. No final da década de 1940, em resposta aos dados da polícia que mostravam um aumento nas prisões por crimes sexuais "antinaturais", como a sodomia, a mídia australiana registrou um aparente aumento na "perversão sexual", de modo que a ansiedade pública com relação à homossexualidade aumentou. Após as deserções de Burgess e Maclean, o governo orientou a Australian Security Intelligence Organization (Organização Australiana de Inteligência de Segurança) a garantir que funcionários gays ou lésbicas não tivessem acesso a documentos confidenciais relacionados à segurança nacional. Mas, embora o gabinete de governo temesse que homossexuais fossem propensos a comportamento traiçoeiro por conta de sua "instabilidade, autoengano voluntário [e] postura desafiadora diante da sociedade", rejeitou a proibição completa de funcionários públicos gays e lésbicas. O governo australiano, contudo, intensificou os processos por "delitos antinaturais". Entre 1945 e 1960, mais de 3 mil pessoas foram condenadas graças a ações repressivas antigay, que tinham por alvo parques, banheiros públicos e outros locais dessa natureza. O governo também manteve um controle rigoroso dos estudos, ficcionais e acadêmicos, a respeito da homossexualidade. Ainda assim os gays australianos discretos podiam viver suas vidas sem serem assediados, mas tal clima político restringiu muito o ativismo gay e as manifestações públicas de subculturas, tanto de gays quanto de lésbicas.[157]

Terrores, populares e públicos, a respeito de uma subversão homossexual não perpassavam a sociedade canadense na mesma escala que o Lavander Scare nos Estados Unidos, contudo, as autoridades canadenses adotaram políticas de segurança antigay para apaziguar seu poderoso aliado americano. Na falta de agências de inteligência próprias, o governo canadense dependia de informações compartilhadas, fornecidas por agentes dos Estados Unidos lotados no FBI e na Central Intelligence Agency (CIA – Agência Central de Inteligência).

Para preservar essa parceria, as autoridades canadenses adotaram padrões rigorosos de exame para verificação de funcionários do governo e eventual localização de redes de espionagem. Em resposta às preocupações dos EUA no sentido da vulnerabilidade dessa "fronteira mais longa do mundo sem defesas", os parlamentares canadenses aprovaram uma legislação de imigração que proibia homossexuais de visitar outro país ou emigrar, uma disposição que permaneceu como lei de 1952 até 1977.[158] A legislação se assemelhava muito à Lei de Imigração de 1952, uma legislação dos EUA que permitia a exclusão ou deportação de qualquer pessoa que demonstre uma "personalidade psicótica", categoria que, habitualmente, o Serviço de Imigração e Naturalização, além dos tribunais, empregavam para abranger homossexuais.[159]

Como seus colegas nos EUA, as autoridades canadenses tomaram medidas agressivas para expurgar o serviço público e as forças armadas de homossexuais, tanto conhecidos quanto suspeitos. No final da década de 1940, a Royal Canadian Mounted Police (RCMP – Real Polícia Montada do Canadá) e um grupo de defesa nacional e assuntos externos passaram a examinar funcionários do governo em busca de opiniões políticas, "falhas morais" e "fraqueza de caráter" que pudessem torná-los suscetíveis à extorsão. Em 1952, logo após uma diretiva do governo definir formalmente "defeitos de caráter" como um perigo para a segurança nacional, a unidade especial "A-3" da RCMP passou a investigar homossexuais e, também, criou um sistema de classificação usando formulários de cor rosa para denunciar indivíduos com visões politicamente subversivas, e amarelos, para indicar os considerados moralmente problemáticos. As investigações logo se espalharam por todo o governo canadense. Funcionários federais suspeitos de serem gays ou lésbicas passaram a ser vigiados e interrogados. Os resultados eram transmitidos ao grupo de defesa nacional, um conselho composto por representantes da RCMP, do funcionalismo público, de um conselho privado, do departamento das Relações Exteriores e da Defesa Nacional. Esse grupo impôs

O *movimento homófilo global, 1945-1965*

punições a pessoas abertamente homossexuais e suspeitas, que incluíam demissão, transferência, perda de patente e indeferimento de benefícios e pensões. Era comum aos funcionários públicos canadenses da época, gays e lésbicas, caso admitissem sua homossexualidade, serem forçados a se submeter a um tratamento psiquiátrico como condição para continuar em suas funções. Os procedimentos do grupo de segurança foram conduzidos em segredo. Aqueles que foram acusados de colocar em risco a segurança nacional não tiveram a possibilidade de se defender contra as acusações ou o direito de apelar de quaisquer sanções impostas a eles.

Na Grã-Bretanha, o Lavander Scare teve uma trajetória bem diferente daquele de seus equivalentes canadense e estadunidense. Em vez de tentar expurgar de suas fileiras os suspeitos em questões políticas e sexuais, o governo britânico intensificou a repressão à imoralidade pública. Em outubro de 1951, com a conquista do poder pelo partido conservador – apenas quatro meses depois da revelação das deserções de Burgess e Maclean –, R. A. Butler, o novo ministro do Interior, anunciou ao Parlamento que tomaria medidas para proteger o público em geral dos homossexuais, que ele descreveu como "exibicionistas e proselitistas, um perigo para todos, especialmente aos mais jovens". Quase imediatamente, começaram as prisões e surgiram os processos por sodomia, aliciamento e atentado violento ao pudor, que logo atingiram níveis cinco vezes maiores daqueles anteriores à guerra. Muitos casos envolviam ciladas policiais e testemunhos sob coação. As autoridades pressionavam os infratores a delatar outros, muitas vezes em troca de imunidade ou acusações mais brandas. De maneira inevitável, não tardou para membros proeminentes da sociedade britânica se verem envolvidos em casos sensacionalistas.[160]

Alan Turing foi uma das mais impressionantes e trágicas dessas figuras notáveis. Matemático brilhante que estudara na Universidade de Cambridge, no King's College e na Universidade de Princeton, Turing tornou-se pioneiro em ciência da computação e biologia especulativa. Durante a Segunda Guerra Mundial, seu trabalho

131

altamente confidencial com manipulação de códigos na Government Code and Cypher School, em Bletchley Park, foi fundamental nos esforços de decodificação que ajudariam os Aliados a derrotar os nazistas em batalhas críticas, nos estágios finais da Segunda Guerra Mundial. Em 1946, George VI secretamente nomeou Turing Oficial da Ordem do Império Britânico por suas imensas contribuições para a vitória dos Aliados.

Mas nem seu gênio, nem seu patriotismo puderam salvar Turing das consequências de uma prisão por atentado violento ao pudor. Em dezembro de 1951, Turing, aos 39 anos de idade, conheceu Arnold Murray, um jovem desempregado de 19 anos, enquanto caminhava por Manchester. Ele convidou Murray para almoçar e os dois começaram a se ver. Três semanas depois, o apartamento de Turing foi roubado. Logo Murray admitiu que o ladrão era amigo dele, e Turing, então, relatou o incidente à polícia. Bastante confortável com sua homossexualidade, mas ingênuo a respeito dos graves riscos que uma exposição pública poderia criar, Turing contou aos investigadores sobre seu relacionamento sexual com Murray. Os dois homens foram acusados de atentado violento ao pudor pela Seção 11 do Ato de Emenda à Lei Criminal de 1885. Seguindo os conselhos de seu advogado e de seu irmão, Turing se declarou culpado. Em 31 de março de 1952, foi condenado e lhe foi permitido escolher entre a prisão e um ano de liberdade condicional com uso de tratamento hormonal. Turing optou pelo segundo, recebendo então injeções de estrogênio sintético destinadas a suprimir seu desejo sexual.

A carreira de Turing foi inquestionavelmente afetada pela perda de suas credenciais de segurança após a condenação. Embora não pudesse mais trabalhar como consultor criptográfico para o governo britânico e estivesse impedido de viajar para os Estados Unidos devido a mudanças recentes na lei de imigração dos EUA, que impediam a entrada de indivíduos abertamente homossexuais, Turing manteve sua posição acadêmica na instituição que se tornaria a Universidade de Manchester, e prosseguiu com sua produção de textos e seu trabalho em um dos únicos computadores do mundo à época. Em 8 de junho de 1954, a governanta de Turing o encontrou morto. Uma autópsia revelou a causa da morte: envenenamento por cianeto; um inquérito posterior concluiu que se tratava de suicídio – conclusão contestada por conhecidos de Turing e posteriormente por estudiosos. Quer Turing tenha tirado a própria vida intencionalmente ou não, sua experiência resumiu o impacto devastador produzido pelos processos antigay do pós-guerra.[161]

Embora a condenação de Turing tenha atraído pouca atenção do público naquele momento, aquela sofrida pelo autor e crítico Rupert Croft-Cooke, ao contrário, provocou uma tempestade na mídia. Em 1953, o secretário e companheiro de Croft-Cooke, Joseph Alexander, conheceu dois marinheiros em um bar de Londres. Ele os convidou para passar o fim de semana na casa de Croft-Cooke em East Sussex. Os quatro comiam e bebiam juntos, além de fazer sexo. No caminho de volta para Londres, os dois marinheiros agrediram fisicamente dois outros homens, um dos quais era policial. Os marinheiros concordaram em testemunhar no caso de atentado violento ao pudor que seria movido contra Croft-Cooke em troca de imunidade no processo por acusações de agressão. Embora nenhuma outra testemunha pudesse corroborar suas declarações e eles tivessem se retratado (e depois retirado seus depoimentos), as alegações dos marinheiros foram mantidas e Croft-Cooke recebeu uma sentença de seis meses de prisão em Wormwood Scrubs e Brixton Prison. Após ser liberado, Croft-Cooke anunciou sua intenção de escrever um livro sobre suas experiências. Recebeu, então, a visita, bastante intimidadora e sinistra, de um policial à paisana que alertou o escritor sobre como "uma segunda condenação" poderia ser "obtida com muito mais facilidade" e teria consequências ainda mais graves. Croft-Cooke mudou-se para Tânger, unindo-se aos muitos expatriados gays que viviam por lá, e publicou *The Verdict of You All* (*O veredicto unânime*) (1955), um ataque contundente ao sistema penal britânico. Com o pseudônimo de Leo Bruce, escreveu dezenas de narrativas policiais com detetives.[162]

133

O célebre ator John Gielgud também foi pego nesse mesmo frenesi. Em 21 de outubro de 1953, depois de ensaiar para a peça *A Day by the Sea* (*Um dia perto do mar*), Gielgud tomou alguns drinques e depois parou em um banheiro em Chelsea, conhecido por ser local de encontros homossexuais. Depois de realizar contato visual com um homem que era, na verdade, um policial disfarçado, o ator foi autuado por "importunação para fins imorais". Ciente dos perigos que enfrentava, Gielgud tentou esconder sua identidade dizendo que era um escriturário e dando ao policial seu nome verdadeiro, Arthur. Quando compareceu ao tribunal no dia seguinte, o magistrado impôs uma multa de dez libras e ordenou que Gielgud procurasse atendimento médico imediato. O caso poderia ter terminado nesse ponto, mas um repórter do *Evening Standard* reconheceu Gielgud e a notícia de sua prisão se tornou um escândalo nacional.

Para surpresa de Gielgud, sua companhia de teatro o apoiou durante a provação humilhante (e com potencial para encerrar sua carreira). O produtor da peça, Binkie Beaumont, ficou abalado com a cobertura do jornal e as mensagens de ódio, mas optou por não demitir Gielgud depois que o irmão do ator, Val, avisou não tão sutilmente a Beaumont que suas próprias aventuras sexuais poderiam ser igualmente expostas. Gielgud logo se recuperou profissionalmente e seguiu uma carreira ilustre que culminou com o título de *Sir*.* Ele nunca reconheceu publicamente o incidente ou o colapso nervoso ocorrido seis meses após sua prisão.[163]

A repressão antigay atingiu até mesmo o ápice social da Inglaterra, representado pela aristocracia britânica. Como nos julgamentos de Oscar Wilde, em 1895, as prisões de Lorde Edward Douglas-Scott-Montagu, um nobre do reino, inflamaram os preconceitos populares quando os promotores destacaram as diferenças de idade e classe entre os homens envolvidos. Ao contrário dos julgamentos de Wilde, no entanto, o escândalo de Montagu se tornou um catalisador para o

---

* N.T.: O título de *Sir* denomina aquele que foi condecorado como cavaleiro da Ordem do Império Britânico. Trata-se de uma honraria concedida pelo(a) rei/rainha por grandes feitos realizados para a sociedade britânica.

movimento organizado pelos direitos LGBT+ na Grã-Bretanha e para o surgimento de uma comissão governamental que exigia a descriminalização da homossexualidade.

Ciente de sua bissexualidade desde tenra idade e discreto em sua intimidade sexual, o mundo de Lorde Montagu mudou para sempre quando foi preso em 1953. Acusado de atos antinaturais e agressão indecorosa a um escoteiro de 14 anos em sua propriedade, na localidade de Beaulieu, Montagu escapou por pouco da prisão, uma vez que os promotores não conseguiram garantir a condenação em nenhuma das acusações. Mas a absolvição de Montagu enfureceu os promotores, que apoiavam o apelo feito pelo secretário do Interior, *Sir* David Maxwell Fyfe, para expurgar a Inglaterra da "praga" da homossexualidade, uma declaração que levou a uma onda de repressão generalizada ao "vício masculino", resultando em até mil prisões por ano. Determinadas a obter uma condenação de um indivíduo pertencente à classe alta, as autoridades ampliaram suas investigações em torno de Montagu e, em janeiro de 1954, o acusaram, assim como seu primo, Michael Pitt-Rivers, e seu amigo, o jornalista Peter Wildeblood, de "atentado violento ao pudor" e "conspiração para incitar outros homens a cometer crimes graves com pessoas do sexo masculino". Optando pela delação premiada para escapar ao processo criminal, Edward McNally e John Reynolds, ambos militares da Royal Air Force (Força Aérea Real), testemunharam que estiveram envolvidos em "comportamento lascivo" com os três acusados e identificaram outros 20 homens como seus parceiros sexuais (nenhum dos quais foi processado). Durante o julgamento de oito dias, com grande cobertura da mídia, os promotores leram em voz alta cartas de amor incriminatórias trocadas por Wildeblood e McNally. Embora Montagu insistisse que era inocente e que os homens só haviam dançado, bebido e se beijado, foi condenado a 12 meses de prisão – era a primeira vez na história britânica que um nobre do reino era condenado publicamente por um crime. Em contraste, Pitt-Rivers e Wildeblood, que admitiram sua homossexualidade, receberam sentenças de prisão de 18 meses.[164]

135

Embora não houvesse na Grã-Bretanha uma organização que lutasse pelos direitos dos gays comparável a outras da época, como o COC na Holanda e a Mattachine Society nos EUA, os julgamentos do caso Montagu-Wildeblood demonstraram a necessidade urgente em voltar a opinião pública contra a onda de processos antigay que varreu a Grã-Bretanha durante o início da Guerra Fria. Em 1955, o psiquiatra e criminologista britânico D. J. West publicou *Homosexuality*, uma visão geral dos aspectos médicos, sociais e legais da homossexualidade bastante simpática. No mesmo ano, Wildeblood publicou *Against the Law*, incisiva denúncia da condução de seu processo e encarceramento em Wormwood Scrubs. Tornou-se defensor apaixonado da reforma prisional e da revisão das leis sobre homossexualidade. Em 1956, inspirado pelas cartas que recebeu de pessoas agradecendo a franqueza com que abordava sua homossexualidade, Wildeblood publicou *A Way of Life*, uma coleção de 12 ensaios detalhando a vida de gays e lésbicas. Teve uma carreira de sucesso como escritor e produtor de televisão, tendo também realizado campanhas públicas pelos direitos dos homossexuais.[165]

Com recuos diante dos abusos da promotoria e das campanhas públicas de difamação, que evocavam o macarthismo nos EUA, políticos, jornalistas e ministros passaram a exigir reformas legais. Em fevereiro de 1954, depois de pleitear publicamente, durante meses, pela supressão do vício, o ministro do interior David Maxwell Fyfe comentou, em particular, a membros do gabinete como, evidentemente, havia muitas "pessoas responsáveis" que não acreditavam na criminalização do sexo consensual entre homossexuais. Por razões que permanecem obscuras, o puritano Maxwell Fyfe recomendou a abertura de uma investigação acerca das leis antivício. No mês seguinte, ele apresentou, na Câmara dos Comuns, uma defesa dos direitos civis daqueles que foram acusados de imoralidade pública e exaltou o estado de direito como um preceito estimado da vida britânica – declaração consideravelmente impressionante, vinda do homem que descrevera os gays como "um perigo para todos" em dezembro de 1953. Em julho de 1954, ele anunciou a criação do Comitê Wolfenden para examinar "leis e práticas relativas a delitos homossexuais e o tratamento de pessoas condenadas por tais delitos pelos tribunais".[166]

Diante de um cenário político de mudanças rápidas, em que o preconceito antigay era intenso e havia crescentes tensões advindas da Guerra Fria, ativistas dos direitos homossexuais em alguns países europeus estabeleceram novas organizações e começaram a recuperar conexões transnacionais. Em 1951, emulando conscientemente a Liga Mundial pela Reforma Sexual de Hirschfeld, o COC organizou o primeiro Congresso Internacional pela Igualdade Sexual. Militantes da Dinamarca, Noruega, Suécia, Alemanha Ocidental, Grã-Bretanha, Itália, França e Suíça se reuniram em Amsterdã. Inspirados na articulação de direitos a todas as pessoas, "sem distinção de qualquer espécie, seja de raça, cor, sexo, língua, religião etc.", como consta no Artigo 2 da Declaração Universal dos Direitos Humanos,[167] enviaram à ONU um telegrama solicitando "medidas para conceder [o] *status* de igualdade humana, social e legal às minorias homossexuais em todo o mundo". Eles também criaram o International Committee for Sexual Equality (ICSE – Comitê Internacional para a Igualdade Sexual), visando prosseguir com seus esforços para conectar organizações homófilas que buscavam direitos civis em tempos de hostilidades da Guerra Fria.

Na década seguinte, o ICSE conectou organizações homófilas na Europa e nos Estados Unidos, por meio de publicações e congressos internacionais. Seus membros incluíam o grupo escandinavo Forbundet af 1948, o grupo francês Arcadie, o periódico suíço *Der Kreis*, várias organizações alemãs, incluindo a Society for Human Rights, e os grupos americanos ONE e Mattachine Society. Publicações homófilas dos EUA, como a revista *ONE*, republicaram artigos de publicações homófilas europeias e seguiam de perto a cultura gay europeia e os desenvolvimentos legais que afetavam os homossexuais europeus. Publicações homófilas europeias como *Die Insel* (*A Ilha*), *Der Ring* e *Hellas*, todas da Alemanha, faziam referências a artigos publicados em *Der Kreis*, nas várias revistas escandinavas da Forbundet af 1948 e na revista homófila francesa *Arcadie*.[168]

137

LGBT+ *na luta*

Como no caso do grupo dinamarquês Alle for Een Klubben (Clube Todos por Um) em 1954, também as organizações lésbicas passaram a integrar o ICSE. No ano seguinte, a recém-criada Daughters of Bilitis (DOB – Filhas de Bilitis), com sede nos Estados Unidos, tornou-se membro; assim, a liderança do ICSE, dominada por homens, conectou a DOB com outros grupos de mulheres na Inglaterra e na Suécia. Indivíduos cujas nações não tinham organizações homófilas oficiais também aderiram e, ao longo da década de 1950, pessoas da Austrália, Áustria, Grécia, Indonésia, Itália, Nova Zelândia, Portugal, Espanha e Síria participaram de congressos e eventos sociais do ICSE.[169]

Muitas organizações homófilas facilitavam conexões sociais entre seus membros. Essas atividades eram mais visíveis em países como Holanda, Bélgica, Suécia, Dinamarca e França, onde atos homossexuais eram legais. Em Amsterdã, o COC organizou festas e eventos em sua sede. Em Zurique, *Der Kreis* apresentava palestras, peças e discussões, além de promover uma grande festa chamada *Herbstfest*, sempre realizada no mês de outubro.[170]

Por outro lado, embora o México tenha descriminalizado a sodomia ao adotar o Código Napoleônico no século XIX e não tenha tomado parte do Lavander Scare, os gays mexicanos não se organizaram formalmente ou forjaram laços com o movimento homófilo transnacional até a década de 1970. Constrangidos por normas culturais heteronormativas, homens gays de classe média e alta se familiarizavam com a vida homossexual no exterior por meio de viagens e interações locais com turistas estrangeiros e expatriados. Tratava-se de um grupo que consumia revistas homófilas estrangeiras, compradas em bancas de jornais e livrarias. Contudo, no verão de 1954, quando Jim Kepner e outros afiliados à revista gay americana *ONE* viajaram até a Cidade do México para investigar por que o periódico vendia tão bem lá, não conseguiram fazer nenhum contato relevante durante toda sua estada de duas semanas. Recusando-se a arriscar exposição, assédio policial ou extorsão, a maioria dos gays mexicanos economicamente privilegiados buscava socialização em casas particulares.[171]

138

O movimento homófilo global, 1945-1965

Nos Estados Unidos, o Lavander Scare e o assédio antigay por parte da polícia e das autoridades dos correios forçaram os homófilos americanos a serem igualmente cautelosos. Ao contrário de suas contrapartes europeias, as revistas voltadas a tal público nos EUA não incluíam listas de amigos por correspondência, fotografias masculinas, guias de viagem e listas de estabelecimentos *gay-friendly* (acolhedores aos gays), material encontrado em publicações europeias como *Der Ring (O anel)* e *Der Weg (O caminho)*, da Alemanha, e na revista holandesa *Eos (Os Outros)*. No entanto, ao contrário da *ONE*, essas publicações geralmente não eram vendidas em bancas de jornal públicas e estavam disponíveis apenas para compradores que se juntavam em um clube e compravam uma assinatura. Tais restrições mantiveram os números de circulação baixos, mas também auxiliaram na promoção de boas relações com as autoridades do Estado.

Vennen (Seu amigo), revista dinamarquesa que incluía nudez masculina frontal completa, foi uma notável exceção. Condenada por alguns homófilos europeus devido às suas imagens ousadas, *Vennen* também enfrentou a repressão do governo, em 1955. Para evitar a possibilidade de processos judiciais, *Der Kreis* submetia todas as suas edições ao Zurich Sittenpolizei (esquadrão de combate ao vício da polícia) para inspeção antes da publicação.[172]

Homófilos nos Estados Unidos e em outros países estabeleceram comunicações e se inspiravam uns nos outros. A *ONE* recebia, rotineiramente, cartas de leitores estrangeiros. A maioria delas vinha do Canadá e da Europa Ocidental, mas também havia cartas de leitores da América Latina, África, Oriente Médio, Ásia e Austrália. Estrangeiros podiam comprar a *ONE* em livrarias e bancas de jornais em vários locais pelo mundo, incluindo Amsterdã, Buenos Aires, Viena e Cidade do México. O conselho editorial da *ONE* frequentemente destacava seu alcance global, publicando cartas de estrangeiros, notícias homófilas internacionais e histórias sobre homossexualidade em outras culturas (algumas delas com uma visão decididamente orientalista da parte dos não europeus). *ONE* acumulou uma enorme coleção de material sobre homossexualidade ao redor do mundo e ao longo da história. Os ativistas de diversos países não operavam no vácuo. Eles estavam ligados a outros, seus iguais, em vários países que resistiam à repressão antigay patrocinada pelo Estado e se mobilizavam pelos direitos civis dos homossexuais.[173]

André Baudry foi um desses ativistas. Nascido em Rethonde, França, no ano de 1922, Baudry recebeu educação jesuíta e entrou para um seminário católico em 1943. Incapaz de conciliar os ditames do sacerdócio com sua homossexualidade, Baudry deixou o seminário dois anos depois e começou a ensinar Filosofia em uma escola particular católica, em Paris. O conde Jacques de Ricaumont apresentou Baudry à vida gay da cidade. Com o incentivo de Ricaumont, Baudry começou a enviar artigos para o *Der Kreis* em 1952. Usando o pseudônimo de André Romane, manteve o tom de seus artigos apolítico, com ênfase em temas da cultura e das artes. No ano seguinte, Baudry ingressou no comitê executivo do ICSE e passou a presidir as reuniões dos 200 assinantes franceses do *Der Kreis*. Com uma personalidade polêmica e tendência a condutas moralistas, Baudry argumentava que os homófilos poderiam ser aceitos pelas elites políticas e intelectuais se se comportassem com discrição e dignidade.

Embora atos homossexuais privados e consensuais permanecessem legais na França e vários escritores franceses fossem abertamente gays, o clima político era tenso. Durante a Segunda Guerra Mundial, o regime de Vichy elevou a idade de consentimento do sexo gay e lésbico para 21 anos, refletindo um conservadorismo que continuou após o final da Segunda Guerra Mundial. Tentando restaurar a honra e a força nacional depois de sofrer a indignidade da derrota e da ocupação nazista, o presidente Charles de Gaulle e a Igreja Católica se opuseram ao comunismo e clamaram pelo retorno da moralidade tradicional, enfatizando a vida familiar. Em 1949, o Estado endureceu as leis no que dizia respeito à solicitação pública de serviços sexuais. Médicos, políticos e jornalistas conservadores pediram a exclusão de homossexuais do serviço público e das forças armadas.[174]

O movimento homófilo global, 1945-1965

Em janeiro de 1954, Baudry, Ricaumont e os escritores André du Dognon e Roger Peyrefitte fundaram a *Arcadie*, revista homófila mensal. Na esperança de confrontar posturas negativas sobre a homossexualidade, Baudry, Peyrefitte e o artista e cineasta Jean Cocteau promoveram *Arcadie* intensamente, na rádio e na televisão francesas, enquanto os editores da revista distribuíram cópias gratuitas para médicos influentes, além de líderes religiosos e políticos. Publicada continuamente até 1982, *Arcadie* trouxe informações científicas sobre homossexualidade, notícias sobre homossexuais na França e em outros países, resenhas de filmes e peças de teatro e ficção, na forma de contos. Embora a revista fosse séria e austera, incluía também encarte com anúncios pessoais e fotografias sugestivas.

De acordo com suas visões assimilacionistas, Baudry encorajou os homossexuais à moderação e a se integrarem na sociedade em geral. Mas o moralismo de Baudry e a recusa em imprimir material lascivo não protegeram *Arcadie* do assédio legal. Em maio de 1954, as autoridades francesas proibiram sua venda em bancas e livrarias e a menores de idade – uma proibição que permaneceu em vigor pelos 31 anos seguintes. Em 1956, uma decisão judicial declarou *Arcadie* "um perigo para a juventude", ordenou a destruição das provas da revista e multou Baudry em 40 mil francos. Irredutível, Baudry continuou publicando *Arcadie* e a revista teve 10 mil assinantes em seu momento mais favorável. Em 1957, Baudry fundou o Club Littéraire et Scientifique des Pays Latins (CLESPALA – Clube Literário e Científico dos Países Latinos), um clube privado, localizado em Paris, que oferecia aos assinantes do *Arcadie* uma alternativa aos bares gays e encontros em público. Tomando por modelo o COC na Holanda, o Clespala adotava regras estritas de decoro; nesse âmbito, havia, além de bailes, palestras, simpósios e um banquete anual. Baudry realizava discursos regulares denominados "Palavra do Mês", nos quais defendia a conciliação e fustigava posturas afeminadas, comportamento público conspícuo e promiscuidade. Alguns membros ridicularizavam os "sermões" moralizadores de Baudry e o chamavam de "Sua Santidade" e "o Papa".

Mas outros admiravam sua coragem e visibilidade em uma época extremamente conservadora.[175]

Homófilos de ambos os lados do Atlântico celebraram o Relatório Wolfenden.[176] Lançado no Reino Unido em setembro de 1957, esse material, formalmente intitulado Relatório do Comitê Departamental sobre Crimes Homossexuais e Prostituição, havia sido encomendado pelo governo conservador três anos antes, como resposta ao aumento, após a Segunda Guerra, das condenações por prostituição e várias prisões altamente divulgadas de homens proeminentes acusados de crimes homossexuais. Presidido por *Sir* John Wolfenden, o comitê de 15 pessoas se reuniu 60 vezes e entrevistou cerca de 200 pessoas, incluindo policiais e oficiais de condicional, líderes religiosos e psiquiatras. Embora tenha sido difícil encontrar homens gays dispostos a fornecer evidências, Peter Wildeblood, Carl Winter e Patrick Trevor-Roper atestaram em particular o impacto pernicioso do Ato de Emenda à Lei Criminal de 1885 na intimidade de suas vidas.[177]

Sob o peso de tais depoimentos, o Comitê Wolfenden solicitava a legalização do "comportamento homossexual consensual, entre adultos e em privado". Ao defender as leis destinadas a prevenir o abuso sexual e proteger os menores, o comitê afirmou:

> A função da lei é preservar a ordem pública e a decência, proteger o cidadão daquilo que é ofensivo ou prejudicial e fornecer salvaguardas suficientes contra a exploração e corrupção de terceiros [...]. A menos que uma tentativa deliberada seja feita pela sociedade, agindo por meio da lei para equiparar a esfera do crime com a do pecado, deve haver um reino de moralidade e imoralidade privada que, em termos breves e grosseiros, não diz respeito à lei.

Contrariando algumas das autoridades médicas e psiquiátricas da época, o comitê também concluiu que "a homossexualidade não pode ser legitimamente considerada uma doença, porque em muitos casos é o único sintoma e é compatível com a saúde mental plena em outros aspectos".[178]

O movimento homófilo global, 1945-1965

Mas, apesar de tudo, o Relatório Wolfenden estava longe de representar uma aceitação total da homossexualidade. O comitê apoiou que a criminalização da "importunação homossexual" prosseguisse, usando, à guisa de explicação, o fato de seu apelo por reformas não ser "uma licença geral para homossexuais adultos se comportarem como bem entendessem". Wolfenden, pessoalmente, considerava a homossexualidade "moralmente repugnante". Ele não apenas propôs uma idade de consentimento fixada em 21 anos para atos sexuais entre pessoas do mesmo sexo – cinco anos a mais do que a lei estabelecia para relações heterossexuais consensuais –, mas também pediu um aumento de três anos na pena máxima de dois anos imposta para homens de 21 anos ou mais condenados por realizar sexo oral ou masturbação com jovens de 16 a 20 anos. A maioria do comitê era a favor de estabelecer a idade de consentimento para atos sexuais consensuais entre pessoas do mesmo sexo em 18 ou 17 anos, mas a visão Wolfenden foi preponderante. Além disso, ele defendeu que o sexo anal consensual permanecesse ilegal em todas as circunstâncias, independentemente da idade ou do sexo dos participantes. Apesar das objeções de alguns membros do comitê, Wolfenden também defendeu o uso de agentes secretos que tinham por alvo homens procurando ou fazendo sexo em locais públicos, como parques ou banheiros, apesar da ampla evidência de envolvimento policial na organização de ciladas em muitas dessas detenções.[179]

Diante do intenso debate na imprensa britânica, o Parlamento ofereceu respostas totalmente diferentes às recomendações do Comitê Wolfenden no que dizia respeito à prostituição e homossexualidade. Compartilhando a visão do comitê de que a prostituição prejudicava as famílias e a estabilidade da comunidade, o Parlamento aprovou rapidamente o Street Offenses Act (Lei de delitos urbanos), em 1959, e a polícia lançou feroz repressão direcionada às prostitutas. Mas os legisladores britânicos se recusaram a implementar o apelo do Comitê Wolfenden para a descriminalização parcial dos atos homossexuais. Em dezembro de 1957, durante uma breve discussão do Relatório Wolfenden na Câmara dos Lordes, o Lorde Chanceler Visconde Kilmuir declarou que

143

nem o Parlamento, nem o povo britânico, estavam preparados para a legalização limitada da conduta homossexual.[180] "Não vou entrar para a história como o homem que tornou a sodomia legal", declarou.[181]

Para persuadir o Parlamento a agir em prol da descriminalização, Arthur "Tony" Dyson, um professor de Literatura do País de Gales, organizou uma carta aberta enviada ao *Times*. Publicada em 5 de março de 1958, a carta teve 31 signatários, incluindo o ex-primeiro-ministro Clement Attlee, o filósofo Isaiah Berlin e a socióloga Barbara Wooten. Essa carta inspirou vários apoiadores do Relatório Wolfenden a criar uma organização, a Homosexual Law Reform Society (HLRS – Sociedade pela Reforma da Legislação Homossexual), dois meses depois. Seus fundadores incluíam Dyson, o psiquiatra Kenneth Younger, o parlamentar Kenneth Walker e o poeta e jornalista Stephen Spender. Para aumentar a visibilidade e a respeitabilidade dessa organização militante, a HLRS nomeou um comitê honorário de notáveis figuras religiosas, políticas e culturais e um comitê executivo composto por heterossexuais que se reuniam periodicamente para planejar a estratégia do grupo. Um pequeno grupo de voluntários, em sua maioria gays, cuidava das operações diárias. Os fundadores da HLRS simultaneamente lançaram a Albany Trust, organização paralela cujo foco era pesquisa e instrução pública. No outono de 1958, esses grupos passaram a compartilhar o escritório.[182]

Embora tais ativistas estivessem preparados para uma longa luta, subestimaram, e muito, a hostilidade com que seus esforços seriam recebidos. No final de 1958, enquanto a Câmara dos Comuns se preparava para debater o Relatório Wolfenden mais de um ano após seu lançamento inicial, Peter Wildeblood, militante da HLRS, escreveu o panfleto *Homosexuals and the Law* e distribuiu cópias a todos os membros do Parlamento. Os que se opunham à reforma recuaram com a pressão externa. A HLRS também recuou para se reagrupar, atuando em campanhas através de cartas com o objetivo de alertar a imprensa e os políticos britânicos sobre o assédio policial, o aprisionamento de suspeitos homossexuais e as trágicas consequências pessoais resultantes de prisões por delitos homossexuais.[183]

O *movimento homófilo global, 1945-1965*

Embora os homófilos reconhecessem as limitações presentes, saudaram o Relatório Wolfenden como um marco significativo. O ICSE monitorava os desenvolvimentos políticos e jurídicos relacionados, além de distribuir informações para sua rede internacional. Na França, a *Arcadie* publicou uma série em seis partes sobre o relatório, de outubro de 1957 a março de 1958, seguida de artigos sobre a criação da HLRS e uma avaliação do cenário jurídico após o relatório na Grã-Bretanha, em sua edição de outubro de 1958.[184]

Nos Estados Unidos, os editores da edição de dezembro de 1957 da *Mattachine Review* endossaram entusiasticamente o apelo do Comitê Wolfenden pela legalização de atos sexuais consensuais e privados entre adultos, mas rejeitaram a caracterização da homossexualidade como imoral. Em fevereiro de 1958, um editorial da *ONE* enfatizou o eventual impacto do relatório nas leis estaduais dos Estados Unidos. "A longo prazo, descobriremos se o trabalho de Wolfenden terá tanto significado para este país quanto para a Inglaterra." Quatro anos depois, a previsão se mostrou precisa quando Illinois adotou um código penal modelo e se tornou o primeiro estado dos EUA a revogar a lei de sodomia, uma vez que sua legislatura fora influenciada pelas recomendações do Relatório Wolfenden, bem como de um relatório de 1955 elaborado pelo American Law Institute.[185] Comentários jurídicos e debates filosóficos inspirados pelo Relatório Wolfenden também desempenharam papel importante na formação do contexto para a decisão histórica da Suprema Corte, em *Griswold v. Connecticut* (1965). Por uma votação de 7 a 2, os juízes derrubaram uma lei de Connecticut que proibia casais unidos pelo casamento de usar contracepção, citando "direito à privacidade conjugal". A proteção legal, nesse caso, ao comportamento íntimo e privado teve amplas ramificações.[186]

Uma decisão anterior da Suprema Corte, em *ONE, Inc. v. Olesen*, teve implicações igualmente importantes para a militância LGBT+ e a liberdade de expressão. Como muitos de seus colegas na Europa, os editores das publicações homófilas americanas enfrentaram intensa pressão das autoridades judiciais. Publicada em agosto de 1953, a

145

primeira edição da revista *ONE* foi confiscada por inspetores postais que se opuseram à sua reportagem de capa, "Casamento homossexual?". Esse assédio aumentou depois que o chefe dos correios de Los Angeles, Otto Olesen, apreendeu a edição de outubro de 1954, declarando-a "obscena, lasciva, imoral e imunda" e, portanto, seu envio seria ilegal pelo Comstock Act de 1873. Ironicamente, a matéria de capa da edição era "You Can't Print That" ("Você não pode imprimir isso"), um artigo sobre a ameaça de censura por parte do governo.[187]

Eric Julber, o advogado heterossexual de 30 anos que escreveu o artigo, concordou em representar a ONE, Inc. *pro bono*, na luta contra as ações de Olesen. Ele processou Olesen, alegando que a apreensão da revista era uma violação inconstitucional dos direitos de liberdade de expressão e de proteção equitativa perante a lei. Em março de 1956, o juiz distrital Thurmond Clarke rejeitou os argumentos de Julber e decidiu a favor do United States Postal Offices (o nome do serviço na época). Como prova da obscenidade da revista, ele citou "Sappho Remembered", uma narrativa ficcional a respeito de uma lésbica que se recorda, melancolicamente, que sua namorada rejeitou a proposta de casamento de um antigo namorado para morar com ela. A história, explicou Clarke, foi "evidentemente fruto de um cálculo para estimular a luxúria do leitor homossexual". Ele também citou o poema "sujo", "Lord Samuel and Lord Montagu", e um anúncio da revista suíça *Der Kreis*, que poderia "induzir à obtenção de material obsceno". E concluiu, de forma enfática: "A sugestão postulada de que os homossexuais devem ser reconhecidos como um segmento de nosso povo e receber privilégios especiais como classe foi rejeitada". Em fevereiro de 1957, um painel de três juízes do Nono Circuito de Apelações confirmou, por unanimidade, a decisão de Clarke.[188]

Ciente de que a decisão inibiria consideravelmente seus esforços para distribuir *ONE* a seus 2 mil assinantes, os fundadores da revista, Dale Jennings e Don Slater, concordaram em pagar as despesas de Julber, pois ele apelou da decisão à Suprema Corte. A 13 de junho de 1957, Julber entrou com a primeira petição da história que solicitava, ao tribunal da

O *movimento homófilo global, 1945-1965*

mais alta instância dos EUA, uma avaliação a respeito do fato de se discutir a homossexualidade, por si só, constituiria obscenidade e poderia, portanto, ser alvo de proibição legal. A Suprema Corte analisava, simultaneamente, o recurso de Samuel Roth, um livreiro de Nova York condenado por vender material sexualmente explícito. Onze dias depois, os juízes divulgaram sua decisão: 6 a 3 em *Roth v. United States*, mantendo a condenação do livreiro, mas ao mesmo tempo restringindo significativamente a definição legal de obscenidade. O juiz William Brennan escreveu: "Todas as ideias que tenham alguma importância social, ainda que pequena, passível de redimi-la – ideias não ortodoxas, ideias controversas, até mesmo ideias vistas como odiosas pela opinião pública predominante – devem receber total proteção" da Primeira Emenda. "Sexo e obscenidade não são sinônimos", acrescentou Brennan.[189]

A decisão de *Roth* teve profundo impacto nos direitos dos homossexuais nos Estados Unidos. Em 13 de janeiro de 1958, citando *Roth*, a Suprema Corte concedeu para a *ONE* um *certiorari*,* e optou por não ouvir os argumentos orais, mas emitiu uma decisão de uma sentença revertendo as decisões do tribunal de primeira instância. Comemorando as "notícias eletrizantes" de sua vitória, os editores da *ONE* declararam: "Pela primeira vez na história editorial dos Estados Unidos, uma decisão que se vincula a todos os tribunais e permanece doravante [...] afirmando, com efeito, que não é correto descrever o amor entre dois homossexuais como um tipo de obscenidade". A decisão *ONE, Inc. v. Olesen* não apenas facilitou o crescimento de publicações gays e lésbicas, mas também promoveu o senso de solidariedade em uma época em que o assédio policial, a perda de emprego e a internação involuntária permaneciam como ameaças onipresentes para muitas pessoas LGBT+.[190] Entretanto, nos anos imediatamente posteriores ao Relatório Wolfenden e à decisão *ONE, Inc. v. Olesen*, gays e lésbicas ainda eram processados nas bases das leis de vadiagem, aliciamento e indecência pública.

---

* N.T.: O termo *certiorari*, na lei dos EUA, diz respeito ao processo de revisão discricionário pela Suprema Corte de uma decisão de corte inferior.

No início da década de 1960, as políticas anti-LGBT+ se intensificaram em alguns países, mas algumas poucas nações realizaram reformas significativas, que trouxeram benefícios a seus cidadãos LGBT+. Na França, a reeleição de De Gaulle, em 1959, deu início à renovada hostilidade contra os gays. Em julho de 1960, uma época de ansiedade generalizada, especialmente focada na delinquência juvenil e na Guerra Franco-Argelina, a Assembleia Nacional Francesa aprovou a Emenda Mirguet, listando a homossexualidade, o alcoolismo e a prostituição entre as "pragas sociais" que mereciam atenção especial. Essa emenda tornou as multas por indecência pública bem mais elevadas para homossexuais do que para heterossexuais, e as autoridades realizaram operações repressivas em estabelecimentos com clientela gay. Em resposta ao clima de perseguição, Baudry parou de incluir fotografias na *Arcadie* e enfatizou a presença de material que possuísse "caráter científico" na revista.[191]

As autoridades canadenses também aumentaram a perseguição antigay. Em 1961, o Parlamento adotou uma legislação que designava qualquer pessoa "passível de cometer outro crime sexual" como "criminoso sexual perigoso". Esses termos expansivos colocavam em perigo qualquer homossexual preso por atentado violento ao pudor, que permanecia ilegal sob a lei canadense.[192] Convencido de que aquilo que era percebido como anormalidade psicológica em gays e lésbicas poderia ser "cientificamente" detectado, o governo canadense enviou Frank Robert Wake, um professor de Psicologia que conduzira pesquisas sobre psicopatas sexuais, para estudar os métodos de detecção de homossexuais desenvolvidos nos Estados Unidos. Em 1962, Wake recebeu financiamento público para iniciar pesquisas semelhantes no Canadá. Os participantes na pesquisa de Wake responderam a uma série de perguntas, além de reagirem a fotografias heteroeróticas e homoeróticas que lhes eram apresentadas, enquanto cientistas, utilizando a chamada "máquina de fruta",* monitoravam uma série de variáveis fisiológicas. Se, por

---

* N. T.: Já em seu nome original, "fruit machine", o dispositivo apresentava uma expressão preconceituosa através da designação dos homossexuais a serem testados como "frutas", uma gíria que, em inglês, assim como em português, possui um uso sobrecarregado de preconceito quando direcionado a pessoas LGBT+.

exemplo, as pupilas de um voluntário dilatassem ao ver uma pessoa do mesmo sexo, os cientistas presumiriam que o indivíduo era homossexual e, portanto, uma ameaça potencial à segurança nacional. Mas a "máquina de frutas" nunca funcionou a contento. Outros fatores, como exposição à luz, faziam com que as pupilas se dilatassem. Não havia qualquer mecanismo disponível para avaliar a bissexualidade. As diferentes estaturas, tamanhos das pupilas e distâncias entre os olhos dos indivíduos que passaram pelo texto levavam a resultados inconsistentes. Apesar dessas falhas graves, o governo canadense despejou dezenas de milhares de dólares no projeto antes de encerrá-lo oficialmente em 1967.[193]

Protótipo de uma "máquina de fruta", em 1953.
Convencido de que dispositivos eletropsicômetros
poderiam detectar traços psicológicos associados
a gays e lésbicas, o governo canadense utilizou a
"máquina de fruta" em um esforço fracassado de
extirpar da sociedade indivíduos vistos como perigosos
predadores sexuais e riscos para a segurança nacional.

149

A forma de assédio empregada pelo governo aos gays na França e no Canadá contrastava fortemente com a tolerância emergente na Holanda e na Dinamarca. Em meados da década de 1950, Amsterdã era justificadamente conhecida como a cidade mais acolhedora a gays da Europa – bares, clubes e hotéis gays floresciam na Leidsestraat. Teólogos, psiquiatras e assistentes sociais holandeses já defendiam publicamente a mais ampla aceitação e o apoio da sociedade a gays e lésbicas. Em 1962, quando substituiu Bob Angelo como líder do COC, Benno Premsela trabalhou com seu próprio nome, uma demonstração poderosa da crescente disposição dos ativistas gays holandeses em serem mais abertos e visíveis, ao desafiarem práticas legais injustas e hostilidade social.[194] Em 1961, após o governo dinamarquês aprovar uma lei cujo objetivo era restringir a próspera cultura de prostituição masculina em Copenhague, políticos, médicos, psiquiatras e ativistas gays se opuseram à "Lei Horrível", denunciando-a como discriminatória. O clamor provocou uma mudança na opinião pública e levou à revogação dessa lei apenas quatro anos depois de sua aprovação, um importante ponto de virada do apoio popular aos direitos dos homossexuais dinamarqueses.[195]

Embora tais formas de militância homófila organizada não existissem atrás da Cortina de Ferro, a campanha de desestalinização de Nikita Khrushchov foi o princípio de uma reavaliação das leis de sodomia. Em 1959, um grupo de especialistas da União Soviética recomendou mudanças radicais no Artigo 154a, a lei de 1934 que criminalizava a sodomia consensual e forçada. Os membros desse grupo pediram a redução da pena máxima por sodomia consensual de cinco para três anos, sem pena mínima. Propuseram, igualmente, manter a pena máxima de oito anos por sodomia forçada, mas reduzir a pena mínima de cinco para três anos. No entanto, a revisão final da lei de sodomia adotada pelo Soviete Supremo, em 1960, aboliu as sentenças mínimas, tanto para sodomia consensual quanto forçada, e aumentou a sentença máxima no caso de sodomia consensual para cinco anos.[196]

Dois países comunistas, contudo, reduziram as penas criminais para comportamento homossexual. Na Hungria, um período de

O movimento homófilo global, 1945-1965

repressão imediatamente após a supressão soviética da Revolução de 1956 acabou dando lugar ao *fridzsider szocializmus* ("socialismo de geladeira"), uma era em que a população ganhou maior acesso a produtos de consumo e o governo relaxou a rigidez autoritária. Tal transformação política levou a mudanças positivas para os homossexuais húngaros. A Hungria havia criminalizado o sexo entre homens em 1878, declarando-o uma "fornicação antinatural", cuja punição poderia ser de até um ano de prisão. Processos desse tipo de delito aumentaram dramaticamente com o regime comunista, que assumiu o poder em 1948. Mais de 800 homossexuais foram condenados por sodomia e declarados inimigos do socialismo antes de 1961, enquanto muitos outros passaram a ser vigiados pelo Estado. Mas em 1961, quando o regime comunista afrouxou o controle sobre a vida cotidiana, a atividade homossexual consensual entre homens foi descriminalizada e houve apenas 56 condenações criminais por sodomia entre 1961 e 1988. No entanto, a medida não sinalizou pela igualdade legal entre homossexuais e heterossexuais, uma vez que a idade de consentimento para sexo homossexual incluindo lésbico foi fixada em 20 anos, seis anos a mais do estabelecido para relações heterossexuais. A igualdade de gênero na nova lei também tornou o sexo consensual entre mulheres ilegal pela primeira vez na história húngara. O Estado prosseguiu na tarefa de compilar "inventários homossexuais", utilizados pela polícia para coagir gays e lésbicas a se tornarem informantes. Em uma sociedade em que a maior parte ainda considerava a homossexualidade uma doença ou inversão de gênero, a maioria dos gays ou lésbicas húngaros permanecia extremamente vulnerável.[197]

Gays e lésbicas na Tchecoslováquia experimentaram riscos similares quando houve a revogação da lei referente à sodomia em 1961. Nos anos 1950, o governo encarregou o doutor Karl Freund de usar a pletismografia peniana para determinar se recrutas do exército estavam alegando falsamente ser homossexuais a fim de evitar o serviço militar obrigatório. Primeiro médico a medir o fluxo sanguíneo peniano como meio de determinar excitação sexual, Freund inicialmente pensou que poderia converter homossexuais para a heterossexualidade. Mas, depois que seus experimentos falharam, concluiu que a homossexualidade era inalterável e, então, desempenhou papel decisivo em convencer o governo tcheco a respeito da descriminalização da homossexualidade, em 1961.[198]

Na Grã-Bretanha e nos Estados Unidos, embora os homossexuais lamentassem a contínua recusa dos parlamentos em adotar as recomendações do Relatório Wolfenden e legalizar atos homossexuais consensuais e privados, havia outros sinais de que as posturas e atitudes populares sobre a sexualidade estavam mudando. Nas décadas de 1940 e 1950, os censores britânicos, como seus colegas americanos, tinham por alvo filmes e produções teatrais que abordassem a "perversões sexuais". Roteiristas inteligentes conseguiram burlar as regras e inserir temas homossexuais com sutileza em filmes como *Festim diabólico* (1948), *Chá e simpatia* (1956) e *Confidências à meia-noite* (1959).[199]

Contudo, censores britânicos e estadunidenses passaram a enfrentar artistas que abordavam material controverso sem qualquer pudor. Cineastas italianos e franceses destruíram as convenções cinematográficas e obtiveram sucesso de bilheteria com trabalhos inovadores e ousados, como *A doce vida* (1960) e *Acossado* (1960). Ciente de que os gostos do público estavam mudando e indignada com a inação política diante do Relatório Wolfenden, a roteirista britânica Janet Green escreveu *Meu passado me condena*, um filme sobre um gay enrustido que corre o risco de perder seu emprego como advogado e seu casamento quando confronta um grupo de chantagistas que exploram gays. O diretor, Basil Dearden, persuadiu o galã cinematográfico Dirk Bogarde a assumir o papel principal e o filme estreou em Londres, em agosto de 1961. Embora a representação da homossexualidade no filme fosse bastante contida, o British Board of Film Censors deu a ele uma classificação "X". Em outubro de 1961, estando *Meu passado me condena* programado para estrear nos Estados Unidos no início de 1962, foi suspensa a proibição de filmes que retratavam a homossexualidade do Código de Produção de Cinema (PCA, na sigla em inglês), pertencente à Associação de Produtores e Distribuidores de Filmes da América,* "desde que quaisquer referências sejam tratadas com cuidado, discrição e moderação". Ao final, concluiu-se pelo PCA que *Meu passado me condena* não atendia a esses critérios vagos, não sendo concedido a tal lançamento seu selo de aprovação; mesmo assim, o filme foi aclamado pela crítica. Logo depois, o PCA aprovou filmes que seriam marcos, todos com temática gay, tais como *Um gosto de mel* (1961), *Infâmia* (1961), *Tempestade sobre Washington* (1962) e *Pelos bairros do vício* (1962). *Meu passado me condena* foi, portanto, um marco cultural, bem como uma ferramenta poderosa para homófilos que buscavam esclarecer o público e obter apoio político.[200]

Essa onda de filmes foi apenas uma faceta da proliferação de representações da vida gay e lésbica no início dos anos 1960. Em 1960, o sociólogo britânico Gordon Westwood publicou *A Minority: a Report on the Male Homosexual in Great Britain*, uma análise quantitativa que definia os homossexuais como membros de uma minoria social, não como indivíduos patologizados – ecoando o argumento de Donald Webster Cory, feito nove anos antes, em *The Homosexual in America*.[201] Dezenas de romances *pulp* com temas LGBT+ e arte de capa lasciva foram publicados e imediatamente colocados disponíveis em pontos de distribuição, como drogarias.[202] Depois que a Suprema Corte decidiu, no caso *Manual Enterprises, Inc. v. Day* (1962), que fotografias de nus masculinos em revistas *beefcake*** não eram obscenas, as vendas mensais dessas publicações para leitores, notadamente gays, dispararam para mais de 750 mil em 1965. Com números de circulação muito maiores do que qualquer publicação gay politicamente orientada, as revistas *beefcake* desempenharam papel importante

---

* N.T.: Temos aqui uma série de siglas significativas da produção de cinema entre os anos 1930 e 1970 nos EUA. Em primeiro lugar, o Production Code Administration (PCA), também conhecido como "Código Hays", nome derivado do presidente da Motion Picture Association of America (MPAA), grupo de produtores e distribuidores de filmes nos EUA. Era um código de autocensura – de natureza política, sexual, moral etc. – com regras bastante rígidas que se tornaram mais inflexíveis a partir de 1934.

** N.T.: Em inglês, *physique magazine*, revistas que apresentavam, desde a capa, fotos de modelos masculinos – homens de musculatura definida ou *beefcake*, na gíria da época –, jovens e atraentes, em poses atléticas e seminus.

na formação da cultura masculina gay e nos enfrentamentos legais, muitos deles bem-sucedidos, de seus editores com as leis de censura – essas foram vitórias significativas para a liberdade de expressão nos Estados Unidos.[203] Em romances como *Terra estranha* (1962), de James Baldwin, *O grupo* (1963), de Mary McCarthy, e *Um homem só* (1964), de Christopher Isherwood, há complexos, densos personagens gays e lésbicas, e tal caracterização valeu a essas narrativas críticas literárias elogiosas. Os mais importantes meios de comunicação à época, como *New York Times*, *Life*, *Look* e *Harper's* publicaram matérias abordando subculturas gays urbanas, visões legais e médicas da homossexualidade e o próprio movimento homófilo.[204]

Um pequeno número de psicólogos, em especial Evelyn Hooker, passou a desafiar o consenso médico de que a homossexualidade constituía psicopatologia – argumento central do livro de 1962 escrito por Irving Bieber, *Homosexuality: a Psychoanalytic Study of Male Homosexuals*. Com base em um estudo comparativo de 106 homens homossexuais e 100 heterossexuais em tratamento psiquiátrico, Bieber e seus colaboradores concluíram que "a mudança heterossexual constitui possibilidade no caso de todos os homossexuais que tenham forte motivação para mudar". Embora Hooker e outros críticos tenham considerado que o fato de esse estudo utilizar como alicerce indivíduos submetidos a tratamento psiquiátrico fosse uma considerável fraqueza, as visões de Bieber perpetuaram a ideia de que a homossexualidade poderia ser curada por meio de terapias reparadoras ou de conversão – uma posição que só seria totalmente rejeitada pela Associação Psiquiátrica Americana no ano 2000.[205]

Apesar do aumento da visibilidade da homossexualidade na cultura popular, o ICSE não foi capaz de obter adesões em escala verdadeiramente global. No início dos anos 1960, a falta de público, os problemas orçamentários e o fracasso em diversificar sua liderança determinaram o término daquele grupo. Contudo, tendo em vista o clima político difícil, o ICSE e as organizações homófilas nacionais "criaram uma rede através das fronteiras nacionais, nutriram uma identidade

O movimento homófilo global, 1945-1965

homófila transnacional e se engajaram no ativismo destinado a mudar leis e mentes, tendo em vista tanto governos nacionais quanto órgãos supranacionais, como a ONU".[206] Seguindo aquilo que o historiador John D'Emilio chamou "recuo para a respeitabilidade", que caracteriza o movimento homófilo, a maioria dos membros do ICSE – embora rejeitassem visões predominantes da homossexualidade como patologia, algo criminoso e imoral – optaram por uma filosofia assimilacionista, que se apoiava em especialistas externos (médicos, cientistas, juristas e autoridades religiosas) para validar alegações de normalidade.[207] Muitos homófilos também expressaram desconforto com aspectos mais extravagantes da vida gay, como shows de *drags*.

Apesar da dissolução do ICSE, os contatos transnacionais entre os ativistas homófilos persistiram. Havia troca de correspondências pessoais. As publicações homófilas americanas incluíam anúncios de livros e revistas gays publicados no exterior. Os estrangeiros liam, escreviam cartas e assinavam publicações homófilas americanas como *ONE, Mattachine Review* e *The Ladder*. Membros de ONE, Mattachine e Daughters of Bilitis fizeram viagens para a Europa e se conectaram com ativistas homófilos locais. Em 1958, Rudolf Burkhardt, editor da revista suíça *Der Kreis*, fez a primeira de várias viagens a Los Angeles, para dar palestras sobre o movimento homossexual antes da Segunda Guerra Mundial.[208] Em 1963, uma organização lésbica britânica recém-fundada, de nome Minorities Research Group, forjou laços com Daughters of Bilitis.[209]

Mas os desafios logísticos e as diferenças estratégicas, muitas vezes, minavam a solidariedade transnacional. Nas comunicações escritas e ao vivo, os ativistas lutavam com as barreiras linguísticas. Muitos ativistas não conseguiam pagar viagens internacionais. Enquanto alguns homófilos queriam maior visibilidade e a criação de espaços sociais para gays, outros temiam que uma ampla abertura pudesse desencadear reações políticas e intensificar a repressão judicial.

Tensões semelhantes envolveram grupos homófilos dos Estados Unidos. Apesar da repressão policial e do assédio praticado pelos inspetores postais em muitas localidades, a maior parte dos homófilos se agarravam a estratégias assimilacionistas, distanciaram-se das subculturas de bares, e ao mesmo tempo advogavam que especialistas profissionais eram os defensores mais eficazes de gays e lésbicas.[210]

Mas ativistas como Franklin Kameny, Randy Wicker, Barbara Gittings e Clark Polak impulsionaram o movimento para novas direções. Após obter doutorado em Astronomia por Harvard, no ano de 1956, Kameny lecionou por um ano em Georgetown e depois conseguiu emprego no serviço de mapas do Exército dos EUA. Contudo, foi demitido depois que investigadores de segurança descobriram que ele havia sido preso por conduta obscena. Atuando como seu próprio advogado, Kameny apelou de sua demissão através do serviço público e depois nos tribunais, enquanto lutava contra as consequências econômicas esmagadoras de não conseguir um novo emprego devido à falta de autorizações de segurança. Depois que a Suprema Corte se recusou a ouvir seu caso, Kameny direcionou suas prodigiosas energias para estabelecer uma filial da Mattachine Society em Washington. Ele, o cofundador Jack Nichols e cerca de dez outros gays e lésbicas começaram a se reunir em novembro de 1961.[211]

Mattachine Washington concentrou-se na discriminação institucionalizada do governo dos Estados Unidos. Protestando contra a proibição de gays e lésbicas tanto no serviço público quanto nas forças armadas, e a negação generalizada do fornecimento das autorizações de segurança com base apenas na orientação sexual, escreveram dezenas de cartas aos juízes da Suprema Corte dos EUA, funcionários do governo Kennedy e membros do Congresso. Uniram forças com a filial de Washington da União Americana pelas Liberdades Civis (ACLU, na sigla em inglês) em uma campanha contra as políticas antigay de contratação seguidas pelo governo e na assistência a gays vítimas de assédio policial.[212]

Ao mesmo tempo, Randy Wicker adotou uma nova e ousada abordagem para a defesa da causa homófila em Nova York. Depois que os líderes na Mattachine Nova York se opuseram a seus apelos por maior visibilidade na mídia, formou a organização de um homem só chamada Homosexual League of New York (Liga Homossexual de Nova York), em 1962. Logo depois, fez aparições no rádio e convenceu, com sucesso, os principais meios de comunicação como *Newsweek*, o *New York Times* e o *Village Voice* a publicar reportagens sobre os direitos e a vida dos homossexuais. A insistência de Kameny e Wicker de que gays e lésbicas deveriam lutar de forma autônoma em vez de confiar nas elites heterossexuais e sua disposição em expor todos os aspectos da cultura gay irritou os homófilos mais conservadores. Mas ambos continuaram pressionando por posturas mais assertivas e foram fundamentais na criação de uma coalizão regional chamada East Coast Homophile Organizations (Echo – Organizações Homófilas da Costa Leste).[213]

Logo após a Segunda Guerra Mundial, ativistas na Holanda e na Escandinávia fundaram novas organizações militantes que desafiaram a perseguição a gays e lésbicas, invocando discursos emergentes e novas leis de direitos humanos. Uma rede transnacional renovada surgiu e ativistas de muitos países compartilharam notícias, publicações e correspondências. Esses laços foram poderosos, mesmo em uma época em que as ansiedades da Guerra Fria sobre sexualidade e gênero desencadeavam episódios ferozes de repressão antigay e o chamado Lavander Scare. Alegações médicas de que gays e lésbicas eram mentalmente desequilibrados permeavam a sociedade e influenciaram políticas públicas.

Mas, no final dos anos 1950, também havia sinais de mudanças positivas para as pessoas LGBT+. Na Grã-Bretanha, o Comitê Wolfenden solicitou a descriminalização das relações sexuais consensuais entre homens adultos em privado. Embora o relatório não tenha resultado em reforma legal imediata, eletrizou homófilos em todo o mundo e influenciou as concepções legais do direito à privacidade. Nos Estados Unidos, os editores de revistas *beefcake* enfrentaram, com sucesso, leis que restringiam a liberdade de expressão. Retratos mais positivos de pessoas LGBT+ começaram a aparecer na cultura popular.

No início de 1965, homófilos nos Estados Unidos e em outros países estavam preparados para uma fase mais conflituosa do ativismo gay e lésbico. Com a ascensão do movimento pelos direitos civis, gays e lésbicas foram inspirados por aqueles que trabalhavam pela justiça social, enquanto colocavam em xeque normas convencionais. Mas também vivenciaram o heterossexismo e a homofobia, que deixaram claras as limitações das alianças com heterossexuais e destacaram a necessidade de criar um novo movimento de libertação gay. Tirando proveito de vitórias legais inesperadas na Grã-Bretanha, Alemanha Oriental, Alemanha Ocidental e no Canadá, comovidos com o destemor demonstrado na Revolta de Stonewall, ativistas gays e lésbicas se mobilizaram por mudanças políticas e aceitação social em seus países, formaram novas alianças transnacionais e protestaram contra as injustiças que atingiam gays e lésbicas em todo o mundo.

Liberação e confronto, 1965-1981

Em meados da década de 1960, os ativistas que militavam no movimento homófilo realizaram protestos, atraindo a atenção internacional e sinalizando para uma fase mais conflituosa da defesa de gays e lésbicas. Sem medo de visibilidade e sem vontade de se submeter a especialistas profissionais em questões de identidade sexual, rejeitaram a filosofia de conformação que impulsionava o ativismo homófilo desde a Segunda Guerra Mundial. O movimento dos direitos civis, o movimento das mulheres, o movimento antiguerra, os movimentos estudantis e a contracultura mostraram o poder da ação coletiva e incorporaram o espírito inconformista da época. Mas o heterossexismo e a homofobia persistentes também evidenciaram a necessidade de um movimento dedicado à libertação gay. Em junho de 1969, a Revolta de Stonewall em Nova York explodiu após anos de tensões entre polícia, jovens LGBT+ e pessoas negras, que há muito suportavam o pior dos abusos policiais, constituindo os mais vulneráveis da comunidade LGBT+. Sua resistência adquiriu a tonalidade de um grito de guerra para ativistas de todo o mundo que estavam prontos para lançar novas formas transnacionais de militância.

A efervescência do final dos anos 1960 também ajudou a inspirar avanços importantes para os direitos de gays e lésbicas em vários países. Na Grã-Bretanha, Alemanha Oriental, Alemanha Ocidental e no Canadá, líderes políticos descriminalizaram atividades sexuais consensuais entre pessoas do mesmo sexo. As rápidas mudanças legais inspiraram ativistas em muitos países a pressionar por mudanças semelhantes, dando passos importantes no caminho para a plena igualdade de direitos para lésbicas, gays, bissexuais e transgêneros em todo o mundo.

A onda de ativismo pós-Stonewall rapidamente se concretizóu em um movimento LGBT+ transnacional mais visível e geograficamente mais amplo, em contraste com todos os esforços anteriores. Novas ONGs focadas na igualdade LGBT+ global surgiram, com a realização de conferências internacionais, articulação de *lobbies* em órgãos supranacionais e utilização dos acordos em torno dos direitos humanos. Ativistas de todo o mundo coordenaram ações de protesto contra injustiças em seus países, de forma individualizada. Embora a militância tenha obtido vitórias importantes, enfrentou igualmente novas ameaças representadas por um movimento anti-LGBT+ internacional e emergente.

Cuba, a pequena nação caribenha, exemplifica as tendências importantes dessa época. Durante grande parte da década de 1950, enquanto alguns gays e lésbicas que trabalhavam localmente atendendo turistas estrangeiros desfrutavam de um mínimo de tolerância, a maioria dos gays e lésbicas cubanos levavam existências muito fechadas, exigência da sociedade homofóbica que havia naquela ilha. Assim que as forças de esquerda lideradas por Fidel Castro derrubaram o ditador Fulgêncio Batista em 1959, a vida dos gays e das lésbicas de Cuba mudou drasticamente. Os revolucionários proibiram o álcool, fecharam todos os bares e as boates, e atacaram os vícios associados ao

Liberação e confronto, 1965-1981

capitalismo. Gays e lésbicas abastados emigraram para Miami, aproveitando o fracasso inicial do governo dos EUA em fazer cumprir o dispositivo do Ato de Imigração de 1952, que proibia a entrada de estrangeiros "sexualmente desviantes" no país. Gays e lésbicas que permaneceram em Cuba tentaram se ajustar às realidades políticas em mudança, aproximando-se secretamente de atividades contrarrevolucionárias ou integrando-se à revolução.[214] Uma vez que ambos os lados associavam homossexualidade à subversão e libertinagem, gays e lésbicas foram forçados a esconder suas identidades sexuais, de forma independente dos eventuais alinhamentos políticos.[215]

A partir de abril de 1961, quando 1.500 comandos apoiados pela CIA, que buscavam derrubar Castro, lançaram um ataque por mar na Baía dos Porcos, sendo rapidamente mortos ou capturados por tropas cubanas, o regime de Cuba intensificou sua vigilância em relação à população civil. Os Comités de Defesa de la Revolución policiavam vidas pessoais para garantir a segurança interna. Líderes do Partido Popular Socialista vincularam homossexualidade à decadência burguesa, repetição de um antigo lugar-comum da ideologia comunista. Uma unidade especial da polícia secreta, El Escudrón de la Escoria, tinha como alvo "pederastas, prostitutas e cafetões". Embora houvesse membros gays e lésbicas na Unión de Escritores y Artistas de Cuba, eles não protestaram publicamente contra a retórica oficial do governo a respeito da homossexualidade por medo de possíveis represálias.[216]

No início de 1965, a situação piorou quando o regime de Castro anunciou sua intenção colocar homossexuais em campos de trabalhos forçados como parte de uma campanha maior, que promoveria ideais revolucionários de gênero, trabalho manual e pureza ideológica. Gays e lésbicas, autodeclarados e suspeitos, testemunhas de Jeová, adventistas do sétimo dia, padres católicos, jovens, camponeses, artistas e intelectuais estavam entre os dissidentes expurgados e enviados para os campos, administrados pelas Unidades Militares de Ayuda a la Producción. No final de 1967, Castro fechou os campos, diante das intensas críticas de revolucionários de longa data.[217]

Militantes do movimento homófilo dos EUA aproveitaram as políticas antigay de Castro como pretexto para atacar aquelas praticadas pelo governo americano. Em 17 de abril de 1965, um dia depois de o *New York Times* noticiar os planos de Castro de colocar gays em campos de detenção, Craig Rodwell, da New York Mattachine, e Jack Nichols, da Washington Mattachine, rapidamente organizaram manifestações diante da Organização das Nações Unidas (ONU), do consulado cubano em Nova York e da Casa Branca. Os manifestantes carregavam cartazes com os dizeres: "O governo de Cuba persegue homossexuais. O governo dos EUA vai superá-lo", "Quinze milhões de homossexuais dos Estados Unidos protestam contra o tratamento federal" e "Rússia, Cuba e Estados Unidos juntos na perseguição aos homossexuais".[218] Determinados a manter o ímpeto, os militantes convenceram seus colegas da ECHO a apoiar outras manifestações. Nas semanas seguintes, ativistas de Washington fizeram piquetes na Comissão do Serviço Civil dos Estados Unidos, no Departamento de Estado, no Pentágono e na Casa Branca. Na Filadélfia, militantes realizaram um protesto em 4 de julho do lado de fora do Independence Hall. Encorajados pela recepção pacífica de suas primeiras manifestações, emitiram comunicados à imprensa, anunciando a segunda onda de protestos e receberam cobertura de mídia da Associated Press, UPI, Reuters, agência de notícias francesa e estações de televisão em nove cidades dos EUA e Roma, Itália.[219]

Gays e lésbicas do Canadá também iniciaram sua mobilização. No início dos anos 1960, a polícia esteve presente em áreas de encontros, restaurantes e casas noturnas em Montreal e Toronto, prendendo dezenas de homens por atentado violento ao pudor. Em resposta, os ativistas de Vancouver formaram a Association for Social Knowledge (ASK – Associação para Conhecimento Social), a primeira organização homófila do Canadá. Bruce Somers, o primeiro presidente da ASK, teve sua inspiração para criar o grupo depois de conhecer Hal Call, durante uma visita à unidade de São Francisco da Mattachine.[220]

Liberação e confronto, 1965-1981

O caso de Everett George Klippert catapultou o movimento homófilo canadense para a militância em nível nacional. Em 1960, Klippert, um motorista de ônibus em Calgary, foi investigado após o pai de um de seus parceiros sexuais denunciá-lo à polícia. Klippert, após admitir ter se envolvido em um ato de masturbação mútua com 18 homens, declarou-se culpado de atentado violento ao pudor (um crime pela lei canadense de 1892), recebendo sentença de quatro anos de prisão. Ele não teve advogado. Após sua soltura, Klippert mudou-se para o noroeste do país e trabalhou como ajudante de mecânico. Em agosto de 1965, ao ser interrogado em uma investigação de incêndio criminoso, da qual não era suspeito, Klippert admitiu que ainda fazia sexo consensual com homens. Foi, então, preso e acusado quatro vezes por atentado violento ao pudor. Mais uma vez, não buscou a ajuda de um advogado, optando por se declarar culpado; recebeu, dessa vez, uma sentença de três anos. Contudo, depois que o procurador da Coroa daquele território descobriu a condenação anterior de Klippert, concluiu ser improvável que ele parasse de fazer sexo com homens, declarando, assim, Klippert "criminoso sexual perigoso". Em 9 de março de 1966, o juiz citou a cláusula da lei canadense de 1961, a respeito de "psicopatia sexual", e condenou Klippert à detenção por tempo indeterminado.[221]

Em 1967, Brian Crane, o advogado contratado pela irmã de Klippert, Leah, apelou da decisão. Questionando a interpretação do tribunal de "criminoso sexual perigoso", Crane enfatizou o comportamento pacífico de Klippert e contestou o testemunho de dois psiquiatras que alegaram que o réu não seria capaz de controlar seus impulsos sexuais. Depois de perder o caso, Crane apelou para a Suprema Corte do Canadá. Em 7 de novembro de 1967, em uma decisão de 3 a 2, a Suprema Corte rejeitou o recurso, garantindo que qualquer homem gay condenado por atentado violento ao pudor pudesse ser declarado "criminoso sexual perigoso" e encarcerado por toda sua vida, mesmo nos casos em que se tratasse de pessoas adultas do mesmo sexo, realizando atividades sexuais com consentimento e em privado. A ASK divulgou o caso de Klippert, e a indignação popular gerada pela intensa cobertura da mídia na decisão judicial provocou apelos imediatos pela reforma da lei concernente à homossexualidade.

O ministro da Justiça, Pierre Trudeau, membro do Partido Liberal que liderava o governo, incluiu tais reformas em um projeto de lei abrangente, que contava 72 páginas, apresentado na Câmara dos Comuns do Canadá em 21 de dezembro de 1967. Com o objetivo de secularizar a lei canadense e maximizar a liberdade individual, *Bill C-150* não chegou a descriminalizar completamente a homossexualidade, legalizando apenas atos sexuais privados e consensuais entre pessoas do mesmo sexo que fossem adultos, com 21 anos ou mais. "Não há lugar para o Estado nos quartos da nação", declarou Trudeau. Outras seções descriminalizavam o aborto nos casos em que o bem-estar mental ou físico da mãe estivesse em perigo; legalizava loterias; instituía novas restrições para a posse de armas; e autorizava o uso policial de bafômetros para motoristas supostamente embriagados. Nos meses seguintes, o projeto de lei abrangente de Trudeau foi debatido acaloradamente, atraindo a oposição da maioria dos conservadores e de policiais.[222]

A decisão do caso Klippert representou forte contraste com a descriminalização parcial das atividades homossexuais definida pelo Parlamento britânico na Inglaterra e no País de Gales à mesma época. A aprovação da Lei de Crimes Sexuais de 1967 seguiu-se a quase uma década dos esforços de um *lobby* que fora inspirado no Relatório Wolfenden. Após esmagadora rejeição parlamentar, de 213 a 99, do projeto de lei para reforma da legislação referente aos homossexuais em 1960, a Homosexual Law Reform Society (HLRS – Sociedade pela Reforma da Legislação Homossexual) concentrou-se nos esforços de esclarecimento público e colaboração com o Ministério do Interior para a divulgação de informações sobre o número de homens presos, chantageados e agredidos por conta de envolvimento em crimes homossexuais. Em 1962, a prisão e a posterior condenação de William Vassall ajudaram

164

a tornar nítidas as injustiças dessas leis. Funcionário do Ministério das Relações Exteriores lotado em Moscou, Vassall foi alvo da KGB (Comitê de Segurança do Estado) após a descoberta de sua homossexualidade. Depois de prenderem Vassall em um encontro sexual com uma pessoa do mesmo sexo que se revelou uma cilada, agentes russos ameaçaram divulgar fotos incriminatórias a menos que Vassall fornecesse segredos do governo. Enquanto alguns jornais britânicos enfatizavam velhos estereótipos sobre como funcionários públicos homossexuais poderiam se tornar traidores, outros meios de comunicação viram o caso como evidência da necessidade de reformas legais.[223]

Com a vitória do Partido Trabalhista nas eleições gerais de 1964, o governo britânico buscou várias reformas sociais em áreas como pena de morte, divórcio e censura. O clima político provou ser favorável à legalização de atividades sexuais, privadas e consensuais, entre homens com 21 anos ou mais. Introduzido pela primeira vez na Câmara dos Lordes em maio de 1965, a Lei de Crimes Sexuais tornou-se oficial em julho de 1967, após meses de debates acalorados e negociações difíceis. Mas a lei tinha escopo limitado e, de certa forma, era mais restritiva do que as recomendações do Relatório Wolfenden. Aplicável apenas à Inglaterra e ao País de Gales, a lei estabeleceu a idade de consentimento para relações homossexuais em 21 anos (cinco anos a mais do que o estabelecido para relações heterossexuais), tornou as forças armadas britânicas e a marinha mercante exceções à lei e aumentou a pena legal para adultos condenados por atentado violento ao pudor com jovens de 16 a 20 anos – a sentença de prisão passou a ser de cinco anos. A lei também interpretou estreitamente os parâmetros de um ato homossexual "privado", utilizando linguagem vaga para criminalizar a "procura". Todas as atividades homossexuais na Escócia e na Irlanda do Norte permaneceram ilegais. Nenhum dos principais arquitetos do projeto de lei, Lord Arran e Leo Abse, consultou diretamente a HLRS sobre o conteúdo da lei, e ambos rejeitaram os pedidos subsequentes da organização para alterar a legislação.

Frustrado com esses resultados, Antony Gray, secretário da HLRS, previu corretamente que a lei "prolongaria as dificuldades sociais e causaria algumas tragédias individuais". De fato, os processos contra gays aumentaram nos anos seguintes, levando futuros ativistas a criticar a estratégia de acomodação da HLRS.[224]

Apesar das limitações da Lei de Crimes Sexuais de 1967, os homófilos nos Estados Unidos saudaram sua aprovação como um marco. Durante os dois anos em que a legislação britânica passou pelo Parlamento, frequentemente houve impasses que resultavam em acaloradas disputas sobre táticas e recursos organizacionais. Em maio de 1965, o New York Mattachine se separou quando militantes que defendiam a ação direta venceram facilmente as eleições dessa filial. Daughters of Bilitis se dividiu após confrontos entre seu conselho de administração, com sede em São Francisco, e membros mais combativos localizados na Costa Leste.[225]

Por mais desanimadora que tenha sido tal luta interna, dela surgiu algo produtivo. Para capitalizar seus números crescentes e coordenar estratégias, os líderes de vários grupos homófilos dos EUA se reuniram em Kansas City em agosto de 1966. Embora muitos dos militantes da Costa Leste, incluindo Kameny, Barbara Gittings e Clark Polak, defendessem a criação de uma organização nacional unificada e fortalecida, os ativistas de São Francisco desconfiavam dessa centralização. Grupos conflagrados chegaram a um acordo, com a criação da North American Conference of Homophile Organizations (NACHO – Conferência Norte-Americana de Organizações Homófilas). A NACHO estabeleceu um fundo nacional, que financiou contestações legais às disposições antigay da lei de imigração dos Estados Unidos e também às expulsões de membros, gays e lésbicas, das forças armadas dos Estados Unidos. Para maximizar a cobertura da imprensa, a NACHO organizou protestos simultâneos em várias cidades. Também realizou e divulgou estudos sobre discriminação nas relações de trabalho e reforma legal. Nas reuniões regionais da NACHO, os militantes rejeitaram enfaticamente a confiança nas autoridades

Liberação e confronto, 1965-1981

médicas que consideravam a homossexualidade uma doença e clamaram por autoaceitação e plena igualdade legal. Na convenção da NACHO de 1968, realizada em Chicago, os delegados adotaram "Gay is Good" ("Gay é excelente", em tradução livre) como *slogan* do movimento, um afastamento dramático da filosofia de acomodação que orientava os homófilos apenas alguns anos antes.[226]

Mas os ativistas falharam em revogar as leis de imigração e naturalização dos Estados Unidos com conteúdo antigay. A Lei de Imigração e Nacionalidade, de 1965, permitia explicitamente a exclusão e deportação de estrangeiros com "desvios sexuais". A legislação também deixou intactas as disposições da lei de imigração dos Estados Unidos de 1952, que determinavam a exclusão e deportação de imigrantes que não fossem cidadãos dos EUA, "aflitos, com personalidade psicopática", uma categoria que o Congresso interpretou como incluindo gays e lésbicas.

Em um caso que chegou à Suprema Corte dos Estados Unidos, Clive Michael Boutilier colocou em questão tal política. Nascido na Nova Escócia em 1933, Boutilier migrou do Canadá para os Estados Unidos em 1955. Ele se estabeleceu no Brooklyn, trabalhando como zelador e cuidador de um doente mental. Boutilier se tornou residente permanente nos EUA e formou parceria íntima com um homem chamado Eugene O'Rourke. Eles moravam próximos aos irmãos de Boutilier, que também haviam migrado para a cidade de Nova York.[227]

Em 1963, Boutilier solicitou a cidadania estadunidense. Durante o processo de entrevista no ano seguinte, ele disse aos funcionários do Immigration and Naturalization Service (INS – Serviço de Imigração e Naturalização) que havia sido preso por sodomia em 1959, uma acusação posteriormente retirada quando o "queixoso" de 17 anos (provavelmente um parceiro sexual consentido, pressionado pela polícia para testemunhar contra Boutilier) recusou-se a comparecer ao tribunal. Boutilier também falou de suas atividades sexuais anteriores com o sexo oposto – e com o mesmo –, além de *crossdressing*.

Barbara Gittings em um piquete, 1965. Lendária ativista LGBT+, Gittings fundou a filial de Nova York da Daughters of Bilitis em 1958 e editou a revista nacional da organização, *The Ladder*, de 1963 a 1966. Gittings foi uma figura importante entre os militantes homófilos que iniciaram protestos contra a proibição, pelo governo dos Estados Unidos, de funcionários gays e lésbicas em meados da década de 1960.

Liberação e confronto, 1965-1981

A honestidade de Boutilier lhe custou caro. Citando seu testemunho, os funcionários do INS não apenas negaram seu pedido de cidadania, mas também ordenaram que ele fosse deportado por possuir "personalidade psicótica". Horrorizado com a perspectiva de deixar seu parceiro e sua família, procurou auxílio jurídico e seus advogados processaram o INS. Ao construir seu caso, obtiveram declarações de dois psiquiatras diferentes que afirmaram não ser Boutilier um psicótico. No entanto, em 1966, o Tribunal de Apelações do Segundo Circuito teve votação de 2 a 1 para manter a deportação de Boutilier. Ao apelar para a Suprema Corte dos EUA, sua equipe jurídica solicitou *amicus curiae** fornecido pela New York Civil Liberties Union e pela Homosexual Law Reform Society, com sede na Filadélfia, que também subsidiou a equipe jurídica.

Embora os advogados de Boutilier tenham construído uma defesa bem embasada, a Suprema Corte votou por 6 a 3 em favor do INS. Na opinião majoritária, emitida em junho de 1967, o juiz associado Tom Clark argumentou que a deportação era cabível, pois Boutilier era homossexual, a intenção da lei de imigração de 1952 era clara e o INS não havia violado nenhum procedimento. Além disso, citando o precedente do *Caso de Exclusão Chinesa*, de 1889, a maioria afirmou que o Congresso tinha o poder constitucional de excluir e deportar não cidadãos que fossem homossexuais. A Suprema Corte não emitiria outra decisão sobre os direitos dos homossexuais até 1984, e a lei de imigração mantida em *Boutilier v. INS* não seria derrubada por 23 anos.

Doze dias antes da divulgação do resultado pela Corte, Boutilier foi atropelado por um carro e entrou em coma devido a graves ferimentos na cabeça. Alguns familiares especularam que ele poderia ter a intenção de cometer suicídio. Seus advogados solicitaram com sucesso o adiamento de sua deportação. Após sua deportação, em 10

---

* N.T.: *Amicus curiae* ou "amigo da corte" — também pode ser "amigo do tribunal" — (*amici curiae*, no plural): expressão em latim utilizada para designar uma instituição que tem por finalidade fornecer subsídios às decisões dos tribunais, oferecendo a melhor base possível para questões relevantes e de impacto.

de novembro, ele foi cuidado por sua mãe e irmãs na Nova Escócia e Ontário, antes de ser transferido para um asilo para deficientes, onde viveria até sua morte, ocorrida em 2003.[228]

O caso *Boutilier* refletiu o aprofundamento das divisões que surgiam entre os homófilos dos dois lados do Atlântico. Enquanto ativistas mais aguerridos estavam dispostos a desafiar injustiças sistematizadas e se recusavam a viver em segredo, militantes conservadores temiam que táticas de confronto e maior visibilidade da vida gay desencadeassem intensa rejeição. O fim do *Der Kreis*, na Suíça, refletiu esse desacordo do movimento de forma geral. A revista perdeu leitores e, relutantemente, reconheceu: "Nossa maneira menos restrita de viver hoje" – os editores dessa pioneira revista homófila europeia encerraram suas atividades em dezembro de 1967.[229] Com o declínio de periódicos homófilos como *Der Kreis*, surgiram publicações LGBT+ mais ousadas. Em Los Angeles, após uma batida policial em janeiro de 1967 no Black Cat Tavern, um bar LGBT+ local, ativistas formaram o Personal Rights in Defense and Education (PRIDE – Direitos Pessoais em Defesa e Educação), iniciando a publicação de um boletim informativo. Nos dois anos seguintes, Richard Mitch (sob o pseudônimo de Dick Michaels) e Bill Rau (sob o pseudônimo de Bill Rand) transformaram a publicação em *The Advocate*, revista LGBT+ distribuída nacionalmente.[230] As visões de conformidade e acomodação estavam cada vez mais fora de sintonia diante da ferocidade anticolonialista e militante, disseminada no movimento dos direitos civis e dos ativistas contrários à guerra, que apresentavam questionamentos com os quais muitos homossexuais concordavam. Os protestos e as mudanças sociais do final dos anos 1960 desencadearam forças que logo convergiram em um movimento de libertação gay com amplas ramificações transnacionais.

Alguns dos protestos mais ruidosos da época tiveram lugar na França. Em maio de 1968, estudantes e trabalhadores se manifestaram em todo o país, provocando confrontos muitas vezes violentos com a polícia. Eles desafiaram as normas sociais e as hierarquias tradicionais. Durante uma ocupação da Sorbonne, estudantes do sexo feminino que pediram para formar um comitê de libertação das mulheres foram ridicularizadas por seus camaradas. Guy Chevalier, um estudante de Literatura de 28 anos, encontrou escárnio semelhante quando ele e um amigo formaram um Comitê de Ação Pederástica Revolucionária (CAPR) e penduraram cartazes proclamando "Para cada glorioso Jean Genet,* há 100 mil homossexuais envergonhados, condenados à infelicidade!" Membros do Comitê de Ocupação Estudantil derrubaram muitos dos cartazes e, quando o CAPR organizou reuniões, foi hostilizado. Depois de encontrar intolerância e intratabilidade entre seus companheiros esquerdistas, feministas radicais e liberacionistas gays logo formariam seus próprios movimentos revolucionários.[231]

Essas atividades de protesto eram inimagináveis em muitos países governados por autocracias. Após a fundação da República Popular da China, em 1949, o regime comunista frequentemente abordou a sexualidade, mas em termos exclusivamente heterossexuais. Os maoístas não denunciaram publicamente a homossexualidade; além disso, em 1957, o Supremo Tribunal chinês decidiu que a sodomia consensual entre adultos não era crime. Mas a atmosfera para os gays mudou drasticamente com o início da Revolução Cultural em 1966. As políticas do Estado tornaram-se marcadamente hostis à homossexualidade, associando-a à criminalidade, decadência ocidental e impureza ideológica. As brigadas da Guarda Vermelha humilharam publicamente e atacaram fisicamente supostos inimigos da revolução. Altos funcionários do partido foram expurgados. Milhões tiveram suas propriedades apreendidas, foram presos ou realocados à força das cidades para as áreas rurais. No entanto, enquanto alguns gays sofreram perseguições brutais, o caos e a ruptura da vida familiar tradicional criaram liberdade e espaço para algumas pessoas explorarem sua atração pelo mesmo sexo. Foi somente em 1979, quatro anos após o fim da Revolução Cultural, que a Suprema Corte chinesa decidiu que a homossexualidade era criminosa,

---

* N. T.: Jean Genet (1910-1986) foi um importante e controverso escritor, poeta, dramaturgo e ativista homossexual francês. Suas obras descreviam, de forma direta, as experiências eróticas da homossexualidade, causando escândalo na sociedade francesa a partir dos anos 1950.

a "destruição da ordem pública", que poderia ser perseguida pelo estatuto de vandalismo já estabelecido no país.[232]

A Alemanha Oriental, por sua vez, descriminalizou as relações homossexuais de natureza consensual entre adultos antes da maioria das nações democráticas. Em julho de 1968, 11 anos depois de uma decisão do tribunal de apelações em Berlim que levou à cessação das punições para atividades sexuais consensuais entre homens adultos, a RDA adotou um código penal que omitia totalmente os Parágrafos 175 e 175a. Embora ativistas de todo o mundo tenham elogiado a decisão, ela não marcou uma nova era de liberdade para os cidadãos LGBT+ da Alemanha Oriental. O governo instituiu, simultaneamente, o Parágrafo 151, que criminalizava as atividades sexuais entre adultos do mesmo sexo com mais de 18 anos e jovens com menos de 18 anos, prescrevendo punições de até três anos de prisão ou liberdade condicional. Tal estatuto foi marcado por instituir, pela primeira vez na Alemanha, a criminalização do sexo lésbico, além de estabelecer a idade de consentimento para atividades sexuais de sexo oposto em 14 anos, ou seja, um padrão muito diferente para jovens heterossexuais. Nos anos seguintes, a Stasi, polícia secreta da Alemanha Oriental, continuou a vigiar e assediar ativistas LGBT+ e funcionários do governo, pois vinculava homossexualidade à fraqueza, deslealdade e anormalidade.[233]

Nove meses após a RDA abolir o Parágrafo 175, os legisladores canadenses em seu parlamento repassaram a análise da *Bill C-150*, de Pierre Trudeau. Durante os debates sobre o projeto de lei em abril e maio de 1969, tanto liberais quanto conservadores admitiram que a criminalização não impedia as atividades homossexuais e, portanto, tornava as leis de sodomia inaplicáveis. Mas os liberais liderados pelo ministro da Justiça John Turner levaram esse argumento ainda mais longe, alegando que, por mais imorais ou repugnantes que os legisladores individuais considerassem a homossexualidade, tal situação não deveria ser uma questão de lei. Eles encontraram forte oposição de uma coalizão de conservadores liderada por membros do partido

Liberação e confronto, 1965-1981

Ralliement Créditistes,* que conectavam homossexualidade à subversão, ao abuso sexual de menores e a diversas patologias. Ao final, os liberais prevaleceram e, em 14 de maio, a *Bill C-150* foi aprovada na terceira avaliação, por 149 a 55 na Câmara dos Comuns. O Senado, igualmente, aprovou a legislação e, a 25 de agosto de 1969, o Canadá legalizou atividades sexuais consentidas entre adultos com idade superior a 21 anos. Sexo entre mais de duas pessoas, ou envolvendo participantes com 20 anos ou menos, permaneceu ilegal, embora a idade de consentimento para atividades heterossexuais permanecesse em 18 anos.[234]

Além dessas restrições, o Estado canadense manteve outros meios de controlar gays e lésbicas. George Klippert, o homem cuja sentença de prisão por período indeterminado desencadeou pedidos de reforma das leis canadenses sobre atividades sexuais entre pessoas do mesmo sexo, não foi libertado da prisão até 1971. Em junho de 1969, a Câmara dos Comuns apresentou um relatório da Comissão Real de Segurança recomendando suspender a proibição de gays e lésbicas em empregos públicos que não exigissem autorizações de segurança. Contudo, os parlamentares canadenses não suspenderam as proibições de gays e lésbicas servindo na Real Polícia Montada do Canadá e nas forças armadas. O discurso definindo a homossexualidade como doença mental, por sua vez, permaneceu profundamente enraizado na cultura canadense.[235]

Como seus equivalentes da Alemanha Oriental e do Canadá, os legisladores da Alemanha Ocidental descriminalizaram as relações consensuais entre homens adultos do mesmo sexo. A dinâmica política na Alemanha Ocidental mudou depois que o Partido Social-Democrata conquistou a maioria parlamentar em 1969, dando início a uma coalizão com os liberais. Defensores da descriminalização da

---

* N.T.: Literalmente, o nome desse partido poderia ser traduzido como "Agremiação Credista". Muito ativo entre 1970 e 1978, tratava-se de um partido canadense de expressão distrital, que defendia uma reforma econômica calcada em certas teorias de crédito social e dava voz ao descontentamento de setores agrários.

sodomia desde a década de 1890, os social-democratas imediatamente aproveitaram o momento em que o papel dos democrata-cristãos e sua ênfase nas famílias tradicionais se encontrava reduzido. Sem as limitações geradas pelas ansiedades econômicas e demográficas do imediato pós-guerra, e abalados por protestos estudantis maciços em 1968, muitos cidadãos da Alemanha Ocidental não sustentavam a crença de que o governo deveria impor seus julgamentos morais a indivíduos, cujo comportamento não prejudicava ninguém. Líderes religiosos protestantes também defendiam a legalização do sexo consensual entre homens adultos. Os reformadores notaram, por outro lado, que a Alemanha Oriental, comunista, já havia abolido o Parágrafo 175, dando um passo em direção aos direitos humanos que a Alemanha Ocidental, democrática, ainda não havia dado.

Esses argumentos ganharam amplo apoio no Bundestag. Em 9 de maio de 1969, liberais e conservadores uniram forças e votaram de forma esmagadora pela abolição de seções-chave do Parágrafo 175. Como na Alemanha Oriental e no Canadá, a decisão resultou da crença em limitar a intervenção do governo nas vidas privadas, não na aceitação da homossexualidade. A maioria dos reformadores legais ainda via gays e lésbicas como psicologicamente desequilibrados. Antigos temores de que homens gays atacassem os mais jovens estavam na base da decisão dos legisladores em estabelecer a idade de consentimento para relações entre pessoas do mesmo sexo na faixa dos 21 anos, uma disposição que permaneceu em vigor até 1973, quando foi reduzida para 18 anos. Embora os cidadãos da Alemanha Ocidental adotassem posturas mais tolerantes em relação ao sexo pré-marital e extraconjugal, bem como a diferentes tipos de estruturas familiares, tal abertura ainda não abrangia atividades e relacionamentos homossexuais. Se tais posturas tinham de mudar, as pessoas LGBT+ é que deveriam derrubar os obstáculos legais, políticos e sociais que as mantinham nas sombras e limitavam seus direitos civis.[236]

Nesse ponto, o movimento homófilo nos Estados Unidos estava mal posicionado para conduzir uma mudança tão radical. No final dos anos 1960, ONE e Mattachine não publicavam mais suas respectivas revistas. Daughters of Bilitis logo dissolveria seu conselho nacional. Na Filadélfia, Clark Polak fez um acordo judicial no qual concordou em fechar *Drum, Janus* e a Homosexual Law Reform Society para evitar uma sentença de prisão de dois anos por acusações de obscenidade.[237] Em meados de 1969, tempo de efervescência do ativismo antiguerra, da militância pelos direitos dos negros, do movimento de liberação feminina, o movimento homófilo dos Estados Unidos perdera seu clímax.

Contudo, em junho de 1969, os distúrbios de Stonewall eletrizaram as pessoas LGBT+ em todo o mundo e ajudaram a alimentar um movimento global de libertação gay. Na cidade de Nova York, a maioria dos bares gay pertencia a mafiosos que subornavam a polícia para evitar interdições e operações policiais. Os clientes se arriscavam, pois poderiam ser presos, expostos publicamente ou perderem seu emprego. As condições de tais estabelecimentos, em geral, eram de decadência. Popular por seus dançarinos e *go-go boys*, o Stonewall atraía público misto, composto por gays e lésbicas de classe média e trabalhadora, muitos dos quais latinos ou afro-americanos. *Drag queens*, jovens LGBT+ sem-teto, profissionais do sexo e pessoas não conformes com as regras de gênero também frequentavam o bar na Christopher Street. Impulsionados pelo tumulto social da época, os clientes resistiram quando a polícia invadiu Stonewall pouco antes da meia-noite do dia 27 de junho. Enquanto a polícia arrastava os clientes para fora do bar, na direção dos camburões, uma multidão na rua começou a insultar os policiais, atirando garrafas, latas de cerveja, moedas e paralelepípedos. Centenas se juntaram aos protestos de rua que abalaram o East Village por vários dias. Quatro policiais ficaram feridos e 13 manifestantes foram presos. Embora Stonewall esteja longe de ser a primeira vez que pessoas LGBT+ resistiram às autoridades, pois o movimento de liberação gay fora construído por décadas de ativismo homófilo, o levante marcou uma grande mudança no tom e na visibilidade da militância LGBT+.[238]

Os distúrbios inspiraram propostas imediatas de organização. Em primeiro de julho, ativistas realizaram uma manifestação de "orgulho gay" na Christopher Street. No dia seguinte, manifestantes montaram piquetes em frente aos escritórios da *The Village Voice* em resposta às descrições negativas feitas por tal periódico do levante de Stonewall. Em 9 de julho, Mattachine New York realizou um encontro de "liberação homossexual" com a presença de mais de 100 pessoas. Uma semana depois, reunião semelhante atraiu o dobro de participantes, mas 40 deles declararam que o grupo homófilo era muito conservador e foram embora. Em 24 de julho, vários desses dissidentes formaram a Gay Liberation Front (GLF – Frente de Libertação Gay), aproximando o radicalismo dos movimentos estudantis e antiguerra com um ativismo LGBT+ mais agressivo. O nome escolhido para o grupo foi, nesse sentido, intencional. "Gay" sinalizava a rejeição dos ativistas às visões acomodadas dos homófilos e aos discursos médicos que definiam a homossexualidade como patologia. "Libertação" refletia seus amplos objetivos de liberdade pessoal, igualdade política e justiça social. "Frente" marcou a afinidade do GLF com organizações anti-imperialistas, como a Frente de Libertação Nacional no Vietnã. No início dos anos 1970, dezenas de filiais da GLF se espalharam por todos os Estados Unidos e em diversos países.[239]

No início dos anos 1970, grupos de liberação gay coexistiram com organizações homófilas estabelecidas e coalizões de direitos dos gays recém-formadas. Logo em princípios de 1970, militantes homófilos uniram forças para protestar contra a revisão de uma lei que estava sendo considerada na Espanha de Franco. A Ley de Peligrosidad Social (Lei dos Riscos Sociais) definiu homossexuais conhecidos ou suspeitos (juntamente com prostitutas, viciados em drogas e bêbados) como moralmente perigosos. A simples identificação como gay ou lésbica, independentemente da conduta sexual, poderia ser punida com prisão.[240] Escrevendo de Paris, Marc Daniel, da Arcadie, entrou em contato com Antony Gray para alertar sobre os resultados em termos de "infâmia, chantagem e desespero" dessa lei. A Arcadie pretendia reunir "todas as organizações homófilas do mundo", psiquiatras, acadêmicos e líderes religiosos em uma carta para a Embaixada da Espanha e para o Ministério da Saúde Pública da Espanha, clamando pela não aprovação de uma lei que teria consequências tão graves. Destacando a brutalidade do regime de Franco, Daniel observava que tal lei seria aplicada de forma muito mais estrita e com muito mais rigor do que a Lei Labouchère jamais fora na Inglaterra. Mas esses esforços falharam em impedir o regime de Franco de implementar tal legislação.[241]

O movimento de libertação gay rapidamente se espalhou para outras nações. No outono de 1970, em Londres, gays e lésbicas começaram a realizar reuniões da GLF que logo atraíram mais de 200 pessoas por mês. No dia 27 de novembro, a GLF realizou sua primeira manifestação pública em protesto contra a prisão de um ativista por importunação. Como sua contraparte americana, a GLF de Londres se definia como "movimento popular", rejeitando estruturas tradicionais de liderança organizacional. Em seu clamor para que gays e lésbicas lutassem por sua própria liberdade, a GLF criticou duramente organizações homófilas como Albany Trust e Committee for Homosexual Equality. Orgulhosos e sem culpa no que dizia respeito à sua identidade sexual, os grupos da GLF em todo o mundo adotaram *slogans* como "Vingança para Oscar Wilde" e símbolos específicos: o caractere lambda na cor púrpura e punhos cerrados. Recuperaram o triângulo rosa que os nazistas usaram para identificar os gays em campos de concentração como um símbolo de resistência e resiliência.[242] Organizavam *zaps** visando estabelecimentos considerados hostis a gays e lésbicas, e se engajavam em exibições públicas de afeto pelo mesmo sexo e danças alegres, que reuniam gays e heterossexuais. Logo no início da década de 1970, grupos de liberação gay se formaram na Holanda, na Bélgica, no Canadá, na Nova Zelândia e na Austrália.[243]

Em 1971, o diretor de cinema da Alemanha Ocidental Rosa von Praunheim e o sociólogo Martin Dannecker lançaram o filme *Não*

---

* N.T.: Forma de ação política direta que foi usada pela primeira vez na década de 1970, nos Estados Unidos. Trata-se de ação pública barulhenta e espalhafatosa, destinada a constranger figura pública ou celebridade, chamando a atenção para questões LGBT+.

é o homossexual que é perverso, mas a situação em que ele vive (Nicht der Homosexuelle ist pervers, sondern die Situation, in der er lebt). O protagonista Daniel se muda para Berlim e vive várias aventuras desanimadoras na subcultura gay. Mas, finalmente, encontra afirmação pessoal em uma comuna gay, onde ele e outros rejeitam uma existência de superficialidade, segredo e conformidade, pois decidem lutar contra a homofobia sancionada pelo Estado. O filme foi exibido em cinemas e universidades por toda a Alemanha Ocidental e foi a fonte de inspiração para o surgimento de várias organizações gays radicais. Aplicando noções e táticas derivadas de seu trabalho no movimento estudantil transnacional, os fundadores de grupos como Homosexuelle Aktion Westberlin apresentavam uma crítica de esquerda ao capitalismo, imperialismo e estratégias integracionistas defendidas por homófilos.[244]

Grupos semelhantes surgiram na França e na Itália. Em março de 1971, ativistas radicais lançaram a Front Homosexuel d'Action Révolutionnaire (FHAR – Frente Homossexual de Ação Revolucionária) na França. O grupo publicou dois periódicos de curta duração e realizou várias manifestações provocativas antes de se dissolver em 1974.[245] Inspirado pela FHAR, o livreiro Angelo Pezzano fundou a Fronte Unitario Omosessuale Rivoluzionario Italiano em Turim, ao final do mesmo ano. O acrônimo do grupo, FUORI!, era o termo em italiano para "fora", uma referência à importância que os liberacionistas gays atribuíam a sair do armário e se identificar diretamente como gay ou lésbica. Inspirado pelo marxismo, FUORI! inicialmente colocou a libertação gay em um contexto mais amplo de conflito de classes entre a burguesia e o proletariado. FUORI! fundou uma revista com o mesmo nome, e engajou-se em uma luta para torná-la financeiramente viável. Em 1973, o grupo se reposicionou e forjou uma aliança com o Partido Radical. Depois de um ano, FUORI! abandonou sua postura revolucionária em favor de uma orientação reformista, movimento que afastou alguns de seus membros fundadores.[246]

Protesto da filial de Londres
da Frente de Libertação Gay, por volta de 1972.

Na América Latina, novas organizações de libertação gay se formaram em oposição aos regimes autoritários. Em 1971, três depois de as forças de segurança mexicanas dispararem contra milhares de estudantes reunidos em Tlatelolco, na Cidade do México, para protestar contra a repressão política, ativistas formaram a Frente de Liberación Homossexual de México (FLH), para confrontar o novo governo democrático (mas ainda repressivo) e encerrar o assédio aos gays. O Nuestro Mondo (Nosso Mundo), na Argentina, surgiu no final dos anos 1960 e se transformou em uma coalizão de sindicalistas, feministas, jovens radicais, intelectuais, além de gays e lésbicas, chamada Frente de Liberación Homossexual de Argentina (FLH). Esses grupos tão diversos compartilhavam uma visão de mundo esquerdista e anti-imperialista, definindo a libertação como luta coletiva contra o capitalismo. Percebiam no assédio policial a homens gays um exemplo particularmente extremo de como o regime militar reprimiu todos os cidadãos, homossexuais e heterossexuais, em um momento de crescente abertura sexual e igualitarismo de gênero. Em 1970, o poeta argentino Juan José Hernández visitou os Estados Unidos e conheceu Stonewall. Contudo, sua inspiração mais profunda veio da recém-publicada "A Letter to the Revolutionary Brothers and Sisters about the Women's Liberation and Gay Liberation Movement" ("Uma Carta aos Irmãos e Irmãs Revolucionários a respeito do Movimento de Libertação das Mulheres e dos Gays"), de Huey Newton. Cofundador dos Panteras Negras, Newton conclamou aqueles que lutam contra o racismo a unir forças com aqueles que lutam contra a opressão sexual em uma luta coletiva que teria por oponente o imperialismo e o capitalismo. A mensagem de Newton teve grande repercussão entre os ativistas da FLH e uma tradução em espanhol de sua carta se tornou um documento amplamente divulgado de tal organização. Em março de 1973, após meses de intensa resistência civil ao regime militar, a Argentina passou por breve transição para a democracia e o novo governo de esquerda parou de perseguir dissidentes e homossexuais.

As mudanças, contudo, foram passageiras e, em poucos meses, a Argentina retornou ao autoritarismo, de forma que o assédio policial aos gays recomeçou. Como resposta, a FLH publicou uma revista *underground* chamada *Somos*, repleta de notícias sobre grupos de liberação gay em todo o mundo.[247] Algo que também chamou a atenção foi a violência de direita contra gays no vizinho Chile. Em junho de 1974, a FLH divulgou um comunicado acusando o governo chileno

Liberação e confronto, 1965-1981

de tentar impor uma ordem social "modelada nas ideias da Santa Inquisição" e reprimir homossexuais, bem como "trabalhadores, estudantes e patriotas". Os líderes da junta governante, afirmou a FLH, rotineiramente "estupravam, torturavam, castravam e atormentavam" homens gays e depois deixavam seus corpos "por muitos dias, expostos nas ruas como uma forma de intimidar a população, de disseminar o terror". A FLH concluiu com um apelo para que "as comunidades homossexuais, na América Latina e em todo o mundo, repudiassem o regime chileno e auxiliassem suas vítimas e opositores".[248] Mas os membros da FLH logo enfrentariam perigos semelhantes. Depois de um golpe militar que derrubou a presidente Isabel Perón em março de 1976, o grupo entrou em colapso e vários membros da FLH fugiram do país. Os que permaneceram vivenciaram a época mais violenta da história política argentina.[249]

Os cidadãos LGBT+ do Brasil também foram vítimas de mudanças dramáticas em termos de políticas estatais. O colapso do regime autoritário do Estado Novo, no final da Segunda Guerra Mundial, marcou o início de quase duas décadas de crescimento econômico, migração em massa para as cidades e consumismo. Ao mesmo tempo, vibrantes subculturas gays no Rio de Janeiro e em São Paulo ganharam maior visibilidade por meio de boates, praias públicas, bailes de carnaval e publicações como *O Snob*.[250] Mas, ao final dos anos 1960, gays e lésbicas tiveram de se manter em guarda em meio ao tumulto político doméstico. Em 1968, quatro anos depois de um golpe militar que derrubou o governo democrático, surgiram manifestações em massa que marcaram a oposição aos generais estabelecidos no governo. Em resposta, a junta militar emitiu decretos que fecharam o Congresso e restringiram inúmeras liberdades civis. Em outubro de 1969, o regime alçou o general Emílio Garrastazu Médici ao cargo de presidente e intensificou a repressão brutal contra dissidentes e críticos. Milhares foram presos e torturados.

A repressão política, inevitavelmente, afetou os cidadãos LGBT+ do Brasil. A polícia realizava batidas periódicas em casas noturnas e prendia clientes. Para evitar a censura do governo, os editores de *O Snob* e outras publicações gays interromperam suas atividades. Contudo, o regime manteve o foco em seus inimigos políticos diretos e não fechou estabelecimentos voltados ao público gay. De fato, a partir de 1972, novas discotecas e saunas voltadas para gays de renda mais alta foram abertas, graças à economia florescente do país. Por outro lado, embora grupos de libertação gay se formassem em toda a Europa e nos Estados Unidos no início dos anos 1970, a atmosfera política existente no Brasil inviabilizava a existência de organizações semelhantes no país.[251]

Ao mesmo tempo, marchas do orgulho gay e festivais comemorando os distúrbios de Stonewall ocorreram em todo o mundo. Em 28 de junho de 1970, milhares de gays, lésbicas, bissexuais e transgêneros nova-iorquinos participaram de uma Marcha do Orgulho Gay. Em 1972, ativistas participavam de eventos anuais de libertação gay em Londres, Chicago, Los Angeles, Dallas, Boston, Milwaukee, Berlim Ocidental, Paris, Estocolmo, São Francisco, Filadélfia, Atlanta, Miami e Washington. Em contraste com as roupas sóbrias e o comportamento dos homófilos que se manifestaram em frente à Casa Branca e do Independence Hall em 1965, as marchas do orgulho gay adotaram um tom de celebração barulhenta e extravagante da diversidade existente na comunidade LGBT+. Embora a recusa em aceitar a perseguição e a discriminação ligasse os militantes homófilos aos defensores dos direitos dos homossexuais, a expressão dessas demandas mudou dramaticamente.[252]

Apesar de diferença no estilo e nas táticas entre ativistas individuais e organizações de base, era a hora certa para o estabelecimento de reivindicações LGBT+ internacionais mais visíveis e assertivas. Em setembro de 1970, o secretário-geral da ONU, U. Thant, aceitou uma missiva do Homophile Youth Movement (Movimento Juvenil Homófilo) dos Estados Unidos, declarando que "os direitos civis e legais dos homossexuais deviam ser garantidos pela legislação de todos os países, da mesma forma que o movimento homófilo mundial devia ser auxiliado em sua luta por orgulho, dignidade, identidade e justiça social e legal". Thant encaminhou a carta para um subcomitê da Comissão de Direitos Humanos da ONU.[253] Dois anos depois, o jornalista sueco Björn Vilson lançou uma cruzada solitária para persuadir a ONU em promover a investigação da conjuntura dos gays em todo o mundo, estabelecendo uma campanha de informação pública a respeito da perseguição global às minorias sexuais; além disso, a proposta de Vilson incluía uma conferência internacional sobre os desafios legais e políticos enfrentados por "milhões de pessoas que vivem dominados pelo terror permanente de terem sua homossexualidade exposta". Vilson escreveu dezenas de cartas a funcionários da ONU e realizou manifestações públicas individuais na Suécia.[254] Embora nenhuma dessas ações tenha inspirado ações formais da ONU, pressagiavam uma nova fase de militância LGBT+ global, na qual os ativistas mais uma vez exigiram as proteções concedidas a outras minorias tanto pela lei internacional quanto por órgãos supranacionais.

Os militantes LGBT+ também realizaram conferências internacionais e formaram organizações não governamentais para definir posições políticas e garantir representação nas deliberações e tomadas de decisão globais sobre direitos humanos. Em 1974, Ian C. Dunn, o fundador do Scottish Minorities Group (SMG – Grupo de Minorias Escocês), e Derek Ogg organizaram o primeiro Congresso Internacional dos Direitos Gays, ao perceber quantos ativistas estrangeiros estavam presentes na primeira reunião nacional da Campanha pela Igualdade Homossexual, organização britânica pelos direitos dos gays que havia rejeitado a silenciosa assimilação proposta pelo Albany Trust.[255] Antes do Congresso, Ogg viajou para os Estados Unidos, pois pretendia arrecadar fundos e solidificar laços com ativistas americanos. Em Nova York, ele se encontrou com Bruce Voeller, líder da recém-formada National Gay Task Force (NGTF – Força-Tarefa Gay Nacional).[256] Em Washington, DC, Ogg visitou Frank Kameny, que expressou grande entusiasmo em participar do encontro. Os organizadores do Congresso pagaram a passagem aérea da viagem para garantir que Kameny comparecesse.

Em dezembro de 1974, 200 delegados de 17 países diferentes se reuniram em Edimburgo, na Escócia. Um pequeno contingente de lésbicas, superado em número por seus colegas do sexo masculino, abordou repetidamente a necessidade do movimento gay e lésbico endossar o feminismo internacional e combater o sexismo dentro da comunidade de gays e lésbicas. Culparam os organizadores da conferência por não colocarem mulheres em nenhum papel de liderança significativo no Congresso e por cobrirem apenas as despesas de viagem dos delegados do sexo masculino.[257] Incapaz de comparecer à conferência, um grupo clandestino da GLF na Espanha enviou relatório detalhando a detenção e o encarceramento de gays e lésbicas pelo regime de Franco.[258] Ativistas da FLH em Buenos Aires forneceram aos delegados um relato igualmente sombrio da perseguição antigay na Argentina. Um relatório da Austrália ofereceu notícias mais positivas sobre o número crescente de organizações gays australianas e ativistas gays pressionando, através de um *lobby*, o Parlamento local no intuito de descriminalizar o sexo consensual entre homens adultos.[259] Para destacar o fato de que a Lei de Crimes Sexuais havia excluído Escócia e Irlanda do Norte, os organizadores lançaram um comunicado à imprensa, enfatizando que o Congresso "foi realizado em um dos poucos países do Ocidente em que as atividades relacionadas à homossexualidade masculina são estritamente ilegais". Apesar das repetidas dificuldades em persuadir os ativistas de base sobre a importância de promover e apoiar financeiramente uma organização internacional dos direitos LGBT+, muitos dos participantes defendiam a criação de uma nova organização dedicada a promover a igualdade de gays e lésbicas em todo o mundo, pois os direitos das mulheres, as preocupações ambientais, os direitos das pessoas com deficiência e a igualdade racial e étnica estavam se tornando parte do discurso global dos direitos humanos.[260]

No ano seguinte, muitas das interseções desses movimentos ficaram evidentes na Conferência Mundial sobre a Mulher, realizada em junho e julho de 1975, na Cidade do México. Primeira conferência internacional organizada pela ONU com foco exclusivo em questões femininas, o encontro atraiu 1.200 delegados, em um momento em

Liberação e confronto, 1965-1981

que as tensões da Guerra Fria se ampliavam. Em outra parte da Cidade do México, aproximadamente 6 mil representantes de organizações não governamentais participaram de uma reunião paralela não oficial chamada Tribuna do Ano Internacional da Mulher. A Tribuna foi um evento marcante tanto para o feminismo transnacional quanto para o lesbianismo, dando início a debates intensos. Enquanto lésbicas de várias nações e culturas argumentavam que a liberação sexual estava integralmente ligada às lutas contra o racismo, o apartheid e o imperialismo, alguns representantes protestaram e descartaram os direitos sexuais como uma distração das preocupações econômicas e políticas mais prementes. Debates semelhantes ressurgiriam em fóruns globais nos anos seguintes.[261]

Organizações de direitos humanos estabelecidas como a Anistia Internacional (AI) estavam simultaneamente lutando para conciliar os direitos LGBT+ com suas missões e estratégias. Fundada em 1961, a AI é uma organização não governamental que trabalha em nome dos "presos de consciência", que foram presos, torturados ou executados por seus governos devido a suas opiniões ou crenças religiosas. Em 1977, reconhecendo a impossibilidade de defender cada indivíduo definido como "prisioneiro de consciência" (*prisoner of conscience* – PoC) sob esses termos expansivos, a AI adotou o Mandato, um conjunto de regras para interpretar e implementar seus objetivos mais amplos.[262] Em muitas ocasiões desde então, o Comitê de Revisão do Mandato recomendou que diversas questões, incluindo a abolição da pena de morte, a instauração de processos penais para crimes de guerra e genocídios e a tentativa de bloqueio do comércio global de armas estivessem englobadas na agenda mais ampla da AI. Mas a decisão de incluir indivíduos presos com base em sua orientação sexual tornou-se um processo controverso que levou 17 anos.

Os primeiros anos da Anistia Internacional coincidiram com vitórias notáveis para lésbicas, gays, bissexuais e transgêneros. Após os distúrbios de Stonewall em junho de 1969, o assédio policial a estabelecimentos LGBT+ em muitas cidades dos Estados Unidos diminuiu e

185

metade dos 50 estados revogou suas leis de sodomia. Em dezembro de 1973, a Associação Psiquiátrica Americana removeu a homossexualidade de sua lista de transtornos mentais e, no ano seguinte, a Comissão do Serviço Civil dos EUA suspendeu a proibição do emprego de gays e lésbicas no governo federal. Diversas cidades dos EUA, incluindo Detroit, Boston, Los Angeles, São Francisco e Houston, incorporaram orientação sexual em suas políticas de proteção de habitação, acomodações públicas e emprego. Nos Estados Unidos, candidatos abertamente gays concorreram a cargos públicos e candidatos heterossexuais buscaram apoio político da comunidade LGBT+. Tais avanços tiveram desdobramentos em muitas nações. No início dos anos 1970, Áustria, Costa Rica, Finlândia, Noruega e Malta descriminalizaram a homossexualidade. Na Holanda, estabeleceu-se 16 anos como a idade de consentimento para atividades sexuais entre pessoas do mesmo sexo e do sexo oposto. Em 1977, Quebec tornou-se a primeira jurisdição do mundo, maior que um município, a proibir discriminação com base em orientação sexual.[263]

Em agosto de 1978, durante a conferência feita pela Campanha pela Igualdade Homossexual, em Coventry, Inglaterra, 30 homens que representavam 17 organizações estabelecidas em 14 países fundaram a International Gay Association (IGA – Associação Gay Internacional), a primeira organização não governamental dedicada à igualdade LGBT+ entendida em termos globais. Os dois principais objetivos da IGA eram coordenar a ação política internacional pelos direitos dos gays e facilitar a troca de informações sobre a opressão dirigida a gays e lésbicas em todo o mundo. Os membros concordaram em se reunir novamente na cidade de Amsterdã no ano seguinte, para definir uma lista ambiciosa de prioridades, incluindo o envio de um pedido à Comissão da Comunidade Econômica Europeia para que cessasse a discriminação de contratações com base na orientação sexual; além disso, os membros da IGA deveriam pressionar suas respectivas organizações locais da Anistia Internacional para expandir a definição de "prisioneiros de consciência"; realizar sondagem

Liberação e confronto, 1965-1981

de candidatos ao Parlamento Europeu sobre seus pontos de vista a respeito dos direitos homossexuais. Os membros da IGA também deveriam pressionar suas respectivas organizações locais da Anistia Internacional para expandir a definição de "prisioneiros de consciência" e, assim, abarcar indivíduos presos somente por causa de sua orientação sexual ou comportamento sexual, consensual, com o mesmo sexo entre adultos.[264] Em 30 de setembro de 1978, a IGA articulou seu primeiro protesto de dimensões mundiais através das ações coordenadas dos membros de suas filiais na Europa, no Canadá e na Austrália, tendo por alvo a proposta de novas leis antigay que seriam aplicadas na Grécia. As manifestações, os comunicados de imprensa e as cartas para as autoridades gregas foram úteis a persuadir o governo em Atenas a retirar tal projeto de lei.[265]

Grupos membros da IGA e outros repetidamente clamaram aos Estados Unidos para revogar as disposições antigay de suas leis de imigração. Em junho de 1979, Carl Hill, um gay britânico de 32 anos que trabalhava como fotógrafo para *Gay News* de Londres, foi preso por funcionários da imigração que notaram seu emblema "Orgulho Gay" quando de sua chegada ao Aeroporto Internacional de São Francisco, em viagem planejada para cobrir a Parada do Dia da Liberdade Gay. Após deter Hill por três horas e ordenar que ele se submetesse a um exame a ser realizado por um psiquiatra do Serviço de Saúde Pública diante de sua recusa em deixar os Estados Unidos voluntariamente, os agentes do INS finalmente permitiram que Hill e seu parceiro, Michael Mason, editor da *Gay News*, fossem para o hotel em que ambos estavam hospedados. Uma semana depois, Don Knutson, um advogado do escritório de advocacia de interesse público Gay Rights Advocates, convenceu o juiz distrital Stanley Weigel a emitir uma ordem de restrição temporária contra o Serviço de Saúde Pública, alegando que a homossexualidade não era "uma deficiência ou doença" passível de ser diagnosticada pelos funcionários do serviço de saúde.[266] Em 3 de agosto, o caso Hill levou o cirurgião-geral dos Estados Unidos, Julius Richmond, a ordenar que o Serviço de Saúde Pública deixasse de conduzir avaliações psiquiátricas, para a emissão de atestados médicos de exclusibilidade, em homossexuais suspeitos que chegavam aos pontos de entrada dos Estados Unidos. Essa alteração da política seguida até então, pela explicação de Richmond, refletia "cânones atuais, usualmente aceitos, da profissão médica, que não consideram mais a homossexualidade um transtorno mental". Contudo, naquele mesmo dia, funcionários da imigração no Aeroporto Internacional de São Francisco detiveram dois cidadãos mexicanos suspeitos de serem gays. Pouco antes de ambos serem deportados em um voo das 1h30, Eduardo Martinez e Javier Cruz foram autorizados a entrar em contato com Don Knutson, que persuadiu um juiz a emitir uma ordem de restrição. O juiz marcou uma audiência para determinar a legalidade da recusa do Serviço de Saúde Pública em realizar investigações psiquiátricas e se o INS poderia excluir estrangeiros com base no fato de serem homossexuais, mas sem atestados médicos. Dez dias depois, o INS emitiu uma diretiva nacional adiando a aplicação da proibição antigay de imigrantes até que o *status* legal de tal procedimento pudesse ser reavaliado. A agência cancelou o julgamento de Martinez e Cruz agendado para o dia seguinte e permitiu que eles fossem formalmente admitidos nos Estados Unidos.[267]

Embora os ativistas LGBT+ saudassem a decisão como uma grande vitória, questões legais bastante espinhosas persistiam. O INS alegava que uma alteração nas políticas só poderia ser promulgada permanentemente através do Congresso.[268] A IGA observou a inconsistência com que tais regras foram aplicadas durante toda a vigência do estatuto. Gays conhecidos como Elton John e Quentin Crisp entraram nos Estados Unidos sem incidentes, enquanto Kim Friele, a lésbica que serviu como secretária-geral do *Forbundet av 1948* da Noruega, "lutava por isso havia alguns anos".[269] As objeções mais ferozes da IGA concentravam-se no fato de o Secretário de Estado Cyrus Vance orientar os consulados dos Estados Unidos no exterior a negar vistos para gays e lésbicas, fossem conhecidos ou suspeitos.[270]

Liberação e confronto, 1965-1981

No final de 1979 e início de 1980, os esforços da IGA ganharam força através da denúncia generalizada que a mídia fez de uma menção do Departamento de Justiça, que exigia a aplicação contínua das disposições antigay da lei de imigração dos EUA. Um editorial do *Washington Post* chamou a lei de "absurda", e diversos jornais dos Estados Unidos de grande relevância também se posicionaram contra a proibição.[271] O colunista Carl Rowan, ao perceber que a lei também impossibilitaria a entrada de alcoólatras, adúlteros e viciados em apostas, disse que, se a lei fosse estritamente seguida, haveria "um pesadelo de filas que chegariam a sair das dependências do aeroporto e seguir por muitas milhas". A oposição se intensificou em janeiro de 1980, depois que os defensores dos direitos dos homossexuais entraram com um processo de US$ 1 milhão em nome do estilista mexicano Jaime Chavez, detido pelos oficiais do INS em 29 de dezembro de 1979, depois que foram encontrados vestidos em sua mala, da mesma forma que surgiram suspeitas de que ele tivesse "resquícios de maquiagem" e "anéis de mulher". O senador Alan Cranston, um democrata da Califórnia, anunciou que introduziria uma legislação federal eliminando o termo "desvio sexual" da Lei de Nacionalidade e Imigração dos EUA.[272] Os congressistas Henry Waxman, Anthony Beilenson e Julian Dixon, democratas da Califórnia, apresentaram um projeto de lei semelhante na Câmara dos Representantes dos EUA.[273]

Em março de 1980, a IGA havia coordenado várias ações de grande impacto contra a lei. Clint Hockenberry, contato americano da IGA, testemunhou perante o Comitê de Imigração do Senado dos EUA.[274] Edmund Lynch, chefe do Secretariado de Informação da IGA baseado em Dublin, escreveu ao presidente Jimmy Carter, pedindo-lhe que mudasse a legislação, ressaltando a incongruência entre a lei de imigração dos EUA à época e a defesa feita por Carter dos direitos humanos em termos globais.[275] No aeroporto de Schiphol, em Amsterdã, membros do COC, trajando uniformes policiais, perguntavam aos turistas estadunidenses se eram gays ou lésbicas, esclarecendo dessa forma a maneira pela qual cidadãos percebidos como homossexuais podiam ser tratados por funcionários da imigração dos EUA. Até 135 representantes no Parlamento holandês assinaram uma petição exigindo a revogação da política do INS contra homossexuais estrangeiros. Os holandeses também planejavam apresentar um protesto formal no Conselho da Europa (CoE) tomando por base o fato de que as políticas dos Estados Unidos nessa área violavam os dispositivos dos acordos de Helsinque no que dizia respeito à proteção do direito de deslocamento entre países.[276] Diplomatas suecos e holandeses levantaram as mesmas objeções na ONU.[277] Mesmo assim, a administração esquivou-se.

Ao confrontar as complexidades da lei de imigração dos Estados Unidos, os militantes pelos direitos dos homossexuais obtiveram algumas vitórias. Em 26 de março de 1977, Frank Kameny e cerca de dez líderes da Força-Tarefa Gay Nacional se reuniram com Midge Constanza, um contato público do governo Carter, na primeira reunião oficial da Casa Branca dedicada aos direitos de gays e lésbicas. Mais tarde, naquele mesmo ano, Harvey Milk venceu a eleição para o Conselho de Supervisores de São Francisco, tornando-se o sétimo candidato que declarava abertamente sua condição homossexual eleito para um cargo público. Antes de ser assassinado por um colega em novembro de 1978, Milk foi fundamental para a aprovação da lei dos direitos homossexuais na cidade e para a derrota de uma iniciativa estadual que proibiria gays, lésbicas e defensores dos direitos dos homossexuais de trabalhar em escolas públicas. No ano seguinte, depois de vários ativistas suecos faltarem ao trabalho e ocuparem os escritórios do Conselho Nacional de Saúde e Bem-estar, após uma "convocação de todos os homossexuais" a Suécia se tornou o primeiro país do mundo a retirar a homossexualidade da classificação como doença mental. Como parte de uma onda de reformas pós-Franco, a Espanha também descriminalizou a homossexualidade.[278]

Ao mesmo tempo, a IGA lutava para expandir seu alcance internacional. Em resposta às preocupações levantadas sobre o sexismo e a representação pouco expressiva das mulheres na organização, a

Liberação e confronto, 1965-1981

IGA criou um comitê feminino e adotou um nome mais inclusivo, a Associação Internacional de Gays/Mulheres Lésbicas e Homens Gays. Em dezembro de 1980, 76 mulheres de 17 países diferentes viajaram para Amsterdã para participar da primeira conferência organizada pelo International Lesbian Information Secretariat, um dos três secretariados da IGA. Participaram de *workshops* e sessões plenárias, com trocas de estratégias organizacionais e discussões sobre como as lésbicas poderiam ser mais bem integradas no ativismo pelos direitos gays em termos locais e transnacionais.[279]

A IGA também confrontou seu próprio fracasso ao tentar representar as nações em desenvolvimento e os países comunistas. Durante a primeira conferência anual da IGA, os delegados adotaram uma resolução comprometendo os membros a coletar informações sobre lésbicas e gays e fazer contato com ativistas locais "em países do Terceiro Mundo", Europa Oriental e República Popular da China. Vários grupos de membros foram atribuídos na categoria de país, para confeccionar relatórios a serem apresentados na próxima conferência anual da IGA.[280] Em julho de 1980, os delegados da IGA compartilharam notícias do crescente ativismo pelos direitos dos homossexuais no Brasil, na Nicarágua, na Guatemala e no Chile.[281]

Enquanto ativistas transnacionais trabalhavam para aumentar sua visibilidade e poder político, conservadores religiosos se mobilizavam em oposição aos direitos dos homossexuais. Em janeiro de 1977, após o Condado de Dade, na Flórida (onde se localiza Miami), proibir por decreto a discriminação no emprego e na moradia com base na orientação sexual, Anita Bryant – mais conhecida como rainha de concurso de beleza, cantora e porta-voz da Florida Citrus Commission – liderou uma coalizão chamada Save Our Children ("Salvem nossas crianças"), que pressionou com sucesso pela revogação da lei. A campanha baseou-se na doutrina cristã fundamentalista que igualava a homossexualidade ao pecado e afirmava que os homossexuais "recrutavam" e molestavam crianças. Em 7 de junho de 1977, os eleitores do Condado de Dade derrotaram o decreto de forma esmagadora. Save Our Children

191

também teve papel fundamental para persuadir a legislatura da Flórida a proibir os gays de adotar crianças, uma proibição que permaneceu em voga até 2008. Após suas vitórias na Flórida, Bryant liderou esforços bem-sucedidos para revogar as leis dos direitos dos homossexuais em Eugene, Oregon e Wichita, Kansas. Mas seus apoiadores não conseguiram a aprovação da Iniciativa Briggs (Proposição 6), uma medida eleitoral da Califórnia que teria impedido professores LGBT+ ou qualquer pessoa que apoiasse a igualdade LGBT+ de trabalhar para as escolas públicas do estado.[282]

Aterrorizados e enfurecidos por essa reação, ativistas LGBT+ nos Estados Unidos e em outros países protestaram veementemente contra a cruzada antigay de Bryant. Imediatamente após a votação pela revogação da lei em Miami, 45 grupos americanos formaram a Coalizão pelos Direitos de Lésbicas e Gays. Ativistas em locais tão diversos quanto Chicago, Nova Orleans, Denver, Norfolk e Lime Rock, Arkansas, manifestaram-se publicamente contra Bryant. Em junho de 1977, mais de 250 mil pessoas compareceram à parada do Dia da Liberdade Gay em São Francisco, algumas carregando cartazes representando Anita Bryant ao lado de figuras notórias como Idi Amin, Joseph Stalin e Adolf Hitler. Em solidariedade, ativistas em Sydney, na Austrália, marcharam no mesmo dia, mas encontraram violenta repressão policial, que espancou e prendeu vários manifestantes.

Na Holanda, a Stichting Vrije Relatierechten (SVR – Fundação pelo Direito de Relacionamentos Livres) persuadiu dezenas de importantes políticos e religiosos holandeses a assinar um apelo de página inteira que apareceu no *Miami Herald*, uma semana antes da votação de revogação do Condado de Dade. Intitulado "Uma mensagem do povo da Holanda", o texto começava com "Nós, da terra de Anne Frank, sabemos aonde podem levar os preconceitos e a discriminação" e exortava os eleitores a não "revogar os direitos humanos".[283] Após a vitória do Save Our Children no Condado de Dade e da articulação dessa mesma organização em outras cidades dos Estados Unidos, a SVR organizou uma campanha para arrecadação de fundos

Liberação e confronto, 1965-1981

na Sala de Concertos Real em Amsterdã, chamada "Pesadelo de Miami", que visava arrecadar dinheiro para comprar um anúncio na revista *Time*. Publicado em janeiro de 1978, o libelo foi intitulado "O que está acontecendo na América?", e invocava a Declaração de Independência, a Declaração Universal dos Direitos Humanos e os Acordos de Helsinque antes de afirmar: "A política de direitos humanos do presidente Carter só pode ganhar credibilidade se os direitos dos homossexuais nos Estados Unidos da América estiverem inseparavelmente vinculados aos direitos humanos de todas as pessoas." Os ilustres signatários do anúncio incluíam Simone de Beauvoir, Sir John Gielgud, Günther Grass, políticos e religiosos da Bélgica, Holanda, Itália e Espanha.[284] Em 24 de junho de 1978, o COC abandonou sua usual estratégia integracionista e uniu forças com grupos radicais de liberação de gays e lésbicas, incluindo Rooie Flikkers e Lesbian Nation, em uma demonstração de solidariedade internacional que abriu caminho para um dia anual do Orgulho Gay holandês.[285]

A cruzada antigay de Anita Bryant teve impacto mais direto e poderoso sobre os gays e as lésbicas do Canadá. Em junho e julho de 1977, ativistas LGBT+ em Toronto e Ontário marcharam em protesto contra Save Our Children. Muitos temiam que a derrota no Condado de Dade pressagiasse o fracasso final dos esforços contínuos de militantes canadenses em obter salvaguarda dos direitos civis por meio de emendas aos códigos municipais, provinciais e federais. Esses temores foram amplificados pela exclusão da orientação sexual na recente à época Lei Canadense de Direitos Humanos. Embora a lei se referisse apenas a funcionários federais, era um mau presságio para a adoção de proteções aos direitos dos homossexuais nos níveis provincial e municipal.[286]

Os canadenses LGBT+ reagiram negativamente ao anúncio, em dezembro de 1977, de que Ken Campbell, da Renaissance International, havia convidado Anita Bryant para se apresentar na Igreja do Povo de Toronto em 15 de janeiro de 1978. Cristão fundamentalista, Campbell protestou contra a "intervenção satânica" de dois defensores da libertação gay falando na escola pública de suas

193

filhas, algo que o motivou retirá-las dessa escola para matriculá-las em uma escola cristã particular, recusando-se temporariamente, por outro lado, a pagar a parte de seus impostos destinados à educação. Ele e outros registraram a Renaissance como uma instituição de caridade sem fins lucrativos e organizaram filiais em todo o Canadá. No final de 1977, conseguiram persuadir sete províncias a proibir discussões sobre sexualidade entre pessoas do mesmo sexo em escolas públicas. O show de Bryant em Toronto foi apenas a primeira parada em uma Cruzada Nacional de Libertação Cristã de seis meses.[287]

Defensores dos direitos dos homossexuais em todo o Canadá se mobilizaram em protesto. As manifestações ganharam maior urgência por causa da votação na Assembleia Nacional de Quebec, em 16 de dezembro, para incluir a orientação sexual na carta provincial de direitos humanos, e de uma operação policial no escritório de *The Body Politic* duas semanas depois.[288] Periódico fundado em 1971 pelo Toronto Gay Action e administrado por um coletivo, *The Body Politic* havia publicado um artigo de título "Men Loving Boys Loving Men" (Homens que amam jovens que amam homens). Em resposta, a polícia de Toronto apreendeu 12 caixas de registros financeiros, listas de assinantes, manuscritos e correspondência do *The Body Politic*. Em seguida, acusou a editora do jornal, Pink Triangle Press, e três representantes do coletivo de distribuir material obsceno ou imoral pelo correio. Determinados a proteger seus ganhos legais duramente conquistados e muito alarmados com a intensificação do assédio policial, os ativistas LGBT+ buscaram reorganizar-se com a possibilidade de Bryant unir forças com os fundamentalistas canadenses.[289]

Embora Save Our Children tenha se desfeito logo depois da turnê canadense de Bryant, religiosos conservadores canadenses e militantes LGBT+ prosseguiram em seus confrontos. No início dos anos 1980, a polícia lançou ações repressivas contra saunas e bares gays em Toronto, Edmonton e Montreal. A Renaissance International e outras organizações cristãs fundamentalistas obtiveram vitórias

Liberação e confronto, 1965-1981

políticas importantes, derrotando políticos pró-gay mesmo em enclaves progressistas como Toronto. Os editores do *The Body Politic* enfrentaram um processo legal de seis anos e tiveram custos de US$ 100 mil em honorários advocatícios antes de obterem ganho da causa após três julgamentos diferentes, seis apelações e duas decisões da Suprema Corte. No final da década de 1980, os ativistas LGBT+ conquistaram grandes vitórias.[290]

Esse progresso era quase incompreensível para gays e lésbicas que viviam sob regimes autocráticos. No Irã, a situação era especialmente terrível. Após a criação da República Islâmica do Irã em 1979, o regime instituiu a xaria como lei e criminalizou a homossexualidade, a transexualidade e o travestismo. Pessoas LGBT+ foram submetidas a punições brutais, incluindo chicotadas públicas, apedrejamentos e execuções.[291] Afiliados da IGA em vários países protestaram contra o tratamento brutal do regime de Khomeini aos seus cidadãos LGBT+. Grupos membros da IGA também destacaram a perseguição antigay na União Soviética. Na Itália, FUORI! organizou manifestações contra o Artigo 121 do Código Penal russo, a lei de 1960 que criminaliza as atividades sexuais entre pessoas do mesmo sexo.[292]

Os ativistas LGBT+ tinham uma relação mais complicada com Cuba. Compartilhando visões ferozmente anti-imperialistas, a esquerda radical e a Frente de Libertação Gay sentiam forte afinidade com a Revolução Cubana. Em 1969, quando a Nova Esquerda estava se fragmentando e a oposição à Guerra do Vietnã ganhava força, ex-membros do Students for a Democratic Society (SDS – Estudantes por uma Sociedade Democrática) e representantes da República de Cuba criaram a Venceremos Brigade. Como parte do objetivo da coalizão era fomentar a solidariedade e protestar contra o embargo aplicado pelo governo dos EUA a Cuba, o grupo enviou esquerdistas americanos para participar da colheita anual de açúcar da ilha.

A experiência foi desafiadora para brigadistas gays e lésbicas, cuja ideologia política colidiu tanto com a homofobia comum na Nova Esquerda quanto com a hostilidade do regime de Castro em relação aos homossexuais. O governo cubano permaneceu profundamente comprometido em criar uma sociedade socialista, exemplificada por um *Hombre Nuevo* ("Homem Novo") que rejeitava os valores burgueses e valorizava o bem coletivo acima do sucesso individual. O Estado, portanto, continuou a perseguir aqueles cuja aparência pessoal extravagante, não conformidade com regras de gênero, comportamento sexual ou dissidência política pareciam em desacordo com esses ideais. As autoridades cubanas usaram a homossexualidade como pretexto para expurgar universidades, organizações artísticas e sindicatos de escritores. Em abril de 1971, o Congresso de Educação e Cultura emitiu um decreto declarando que os "desvios homossexuais" eram "socialmente patológicos". Gays e lésbicas "antissociais" foram impedidos de exercer qualquer influência sobre os jovens ou de representar a Revolução Cubana internacionalmente.[293] Quando brigadistas gays, lésbicas ou feministas passaram a criticar tais ações, o Comitê Nacional da Venceremos Brigade institucionalizou regras de recrutamento que impediam, abertamente, a participação de gays e lésbicas após janeiro de 1972. A decisão por esse expurgo desiludiu profundamente gays e lésbicas de esquerda que, anteriormente, enxergavam em Cuba uma utopia socialista e que se sentiram traídos por seus camaradas heterossexuais.[294]

Em meados da década de 1970, o governo cubano instituiu políticas adicionais voltadas para exibições públicas de homossexualidade. Em 1975, o Tribunal Supremo derrubou a resolução de 1971, que exigia a demissão de gays e lésbicas de suas ocupações nas artes. Alguns dos que foram expurgados receberam alguma compensação financeira da parte do Estado. Em vez de proibir gays e lésbicas de atuar em profissões específicas, como nas áreas de Educação e Medicina, o governo concentrou-se em restringir apenas gays e lésbicas que proclamavam abertamente ou exibiam sua orientação sexual. Em 1979, um novo código penal descriminalizou as atividades sexuais privadas consensuais entre adultos do mesmo sexo. No entanto, a "ostentação pública" de uma "condição" homossexual e o envolvimento em atos homossexuais

Liberação e confronto, 1965-1981

testemunhados por terceiros permaneceram ilegais, assim como o envolvimento em sexo homossexual com um menor do sexo masculino. A "ostentação pública" da homossexualidade era punível com multa ou até seis meses de prisão. A nova lei era um reflexo do Código de Defesa Social de 1938, usado na Cuba pré-revolucionária, e continha proibições semelhantes às existentes em países como Costa Rica, México, Argentina, Brasil, República Dominicana e Peru.[295] As autoridades cubanas mantiveram como alvos gays afeminados e mulheres lésbicas masculinizadas em prisões, detenções prolongadas e em ações para coibir comportamentos desviantes das ruas.

Em 1980, a campanha do regime de Castro contra os "indesejáveis" aumentou muito durante um êxodo em massa de cubanos que fugiram para os Estados Unidos. No final dos anos 1970, o governo Carter adotou várias medidas para melhorar as relações EUA-Cuba, atraindo a ira dos conservadores irritados com o apoio de Cuba às intervenções militares soviéticas na África e no Oriente Médio. As tensões da Guerra Fria se intensificaram no início de 1980, quando a oposição às políticas de Castro e uma crise econômica levaram dezenas de cubanos desesperados a buscar asilo nas embaixadas venezuelana e peruana em Havana, o que gerou violentos conflitos com a polícia cubana e trouxe escassez de comida e água nos complexos diplomáticos. No início de abril, o número de requerentes de asilo na embaixada peruana ultrapassou 10 mil. Para neutralizar a situação explosiva e embaraçosa, o governo cubano emitiu um comunicado descrevendo esses refugiados como "vagabundos, elementos antissociais, delinquentes e lixo". Em 16 de abril, Cuba assinou um acordo com o Peru, os Estados Unidos e várias outras nações permitindo o transporte aéreo de refugiados políticos. Quatro dias depois, ansioso para facilitar a expulsão de "indesejáveis" como indivíduos abertamente homossexuais, doentes mentais e criminosos, Castro anunciou que qualquer um que desejasse deixar Cuba poderia fazê-lo.[296] Castro suspendeu o transporte aéreo, abriu o porto de Mariel e convidou emigrantes dos EUA a resgatar seus parentes e outras pessoas que desejavam deixar a ilha. Em um mês, os

197

exilados cubanos fizeram mais de mil viagens de barco que resgataram mais de 13 mil refugiados cubanos. Em 25 de setembro, dia em que Castro fechou Mariel, quase 125 mil cubanos (chamados *marielitos*) haviam fugido da ilha, entre os quais havia um número desconhecido de gays e lésbicas. Castro repetidamente caracterizou os *marielitos* como uma "escória" de contrarrevolucionários e criminosos.[297]

A situação criou um grande dilema para o governo Carter. Um mês antes do início do transporte marítimo de Mariel, Carter havia assinado a Lei dos Refugiados de 1980, destinada a criar procedimentos uniformes e sistemáticos para a admissão e o reassentamento de refugiados. Descartando o viés anterior, projetado para aceitar fugitivos de governos comunistas, a Lei de Refugiados definiu um refugiado como alguém que fugisse de uma "perseguição por causa de raça, religião, nacionalidade, pertença a um determinado grupo social ou opinião política", uma definição mais geográfica e ideologicamente ampla que se alinhava com aquela fornecida pela ONU. Mas como a orientação sexual não estava entre essas categorias e como as autoridades de imigração dos EUA ainda proibiam a entrada de "desviados sexuais" nos Estados Unidos, o governo Carter se viu forçado a considerar o abandono das disposições antigay da lei de imigração dos EUA, que já atraía críticas acaloradas de militantes LGBT+. As autoridades dos EUA também enfrentaram pressão para voltar às antigas políticas de refúgio e asilo que favoreciam aqueles que fugiam do comunismo.[298]

Com o mundo monitorando de perto seu autoproclamado compromisso com os direitos humanos, o governo Carter ponderou se deveria ou não permitir que gays e às lésbicas *marielitos* permanecessem. Durante todo o verão de 1980, as autoridades americanas vacilaram, recusando-se a conceder aos gays e lésbicas Marielitos uma exceção à política do INS. O projeto de lei Cranston, que suspendia as restrições à entrada de estrangeiros gays e lésbicas nos Estados Unidos, recebeu tímido apoio do governo Carter e morreu no Senado.[299]

Contudo, após os funcionários no Departamento de Estado perceberem as incongruências entre as proibições da imigração de

Liberação e confronto, 1965-1981

gays aos Estados Unidos e os Acordos de Helsinque, o Departamento de Justiça modificou as regras do INS. Em 9 de setembro de 1980, as autoridades americanas anunciaram que os funcionários de imigração poderiam aplicar as disposições antigay da lei federal apenas quando homossexuais estrangeiros oferecessem "uma admissão oral ou escrita, não solicitada e inequívoca, de homossexualidade". Tais indivíduos poderiam ser levados a um juiz de imigração que determinaria se deveriam ou não deixar o país. Aqueles que negassem ou se recusassem a admitir sua homossexualidade seriam admitidos nos Estados Unidos. O afeto pessoal, o guarda-roupa ou a posse de parafernália e/ou literatura gay não eram mais motivos para expulsão. Ironicamente, a mesma opção pela visibilidade e autoidentificação da sexualidade que colocou gays e lésbicas *marielitos* entre os "indesejáveis", cuja saída de Cuba foi permitida por Castro, passaram a ter, da mesma forma, a permanência nos Estados Unidos ameaçada. Contudo, não houve nenhum caso documentado de qualquer gay ou lésbica entre os *marielitos* que tenha sofrido deportação. Em última análise, a ideologia anticomunista das autoridades dos EUA e a determinação de manter o moral elevado no que dizia respeito aos direitos humanos globais representaram vantagem para gays e lésbicas *marielitos*.[300] Don Knutson, do grupo Gay Rights Advocates, descreveu a decisão como "próxima de uma vitória total", mas os termos que exigiam a exclusão de homossexuais estrangeiros com base em "desvios sexuais" se mantiveram na lei federal.[301]

Mais litígios se seguiram. Em novembro de 1980, Carl Hill, o fotógrafo abertamente gay do *Gay News*, com sede em Londres, voltou aos Estados Unidos para desafiar a política do INS e foi novamente impedido de entrar. Quando um juiz federal de imigração decidiu em seu nome, o INS imediatamente apelou com base na admissão voluntária de Hill de sua orientação sexual.[302] Em maio de 1981, enquanto o caso de Hill corria na justiça, um Tribunal de Distrito dos Estados Unidos se recusou a anular o processo judicial de um milhão de dólares movido por Jaime Chavez, o estilista mexicano detido no aeroporto internacional de São Francisco em dezembro de 1979. No mesmo mês, Hans Koops, um holandês abertamente gay, recebeu um visto de turista que as autoridades de imigração dos EUA inicialmente se recusaram a emitir com base na orientação sexual de Koops. Dois jornalistas holandeses, usando broches com os dizeres "Eu também sou homossexual" acompanharam Koops e foram interrogados pelas autoridades do INS antes de receberem "liberdade condicional" nos Estados Unidos. O Lambda Legal Defense and Education Fund planejava entrar com uma ação em ambos os casos.[303]

A situação continuou a piorar. Em maio de 1981, ativistas LGBT+ em várias cidades dos Estados Unidos e no exterior se manifestaram contra o INS após a deportação de um homem gay que tinha dupla cidadania anglo-canadense. Em maio, Phillip Fotheringham, 23 anos, foi interrogado pelas autoridades de imigração no aeroporto JFK de Nova York, depois que descobriram uma carta de seu amante em sua bagagem. Depois que Fotheringham admitiu que era gay, funcionários do INS disseram que ele teria que retornar a Londres no próximo voo disponível e o colocaram sob custódia de agentes da TWA Airlines. Fotheringham alegou que as autoridades do INS o chamaram de "doente", recusaram-se a devolver seu passaporte e negaram-lhe o acesso a um advogado. Ao retornar à Inglaterra, ele imediatamente processou o INS e a TWA por violações de direitos civis.[304] Em junho de 1981, os congressistas Julian C. Dixon e Anthony C. Beilenson renovaram os esforços para revogar as disposições antigay da lei de imigração.[305]

Levado à vitória em novembro de 1980 por uma coalizão de conservadores sociais e fiscais, o governo Reagan tinha pouca simpatia por aqueles que desafiavam a lei de imigração dos Estados Unidos. Em agosto de 1981, o Conselho de Apelações do INS decidiu contra Carl Hill e sustentou o direito da agência de excluir estrangeiros "afetados por personalidade psicótica".[306] O Gay Rights Advocates imediatamente trouxe o caso de Hill para a corte do distrito de São Francisco. O Comitê do Dia da Liberdade Gay/Lésbica de São Francisco também contestou a proibição do INS, argumentando que

200

Liberação e confronto, 1965-1981

negar a gays e lésbicas americanos o direito de se associarem livremente com estrangeiros era uma violação da Primeira Emenda.[307] Em setembro, ativistas LGBT+ em três continentes protestaram simultaneamente contra o INS. Em Amsterdã, 100 pessoas fizeram piquetes no consulado estadunidense. Em Berlim, Dublin, Londres, Oslo, Ottawa, Estocolmo, Toronto, Wellington e Sydney, militantes entregaram cartas de protesto aos funcionários da embaixada dos Estados Unidos. Em Washington, cerca de 150 pessoas se reuniram para uma vigília à luz de velas do lado de fora da Casa Branca, enquanto manifestações semelhantes foram realizadas em Atlanta, Los Angeles, Nova York, San Diego, San Francisco, Filadélfia e Tampa.[308] Pouco tempo depois, um grupo conservador chamado Public Advocate emitiu uma mensagem em massa alertando que o HR 3524, o projeto de lei que buscava revogar as provisões antigay das leis de imigração dos EUA, permitiria que "homossexuais estrangeiros inundassem a América".[309]

Enquanto lutavam para alterar as leis de imigração dos Estados Unidos, ativistas LGBT+ também buscavam aproveitar o poder de fóruns supranacionais e acordos internacionais para confrontar a repressão antigay.[310] Conscientes de que 18 dos 20 Estados do Conselho da Europa estavam legalmente vinculados aos termos da Convenção Europeia de Direitos Humanos adotada em 1953, os defensores começaram a monitorar de perto as reclamações de discriminação antigay registradas na Comissão Europeia de Direitos Humanos (CEDH) e no Tribunal Europeu de Direitos Humanos (TEDH), fóruns públicos e confidenciais criados para fazer cumprir a Convenção. Se qualquer um dos órgãos decidisse que "os direitos dos homossexuais são direitos humanos", haveria enormes implicações em toda a Europa.[311] Na Grã-Bretanha, a Campaign for Homosexual Equality pressionou o governo a apoiar a adição de uma cláusula de direitos dos homossexuais aos Acordos de Helsinque de 1975 e a defender a descriminalização da homossexualidade em Chipre, nos procedimentos do Parlamento Europeu.[312]

Em 1981, ativistas LGBT+ internacionais obtiveram uma grande vitória quando o TEDH decidiu a favor dos direitos dos homossexuais pela primeira vez. Em *Dudgeon v. United Kingdom*, o tribunal considerou que a Seção 11 do Ato de Emenda à Lei Criminal (1885), que criminalizou atos homossexuais masculinos (mas não femininos) na Inglaterra, no País de Gales e na Irlanda do Norte, violava a Convenção Europeia de Direitos Humanos. O requerente era Jeff Dudgeon, um balconista em Belfast que também liderava a Northern Ireland Gay Rights Association (NIGRA – Associação pelos Direitos dos Gays da Irlanda do Norte). Em 1976, depois que ele e outros 20 gays foram presos pela polícia e interrogados por horas sobre suas atividades sexuais privadas, quatro dos homens assinaram declarações atestando atos homossexuais ilegais. Dudgeon, no entanto, recusou e apelou de seu caso para a Comissão Europeia de Direitos Humanos em Estrasburgo. Quando a comissão decidiu a seu favor, a Irlanda do Norte enfrentou uma escolha entre descriminalizar as atividades homossexuais masculinas ou ser expulsa do Conselho da Europa. *Dudgeon v. United Kingdom* terminou com uma legislação descriminalizando o sexo homossexual masculino na Irlanda do Norte, alinhando assim seu código legal com o restante do Reino Unido.[313] O caso serviu como precedente para decisões semelhantes do TEDH em *Norris v. Ireland* (1988) e *Modinos v. Cyprus* (1993). O juiz da Suprema Corte dos EUA, Anthony Kennedy, também citou Dudgeon em seu voto majoritário no caso *Lawrence v. Texas* (2003), decisão histórica que derrubou as leis de sodomia em 14 estados e tornou as atividades sexuais entre pessoas do mesmo sexo legais em todos os estados e territórios dos EUA.[314] Na esteira dos resultados do caso *Dudgeon*, os militantes LGBT+ fizeram da ação judicial um elemento crítico de suas estratégias para o avanço dos direitos gays em todo o mundo.

E os militantes LGBT+ tinham motivos para otimismo. Em 1981, a Noruega tornou-se o primeiro país do mundo a proibir a discriminação com base na orientação sexual e a Colômbia descriminalizou a homossexualidade. No ano seguinte, a França igualou a idade de consentimento para sexo heterossexual e homossexual, estabelecendo ambos em 15 anos.[315] O Departamento de Justiça italiano passou a permitir que transexuais listassem seu novo gênero em documentos de Estado, um passo para mitigar a discriminação de moradia e emprego com base na identidade de gênero percebida ou real.[316] A Irlanda do Norte e Nova Gales do Sul – seguindo os precedentes estabelecidos pela Austrália Meridional em 1975 e pelo Território da Capital Australiana, em 1976 – legalizaram a homossexualidade. Quebec garantiu a união estável a parceiros do mesmo sexo. Na Indonésia, três gays fundaram a Lambda International, a primeira organização gay do país. Eles planejaram se envolver em educação pública com o objetivo de gerar apoio para a legislação dos direitos dos homossexuais. Eles esperavam formar coalizões com a *waria*, a comunidade indonésia inconformista em termos de gênero, que vinha se mobilizando desde o final dos anos 1960. Em 1982, ao revogar as leis de sodomia impostas pela ditadura de Salazar, Portugal legalizou atividades sexuais consensuais entre homens com 16 anos ou mais.[317]

Durante boa parte do ano de 1982, Carl Hill e o comitê de São Francisco do Dia da Libertação Gay/Lésbica prosseguiram em sua batalha com o INS. Em 22 de abril, o juiz do Tribunal Distrital dos EUA, Robert Aguilar, deu a Hill uma grande vitória quando decidiu que o INS não poderia proibir estrangeiros gays sem aplicar as diretrizes da agência, que exigiam um exame psicológico para verificar a homossexualidade desse estrangeiro. O Serviço de Saúde Pública dos EUA se recusava a realizar tais exames desde 1979. A menos que o Departamento de Saúde e Serviços Humanos ordenasse o restabelecimento de avaliações psicológicas de estrangeiros suspeitos de homossexualidade, o INS não poderia forçar legalmente a expulsão de gays estrangeiros.[318] Em 16 de julho, Aguilar tornou permanente a liminar que permitia a gays e lésbicas estrangeiros participar da Parada do Dia da Libertação Gay em São Francisco.[319] A euforia dos militantes pelos direitos gays foi breve, pois logo o INS entrou com um recurso contra a decisão do caso Hill na Corte de Apelações do 9º Circuito.[320]

203

LGBT+ na luta

Por mais decepcionantes que tenham sido esses retrocessos legais, os ativistas LGBT+ nos Estados Unidos ainda possuíam liberdades civis muito maiores do que seus equivalentes em grande parte do mundo em desenvolvimento. A fim de expandir seu alcance global, a IGA instruiu os grupos que faziam parte da organização a solicitar informações de ativistas em nações onde a formação de organizações semelhantes não era possível ou onde ainda não ocorrera e, em seguida, confeccionar relatórios representando tais lugares para a IGA. Em 1982, o Grupo Somos do Brasil apresentou uma avaliação bastante sombria da vida LGBT+ na Argentina. Embora nem as relações consensuais homossexuais nem heterossexuais entre adultos com mais de 21 anos fossem ilegais, o sexo com indivíduos com menos de 21 anos poderia ser punido com três a oito anos de prisão. Independentemente do estado da lei, a homossexualidade era amplamente condenada pela sociedade argentina e a polícia rotineiramente assediava e prendia homens gays por crimes como *crossdressing*, vadiagem e aliciamento. Esses homens tinham poucos recursos legais e muitas vezes eram forçados a assinar "confissões" mantidas em um registro público. Ser incluído nessa lista, em geral, resultava em perda de emprego. Homens gays também eram rotineiramente chantageados, agredidos fisicamente, roubados ou assassinados. "Nesse clima terrível, não surgem sinais de melhora [...]", concluiu o Grupo Somos, "pois o principal objetivo da polícia é inspirar terror [...] a cada dia mais e mais pessoas [...] escolhem o exílio".[321] O grupo LGBT+ austríaco Hosi descreveu o cenário perigoso para os colombianos LGBT+. Embora as relações sexuais, tanto homo quanto heterossexuais, não coercitivas entre indivíduos com 14 anos ou mais fossem legais, as autoridades multavam ou demitiam professores, funcionários públicos ou juízes que se envolvessem em condutas homossexuais.[322]

No início dos anos 1970, um novo movimento transnacional de direitos LGBT+ destacava a perseguição enfrentada por muitas pessoas LGBT+ em todo o mundo. Inspirada na contracultura e nos

204

Liberação e confronto, 1965-1981

movimentos de protesto da época, essa onda internacional de defesa LGBT+ foi mais militante e mais visível do que suas predecessoras. Enquanto pressionavam por proteções contra a discriminação em nível local e nacional, os ativistas formaram novas redes e organizações globais. Invocaram as convenções de direitos humanos e apelaram a órgãos supranacionais como a ONU e a Corte Europeia de Direitos Humanos. Militantes em sociedades democráticas auxiliavam aqueles que viviam sob regimes autocráticos na divulgação da severa repressão anti-LGBT+. Confrontando coalizões emergentes de conservadores religiosos que se opunham à homossexualidade por motivos morais, os ativistas transnacionais logo teriam diante de si uma nova e terrível doença, além do fim repentino da Guerra Fria.

Fúria e esperança,
1981-2000

Logo nos primeiros anos da década de 1980, o início da pandemia de uma nova doença, a síndrome da imunodeficiência adquirida (aids), acrescentou urgência terrível ao movimento internacional pelos direitos LGBT+. Enfurecidos pela inação do Estado e pelo preconceito diante da aids, os ativistas foram pioneiros em táticas e retóricas de confronto que expandiram e remodelaram os esforços de defesa transnacionais. Uma década depois, o fim repentino da Guerra Fria trouxe novas esperanças e temores para o futuro dos direitos LGBT+. Militantes aproveitaram as oportunidades para mudanças positivas em nações que haviam sido comunistas. Com base nas vitórias em fóruns multinacionais na Europa, os ativistas trabalharam para elevar seu *status* dentro da ONU e ganhar o apoio de ONGs que trabalhavam no movimento mais amplo pelos direitos humanos. Mas as pessoas LGBT+ ainda enfrentavam tratamento brutal por parte de governos autocráticos e fundamentalistas, além de lutar contra a crescente resistência de conservadores, políticos e religiosos, em diversas sociedades democráticas.

No início dos anos 1980, militantes LGBT+ transnacionais começaram a se mobilizar com o objetivo de chamar a atenção para "uma epidemia assustadora de proporções globais", a aids. Em meados de 1983, Carlene Cheatam e Clint Hockenberry instaram seus colegas internacionais a apoiar uma vigília contra a aids realizada em Washington, em 8 de outubro:

> A aids não conhece fronteiras nacionais. Conforme relatado em Viena, a Suécia tem 53 casos com três mortes; a Alemanha, 35 casos com 5 mortes; a França, 18 casos com 5 mortes; a Holanda, 11 casos com 3 mortes; o Brasil, 6 casos com 3 mortes; a Áustria, 14 casos com 2 mortes; e a Inglaterra tem 21 casos com 5 mortes. Só nos Estados Unidos, 2.090 foram diagnosticados com aids, e soma-se mais de 800 mortos.

Reconhecendo que a maioria dos ativistas estrangeiros não poderia viajar para os Estados Unidos, Cheatam e Hockenberry convocaram marchas simultâneas à luz de velas em outras cidades ao redor do mundo.[323]

Com o recrudescimento da epidemia de aids, a International Gay Association (IGA – Associação Gay Internacional) prosseguiu em seu combate global à perseguição e discriminação de gays e lésbicas. Em julho de 1984, mais de 70 delegados de 18 países se reuniram em Helsinque, Finlândia. Redigiram cartas condenando as batidas policiais e a violência dirigida à comunidade LGBT+ mexicana. Protestaram, também, contra a prisão do editor de um jornal gay grego e a demissão de uma professora lésbica na Austrália. Avaliaram as campanhas em andamento para convencer a ONU e a Anistia Internacional (AI) a defender gays e lésbicas. Traçaram estratégias sobre como ajudar ativistas LGBT+ na América Latina e na Ásia e deram as boas-vindas às suas primeiras organizações de membros da África e da União Soviética. Por definirem o movimento de libertação gay como parte de uma luta mais ampla pelos direitos humanos, os delegados da IGA se opuseram

Fúria e esperança, 1981-2000

oficialmente ao apartheid na África do Sul.[324] A equipe editorial da IGA, *Pink Book*, preparou a divulgação de extenso relatório a respeito dos direitos LGBT+ em todo o mundo.[325]

Em 30 de setembro de 1984, mais de mil ativistas da América do Norte, América Latina e Europa convergiram para a cidade de Nova York para participar da Marcha Internacional nas Nações Unidas pela Liberdade de Gays e Lésbicas. A manifestação foi endossada por mais de 100 grupos LGBT+ internacionais, incluindo National Gay Task Force (Estados Unidos), Irish Gay Rights Movement (República da Irlanda), Gay Freedom Movement of Jamaica (Índias Ocidentais) e o Grupo de Acción Gay (Argentina). Robert Pistor, do Secretariado da IGA, leu cartas de ativistas soviéticos e tchecos lutando pelos direitos LGBT+ atrás da Cortina de Ferro. Na véspera das cerimônias de abertura da Assembleia Geral da ONU, os manifestantes marcharam do Stonewall Inn até a sede da ONU e exigiram o fim da discriminação médica, econômica, política e religiosa contra gays e lésbicas.[326]

A 10 de dezembro de 1984, no Dia Internacional dos Direitos Humanos, membros da IGA por todo o mundo realizaram conferências de imprensa para marcar o lançamento do primeiro *Pink Book* da organização. Possibilitado por doações do governo holandês e pelo trabalho voluntário do pessoal da IGA, o *Pink Book* apresentava ensaios, mapas e uma análise de país a país, detalhando a situação das pessoas LGBT+ em nações específicas por todo o planeta.[327]

Mas essa maior visibilidade do movimento internacional pelos direitos LGBT+ também destacou muitos de seus desafios internos. Em 30 de junho de 1985, mais de 500 delegados e observadores da IGA de 18 nações se reuniram em Toronto para a sétima conferência anual da IGA. Nessa conferência, surgiu um debate acalorado sobre se a IGA deveria ampliar seu foco para abranger outras questões prementes de direitos humanos, incluindo racismo e intervenções dos EUA na América Central. Em vez de se comprometer com uma missão essencial mais ampla, os delegados emitiram uma série de declarações apoiando "movimentos de libertação do terceiro mundo que defendam os direitos de

209

lésbicas e gays", com a condenação de ocorrências específicas em termos de opressão antigay, incluindo "leis discriminatórias de imigração existentes em muitas nações em todo o mundo" e "vigilância por vídeo e aprisionamento de centenas de homens por atos homossexuais consensuais em banheiros canadenses". Dando continuidade a seus esforços para ampliar seu alcance geográfico, a IGA votou em instalar seu Secretariado de Ação em Montreal, o primeiro escritório da IGA não localizado na Europa. A IGA encorajou os grupos-membros estabelecidos a considerar uma "geminação" com outros grupos que dispusessem de poucos recursos, localizados nos países em desenvolvimento para, em seguida, fornecer apoio financeiro, publicações e orientação sobre estratégia. Delegações do Japão e do Peru participaram pela primeira vez e anunciaram planos para novas conferências regionais da IGA na Ásia e na América Latina. A IGA, da mesma forma, fortaleceu sua rede de comunicações, estabelecendo grupos para troca de informações na Ásia e também para gays e lésbicas que estivessem servindo nas forças armadas, além de iniciativas semelhantes orientadas para América Latina, para grupos em igrejas cristãs e de BDSM (*bondage*, dominação e sadomasoquismo) e para o Leste Europeu.[328]

A IGA enfrentou simultaneamente o crescente impacto da epidemia de aids. Passou a dedicar várias páginas do trimestral *IGA Bulletin* aos protestos e às notícias relacionados à aids enviadas pelos grupos-membros.[329] A conferência anual de 1985 denunciou, formalmente, o jornal brasileiro *A Tarde* por afirmar ser "o extermínio de lésbicas e gays um remédio contra a aids" e condenou aqueles que ameaçaram impor "registro compulsório ou medidas de quarentena destinadas a lésbicas e gays por conta do vírus relacionado à aids".[330] "A histeria da aids e o aumento da intolerância" foi o tema maior da conferência anual de 1986.[331]

A aids e a virulência antigay por ela desencadeada intensificaram a determinação dos militantes LGBT+ na luta mais direta pela igualdade. Em 1984, após o colapso de uma ditadura de direita na qual mais de 30 mil pessoas "desapareceram" no processo de uma "Guerra Suja", gays e lésbicas argentinos formaram a Communidad Homosexual Argentina.

210

Fúria e esperança, 1981-2000

No ano seguinte, ativistas franceses obtiveram uma grande vitória: o governo nacional proibiu a discriminação em termos de habitação e emprego que tivesse por base a orientação sexual. A Bélgica igualou a idade de consentimento para relações sexuais hétero e homossexuais. Em 1986, a Nova Zelândia aprovou o Ato de Reforma da Lei Homossexual, legalizando o sexo consensual entre homens com mais de 16 anos. Logo, o Haiti também descriminalizou a homossexualidade. Depois de anos de *lobby* realizado por uma coalizão de socialistas, esquerdistas radicais e da Landsforeningen for Bøsser og Lesbiske (União Nacional de Gays e Lésbicas, anteriormente Forbundet af 1948/F-48), o parlamento dinamarquês votou, em um placar de 78 a 62, pela concessão aos casais do mesmo sexo da isenção de impostos sobre herança, estendida a casais heterossexuais. Mas, nos Estados Unidos, a Suprema Corte impôs aos militantes pelos direitos LGBT+ uma derrota esmagadora em *Bowers v. Hardwick* (1986), votando por 5 a 4 pela defesa da constitucionalidade de uma lei da Geórgia que criminalizava o sexo oral e anal. A homossexualidade não seria descriminalizada em todo o EUA por mais 17 anos.[332]

Ao mesmo tempo, a IGA buscou resolver seus desafios internos enquanto continuava a pressionar a comunidade internacional a se envolver nas questões LGBT+. Em sua conferência anual de 1986, em Copenhague, em um esforço para reconhecer a importância crítica das mulheres em suas fileiras, a IGA mudou oficialmente seu nome para Associação Internacional de Lésbicas e Gays (ILGA, na sigla em inglês) e restabeleceu o Secretariado das Mulheres. A ILGA também criou uma equipe encarregada de garantir o *status* de observador para a organização na ONU e no Conselho da Europa (CoE). Para protestar contra a recente decisão em *Bowers v. Hardwick*, os delegados fizeram piquetes do lado de fora da Embaixada dos Estados Unidos. Apesar das constantes preocupações a respeito do estado das finanças da ILGA, a organização se comprometeu a lançar uma segunda edição do *Pink Book*, desta vez contando com assistência para a realização da pesquisa do Departamento de Estudos Gays da Universidade de Utrecht. A ILGA também fez um grande esforço para persuadir a Organização Mundial da Saúde (OMS) a remover a homossexualidade da Classificação Internacional de Doenças (CID).[333]

Enquanto a ILGA fazia *lobby* em organizações supranacionais, outros ativistas se concentravam nos governos nacionais. Em 1987, enfurecidos pela contínua indiferença política para com os portadores de HIV/aids, manifestantes dos EUA lançaram a Aids Coalition to Unleash Power (ACT-UP – Coalização Aids para Liberar Poderio), um grupo de ação direta, que usava arte provocativa, demonstrações que buscavam o confronto e uso do conhecimento científico para gerar sensibilização, melhorar o tratamento médico e desencadear mudanças em termos políticos. Filiais da ACT-UP logo surgiram em muitas cidades estadunidenses e no exterior.[334] Em 1987, a decisão do governo Reagan de adicionar HIV e aids à lista de "doenças perigosas e contagiosas" que impediam a entrada de cidadãos estrangeiros nos Estados Unidos enfureceu os ativistas HIV/aids. Quatro anos depois, os organizadores da Conferência Internacional de Aids anual optaram por não realizar a reunião em Boston como resultado direto dessa política. Apesar da condenação por especialistas em saúde pública e cientistas, o banimento de estrangeiros com HIV permaneceu em vigor até 2010.[335]

Enquanto enfrentavam a epidemia de aids, ativistas no Reino Unido também lutaram contra um governo conservador que seguia uma intransigente agenda antigay. Membros do Partido Conservador ficaram alarmados com a crescente visibilidade e o impacto do movimento LGBT+ britânico, conforme ficara evidente na eleição de 1985, quando a candidata abertamente lésbica, Margaret Roff, tornou-se prefeita de Manchester em uma aliança bem-sucedida do National Union of Mineworkers (Sindicato Nacional de Mineiros) e do movimento Lesbians and Gays Support the Miners (Lésbicas e Gays Apoiam os Mineiros). Na véspera das eleições gerais de 1987, a primeira-ministra Margaret Thatcher alertou: "As crianças que precisam ser ensinadas a respeitar os valores morais tradicionais estão sendo ensinadas que têm o direito inalienável de serem gays. Todas essas crianças estão sendo ludibriadas

Fúria e esperança, 1981-2000

logo no início da vida. Sim, ludibriadas." Ela queria ganhar pontos em cima de uma pesquisa nacional, que mostrava que uma porcentagem de 75% da população acreditava ser a homossexualidade "sempre ou na maioria das vezes errada". Os conservadores distribuíram panfletos acusando o Partido Trabalhista de tentar doutrinar crianças em idade escolar por meio de livros favoráveis aos gays como *The Milkman's on His Way*. Depois que os conservadores foram reeleitos, o parlamentar conservador David Wilshire apresentou a Seção 28, uma emenda ao Ato do Governo Local que proibia os governos locais e as escolas na Inglaterra e no País de Gales de "promover" a homossexualidade. A introdução e a rápida aprovação da lei provocaram protestos vigorosos. O renomado ator Ian McKellen se declarou gay e se juntou a 20 mil manifestantes que protestavam contra a Seção 28 em Manchester.

Em 30 de abril de 1988, 30 mil pessoas, incluindo delegações da Itália, Holanda, Alemanha, Bélgica e Escandinávia, marcharam em Londres. Manifestações contra a Seção 28 também foram realizadas em Amsterdã, Roma, Sydney, Paris, Hamburgo, Colônia, Milão, Nova York, São Francisco, Chicago, Nova Orleans, Washington e Houston. Em 23 de maio, um grupo de lésbicas invadiu o set do *Six O'Clock News* da BBC. Mas os protestos não conseguiram inviabilizar a lei e a Escócia logo aprovou uma legislação quase idêntica. Seguindo a Seção 28, diversas escolas e conselhos fecharam grupos de apoio a jovens LGBT+. Em agosto de 1988, o governo britânico destruiu milhares de cópias de seu próprio livreto de educação em saúde, *Teaching About HIV and Aids*, que foi substituído por uma versão menos explícita e dentro da norma "moral", que omitia qualquer menção a organizações lésbicas e gays. A Escócia manteria a Seção 28 até junho de 2000 e ela permaneceu como lei na Inglaterra e no País de Gales até novembro de 2003. Seis anos depois, o líder conservador David Cameron se desculpou por ter apoiado anteriormente a Seção 28, chamando-a de "erro", algo que era "ofensivo para os gays".[336]

Embora o segundo *Pink Book* da ILGA revelasse que "apenas 5% das nações do planeta dispunham de legislações para a proteção dos

213

direitos de gays e lésbicas", o clima político hostil no final dos anos 1980 não impediu os militantes LGBT+ de obter vitórias significativas em alguns países.[337] Em 1988, o governo sueco concedeu aos casais do mesmo sexo impostos iguais e direitos de herança, enquanto Belize e Israel descriminalizaram a homossexualidade.[338] No mesmo ano, o Tribunal Europeu de Direitos Humanos (TEDH) determinou que a lei irlandesa de 1861 sobre sodomia e o Ato de Emenda à Lei Criminal de 1988 violavam os direitos de David Norris à privacidade e à vida familiar, conforme articulado no Artigo 8 da Convenção Europeia de Direitos Humanos. Fundador da Campanha pela Reforma da Lei Homossexual da Irlanda, Norris e sua advogada, Mary Robinson, levaram seu caso ao TEDH depois que Norris perdeu uma apelação perante a Suprema Corte irlandesa no ano de 1983. Em 1987, Norris se tornou o primeiro homem abertamente gay eleito para um cargo público na Irlanda, e Robinson seria a primeira mulher presidente do país em 1990. Em 1993, respondendo tardiamente à decisão *Norris v. Ireland*, a Irlanda descriminalizou a homossexualidade.[339] Em 1989, a Dinamarca se tornou o primeiro país do mundo a legalizar as uniões civis para casais do mesmo sexo. A lei concedeu pensão, herança, propriedade e direitos de divórcio, mas reteve o direito de adotar crianças.[340] Em 1990, após seis anos de *lobby* realizado por ativistas gays e lésbicas e manobras legislativas inteligentes do congressista abertamente gay Barney Frank, o Congresso revogou "personalidade psicótica" e "desviante sexual" como justificativas para barrar a entrada de estrangeiros nos Estados Unidos.[341]

Também havia sinais de mudança por trás da Cortina de Ferro. Com a política *Glasnost* do secretário-geral Mikhail Gorbachev, algumas restrições à liberdade de imprensa e de expressão foram suspensas na União Soviética. Embora os governos comunistas exigissem que todas as organizações fossem registradas no Estado, a Hungria autorizou a criação do Homeros-Lambda, primeiro grupo gay do país, e não impediu a realização de um congresso nacional do grupo, em maio de 1988.[342] Em junho desse mesmo ano, o público que assistia a *Boa Noite, Moscou*

Fúria e esperança, 1981-2000

viu a primeira aparição televisionada de gays soviéticos, que falaram a respeito das considerações feitas pelo Partido Comunista para a legalização do sexo consensual entre homens. A homossexualidade já era legal na Albânia, Bulgária, Tchecoslováquia, Alemanha Oriental, Hungria e Polônia.[343] Contudo, o grupo de informações sobre gays da Europa Oriental vinculado à ILGA alertou que o regime de Nicolae Ceauşescu estava prendendo, torturando e castrando homens gays na Romênia.[344]

O colapso do comunismo e o fim repentino da Guerra Fria criaram novos desafios para gays e lésbicas na União Soviética e na Europa Oriental. Em fevereiro de 1990, Eugenia Debryanskaya, Roman Kalinin e outros oito formaram a Organização de Minorias Sexuais de Moscou, mais tarde renomeada União Gay e Lésbica de Moscou. Eles começaram a publicar um jornal chamado *Tema*, expressão em russo para "tema" e gíria indicando homossexualidade. Entre 10 mil e 15 mil exemplares de cada edição foram impressos e repassados de pessoa para pessoa. Uma equipe de voluntários respondia a cerca de 250 cartas de leitores por semana. Alguns leitores descreviam casos de violência policial antigay extremamente cruéis. O principal objetivo do grupo era garantir a revogação do Artigo 121, a lei segundo a qual homens que praticassem atividades homossexuais consensuais podiam ser presos por até cinco anos, além de auxiliar aqueles que foram encarcerados por sua orientação sexual. Embora o lesbianismo não fosse criminalizado, as lésbicas eram rotineiramente submetidas à internação compulsória em instalações psiquiátricas. Além de mudar as leis, o grupo visava alterar certas posturas aceitas popularmente.[345]

Essas realidades inspiraram Julie Dorf a fundar a Comissão Internacional de Direitos Humanos de Gays e Lésbicas (IGLHRC, na sigla em inglês), em 1990. Nascida em Wisconsin e criada em uma família judia de tendência republicana, Dorf formou-se em Estudos Soviéticos na Wesleyan University e envolveu-se em movimentos de solidariedade à América Latina e antiapartheid nos anos 1980. Em 1984, ela viajou para a União Soviética e conheceu vários gays e lésbicas. Como bissexual e ativista de direitos humanos, ficou profundamente preocupada com histórias de gays encarcerados por violar o Artigo 121. Voltou aos Estados Unidos com uma compreensão mais rica dos usos do sentimento antigay como ferramenta para reprimir a dissidência política. Depois de se formar na faculdade e se mudar para São Francisco, Dorf foi inspirada pelo radicalismo da ACT-UP e começou a trabalhar para gerar sensibilização sobre questões globais de gays e lésbicas. Com as crescentes despesas relacionadas à militância internacional, Dorf registrou a IGLHRC como uma organização sem fins lucrativos 501(c)* para reforçar a arrecadação de fundos. Abriu um pequeno escritório no distrito de Castro e contratou um diretor de programa. A IGLHRC começou a trabalhar com *lobby* na AI para ampliar seu mandato e forjar laços com ativistas na América Latina e no Leste Europeu.[346]

Os militantes em nações recém-saídas do domínio comunista estavam ansiosos para fazer conexões internacionais. Em julho de 1990, 30 delegados da Europa Oriental participaram da conferência anual da ILGA realizada em Estocolmo. Muitos nunca haviam visitado um país ocidental. Vários deles expressaram frustração com o ressurgimento das tensões étnicas, das lutas econômicas e da retórica política de direita que ascendiam em seus países. Ryszard Kisiel, editor da revista gay polonesa *Filo*, relatou que Lech Walesa, líder do movimento Solidariedade, prometeu publicamente que "eliminaria os homossexuais" se ganhasse a eleição para presidente da Polônia. Kisiel pediu aos participantes da Europa Ocidental e dos Estados Unidos que fizessem *lobby*, tendo por objetivo a moderação dos pontos de vista de Walesa. Os participantes da Alemanha Oriental temeram que a iminente reunificação da Alemanha Oriental e Ocidental pudesse resultar na adoção de um aumento na idade de consentimento para relações sexuais entre pessoas do mesmo sexo. Pois se a República Democrática Alemã (RDA) revogou o Parágrafo 175

---

* N.T.: "501(c)" é um código utilizado em toda organização sem fins lucrativos segundo uma lei federal dos Estados Unidos. De acordo com a seção 501(c) do Código da Receita Federal (26 USC § 501(c)), trata-se de um dos mais de 29 tipos de organizações sem fins lucrativos isentos de alguns impostos federais no que diz respeito à renda arrecadada.

e estabeleceu a mesma idade de consentimento para sexo hétero e homossexual, a República Federal da Alemanha (RFA) estabeleceu a idade de consentimento para sexo homossexual em 18 anos, quatro anos a mais do que para sexo heterossexual. A RFA, da mesma forma, não havia revogado o Parágrafo 175, embora ele raramente fosse aplicado. Contudo, a ILGA dissolveu seu Grupo de Informações do Leste Europeu, reconhecendo que os ativistas do Leste Europeu não precisavam mais de assistência externa e agora os militantes podiam trabalhar para a mudança dentro de suas próprias nações.[347]

A reunião anual da ILGA de 1990 também revelou as preocupações dos delegados sobre o grande número de ativistas americanos presentes. Grupos europeus, por muito tempo a força motriz por trás da ILGA, temiam que os Estados Unidos tentassem controlar a ILGA em vez de cooperar. Em tom conciliatório, Paula Ettelbrick, do Lambda Legal Defense and Education Fund, com sede em Nova York, elogiou os militantes escandinavos que compartilharam seus conhecimentos no que dizia respeito à legislação doméstica e familiar.[348] De fato, nos anos seguintes, os países do norte da Europa uniriam forças com os países da América Latina para pressionar a comunidade internacional a abraçar os direitos de gays e lésbicas muito antes e de forma mais consistente do que ocorrera nos Estados Unidos.

Apesar dessas diferenças, as delegações da ILGA continuaram concentrando forças em prol de gays e lésbicas que enfrentavam a repressão em graus mais intensos. Ao longo de 1990, os afiliados da ILGA tentaram confirmar – para depois protestar contra – relatos de que o governo iraniano havia executado vários gays e lésbicas.[349] A 17 de maio de 1990, após uma ampla campanha de *lobby* pela ILGA, a OMS endossou a exclusão da homossexualidade, a partir da décima edição do catálogo CID, um sistema de códigos para ampla variedade de sinais, sintomas e causas de doenças e lesões. Ao declarar que a homossexualidade não deveria mais ser considerada uma doença mental, a OMS se alinhou a grandes organizações profissionais, como a Associação Americana de Psiquiatria e o Serviço de Saúde Pública dos Estados Unidos.[350] Em 10 de agosto, grupos de todo o mundo se manifestaram em embaixadas argentinas para destacar a perseguição antigay no país. Embora as condições tenham melhorado desde o fim da ditadura militar do país em 1983, líderes da Communidad Homosexual Argentina (CHA) alegaram que a polícia prendia e detinha gays sem motivo, às vezes forçando-os a assinar confissões por crimes como posse de drogas ou prostituição antes de libertá-los. Sob os termos de uma portaria em Buenos Aires, os gays foram proibidos de votar ou ocupar cargos públicos.[351] Um ano depois, a CHA conquistou sua primeira grande vitória: obteve a anulação da lei. O grupo também apelou ao Supremo Tribunal argentino para o seu reconhecimento formal como uma organização sob o código civil nacional. Sem essa autorização, a CHA não poderia realizar negócios, aceitar doações ou manter propriedades. A CHA argumentou que as ·proibições violavam os direitos constitucionais e a liberdade de expressão de seus membros.[352]

Os membros da ILGA também coordenaram seus esforços na ONU. Determinada em assegurar a capacidade de divulgar documentos de posição oficial e influenciar as principais entidades de tomada de decisão, a ILGA solicitou o *status* de consultora no Conselho Econômico e Social das Nações Unidas (ECOSOC, na sigla em inglês), o órgão que supervisiona os trabalhos de direitos humanos da ONU. Em 31 de janeiro de 1991, os membros da ILGA ficaram amargamente decepcionados quando o ECOSOC arquivou o pedido da organização, proibindo assim sua reconsideração até 1993. A votação foi seguida de intenso debate, que refletia as visões extremamente polarizadas de homossexualidade entre as 19 nações representadas no ECOSOC. Depois que o representante da Líbia declarou serem gays e lésbicas "contrários à lei da vida", a maior parte dos delegados de nações árabes pressionou pela rejeição total do pedido da ILGA. Embora diversos membros do ECOSOC tenham apoiado a candidatura da ILGA, as regras da ONU exigiam votação unânime e as delegações de Omã, Líbia e Filipinas votaram contra.[353]

Fúria e esperança, 1981-2000

Cinco meses após esse revés, os delegados da ILGA se reuniram em Acapulco, México, para sua décima terceira conferência anual. *The Advocate*, a publicação gay e lésbica mais antiga, com publicação contínua, dos Estados Unidos, marcou a ocasião com uma edição especial dedicada ao "novo ativismo internacional". Embora a caracterização da militância transnacional de gays e lésbicas como "nova" fosse imprecisa, a revista oferecia perfis interessantes de ativistas no México, na Europa Oriental, Argentina e União Soviética, que lutavam contra a discriminação na aquisição de empregos, falta de recursos e hostilidade para pessoas com aids, violência antigay e no assédio policial. Cinco editores de publicações gays e lésbicas com sede em Londres, Melbourne, Oslo, Berlim e San José, Costa Rica, forneceram suas perspectivas a respeito das condições do movimento pelos direitos dos homossexuais.[354] Os líderes da Gay and Lesbian Immigration Task Force (Força-Tarefa para Imigração de Gays e Lésbicas), da Austrália, descreveram sua campanha bem-sucedida de seis anos para persuadir seu governo a conceder direitos de imigração para casais do mesmo sexo em 1991.[355]

O local da conferência da ILGA foi significativo por vários motivos. Era a primeira vez que o encontro anual foi realizado na América Latina, um símbolo da expansão do movimento internacional de gays e lésbicas. Mas a conferência estava originalmente programada para acontecer em Guadalajara, tradicionalmente uma das cidades mais conservadoras do México e um reduto de fundamentalistas cristãos. O anúncio da conferência da ILGA desencadeou furor popular, com pichações antigay aparecendo pela cidade. Ao receberem ameaças de morte, os organizadores da ILGA cancelaram a conferência, uma vez que o prefeito ameaçou impor multas a qualquer hotel ou restaurante que atendesse os participantes e também se recusou a oferecer proteção policial. A notícia do cancelamento gerou protestos em frente aos consulados mexicanos em Washington, São Francisco e Amsterdã.[356] Autoridades mexicanas intervieram para remarcar a conferência da ILGA, desta vez em Acapulco.[357] Um grupo de 28 representantes do Congresso dos Estados Unidos escreveu para o embaixador do México naquele país, condenando a intolerância do prefeito de Guadalajara e seu papel na criação de um clima que colocava em risco as vidas e os direitos humanos de gays e lésbicas na cidade.[358] Essa carta representou, provavelmente, a primeira vez que o Congresso dos EUA criticou oficialmente outro governo por maltratar seus cidadãos gays e lésbicas. O episódio foi uma ilustração poderosa não apenas dos desafios que muitos ativistas enfrentaram em seus países de origem, mas também do poder do ativismo internacional para tornar efetivas mudanças locais.

Ao mesmo tempo, a IGLHRC solidificou laços com ativistas gays e lésbicas que enfrentavam o volátil cenário político soviético. *Tema*, o novo jornal gay, foi descrito pelo *Pravda* como a voz dos "necrófilos, zoófilos e pederastas". Em janeiro de 1991, Gorbachev estabeleceu a Comissão de Moralidade Pública e o grupo logo acusou *Tema* de disseminar pornografia. Inabalável, Tom Boellstorff, estadunidense que atuou como representante da IGLHRC em Moscou, trabalhou com militantes locais na organização da primeira conferência de gays e lésbicas da União Soviética no final de julho. Arriscando-se à exposição pública, centenas de soviéticos participaram dos cinco dias de discussões em Leningrado e Moscou. Um contingente soviético-americano encenou trocas de beijos diante do prédio do conselho da cidade de Moscou e se reuniu nas proximidades do Teatro Bolshoi, um conhecido ponto de encontro gay, para protestar contra as leis de sodomia soviéticas e americanas.

Apenas três semanas depois, comunistas de linha dura lançaram um golpe de Estado em 20 de agosto. Em resposta, o presidente russo Boris Yeltsin emitiu um decreto pedindo resistência popular. Boellstorff, o editor de *Tema*, Roman Kalinin, e quatro outros se reuniram no apartamento de Boellstorff e usaram um computador, impressora a laser e copiadora doados por ativistas americanos para criar e imprimir milhares de brochuras reproduzindo o decreto de Yeltsin, carimbadas com a palavra "Tema". Ativistas gays e lésbicas, encorajados pela cobertura simpática da recente conferência em que participaram na Cable News Network e na imprensa soviética, distribuíram 4 mil cópias dos panfletos e se juntaram ao enorme

Fúria e esperança, 1981-2000

contingente nas barricadas. Diante do rápido fracasso do golpe, a militância LGBT+ adotou um otimismo cauteloso pela possibilidade de um novo governo democrático legalizar a homossexualidade.[359]

Com a Guerra Fria tendo um súbito e relativamente pacífico término, ativistas de diversos países no mundo mobilizaram campanhas tendo por objetivo a inação da AI para a expansão do Mandato proposto por tal organização. National Gay and Lesbian Task Force, IGLHRC, ILGA e o recém-formado Queer Planet organizaram uma campanha de cartões-postais em vários idiomas, visando membros vinculados à Anistia Internacional em todo o mundo, exortando-os a apoiar uma mudança do Mandato para incluir gays que fossem prisioneiros de consciência (PoCs), encarcerados apenas com base em sua identidade sexual. "Estamos aqui, somos *queer*, e ainda estamos esperando que a Anistia se acostume com isso", proclamava o Queer Planet, fazendo uso da retórica adotada por militantes que reivindicaram o termo inicialmente pejorativo *queer** e emulando o estilo agressivo da ACT-UP. Panfletos se referiam à AI como "Anistia Heterossexual" e comunicavam enfaticamente as duras realidades que os gays enfrentavam em muitos países. Alguns trechos incluíam: "Cuba reeduca seus gays com trabalho duro em campos de trabalho. [...] Quando a Anistia Internacional notará?" e "No ano passado, o Irã comemorou o ano novo executando *queers*. Por que a Anistia Internacional não age contra essas atrocidades? Quando *queers* serão contados como prisioneiros de consciência?". Em uma lista de pontos de discussão chamada "Por que a AI deveria se importar com prisioneiros homossexuais", havia a seguinte afirmação: "Prisioneiros homossexuais em todo o mundo – de ativistas dos direitos humanos a personalidades culturais bem conhecidas –, da Grécia à África do Sul, da Índia ao Canadá, sofrem abuso psicológico e físico e são estuprados por guardas e outros prisioneiros".[360]

---

* N.T.: A frase constitui uma referência a um grito de protesto que ficou famoso nos EUA no início das reivindicações LGBT+, *We're here, we're queer, get used to it*, que pode ser traduzido livremente como "Estamos aqui, somos *queer*, acostumem-se com isso". O termo "*queer*" originalmente significava em inglês "estranho", "peculiar", "esquisito", sendo por isso inicialmente pejorativo.

221

Ao longo de 1990, um comitê especial da ILGA contatou diversas seções da AI para determinar quanto apoio existia para a mudança do Mandato. As respostas variaram dramaticamente. Muitas seções se recusaram a responder antes da apresentação do relatório do Comitê de Revisão do Mandato na Reunião do Conselho Internacional (ICM), de 1991. Enquanto as seções mexicana, finlandesa e britânica afirmaram que apoiariam a defesa de prisioneiros detidos por homossexualidade, a seção venezuelana, citando ameaças de membros de deixar a AI se o Mandato fosse alterado, pediu a manutenção do *status quo*. A seção da Tanzânia se opôs enfaticamente, declarando: "Somos contrários em relação à defesa de prisioneiros detidos por conta de sua homossexualidade e não planejamos discutir isso. Ninguém deve ser contatado sobre isso no futuro." O comitê da ILGA também lançou campanhas de mídia e educação do público, que apresentavam cópias do documentário da BBC *Amnesty and Homosexuals*, uma campanha publicitária com o perfil de prisioneiros gays e lésbicas e um livreto de treinamento chamado *Convincing AI*.[361]

Esses protestos e anos de debate interno e estudo prepararam o terreno para a ICM realizada pela AI em setembro de 1991. Depois de mais um debate acalorado, os delegados votaram para alterar o Mandato, com a inclusão de gays presos apenas com base em sua orientação sexual, por defender os direitos dos homossexuais e/ou por se envolver em relações sexuais consensuais entre pessoas do mesmo sexo em privado, na definição da AI de "prisioneiros de consciência". Demet Demir, uma mulher transgênero turca, defensora das minorias sexuais e várias vezes presa, encarcerada e torturada pela polícia, foi a primeira pessoa reconhecida pela Anistia Internacional como prisioneira de consciência com base em sua orientação sexual.[362] Embora fossem necessários dois anos adicionais para desenvolvimento e aprovação das diretrizes para implementação da mudança do Mandato, a AI passou a divulgar casos de gays "prisioneiros de consciência" (PoC) de diversos países, incluindo Turquia, Rússia, Argentina, Grécia e Arábia Saudita.[363] Seções nacionais criaram forças-tarefa centradas nos casos envolvendo gays e passaram a colaborar com ativistas no movimento internacional pelos direitos LGBT+.[364] Outros grupos de direitos humanos, como Human Rights Watch e Human Rights First, seguiram o exemplo da AI e também incluíram abusos anti-LGBT+ em seu âmbito.

Ao mesmo tempo, a IGLHRC começou a crescer, concentrando suas energias na América Latina e Europa Oriental. Após a Suprema Corte da Argentina negar o pedido de *status* legal da CHA com base no fato de que a homossexualidade "ofende a natureza e a dignidade da pessoa humana" e, portanto, não merece proteção constitucional para a liberdade de expressão, a IGLHRC ajudou a CHA a se tornar uma organização sem fins lucrativos, registrada em 1992.[365] Por meio de sua Emergency Response Network (Rede de Resposta a Emergências), a IGLHRC conclamou seus membros a exigir investigações sobre violência contra gays no Equador, México e Brasil, e também para trabalhar na formação de um *lobby* que teria por meta a revogação das leis de sodomia no Chile e na Nicarágua. No Leste Europeu, a IGLHRC intimou a Romênia a se comprometer com seu alinhamento na Comissão de Direitos Humanos da Comunidade Europeia, revogando as leis que criminalizam atos sexuais entre homens e mulheres e libertando gays e lésbicas detidos em hospitais psiquiátricos.[366]

Na Rússia, a IGLHRC trabalhou com ativistas locais na criação de um *lobby* para a revogação do Artigo 121.1, disposição da lei criminal russa que penalizava o sexo consensual entre homens adultos com até cinco anos de prisão. Quando a lei foi revogada em 1993, Masha Gessen, uma voluntária da IGLHRC, compilou documentação garantindo que todos os prisioneiros cumprindo sentenças de acordo com o Artigo 121 fossem libertados. Vladislav Ortanov, editor da revista gay de Moscou *Risk*, observou que a lei russa agora era mais liberal do que muitos estados dos EUA, nos quais ainda havia leis de sodomia. Mas ele e outros militantes russos concordavam que as mudanças legais eram apenas parte das alterações que deviam ocorrer em um conjunto de práticas sociais hostis aos gays.[367]

LGBT+ na luta

Em abril de 1993, o TEDH desferiu outro golpe decisivo contra as leis de sodomia em *Modinos v. Cyprus*. Seguindo seus precedentes em *Dungeon v. United Kingdom* (1981) e *Norris v. Ireland* (1988), o TEDH teve votação de 8 a 1 em nome de Alecos Modinos, um ativista dos direitos gays que fundara o Apeleftherotiko Kinima Omofilofilon Kiprou (Movimento de Libertação Gay Cipriota), em 1987. Depois de, durante anos, encontrar feroz resistência enquanto fazia *lobby* junto ao governo de Chipre para descriminalizar a homossexualidade, Modinos apresentou uma petição individual ao TEDH, alegando que a lei de sodomia em Chipre violava seus direitos de privacidade, conforme articulado no Artigo 8 da Convenção Europeia de Direitos Humanos. Depois que o TEDH ficou do lado de Modinos, Chipre finalmente descriminalizou a homossexualidade em maio de 1998.[368]

Mas o movimento internacional pelos direitos LGBT+ sofreu uma grande derrota quando a ILGA voltou a se candidatar ao *status* consultivo no ECOSOC. Em 29 de março de 1993, o Comitê de Organizações Não Governamentais, reconhecendo que diferentes pontos de vista sobre questões morais envolvendo a homossexualidade tornavam impossível um consenso, optou por se desviar da prática padrão de exigir unanimidade para suas decisões. O comitê, então, votou 9 a 4, fazendo da ILGA a primeira ONG lésbica e gay do mundo com *status* oficial concedido na ONU. A ILGA havia muito tempo atuava na ONU, em participações informais no Departamento de Informação Pública, na OMS, em comitês preparatórios utilizados na Conferência Mundial de Direitos Humanos, na Organização de Desenvolvimento Econômico e Feminino e no Dia Mundial da aids, mas agora poderia propor formalmente uma agenda de itens, apresentar recomendações e enviar observadores às reuniões.[369] A vitória da ILGA, contudo, foi passageira. Em setembro de 1993, o periódico de direita *Lambda Report*, um boletim informativo dedicado a "monitorar a agenda homossexual na política e na cultura americana", revelou que a North American Man/Boy Love Association (NAMBLA – Associação Norte-Americana para o Amor

Fúria e esperança, 1981-2000

entre Homens e Rapazes) e o Vereniging Martijn, um grupo pedófilo holandês, estavam entre as 400 organizações que eram membros da ILGA em 50 nações. A história foi divulgada pelos principais meios de comunicação, incluindo *The Washington Times*, *Houston Chronicle*, Cable News Network e *Larry King Live*. A conexão entre a ILGA e a NAMBLA rapidamente chamou a atenção dos enviados dos EUA à ONU, que haviam apoiado a candidatura da ILGA ao *status* consultivo. Em 19 de outubro de 1993, John Blaney, assessor especial dos Estados Unidos na ONU, pediu à ILGA que esclarecesse sua relação com a "repreensível" NAMBLA e advertiu publicamente que os Estados Unidos poderiam retirar seu apoio ao *status* de ONG da ILGA. As delegações canadense e australiana da ONU expressaram opiniões semelhantes. Em 5 de novembro, representantes da ILGA se reuniram com membros da NAMBLA na cidade de Nova York e emitiram uma declaração dizendo que a ILGA havia reembolsado as dívidas de 1993 da NAMBLA e pedido sua saída. Caso a NAMBLA não se retirasse, os representantes da ILGA recomendariam a expulsão de tal grupo na conferência anual de junho de 1994. A declaração também enfatizou que a ILGA nunca promoveu a pedofilia e que sempre condenou o abuso e a exploração sexual infantil. Ao enviar essa declaração à missão dos Estados Unidos na ONU e ao Departamento de Estado, a ILGA esperava ter neutralizado aquela situação explosiva.[370]

Mas a controvérsia só aumentou. Em 26 de janeiro de 1994, o Senado dos EUA teve votação de 99 a 0 em apoio a uma medida introduzida pelo senador antigay Jesse Helms (R-NC), que cortaria 118 milhões de dólares em contribuições dos EUA para a ONU, a menos que o presidente Bill Clinton verificasse que não havia grupos afiliados com a ONU que toleravam a pedofilia. A votação exacerbou os problemas já desafiadores da ILGA. Insistindo que sua oposição às leis de idade de consentimento estava de acordo com a tradição homossexual, a NAMBLA se recusava em deixar a ILGA – assim como outros dois membros, Vereniging Martijn e Bundesverband Homosexualität, grupo alemão com facção pedófila.[371] Temendo a perda do *status* consultivo da ONU, conquistado após tantos esforços, a ILGA votou para expulsar todos os três grupos em sua conferência anual de junho de 1994.

A decisão não acabou com a violenta reação. Em 16 de setembro, o ECOSOC convocou uma reunião de emergência a pedido da delegação dos EUA, que alegou que a ILGA tinha como afiliado o Verein für Sexuelle Gleichberechtigung (VSG, na sigla em alemão), um grupo alemão que defendia a abolição das leis de idade de consentimento. Após uma discussão de duas horas, as 54 delegações nacionais do ECOSOC votaram unanimemente pela retirada da ILGA de seu *status* consultivo. Surpreendida pela reunião de emergência e incapaz de verificar se não havia outros grupos, no amplo e superficialmente organizado quadro de membros, que tivessem pontos de vista semelhantes aos do VSG, a ILGA não buscou a reintegração imediatamente. Quando a 49ª Assembleia Geral das Nações Unidas foi aberta, dez dias depois, não havia nenhum grupo de gays e lésbicas entre as 1.500 ONGs com *status* consultivo presentes.[372] A situação permaneceria assim por quase duas décadas.

Ao longo da década de 1990, aqueles que defendiam a igualdade LGBT+ em todo o mundo experimentaram vitórias marcantes e reveses esmagadores. Em 1991, Hong Kong, Bahamas e Ucrânia descriminalizaram a homossexualidade. Em 1992 e 1993, Canadá, Austrália, Israel e Nova Zelândia aboliram suas proibições no que dizia respeito a pessoas abertamente gays e lésbicas servirem nas forças armadas. Mas quando o presidente Bill Clinton defendeu uma política semelhante para as forças armadas dos EUA, desapontaria amargamente os defensores dos direitos LGBT+ ao aceitar o compromisso "Don't Ask, Don't Tell" ("Não pergunte, não diga"), que permitia a soldados gays e lésbicas permanecer em serviço se ocultassem suas identidades sexuais – uma política que permaneceu em vigor até 2010. Em 1993, a Intersex Society of North America tornou-se a primeira organização de direitos intersexuais do mundo. No mesmo ano, a Nova Zelândia aprovou a Emenda dos Direitos Humanos, proibindo a discriminação

Fúria e esperança, 1981-2000

com base na orientação sexual ou no caso de portar HIV. Em 1994, quatro anos após a reunificação da RFA e da RDA, a Alemanha revogou o Parágrafo 175, a lei de sodomia contra a qual Magnus Hirschfeld iniciou seus protestos em 1897.

Entre 1993 e 1996, Noruega, Suécia e Islândia legalizaram as uniões civis para casais do mesmo sexo. Mas, nos Estados Unidos, o Congresso aprovou de forma esmagadora a Lei de Defesa do Casamento, legislação que proibia o reconhecimento federal de qualquer casamento entre pessoas do mesmo sexo ou união semelhante conduzida por um estado. Por outro lado, em maio de 1996, a África do Sul tornou-se o primeiro país do mundo a adotar uma constituição garantindo direitos iguais e proteção em termos de orientação sexual. Três meses depois, Buenos Aires tornou-se a primeira cidade da América Latina de língua espanhola a proibir a discriminação com base na orientação sexual e revogou os infames decretos policiais que permitiam à polícia assediar e deter jovens, prostitutas, gays e lésbicas sem nenhum controle judicial. Entre 1996 e 1998, Canadá, Fiji e Equador proibiram a discriminação com base na orientação sexual. Em 23 de setembro de 1999, três americanos organizaram o primeiro Dia de Comemoração da Bissexualidade durante a conferência anual da ILGA realizada em Joanesburgo. Esse primeiro encontro evoluiu para um evento global anual, que clamava por direitos bissexuais, visibilidade e orgulho. Em 20 de novembro de 1999, Gwendolyn Ann Smith fundou o Dia Internacional da Memória Transgênero, para relembrar o assassinato de Rita Hester, uma mulher transgênero afro-americana, morta em Allston, Massachusetts, em novembro de 1998. Essa data também se tornou um dia internacional e anual, voltado a ações e eventos. Em 2000, Albânia, Moldávia, Equador, Venezuela, China, África do Sul, Bósnia e Herzegovina, Cazaquistão, Tajiquistão e Chile descriminalizaram a homossexualidade. No mesmo ano, Holanda e França estabeleceram uniões civis para casais do mesmo sexo.[373]

Ao intensificar seu *lobby* em muitas das nações individuais que realizaram essas mudanças, grupos internacionais de militância

LGBT+ também colaboraram em casos jurídicos marcantes que ganharam ramificações globais. Em 1985, depois de perder a garantia condicional estendida de permanência que lhe fora concedida ao chegar aos Estados Unidos, após o resgate do porto de Mariel cinco anos antes, Fidel Armando Toboso-Alfonso solicitou asilo para um juiz de imigração no Texas. O juiz decidiu que Toboso-Alfonso se qualificava para asilo de acordo com as disposições da Lei de Refugiados de 1980, que protegia os membros perseguidos de um "grupo social específico". O INS, serviço de imigração e naturalização dos EUA, recorreu da decisão. Quando o caso foi julgado pelo Board of Immigration Appeals (BIA – Conselho de Apelações de Imigração dos Estados Unidos) em 1990, Toboso-Alfonso foi obrigado a provar que sofreria perseguição por causa de sua orientação sexual se voltasse para Cuba. Por meio de recortes de notícias e depoimentos de outros *marielitos* gays, Toboso-Alfonso persuadiu o BIA a conceder-lhe asilo com base em sua identidade sexual, rejeitando assim o argumento do INS de que sua conduta sexual "socialmente desviante", ilegal, invalidava seu pedido de asilo. Em 1994, a procuradora-geral dos Estados Unidos, Janet Reno, instruiu oficiais de imigração e tribunais a tratar a questão de Toboso-Alfonso como precedente. O caso foi fundamental para estabelecer que o temor bem fundamentado de perseguição com base na orientação sexual é um embasamento válido para o pedido de asilo nos Estados Unidos.[374] Em 1994, Suzanne Goldberg, Noemi Masliah e Lavi Soloway fundaram a Lesbian and Gay Immigration Rights Task Force (Força-Tarefa de Direitos de Imigração de Lésbicas e Gays), sediada em Nova York (posteriormente rebatizada Immigration Equality), para defender políticas de imigração pró-LGBT+ e fornecer assistência jurídica gratuita a indivíduos LGBT+ e com HIV que buscavam emigrar ou obter asilo nos Estados Unidos.[375]

A IGLHRC também desempenhou papel importante na ajuda às pessoas LGBT+ que fugiam de perseguições. Em 1992, a IGLHRC ajudou um homem gay da Argentina que se tornou a primeira pessoa a receber asilo no Canadá com base em sua orientação sexual.

Fúria e esperança, 1981-2000

Em 1993, a advogada da IGLHRC, Tania Alvarez, obteve uma grande vitória quando um juiz de imigração de São Francisco concedeu asilo a Marcelo Tenorio, um homem gay do Brasil que fugira de seu país depois de ser esfaqueado e espancado do lado de fora de uma boate gay em 1989. O caso, junto com a questão Toboso-Alfonso, ajudou a estabelecer o temor de perseguição com base na orientação sexual como alicerce para pedidos de asilo político sob a Lei de Refugiados de 1980. A IGLHRC logo lançou um Programa de Asilo, extremamente eficaz, dirigido por Sydney Levy.[376]

Ao mesmo tempo, a AI chamou a atenção global para a violência antigay. Em fevereiro de 1994, ela publicou *Breaking the Silence: Human Rights Violations Based on Sexual Orientation*, um relatório de 53 páginas sobre abusos dos direitos humanos de pessoas LGBT+ em 24 países, incluindo esquadrões da morte colombianos matando gays e travestis, execuções públicas de gays no Irã e o assassinato de Renildo José dos Santos, vereador brasileiro que anunciara sua bissexualidade, cujo cadáver decapitado fora achado em um aterro sanitário. Após a divulgação do relatório, a Anistia Internacional lançou uma campanha de sensibilização que durou seis meses, envolvendo anúncios nacionais e uma turnê de palestras nos EUA do Dr. Luiz Mott, fundador e presidente do Grupo Gay da Bahia, Brasil. Mott apresentou sua pesquisa a respeito dos mais de 1.200 assassinatos de gays e lésbicas no Brasil desde 1980.[377]

O ativista dos direitos dos homossexuais e aids da Tasmânia, Nick Toonen, fez história ao vencer a disputa que resultou de uma denúncia por ele apresentada ao Comitê de Direitos Humanos das Nações Unidas (UNHRC, na sigla em inglês). Entre 1975 e 1990, a Campaign Against Moral Persecution (Camp – Campanha Contra a Perseguição Moral), uma coalizão australiana de gays e lésbicas fundada em 1970, realizou bem-sucedido *lobby* pela revogação de quase todas as leis concernentes à sodomia, inicialmente impostas quando a Austrália era uma colônia britânica. Em 1991, apenas o estado da Tasmânia ainda criminalizava atividades sexuais privadas consensuais entre homens,

229

com penas de até 21 anos de prisão. Toonen denunciou duas disposições relevantes do Código Penal da Tasmânia, argumentando que essas leis alimentavam o assédio, a discriminação e a violência contra gays e lésbicas da Tasmânia. Por ser um conhecido militante que tinha relacionamento com outro homem, Toonen afirmou que as leis que criminalizavam a conduta homossexual colocam em risco seu emprego, sua segurança pessoal e seus direitos à privacidade e liberdade de expressão. Ele também argumentou que as declarações antigay feitas por políticos da Tasmânia, autoridades religiosas e o público em geral criaram um clima de "ódio oficial e não oficial" que tornou impossível para o Tasmanian Gay Law Reform Group fazer *lobby* efetivamente pela descriminalização da homossexualidade. Dessa forma, Toonen alegou que as seções 122 (a), (c) e 123 do Código Penal da Tasmânia violavam os artigos 2(1), 17 e 26 do Pacto Internacional sobre Direitos Civis e Políticos (ICCPR, na sigla em inglês), um tratado multilateral adotado pela ONU em 1976 e assinado pela Austrália.

Em novembro de 1992, o UNHRC declarou que as reivindicações de Toonen eram admissíveis. Essa decisão desencadeou uma batalha legal entre o governo federal australiano e a Tasmânia. As autoridades federais acabaram rejeitando as alegações da Tasmânia de que os direitos de privacidade de Toonen não haviam sido violados, já que não havia processos locais por sodomia desde 1984 e que as leis de sodomia da Tasmânia eram justificadas pela disseminação de HIV/aids e pela moralidade tradicional. Ao perceber que a homossexualidade havia sido descriminalizada em todos os outros estados australianos e que três dos seis estados da Austrália, além de dois territórios autônomos, proibiam a discriminação com base na orientação sexual, o governo australiano pediu ao UNHRC que fornecesse orientação sobre se a orientação sexual era uma categoria protegida sob o ICCHR e se as leis de sodomia da Tasmânia, mesmo levando em conta o fato de não serem, de fato, aplicadas recentemente, violavam o direito à privacidade de Toonen ou se seriam uma resposta proporcional às ameaças de saúde pública à época.

Fúria e esperança, 1981-2000

Em 1994, o UNHRC emitiu sua decisão histórica em *Toonen v. Australia*. Concluindo que as disposições de privacidade do ICCHR abrangem o direito à atividade sexual consensual privada, o UNHRC decidiu que as leis de sodomia da Tasmânia violavam os direitos de privacidade de Toonen, apesar de sua falta de aplicação recente. O Comitê rejeitou a ideia de que as leis de sodomia eram uma medida razoável para prevenir a disseminação do HIV / aids, acrescentando que tais leis muitas vezes aumentavam o risco de exposição ao dificultar o acesso a pessoas que precisavam de informações sobre saúde pública. Ao interpretar o Artigo 26 do ICCHR, o UNHRC concluiu que a referência ao "sexo" incluía a orientação sexual. Consequentemente, o UNHRC concluiu que a Austrália estava violando suas obrigações perante o ICCHR e ordenou que seu governo retificasse a situação em 90 dias. Quando a Tasmânia persistiu em sua recusa na revogação das leis de sodomia, o governo australiano aprovou a Lei de Direitos Humanos (Conduta Sexual) de 1994, legalizando assim a atividade sexual consensual privada entre adultos em toda a Austrália e proibindo a criação de leis que interferissem arbitrariamente na conduta sexual de adultos em particular. Os militantes LGBT+ da Tasmânia imediatamente contestaram a legalidade das leis de sodomia da Tasmânia e prevaleceram em um caso perante a Suprema Corte australiana, *Croome v. Tasmania* (1997). Em resposta, os legisladores da Tasmânia finalmente descriminalizaram as relações entre pessoas do mesmo sexo em 1 de maio de 1997.[378]

Notavelmente, a Tasmânia rapidamente adotou a legislação dos direitos dos homossexuais, implementando em 2003 a lei de não discriminação e reconhecimento de relacionamentos mais abrangente do país e tornando-se o primeiro estado da Austrália a legalizar o casamento de pessoas do mesmo sexo em 2012.[379] Mas as ramificações de *Toonen v. Australia* foram globais. Ao reconhecer os direitos iguais de lésbicas, gays, bissexuais e transgêneros pela primeira vez, o UNHRC estabeleceu um precedente que alterou fundamentalmente o percurso dos direitos LGBT+ em todo o mundo.

Os militantes LGBT+ fizeram progressos adicionais em outros fóruns internacionais. Em 8 de fevereiro de 1994, o Parlamento Europeu (PE), um órgão consultivo da União Europeia (UE), realizou votação com resultado 159 a 96 para adotar uma resolução clamando aos países-membros que concedessem a seus cidadãos gays e lésbicas direitos iguais em reconhecimento de relacionamentos, adoção, previdência social, moradia e herança, além de adotar a mesma idade de consentimento para atividades sexuais de natureza hétero e homossexual. Embora a resolução não tivesse força de lei, atraiu forte oposição do papa João Paulo II em seu discurso semanal em 22 de fevereiro. O Pontífice pediu aos europeus que ignorassem qualquer afirmação de "comportamento desviante". No mesmo dia, o Vaticano emitiu uma carta condenando as uniões entre pessoas do mesmo sexo como "uma séria ameaça ao futuro da família e da sociedade".[380]

Inabaláveis mesmo diante da possibilidade de resistência adicional do Vaticano em conjunto com autoridades de países predominantemente islâmicos, ativistas dos direitos dos gays e das lésbicas colaboraram com militantes pelos direitos das mulheres na Quarta Conferência Mundial sobre as Mulheres da ONU, realizada na cidade de Pequim, em setembro de 1995. Ao se preparar para a conferência, uma funcionária da IGLHRC, Rachel Rosenbloom, compilou *Unspoken Rules: Sexual Orientation and Women's Rights*, um compêndio com os relatórios de 30 países diferentes. Em Pequim, ativistas reuniram 6 mil assinaturas em uma petição exigindo que a sexualidade fosse incluída na agenda da conferência e organizaram uma Tenda Lésbica no fórum das ONGs. Quando um contingente de ativistas lésbicas desfraldou uma faixa com os dizeres "Direitos lésbicos são direitos humanos" durante a sessão plenária, foram detidas por oficiais de segurança até que a representante dos EUA, Bella Abzug, negociasse sua libertação. Em discussão apaixonada e prolongada, houve um debate se se deveria ou não incluir uma chamada para acabar com a discriminação com base na orientação sexual na Plataforma de Ação não vinculativa, mas a disposição foi retirada da versão final.[381]

Fúria e esperança, 1981-2000

Em 1996, ativistas LGBT+ usaram o quinquagésimo aniversário da ONU para chamar a atenção sobre a violência endêmica e generalizada contra pessoas LGBT+ em todo o mundo. Em 17 de outubro, enquanto os chefes de Estado participavam de cerimônias na sede da ONU, o primeiro Tribunal Internacional sobre Violações de Direitos Humanos contra Minorias Sexuais também se reuniu em Nova York. Indivíduos de El Salvador, Estados Unidos, Índia, Argentina, Zimbábue e Romênia descreveram os abusos anti-LGBT+ e a discriminação que sofreram para um painel de ilustres especialistas em direitos humanos. Depois de ouvir os depoimentos, o painel emitiu recomendações pedindo que a ONU e grupos de direitos humanos defendessem os direitos das pessoas LGBT+ em todo o mundo.[382]

A Comissão Europeia de Direitos Humanos (CEDH) logo decidiu que esses direitos incluíam o direito de não ser estigmatizado por leis que estabelecem diferentes idades de consentimento para héteros e homossexuais. Em julho de 1997, no caso *Sutherland v. United Kingdom*, a CEDH apoiou Euan Sutherland, um ativista de Stonewall, grupo britânico de direitos LGBT+ fundado em 1989. Sutherland apresentou queixa concernente à legislação que fixava a idade legal para relações homossexuais em 18 anos, dois anos a mais daquelas para relações de sexo oposto, pois ela violaria seus direitos de privacidade conforme articulado no Artigo 8 da Convenção Europeia para a Proteção dos Direitos Humanos e Liberdades Fundamentais. Embora Sutherland não tenha sido processado por violar a lei britânica de idade de consentimento, ele argumentava que temia, de forma legítima, eventual prisão com base nas 169 condenações do Estado por tais violações em 1991. Depois de ouvir uma série de opiniões de autoridades legais e médicas, a CEDH considerou as diferentes idades de consentimento discriminatórias e injustificadas. Em resposta, o governo do Reino Unido concordou em equalizar suas leis de idade de consentimento. Em 2000, após o fracasso de dois projetos de lei anteriores, que visavam a redução da idade de consentimento em atos homossexuais no Reino Unido para 16 anos, a legislação foi reintroduzida e adotada pelo Parlamento.[383]

233

Além de contestar leis injustas, militantes transnacionais prosseguiram com sua tarefa de monitorar e confrontar a repressão antigay. Depois de publicar seu terceiro *Pink Book* em 1993, a ILGA passou a publicar relatórios anuais de direitos humanos dos gays. Em 1996, a pedido de Gays and Lesbians of Zimbabwe (Galz – Gays e Lésbicas do Zimbábue), a IGLHRC organizou uma campanha multinacional denunciando o presidente do Zimbábue, Robert Mugabe, e legisladores do partido governante, União Nacional Africana do Zimbábue (Zanu-PF), por conclamarem pela "erradicação do homossexualismo" e a prisão de gays e lésbicas.[384] Na Namíbia, o presidente Sam Nujoma declarou que "os homossexuais devem ser condenados e rejeitados em nossa sociedade", depois que o Rainbow Project, uma coalizão de gays e lésbicas, anunciou que o primeiro-ministro Hage Geingob havia assegurado a eles que a orientação sexual fora protegida nos termos do Artigo 10.2 da Constituição da Namíbia adotada em 1990.[385] Ativistas LGBT+ atacaram o governo romeno com várias ações, incluindo um boicote aos vinhos romenos, depois de repetidas recusas em descriminalizar atividades sexuais, consentidas e privadas, entre adultos do mesmo sexo, condição necessária para a admissão daquele país no Conselho da Europa (CoE) em 1993, em conformidade com a Convenção Europeia dos Direitos Humanos.[386]

A ILGA aumentou sua capacidade de promover os direitos LGBT+ na Europa ao adquirir *status* consultivo no CoE em janeiro de 1998, nove anos após a inscrição inicial de tal organização. A obtenção do *status* oficial de ONG confirmou os muitos anos de *lobby* da ILGA no CoE para a descriminalização das relações entre pessoas do mesmo sexo e a equalização das leis de idade de consentimento para héteros e homossexuais. A ILGA foi fundamental na decisão do CoE de exigir que os ex-Estados comunistas do Leste Europeu revogassem suas leis de sodomia como parte da admissão ao bloco – uma política que desencadeou reformas legais na Lituânia, Albânia, Moldávia, Macedônia, Armênia e no Azerbaijão.[387] Grupos LGBT+ europeus também foram fundamentais para a inclusão da orientação sexual nas disposições de

Fúria e esperança, 1981-2000

não discriminação no Artigo 13 do Tratado de Amsterdã (1999), um acordo que reformou e ampliou os poderes da UE, originalmente articulados no Tratado de Maastricht, formalizado sete anos antes.[388]

A Ilga também ganhou poder na ONU. Em 8 de outubro de 1998, pela primeira vez na história, a Alta Comissária das Nações Unidas para os Direitos Humanos, Mary Robinson, reuniu-se com Jennifer Wilson e Jordi Petit, secretários-gerais conjuntos da ILGA, e Kurt Krickler, copresidente da ILGA Europa, para discutir a promoção dos direitos LGBT+ como um elemento integral do trabalho da ONU para promover e defender os direitos humanos. Robinson havia sido o advogado de David Norris no caso histórico *Norris v. Ireland*. Robinson nomeou um contato com a ILGA e solicitou que a ILGA fornecesse materiais para ajudar em um aumento da sensibilização sobre questões LGBT+ na ONU. Robinson também encorajou a ILGA a produzir relatórios anuais detalhando abusos dos direitos humanos de gays e lésbicas em todo o mundo, informações que, Robinson acreditava, pudessem facilitar a nomeação de um relator especial da ONU para os direitos LGBT+. Embora nem Robinson, nem os representantes da ILGA, pudessem prever quanto tempo levaria para atingir todos esses objetivos, o encontro foi um marco importante.[389]

No final dos anos 1990, os bissexuais assumiram um papel mais visível e assertivo no movimento LGBT+ internacional. Em 1995, a ILGA estabeleceu um Grupo de Informações sobre Bissexualidade. Administrado por Wayne Roberts da Australian Bisexual Network, o grupo tornou-se valiosa fonte de informação e recrutou grupos bissexuais de todo o mundo para ingressar na ILGA.[390] Em abril de 1998, mais de 900 pessoas participaram da Quinta Conferência Internacional sobre Bissexualidade realizada na Universidade de Harvard. Organizada principalmente pelo Centro de Recursos Bissexuais de Boston, foi o maior encontro de militantes bissexuais de todo o mundo. Os organizadores da conferência anunciaram futuras reuniões em Roterdã e Sydney e o lançamento de um novo website listando todos os grupos e recursos para o ativismo bissexual disponível em todo o mundo.[391]

A rápida integração da Internet como uma ferramenta para visibilidade global, organização e protesto foi apenas uma das maneiras pelas quais o movimento internacional pelos direitos LGBT+ ampliou seu escopo na virada do século XXI. Em 2000, a ILGA obteve financiamento da Comissão Europeia que lhe permitiu lançar um projeto de direitos humanos LGBT+ na América Latina. Orquestrado pelo Oasis da Guatemala e outros grupos membros da bancada latino-americana da ILGA, o projeto incluía versões em espanhol e português do *ILGA Bulletin* e a publicação e distribuição de um guia para ativistas LGBT+ editado pelo Mums – Movimento das Minorias Sexuais Unidas do Chile. Os afiliados da ILGA apresentaram o manual durante dez seminários, em cidades da América Latina e do Caribe. Também coordenaram conferências regionais e introduziram uma nova versão regional do *ILGA Bulletin*.[392]

Simultaneamente, os afiliados da ILGA na África documentaram abusos dos direitos humanos. A edição de junho de 2000 do *The Flash*, boletim informativo da ILGA na África, incluiu um amplo relatório sobre a situação de gays e lésbicas em vários países africanos. Descrevia a criminalização da homossexualidade em Botswana, Zâmbia e Camarões. Embora as relações consensuais entre pessoas do mesmo sexo, parceiros de 18 anos ou mais, fossem legais no Egito, as posturas sociais que permaneciam hostis e o crescente fundamentalismo islâmico significavam ameaças adicionais às pessoas LGBT+ egípcias. Uganda representava um ambiente especialmente difícil. A homossexualidade nesse país não era apenas ilegal, mas também um tabu. Homens gays conhecidos ou suspeitos eram rejeitados por suas famílias, expulsos de escolas, tornados sem-teto, presos e encarcerados. Apesar dos obstáculos igualmente terríveis no Zimbábue, a Galz estava comemorando seu décimo aniversário e um aumento marcante na visibilidade LGBT+. Mas suas estatísticas também revelavam a extraordinária coragem de ser um ativista que enfrentava a ditadura liderada por Robert Mugabe. A Galz destacou, dessa forma, o fato de seus membros terem dobrado em número – de três ou quatro pessoas em 1990 para cerca de dez em

Fúria e esperança, 1981-2000

1998. Se apenas um homem gay em todo o país estava disposto a falar com a mídia quando a organização foi fundada, naquele momento cinco homens gays e duas lésbicas regularmente davam entrevistas.[393]

No mesmo período, militantes gays e lésbicas romenos intensificaram seus esforços.[394] Em junho de 2000, quando o pedido de adesão da Romênia à UE entrou na fase de negociações, a Câmara dos Deputados romena votou pela revogação do Artigo 200, a lei de sodomia válida para aquela nação. Mas com 432 gays e lésbicas encarcerados por ofensas ao Artigo 200, os líderes da Accept, a única organização de direitos LGBT+ da Romênia, permaneceram céticos. O apoio do Senado foi necessário para a descriminalização, mas a poderosa Igreja Ortodoxa se opôs ferozmente às reformas legais. Além disso, o Artigo 201 do Código Penal Romeno permaneceu em vigor e continha disposições vagas que proibiam "atos de perversão sexual, cometidos em público ou se produzissem escândalo público".[395]

Em outubro de 2000, tais injustiças atraíram a atenção da mídia, pois a ILGA-Europa convocou sua reunião anual para ocorrer em Bucareste. Enfrentando ameaças de contramanifestações, os organizadores da conferência coordenaram a maior estrutura de segurança na história da ILGA. Guardas mantiveram os poucos manifestantes que apareceram a uma distância segura dos participantes. Ao lado do embaixador dos EUA na Romênia e autoridades holandesas e alemãs eleitas, 100 delegados da ILGA de 27 países redigiram uma carta aberta ao presidente do Senado da Romênia, lembrando-o da repetida falha do país em honrar seu compromisso de revogar o Artigo 200.[396]

Em dezembro de 2001, o Parlamento romeno finalmente revogou o notório Artigo 200. Os parlamentares locais também proibiram a discriminação com base na orientação sexual. Tais alterações foram consequência de um *lobby* de dez anos por parte da Accept e da ILGA, a mais ampla e mais longa campanha na história daquela organização. A pressão exercida pela UE e pelo PE foi igualmente essencial na decisão romena de abraçar os direitos LGBT+. Contudo, embora a ampliação da UE tenha criado excelentes oportunidades para pressionar

237

nações em busca de adesão, como Bulgária, Chipre e Hungria, a promulgar reformas pró-LGBT+, os líderes da ILGA também destacavam a hipocrisia inerente ao fracasso dos membros de longa data da UE, como Áustria, Irlanda, Portugal e Reino Unido, em garantir igualdade LGBT+ total para seus próprios cidadãos.[397]

O início da pandemia de HIV/aids e o fim abrupto da Guerra Fria criaram desafios e oportunidades extraordinários para defensores globais da igualdade LGBT+. Enfurecidos diante da apatia e inação em resposta ao HIV/aids, grupos transnacionais mais radicais surgiram e pressionaram com sucesso o movimento internacional pelos direitos LGBT+ e os governos a responderem com mais vigor à crise global da saúde. A emergência do HIV/aids acrescentou urgência às campanhas dos ativistas pela legalização das atividades sexuais entre pessoas do mesmo sexo e pela instituição de proteções contra discriminação e de reconhecimento dos relacionamentos de pessoas LGBT+. Simultaneamente, redes transnacionais de militantes LGBT+ alcançaram audiências estrangeiras, geograficamente mais amplas, e lutaram contra desigualdades raciais, de gênero e econômicas, incorporando tais pautas ao movimento. Apesar de todos os obstáculos consideráveis, os ativistas pressionaram a ONU e outras organizações supranacionais de governança a abraçar a igualdade LGBT+. No final do século XX, o movimento internacional pelos direitos LGBT+ estava preparado para defender seus frágeis ganhos e exigir cidadania plena em nações individuais e na comunidade global.

Igualdade global, reação global, 2001-2020

Durante as últimas duas décadas, o movimento internacional pelos direitos LGBT+ ampliou seu escopo geográfico, conquistou vitórias jurídicas decisivas e obteve apoio de instituições supranacionais importantes. Mas esse aumento de visibilidade e sucesso, por diversas vezes, encontrou intensa resistência. Se, de fato, muitas nações instituíram amplas proteções para indivíduos e casais LGBT+, outras permaneceram obstinadamente opostas a emendar seus códigos legais para descriminalizar as relações entre pessoas do mesmo sexo. Por vezes, políticos uniram forças com líderes religiosos conservadores para tornar as pessoas LGBT+ massa de manobra de debates mais amplos, concernentes à identidade nacional e globalização. Tensões também surgiram entre as próprias pessoas LGBT+. Os militantes do Oriente Médio denunciaram o uso dos direitos LGBT+ para justificar o imperialismo e a xenofobia, enquanto indivíduos LGBT+ no

Ocidente invocaram a xenofobia e o racismo como ferramentas para proteger a igualdade LGBT+. Embora os direitos LGBT+ tenham se tornado parte integrante da agenda mais ampla de direitos humanos, surgiram constantes advertências de que os ganhos nacionais poderiam ser revertidos e que o progresso da igualdade de direitos, em termos globais, estava longe de sua tão antecipada conclusão.

Na virada do século XX, embora os militantes internacionais dos direitos LGBT+ obtivessem impressionantes avanços na Europa, seu sucesso em efetuar mudanças em nações predominantemente muçulmanas foi bem menor. O caso dos 52 do Cairo constitui exemplo particularmente notável. Em 11 de maio de 2001, oficiais egípcios da Segurança do Estado, em conjunto com membros de um "esquadrão do vício", invadiram uma boate gay flutuante, de nome Queen Boat, e prenderam 33 homens. No dia seguinte, houve a prisão de outros 19 homens em locais diversos. Como a lei egípcia não mencionava especificamente a homossexualidade, a polícia interpretou amplamente uma lei de 1961, destinada a combater a prostituição, e acusou 52 dos homens de "devassidão habitual" (*fujur*) e "comportamento obsceno". Dois homens foram acusados de "desrespeito pela religião", nos termos do Artigo 98f do Código Penal egípcio. Todos os 52 homens alegaram inocência. Durante o encarceramento, alguns dos réus sofreram tortura e humilhações. Durante os quase seis meses de detenção, todos foram mantidos incomunicáveis e permaneceram 22 horas por dia em duas celas, superlotadas e sem leitos. Muitos não tinham representação legal. Pelo menos cinco foram forçados a abaixar as calças e mostrar suas roupas íntimas às autoridades. A polícia presumia que usar roupas íntimas coloridas seria um sinal de homossexualidade. Embora todos os homens estivessem usando cuecas brancas, todos foram considerados gays de qualquer forma. Vários desses homens detidos foram forçados a passar por exames genitais e anais "legalizados", para "provar sua homossexualidade", presumivelmente para determinar se já haviam praticado sexo anal. Human Rights Watch e IGLHRC condenaram esses procedimentos, descrevendo-os

Igualdade global, reação global, 2001-2020

como "profundamente degradantes e humilhantes". As declarações de 1994, do Comitê de Direitos Humanos das Nações Unidas, foram mencionadas, destacando que o tratamento desigual com base na orientação sexual e a criminalização de atos consensuais entre pessoas do mesmo sexo eram violações do direito internacional. Enquanto advogados egípcios do Centro Jurídico Hisham Mubarak defendiam os acusados, outras organizações egípcias de direitos humanos apoiaram o governo.[398]

A mídia egípcia cobriu amplamente o caso, o que contribuiu para a deterioração considerável da percepção pública dos acusados. Os jornalistas locais não apenas divulgaram seus nomes, endereços e fotografias, mas também os retrataram como instrumentos da Europa ou de Israel. Fazendo eco ao governo, a imprensa egípcia afirmou que as prisões eram necessárias para proteger os valores tradicionais e que as críticas estrangeiras ao caso resultavam do desejo de impor a cultura ocidental e as noções de direitos humanos à sociedade egípcia. Quando os julgamentos começaram em junho, os homens foram levados ao Tribunal de Segurança do Estado egípcio, um tribunal cujos veredictos não são passíveis de apelação e só podem ser anulados pelo presidente. Em 15 de agosto, protestos contra a manipulação do governo no caso dos 52 de Cairo foram realizados em cidades de todo o mundo. Membros do Congresso dos EUA e do Bundestag, da Alemanha, escreveram ao presidente egípcio Hosni Mubarak, para condenar os julgamentos.[399]

A 14 de novembro de 2001, apesar da divulgação de que houve nos processos acompanhamento jurídico inadequado, prisões ilegais, evidências falsificadas e violações dos procedimentos policiais, 21 dos acusados foram condenados por "prática habitual de devassidão". Outro homem foi considerado culpado por "desrespeito pela religião" e um terceiro, que seria, supostamente, o "líder" de uma "seita" homossexual, foi condenado por ambas as acusações e recebeu a sentença máxima de cinco anos de trabalhos forçados. Um adolescente, acusado dos mesmos delitos, foi julgado pelo tribunal de menores e condenado a três anos de prisão, seguidos de três anos de liberdade condicional.[400]

Em resposta aos veredítos, a ILGA-Europa clamou seus aliados na União Europeia (UE) e no Parlamento Europeu (PE) para pressionar o Egito a cumprir as disposições de direitos humanos do Acordo de Associação Euro-Mediterrâneo, que fora à época assinado entre os Estados-membros da Comunidade Europeia e a República Árabe do Egito. Embora uma moção para adiar o debate e a votação do Acordo de Associação tenha falhado no PE, tanto a UE quanto o PE se comprometeram a monitorar o tratamento dado pelo Egito a gays e lésbicas, exigindo que abusos dos direitos humanos fossem interrompidos. O artista francês Jean-Michel Jarre lançou um apelo ao presidente Mubarak, pedindo a libertação imediata dos 23 homens que cumpriam penas de prisão de dois a cinco anos. Ao todo, 127 membros do PE se juntaram a mais de 6 mil pessoas, incluindo figuras notáveis como as atrizes Catherine Deneuve e Juliette Binoche, além do ator Anthony Delon, para assinar esse apelo. Em fevereiro de 2002, o embaixador egípcio Soliman Awaad visitou Het Roze Huis, um centro gay e lésbico em Antuérpia, e afirmou que o Egito analisaria os recursos de todos os 23 homens – uma declaração que contrariava o fato de que nenhuma decisão do Tribunal de Emergência do Estado egípcio estaria sujeito a recurso. Awaad enfatizou que a lei egípcia não mencionava a homossexualidade. Os homens haviam sido condenados não por causa de sua suposta orientação sexual, ele insistiu, mas "por conta de ações devassas e desrespeito à religião". Com a fúria do público ampliada pelas alegações de Awaad e pela posterior prisão, feita pela polícia egípcia, de oito homens acusados de "prática de devassidão" em Damanhour, a condenação internacional do Egito por conta dos direitos dos homossexuais aumentou.[401]

Em resposta ao clamor global, o presidente Mubarak ordenou um novo julgamento e moveu os casos para o tribunal civil. Mas, em 15 de março de 2003, após meses de litígio, todos os 21 réus condenados no primeiro julgamento foram condenados novamente e, em alguns casos, sentenciados a três anos em vez dos originalmente impostos, um a dois anos. Vinte e nove homens foram absolvidos. Outros dois tiveram suas condenações mantidas. Nos anos seguintes, o governo egípcio realizou outras prisões em massa de homens gays e os submeteu à mesma humilhação pública e maus-tratos sofridos pelos 52 do Cairo como parte de esforços maiores para afirmar a autoridade e reprimir a dissidência.[402]

Não por coincidência, o Egito desempenhou papel importante na derrota, em abril de 2002, do pedido de *status* consultivo da ILGA no Conselho Econômico e Social da ONU. Por uma votação de 29 a 17, o ECOSOC aplicou à ILGA considerável derrota. Embora a oposição incluísse várias nações bem conhecidas por suas posturas antigay como Egito, Sudão, Zimbábue e Uganda, os membros da ILGA ficaram chocados quando a Espanha também foi contrária à sua candidatura. A Espanha foi a única nação entre os países-membros da UE e os Estados candidatos que não apoiou a ILGA. O fato de a Espanha naquele momento ocupar a presidência da UE tornava esse voto ainda mais impressionante, dada a garantia de não discriminação com base na orientação sexual consagrada na Carta dos Direitos Fundamentais da UE. Quando solicitados a justificar sua oposição, os delegados acusaram falsamente a ILGA de pedir a abolição das leis de idade de consentimento e apoiar a pedofilia. Na realidade, a ILGA apoiava as leis de idade de consentimento, mas pedia sua aplicação equânime para ambas as formas de relacionamento: com o sexo oposto e com o mesmo sexo. A ILGA também demonstrou repetidamente seu apoio à Convenção das Nações Unidas sobre os Direitos da Criança, especialmente suas disposições contra o abuso sexual de crianças. Quando seus oponentes protestaram contra a recusa da ILGA em fornecer ao ECOSOC sua lista de membros, a ILGA enfatizou a necessidade de proteger os defensores que trabalham em muitas das nações que se opunham à inscrição da ILGA. Impedida de solicitar novamente o *status* consultivo até 2005, a ILGA pediu aos membros espanhóis que protestassem contra o voto contrário de seu governo e que a UE repudiasse a posição da Espanha.[403]

Ao mesmo tempo, os militantes LGBT+ no Oriente Médio articulavam uma crítica contundente ao governo israelense e aos "modelos colonialistas" de defesa LGBT+. Em 2002, o Ministério das Relações Exteriores de Israel pediu a grupos LGBT+ que participassem de um filme que promovia Israel como um país progressista, acolhedor aos gays, excelente destino turístico. A medida enfureceu os partidários da Palestina, que o viam como *pinkwashing* – uma forma de desviar a atenção da ocupação colonial promovida por Israel e da repressão vigente na Palestina, ao retratar os palestinos como retrógrados e homofóbicos. Em resposta, alQaws (termo árabe para "arco-íris") cortou seus laços com o grupo LGBT+ israelense Jerusalem Open House em 2007 e mudou seu nome para alQaws for Sexual and Gender Diversity in Palestinian Society (alQaws para Diversidade Sexual e de Gênero na Sociedade Palestina). Esse grupo lançou uma campanha de *pinkwatching* – ou seja, um movimento de resistência ao uso da luta LGBT+ como propaganda – que monitorava o histórico de ações imperialistas e antimuçulmanas de Israel, pedindo um boicote global a eventos e viagens LGBT+ em Israel. Para alQaws, a solidariedade *queer* está inextricavelmente ligada à rejeição do colonialismo, apartheid, racismo, classismo e sexismo.[404] Críticos argumentam que as alegações de *pinkwashing* desvalorizam as conquistas e os desafios contínuos dos israelenses LGBT+. Eles afirmam que é possível celebrar o orgulho gay em Israel e simultaneamente condenar tanto a ocupação israelense de Gaza e da Cisjordânia quanto a perseguição anti-LGBT+ e as atitudes discriminatórias entre os palestinos.[405]

O *pinkwashing* surgiu em outros contextos, que não o conflito israelo-palestino, e está intimamente associado ao conceito de homonacionalismo. Originalmente cunhado pelo estudioso *queer* Jasbir K. Puar, o homonacionalismo é o uso do histórico positivo de uma nação em questões LGBT+ como meio de promover políticas racistas, xenófobas e/ou imperialistas.[406] A história do político holandês Pim Fortuyn, já falecido, é ilustrativa. Em 2002, Fortuyn, um homem abertamente gay em campanha nas eleições nacionais, descreveu o Islã como "uma cultura atrasada" que rejeita a modernidade. Pediu que a Holanda fechasse suas fronteiras para imigrantes muçulmanos, a fim de proteger sua sociedade liberal e a tradição de aceitação LGBT+ da intolerância, sexismo e homofobia importados do Islã. Em 6 de maio de 2002, logo após participar de uma entrevista de rádio, Fortuyn foi assassinado por Volkert Van der Graaf, um ativista de esquerda em prol do meio ambiente e dos direitos dos animais.[407] Em seu julgamento, ocorrido em 2003, Van der Graaf explicou que assassinou Fortuyn para impedi-lo de usar os muçulmanos como "bodes expiatórios" e explorar "os membros fracos da sociedade" em sua busca por poder político. Van der Graaf foi condenado e sentenciado a 18 anos de prisão. Foi libertado em liberdade condicional no ano de 2014.[408]

O homonacionalismo atiça a fúria dos ativistas que vinculam inextricavelmente a igualdade LGBT+ com uma luta mais ampla pelos direitos humanos. Tais militantes abraçam a interseccionalidade – uma visão em que todas as formas de opressão, racial, de gênero, sexual, política, social e econômica, estão interconectadas e devem, portanto, ser combatidas simultaneamente.[409] Contudo, como evidenciado por homens gays brancos que apoiaram as visões xenófobas e islamofóbicas de Marine Le Pen, política francesa de extrema-direita, apesar dos clamores dela pela proibição do casamento entre pessoas do mesmo sexo em 2017, persistem complexidades e contradições que tornam intrincada a busca pela igualdade LGBT+ internacional.[410]

Apesar das tensões refletidas pelo surgimento do *pinkwashing* e do homonacionalismo, os militantes LGBT+ na Europa obtiveram algumas vitórias significativas no início dos anos 2000. Em 24 de julho de 2003, o Tribunal Europeu de Direitos Humanos (TEDH) decidiu em favor de um homem austríaco, contestando uma disposição da Lei Austríaca de Aluguéis que negava direitos sucessivos de aluguel a parceiros do mesmo sexo em caso de morte de um deles – um direito garantido a parceiros do sexo oposto. O Tribunal considerou que a lei austríaca violava o Artigo 8, a provisão de "respeito pelo lar" da Convenção Europeia para a Proteção dos Direitos Humanos e Liberdades Fundamentais. Foi a primeira vez que o Tribunal reconheceu quaisquer direitos de parceiros do mesmo sexo.[411]

Em outubro de 2003, os 15 governos dos Estados-membros da UE concordaram com uma ampla diretiva de não discriminação emitida após quase dois anos de negociações sobre como implementar o Artigo 13 do Tratado de Amsterdã. A diretiva proibia a discriminação em contratações de emprego com base na religião, deficiência, idade e orientação sexual. Treze nações adicionais que pretendiam aderir à UE seriam obrigadas a garantir tais proteções como requisito de adesão.[412]

Enquanto a UE promoveu o avanço dos direitos LGBT, a ILGA continuou a expandir seu alcance global. Em novembro de 2003, a ILGA realizou sua conferência anual em Manila, a primeira vez que tal encontro foi realizado na Ásia. Cerca de 150 delegados, oriundos de dezenas de países, reuniram-se para celebrar o vigésimo quinto aniversário da ILGA e traçar estratégias para o futuro. Claudia Roth, comissária alemã de Direitos Humanos, dirigiu-se aos delegados e aplaudiu a introdução feita à época pelo Brasil de uma resolução sobre "Direitos Humanos e Orientação Sexual" na Comissão de Direitos Humanos da ONU (CNUDH), o primeiro projeto de resolução a incluir orientação sexual. Embora a Alemanha e a UE tenham apoiado a proposta, ela atraiu forte oposição do Vaticano, Paquistão e Egito. Com o debate parado, o Brasil apresentou a resolução e a CNUDH optou por protelar a questão, postergando a votação até março de 2004. Roth expressou uma nota de esperança quando declarou que a medida seria aprovada e que o progresso em direção à igualdade LGBT+ global prosseguiria.[413]

Mas quando a CNUDH foi reconvocada em março de 2004, o Brasil se recusou a reapresentar a resolução. Enfrentando a oposição doméstica liderada pela Igreja Católica e a pressão internacional dos Estados árabes que ameaçavam boicotar a próxima cúpula comercial que seria realizada no Brasil, houve recuo da resolução de não

Igualdade global, reação global, 2001-2020

discriminação proposta pelo país, assustado com a repercussão de uma proposta que imaginava não ser controversa nem ser capaz de gerar tal revolta. O projeto de resolução expirou no ano seguinte.[414]

No início do século XXI, muitas nações deram passos significativos em direção à igualdade LGBT+. Em 2000, Azerbaijão, Geórgia e Gabão descriminalizaram a homossexualidade. A Grã-Bretanha suspendeu a proibição de gays e lésbicas abertamente servirem nas forças armadas e estabeleceu 16 anos como idade de consentimento tanto para relações hétero quanto homossexuais. O Bundestag da Alemanha emitiu um pedido oficial de desculpas pela perseguição nazista a gays e lésbicas e pelo "dano causado a cidadãos homossexuais até 1969". Tóquio aprovou uma lei inclusiva e de não discriminação LGBT+, além de realizar sua primeira parada do orgulho gay. Nos Estados Unidos, Vermont se tornou o primeiro estado a legalizar as uniões civis para pessoas do mesmo sexo. Durante uma parada do orgulho gay em Phoenix, Arizona, a bandeira rosa-claro e azul, relacionada aos direitos dos transgêneros, foi hasteada pela primeira vez.

Em 2001, a Holanda se tornou o primeiro país do mundo a legalizar o casamento entre pessoas do mesmo sexo. Albânia, Liechtenstein e Estônia igualaram a idade de consentimento para héteros e homossexuais. Leis de parceria doméstica para casais do mesmo sexo entraram em vigor na República Tcheca, África do Sul, Finlândia e Alemanha. Pela primeira vez, o Panamá reconheceu legalmente uma organização LGBT+, a Asociación Hombres y Mujeres Nuevos de Panama (Associação de Homens e Mulheres Novos do Panamá). A Coreia do Sul proibiu a discriminação com base na orientação sexual. Em 2002, Buenos Aires se tornou a primeira cidade latino-americana a legalizar as uniões civis, e Ontário, a primeira província canadense a fazê-lo. A Áustria e a Croácia tomaram medidas semelhantes pouco tempo depois. Em 2003, em uma vitória monumental para os direitos LGBT+ nos Estados Unidos, a Suprema Corte derrubou as leis estaduais de sodomia remanescentes em sua decisão *Lawrence v. Texas*. Nesse mesmo ano, a Bélgica tornou-se o segundo país do mundo a legalizar o casamento entre pessoas do mesmo sexo e o Iraque descriminalizou a homossexualidade.

Em 2004, seguindo África do Sul, Suécia e Nova Zelândia, Portugal tornou-se o quarto país do mundo a incluir na sua Constituição dispositivos que proíbem a discriminação baseada na orientação sexual. A Nova Zelândia adotou a Lei das Uniões Civis. Contestando uma onda de medidas estaduais que proibiam o casamento entre pessoas do mesmo sexo nos EUA, Massachusetts tornou-se o primeiro estado a conceder direitos plenos de casamento a casais do mesmo sexo nos Estados Unidos. Um ano depois, a Espanha se tornou o terceiro país do mundo a legalizar o casamento entre pessoas do mesmo sexo. O Canadá logo seguiu o mesmo caminho e também legalizou a adoção por casais do mesmo sexo. Após uma decisão da Suprema Corte a favor do casamento entre pessoas do mesmo sexo que entrou em vigor em 1º de dezembro de 2006, a África do Sul se tornou a primeira nação africana e o quinto país do mundo a legalizar o casamento entre pessoas do mesmo sexo.[415]

Essas vitórias coexistiram com um esforço conjunto para aumentar a sensibilização em torno da violência e da discriminação anti-LGBT+ em todo o mundo. Em 1º de junho de 2003, uma organização canadense chamada Fondation Émergence lançou o Dia Nacional Contra a Homofobia. O evento inspirou Louis-Georges Tin, acadêmico francês e militante pelos direitos dos gays negros, a planejar uma manifestação internacional e anual contra a homofobia. Mais de 24 mil indivíduos e várias organizações, incluindo ILGA, IGLHRC, o Congresso Mundial de Judeus LGBT+ e a Coalizão de Lésbicas Africanas, fizeram coro à iniciativa. Os organizadores escolheram como data o dia 17 de maio, aniversário da decisão de 1990 da Organização Mundial da Saúde de remover a homossexualidade de sua lista de transtornos mentais. A data (isto é, 17/5) também coincidia com evento não oficial na Alemanha, que comemorava a resistência histórica ao Parágrafo 175. Em 17 de maio de 2005, as manifestações do Dia Internacional Contra

Igualdade global, reação global, 2001-2020

a Homofobia – ou International Day Against Homophobia, com a sigla IDAHO – foram realizadas em todo o mundo. As atividades incluíram as primeiras manifestações LGBT+ públicas realizadas na China, no Congo e na Bulgária. O nome do evento foi expandido para incluir transfobia, em 2009, e bifobia, em 2015. As manifestações anuais de 17 de maio e eventos culturais são, na atualidade, celebrados e oficialmente reconhecidos em todo o mundo.[416]

Mas a maior visibilidade da homofobia global não inspirou o ECOSOC a conceder *status* de consultoria para as organizações LGBT+. Em 26 de janeiro de 2006, os Estados Unidos se uniram aos governos fortemente anti-LGBT+ de Camarões, China, Cuba, Paquistão, Federação Russa, Senegal, Sudão e Zimbábue no apoio a uma resolução iraniana que bloqueava os esforços da ILGA-Europa para obter o *status* consultivo da ONU, tendo por base a associação anterior da ILGA com a NAMBLA, fato ocorrido mais de uma década antes.[417] Em 17 de maio, enquanto as atividades que marcavam o IDAHO ocorriam em todo o mundo, o ECOSOC novamente rejeitou o pedido de *status* consultivo da ILGA-Europa. Ao explicar o seu apelo à rejeição imediata do pedido, a delegada do Irã disse que a ILGA-Europa fazia parte da ILGA, cujo pedido de readmissão tinha sido repetidamente negado. Ela também questionou as explicações da ILGA-Europa sobre como seu trabalho promoveu os direitos humanos. A ILGA-Europa não foi autorizada a responder tais objeções. No dia seguinte, apesar da oposição de vários delegados no que dizia respeito a violações do devido processo legal, o ECOSOC votou 9 a 7 para rejeitar o pedido de consultoria apresentado por Lesben und Schwulenverband in Deutschland (Federação de Lésbicas e Gays na Alemanha).[418]

Ativistas LGBT+, dezenas de organizações não governamentais (ONGs) e a UE continuaram a pressionar o ECOSOC. Em 11 de dezembro de 2006, o ECOSOC finalmente aprovou os pedidos de *status* de consultoria apresentados pela ILGA-Europa, Landsforeningen for Bøsser og Lesbiske (Associação Nacional Dinamarquesa para Gays e Lésbicas) e a Federação de Lésbicas e Gays na Alemanha. Pela primeira vez, o ECOSOC reconheceu a importância crítica de permitir que ONGs LGBT+ participassem das atividades da ONU.[419] Sua votação ocorreu poucos dias depois de 54 Estados-membros da ONU apoiarem uma declaração conjunta, patrocinada pela Noruega, condenando as violações dos direitos humanos com base na orientação sexual e identidade de gênero. A inclusão da identidade de gênero na declaração marcou avanço significativo no reconhecimento internacional dos direitos dos transgêneros.[420]

Nesse mesmo momento, os ativistas reconheceram a necessidade de uma estrutura legal para impedir os abusos dos direitos humanos de pessoas LGBT+ em todo o mundo. Em novembro de 2006, especialistas em direitos humanos participaram da reunião da Comissão Internacional de Juristas, realizada na Universidade Gadjah Mada em Yogyakarta (ou Joguejacarta), Indonésia. Sonia Onufer Corrêa, pesquisadora associada da Associação Brasileira Interdisciplinar de Aids, e Vitit Muntarbhorn, professor de Direito e relator especial da ONU para direitos humanos na República Popular Democrática da Coreia, copresidiram as sessões. Ao longo de três dias, concordaram unanimemente com um conjunto de 29 princípios sobre orientação sexual e identidade de gênero, que foram batizados com o nome da cidade em que se reuniram. Os Princípios de Yogyakarta identificaram padrões generalizados de discriminação e violência contra pessoas LGBT+ e fizeram recomendações específicas para ações que ONU, Estados, ONGs, mídia e grupos de direitos humanos poderiam tomar para garantir igualdade total para pessoas LGBT+ em todos os lugares. Em 26 de março de 2007, a versão final dos Princípios de Yogyakarta foi lançada no Conselho de Direitos Humanos das Nações Unidas (UNHRC), em Genebra.[421] Em dezembro de 2008, inspirados pelos Princípios de Yogyakarta, 66 países, principalmente europeus e latino-americanos, apoiaram uma Declaração da ONU copatrocinada pela França e Holanda pedindo a descriminalização universal da homossexualidade, mas os Estados Unidos se uniram a China, Rússia, Igreja Católica Romana e Organização da Conferência Islâmica em oposição à medida

Igualdade global, reação global, 2001-2020

não vinculante (não obrigatória). O embaixador Jorge Argüello, da Argentina, leu a declaração para registro, a primeira vez que uma declaração dos direitos gays era registrada nos expedientes oficiais da Assembleia Geral das Nações Unidas.[422]

Determinada a retificar a disjunção entre a obstrução dos EUA aos direitos LGBT+ internacionais e a liderança americana em outras questões de direitos humanos, a secretária de Estado Hillary Clinton passou a defender a igualdade LGBT+. Em novembro de 2009, na véspera do Dia Mundial da Aids, Hillary Clinton anunciou que os Estados Unidos não tolerariam a criminalização da homossexualidade em nações que recebessem ajuda americana destinada ao combate do HIV/ aids. Essa declaração sinalizou um nível sem precedentes de comprometimento de um governo dos EUA com questões LGBT+ internacionais. Tais desdobramentos coincidiram com semanas de esforços diplomáticos privados dos EUA para persuadir autoridades ugandenses a abandonar uma legislação pendente no país que impunha a pena de morte para aqueles que tivessem se envolvido, repetidamente, em sexo gay ou exposto outras pessoas ao HIV.[423]

A 20 de junho de 2010, em uma celebração do Mês do Orgulho LGBT+ do Departamento de Estado, Hillary Clinton enfatizou que o Bureau para Democracia, Direitos Humanos e Trabalho do Departamento de Estado dos EUA havia rastreado o tratamento recebido por pessoas LGBT+ em seus relatórios de direitos humanos específicos para cada país, dando início ao procedimento no oferecimento de ajuda em situações de emergência para ativistas dos direitos humanos na África, no sul da Ásia e Oriente Médio, que corressem risco por causa de seu *status* LGBT+ ou da militância pró-LGBT+. "Assim como fiquei muito orgulhosa de dizer o óbvio há mais de 15 anos em Pequim, que os direitos humanos são os direitos das mulheres e os direitos das mulheres são direitos humanos", declarou Hillary Clinton, "bem, deixe-me dizer que, hoje, os direitos humanos são os direitos dos homossexuais e os direitos dos homossexuais são direitos humanos".[424]

251

Traduzindo retórica em ação, os Estados Unidos também desempenharam papel importante ao auxiliar a Comissão Internacional de Direitos Humanos de Gays e Lésbicas (IGLHRC) na obtenção do *status* de consultora no Conselho Econômico e Social das Nações Unidas. Em 19 de julho de 2010, após três anos de obstrução e atrasos, o ECOSOC votou por 23 a 13 a favor do pedido da IGLHRC. Mais de 200 ONGs de 59 países apoiaram o credenciamento da ILGHRC, incluindo Sexual Minorities Uganda (SMUG) e a Associação Brasileira de Lésbicas, Gays, Bissexuais, Travestis, Transexuais e Intersexos, que se tornara a décima ONG LGBT+ a ganhar o *status* de consultora do ECOSOC poucos meses antes.[425] Em 30 de junho de 2011, prevalecendo sobre a coesa oposição, representada pela maioria das nações africanas e islâmicas, a votação no ECOSOC foi de 29 a 14 para restaurar o *status* consultivo da ILGA, após a suspensão ocorrida 17 anos antes.[426]

No mesmo mês, em contraste com a oposição do governo Bush a uma resolução semelhante que fracassou em 2008, os enviados do governo Obama à ONU se uniram a 85 nações para a aprovação de uma resolução patrocinada pela África do Sul, condenando a violência e a discriminação anti-LGBT+, uma novidade para o UNHRC.[427] O presidente dos EUA, Barack Obama, discursou diante da Assembleia Geral das Nações Unidas três meses depois e afirmou: "Nenhum país deve negar às pessoas seus direitos à liberdade de expressão e de religião, mas também nenhum país deve negar às pessoas seus direitos por causa daqueles que elas amam, e é por isso que devemos defender os direitos de gays e lésbicas em todos os lugares."[428] Nenhum presidente dos EUA em exercício havia oferecido apoio tão inequívoco à igualdade LGBT+ global.

As mudanças nas políticas americanas coincidiram com avanços significativos em várias nações. Em 2006, a República Checa e a Eslovênia legalizaram as uniões de casais do mesmo sexo e a Alemanha tornou crime a discriminação com base na orientação sexual. Nesse mesmo ano, Fiji descriminalizou relações homossexuais

Igualdade global, reação global, 2001-2020

consensuais entre adultos. A Sérvia e a Ilha de Man adotaram legislações que igualaram a idade de consentimento para atos sexuais envolvendo héteros e homossexuais. Em 2007, o Nepal descriminalizou a homossexualidade. No ano seguinte, o recém-independente Kosovo adotou uma Constituição que incluía a orientação sexual como categoria protegida. O Uruguai se tornou a primeira nação sul-americana a reconhecer as uniões civis do mesmo sexo. Em 2009, a Noruega e a Suécia legalizaram o casamento entre pessoas do mesmo sexo e a Hungria instituiu o registro do parceiro doméstico. Os eleitores islandeses elegeram Jóhanna Sigurðardóttir, a primeira chefe de Estado abertamente gay ou lésbica do mundo. Emitindo uma decisão que teve vida curta, o Supremo Tribunal da Índia derrubou grande parte da Seção 377, legalizando assim a maioria dos atos sexuais entre pessoas do mesmo sexo. O Burundi, contudo, criminalizou as relações entre pessoas do mesmo sexo. Em 2010, o casamento entre pessoas do mesmo sexo tornou-se legalizado na Argentina, enquanto na Islândia e na Dinamarca, legalizou-se a adoção de crianças por casais do mesmo sexo.[429]

Esses eventos ajudaram a sustentar a defesa pró-LGBT+ na ONU. Em novembro de 2011, o Comissário de Direitos Humanos da ONU emitiu um relatório documentando a discriminação generalizada e a violência contra pessoas LGBT+ em todo o mundo. Em resposta a esse "padrão de violações dos direitos humanos", a Alta Comissária Navi Pillay pediu aos Estados-membros da ONU que: investigassem e processassem crimes de ódio motivados por animosidade anti-LGBT+; adotassem políticas LGBT+ inclusivas no que dizia respeito aos exilados; descriminalizassem relações consensuais entre pessoas do mesmo sexo e igualassem as leis de idade de consentimento que regem as condutas hétero e homossexual; adotassem leis de não discriminação, que incluíssem orientação sexual e identidade de gênero; garantissem aos cidadãos LGBT+ as liberdades de movimento, reunião e expressão; instituíssem programas de educação e sensibilização diante do preconceito dirigido às pessoas LGBT+ voltados aos agentes da lei;

253

e concedessem às pessoas transgênero a capacidade de mudar seu gênero e nome em documentos oficiais.[430]

Seguindo as recomendações do UNHRC, Obama e Clinton formalizaram medidas que elevaram os direitos LGBT+ internacionais a uma prioridade na política externa dos EUA. Em 5 de dezembro de 2011, Obama emitiu um memorando presidencial "orientando todas as agências no exterior a garantir que a diplomacia e a assistência estrangeira dos EUA promovam e protejam os direitos humanos das pessoas LGBT+". Obama determinou que esforços para combater a criminalização da identidade ou conduta homossexual fossem intensificados, combatendo dessa forma a discriminação anti-LGBT+, protegendo refugiados LGBT+ e candidatos a asilo, e garantindo "respostas dos Estados Unidos, que fossem rápidas e significativas, aos abusos dos direitos humanos de pessoas LGBT+ no exterior". Nesse mesmo dia, Clinton discursou ao UNHRC, em Genebra, e anunciou a criação de um novo Fundo Global para a Igualdade de 3 milhões de dólares, para apoiar o trabalho de ONGs relacionadas às questões LGBT+ internacionais. Embora nem Obama nem Clinton tenham prometido vincular a ajuda externa dos EUA ao histórico de uma nação em igualdade LGBT+, o simbolismo das declarações de ambos foi poderoso.[431]

John Kerry, o sucessor de Clinton que assumiu o cargo de secretário de Estado, expandiu as iniciativas globais de igualdade LGBT+ dos Estados Unidos. Em abril de 2013, a Agência dos Estados Unidos para o Desenvolvimento Internacional (USAID) lançou a LGBT Global Development Partnership, uma iniciativa público-privada de US$ 16 milhões que promoveu os direitos LGBT+ em todo o mundo durante quatro anos.[432] Em fevereiro de 2015, Kerry indicou Randy Berry, um funcionário do serviço diplomático que, fazia bom tempo, declarara-se abertamente gay, para ser o primeiro enviado especial para promoção dos direitos gays em termos globais.[433] No ano seguinte, ele viajaria para 42 países.[434]

Os Estados Unidos e diversas outras nações persistiram em sua pressão na ONU para integrar os direitos LGBT+ nas convenções e tratados globais de direitos humanos. Em agosto de 2015, o Conselho de Segurança da ONU recebeu seu primeiro material informativo a respeito de questões LGBT+ em uma reunião coorganizada pelos Estados Unidos e Chile. Seguiu-se a divulgação, em junho de 2015, de um relatório do Comissário das Nações Unidas para os Direitos Humanos, com a constatação de que milhares de pessoas em todo o mundo haviam sido horrivelmente feridas ou mortas por causa de sua orientação sexual ou identidade de gênero. Entre os autores desse material informativo estavam o secretário-geral adjunto da ONU, Jan Eliasson, Jessica Stern, da IGLHRC, um refugiado gay iraquiano usando o pseudônimo de "Adnan" e Subhi Nahas, ativista LGBT+ da Síria. Tanto "Adnan" quanto Nahas fugiram de seus países após receberem ameaças de morte dos extremistas islâmicos que se opunham à homossexualidade. O principal objetivo desse material informativo era destacar a brutalidade dirigida pelo Estado Islâmico contra os gays – um meio de ganhar o apoio dos países-membros que poderiam ser ambivalentes ou mesmo hostis aos direitos dos homossexuais, mas que se opunham fortemente ao terrorismo extremista islâmico.[435]

Em junho de 2016, após uma campanha conjunta, liderada por 628 ONGs de 151 países (cerca de 70% deles no Sul Global), o UNHRC votou por 23 a 18 para a utilização de um especialista independente, que estaria encarregado de monitorar a violência e a discriminação anti-LGBT+ em todo o mundo. Foi a demonstração mais poderosa da ONU, até o momento, no sentido de um compromisso para integrar orientação sexual e identidade de gênero na lei internacional de direitos humanos.[436] Em setembro de 2016, Vitit Muntarbhorn, professor de Direito aposentado e funcionário de longa data da ONU da Tailândia, que copresidiu o encontro de 2006 no qual os Princípios de Yogyakarta foram elaborados, foi indicado ao cargo.[437] Após a renúncia de Muntarbhorn, um ano depois, devido a problemas de saúde, o UNHRC nomeou Victor Madrigal-Borloz, um advogado costarriquenho e ativista antitortura, para sucedê-lo.[438]

De modo geral, contudo, o movimento internacional para igualdade LGBT+ permaneceu marcado por essa coexistência de sucesso, representado por inspiradoras vitórias, com derrotas esmagadoras. Em dezembro de 2011, os Estados Unidos encerraram a proibição de gays e lésbicas abertamente declarados servirem nas forças armadas, e abriram as fileiras militares para pessoas transgênero cinco anos depois. Em 2011, a Colômbia proibiu a discriminação com base na orientação sexual. Dois anos depois, Cuba aprovou uma legislação semelhante. Entre 2012 e 2018, Dinamarca, Brasil, Uruguai, Nova Zelândia, França, Reino Unido, Escócia, Finlândia, Estados Unidos, Irlanda, vários estados do México, Colômbia, Groenlândia, Alemanha, Bermudas e Malta legalizaram o casamento entre pessoas do mesmo sexo.[439] Em 2012, a Argentina adotou uma lei histórica que permitiu às pessoas alterarem seus marcadores de gênero em documentos oficiais, sem a exigência de provas que atestassem tratamento médico ou psicológico.[440] Em maio de 2014, a Comissão Africana de Direitos Humanos e dos Povos, órgão criado para interpretar a Carta Africana dos Direitos Humanos e dos Povos em 1987, adotou resolução denunciando a violência e diversas violações dos direitos humanos com base na orientação sexual ou identidade de gênero – foi a primeira vez que uma organização pan-africana assumiu tal posicionamento.[441]

A partir do início de 2018, ocorreram grandes avanços na América Latina e na Ásia com ramificações globais. Em janeiro de 2018, a Corte Interamericana de Direitos Humanos emitiu uma decisão abrangente que poderia resultar na legalização do casamento entre pessoas do mesmo sexo e na expansão das proteções a pessoas transgênero em até 20 países da América Central e do Sul. Emitida em resposta a uma consulta da Costa Rica, a decisão abriu precedente para todos os 23 signatários do Convenção Americana sobre Direitos Humanos.[442] Como resposta, Costa Rica tornou-se o primeiro país da América Central a legalizar o casamento entre pessoas do mesmo sexo em 2020.[443]

Ativistas em Calcutá, na Índia, comemoram a decisão histórica da Suprema Corte, em setembro de 2018, que derrubou a Seção 377, uma lei britânica de 1861 que criminalizava as relações entre pessoas do mesmo sexo. A decisão inspirou contestações a leis semelhantes, ainda consagradas nos estatutos das antigas colônias britânicas em todo o mundo.

Em setembro de 2018, a Suprema Corte da Índia derrubou por unanimidade a Seção 377 e descriminalizou as relações consensuais entre pessoas do mesmo sexo. A decisão reverteu uma decisão de 2013 que mantinha a lei de sodomia, herança da era colonial, cujo aparecimento se deu três anos depois do fracasso na tentativa de revogar tal lei. A decisão teve implicações tremendas para outras ex-colônias britânicas em todo o mundo, cujos códigos legais mantinham leis de sodomia originalmente impostas pela Grã-Bretanha.[444] Embora a decisão de maio de 2019, do Tribunal Superior do Quênia, tenha mantido a lei de sodomia em vigor, o Tribunal Superior de Botswana derrubou duas leis da era colonial um mês depois, tornando-se o primeiro país africano a descriminalizar as relações entre pessoas do mesmo sexo por meio de decisão judicial.[445]

Em maio de 2019, Taiwan se tornou a primeira nação asiática a legalizar o casamento entre pessoas do mesmo sexo. Assim que o Tribunal Superior do país decidiu, em maio de 2017, que a negação do direito ao casamento de casais do mesmo sexo era inconstitucional, os defensores LGBT+ tiveram de pressionar o parlamento nacional por meses, diante da oposição conservadora. Persistiram mesmo depois que os eleitores aprovaram, em referendo público no mês de novembro de 2018, a restrição do casamento civil a casais heterossexuais. Quando o parlamento aprovou a legislação, legalizando o casamento entre pessoas do mesmo sexo sete meses depois, milhares de pessoas LGBT+ de Taiwan e seus aliados foram às ruas para comemorar. Jennifer Lu, líder da Marriage Equality Coalition Taiwan, declarou que "a cultura tradicional não é contra a cultura LGBT+. Essa é a mensagem que queremos enviar ao mundo".[446]

No entanto, está longe de ser certo que os direitos LGBT+ poderão se tornar norma global. Embora muitas nações tenham feito avanços impressionantes, em tempos recentes, na direção da igualdade LGBT+, outras intensificaram, de forma exorbitante, a perseguição anti-LGBT+. Em 2011, Malawi expandiu sua lei de sodomia para criminalizar atividades sexuais entre mulheres. Quatro anos depois, esse país proibiu o casamento entre pessoas do mesmo sexo e definiu o sexo ou gênero de uma pessoa como aquele atribuído no nascimento. A lei também continha disposições que proibiam o casamento infantil e concediam direitos de propriedade para viúvas, proteções da legislação para crianças e mulheres que coexistiam com uma rejeição enfática dos direitos LGBT+ e intersexo.[447]

Em janeiro de 2014, o presidente nigeriano Goodluck Jonathan assinou uma lei que criminalizava relações sexuais e casamento entre pessoas do mesmo sexo, além da participação em "clubes, sociedades ou organizações gays". Um mês depois, o presidente de Uganda, Yoweri Museveni, assinou legislação semelhante, frustrando quatro anos de negociações internacionais para deter o Ato Anti-Homossexualidade naquele país, por vezes citado como lei "mate os gays". Quando, ao seguir os Estados Unidos, Suécia, Dinamarca e Noruega responderam a tal ação com o corte ou redirecionamento da ajuda econômica para Uganda, pessoas na África questionaram por que as atividades anti-LGBT+ pareciam receber primazia em uma região repleta de abusos dos direitos humanos. Outros africanos, por sua vez, apoiaram evangélicos americanos como Lou Engle, Scott Lively e Larry Jacobs em seus esforços para exportar posições anti-LGBT+ especialmente cáusticas.[448]

Em fevereiro de 2017, a polícia da república russa da Chechênia prendeu um homem gay por uso de entorpecentes, e depois prendeu muitos dos contatos descobertos no celular dele. Embora nem o uso de drogas, nem a homossexualidade, sejam ilegais na Rússia, a polícia prendeu e torturou outras pessoas para obrigá-las a revelar mais nomes. Ainda que muitos dos presos não se identificassem como gays, os processos ilegais aumentaram. Aqueles que tiveram a sorte de sobreviver por semanas de maus-tratos foram liberados para suas famílias, mas enfrentaram sérias repercussões resultantes da revelação, por parte da polícia, de sua identidade sexual em uma sociedade predominantemente muçulmana.

Em abril de 2017, a jornalista Elena Milashina, que residia em Moscou, relatou a existência de campos de detenção para gays na Chechênia. Investigações posteriores, mais aprofundadas, confirmaram que mais de 100 homens condenados por crimes homossexuais estavam detidos em dois campos perto de Grozny, a capital da república. Afirmando que não havia homossexuais na Chechênia, as autoridades responsáveis pelas prisões refutaram as declarações dos jornalistas. Por meio de uma intervenção da rede LGBT+ russa, várias dezenas de detidos e outros chechenos LGBT+ foram evacuados para São Petersburgo e Moscou. Com o apoio do Ministério das Relações Exteriores da Rússia, cerca de 30 obtiveram passaportes internacionais e, posteriormente, receberam o *status* de refugiado no Canadá ou na Europa.[449]

Com atitudes globais tão divergentes em relação aos direitos LGBT+, os eventos de orgulho em todo o mundo, muitas vezes, adquirem o estatuto de ponto crítico. Durante a década de 1970, as paradas do orgulho gay se disseminaram, dos Estados Unidos para a Europa Ocidental e, depois, para a Austrália. Na década de 1990, vários países latino-americanos passaram a realizar celebrações anuais do orgulho, e o mesmo se deu em nações como África do Sul, Filipinas, Japão, Israel, Índia e Tailândia. Com o fim da Guerra Fria e a expansão da UE, surgiram festivais de orgulho gay na Hungria, Polônia, Sérvia, Croácia e Bósnia e Herzegovina. Mais recentemente, eventos de orgulho foram organizados na China, Cuba e Jamaica.

A Parada do Orgulho LGBT+ de São Paulo teve sua primeira edição em 1997 e se tornou um evento importante na cidade, atraindo muitos turistas. Com a participação de milhões de pessoas todo ano, a parada paulistana se tornou uma das maiores do mundo.

Igualdade global, reação global, 2001-2020

Embora a maioria das paradas de orgulho LGBT+ sejam celebrações pacíficas e alegres da diversidade na comunidade LGBT+, atraem críticas e hostilidade feroz em muitos lugares. Alguns ativistas LGBT+ condenam as paradas de orgulho gay por sua comercialização e amplificação das interpretações da cultura gay, feita pela elite ocidental, masculina e branca. As paradas de orgulho LGBT+ israelenses atraem a ira de defensores das causas pró-palestinas, que caracterizam os eventos como *pinkwashing*, tentativas de usar a tolerância de uma nação aos direitos LGBT+ como meio de desviar a atenção de práticas antidemocráticas e repressão aplicadas a outros grupos.[450] Muito menor do que sua contraparte de Tel Aviv, a parada de orgulho em Jerusalém também costuma ser criticada por judeus ultraortodoxos, que a consideram uma blasfêmia. Em 2005, Yishai Schlissel foi condenado por tentativa de homicídio após esfaquear três participantes da parada. Em julho de 2015, um mês depois de ser libertado da prisão, Schlissel foi ao evento daquele ano e esfaqueou seis manifestantes, sendo que uma das vítimas – Shira Banki, uma jovem de 16 anos – foi ferida mortalmente. Sem mostrar arrependimento por suas visões antigay expressas repetidamente, Schlissel foi condenado à prisão perpétua.[451]

No Leste Europeu e na Rússia, os eventos de orgulho tornaram-se particularmente polêmicos. Na Sérvia, em outubro de 2010, arruaceiros de direita e ultranacionalistas quebraram janelas, incendiaram carros e atiraram pedras, fogos de artifício e bombas contra policiais que protegiam os manifestantes na parada do orgulho de Belgrado. Cinquenta e sete pessoas ficaram feridas, o que ocasionou a suspensão do evento por questões de segurança.[452] Quatro anos depois, sob forte pressão da UE (pois a Sérvia buscava se associar a tal organização), o governo local permitiu que a parada do orgulho de Belgrado fosse retomada. Com milhares de policiais fornecendo segurança, mil participantes marcharam pacificamente, após um pequeno protesto de manifestantes ortodoxos e de direita.[453] Em 2018, a primeira-ministra Ana Brnabic, a primeira lésbica e a primeira mulher a ocupar o mais alto cargo da nação, e o prefeito de Belgrado, Zoran Radojcic, uniram-se à parada, que contava então com um número muito mais expressivo de pessoas.[454]

Em 17 de maio de 2013, durante manifestação em Tbilisi, na Geórgia, que marcava o Dia Internacional Contra a Homofobia e a Transfobia, aproximadamente 20 mil pessoas, lideradas por padres ortodoxos georgianos, romperam as linhas de segurança e atacaram cerca de 50 ativistas LGBT+ e seus aliados. Dezessete pessoas ficaram feridas na confusão. Dois dias antes do evento – a primeira manifestação pública contra a homofobia realizada na Geórgia –, Ilia II, chefe da Igreja Ortodoxa da Geórgia, pediu o cancelamento da manifestação, e descreveu a homossexualidade como "uma anomalia e uma doença". A Anistia Internacional (AI), várias embaixadas estrangeiras e muitas ONGs georgianas condenaram a violência. As autoridades georgianas se comprometeram a investigar o episódio e processar os agressores.[455]

Embora a Geórgia tenha aprovado leis contra a discriminação e inclusivas para pessoas LGBT+ como parte de sua integração na UE, posturas homofóbicas permaneceram bastante arraigadas. Quando militantes LGBT+ anunciaram planos para lançar a primeira semana do orgulho LGBT+ da Geórgia em junho de 2019, encontraram oposição não apenas da Igreja Ortodoxa e de Levan Vasadze, um milionário georgiano ligado a interesses comerciais russos que se tornou o líder mais visível do movimento anti-LGBT+ na Geórgia, mas também de georgianos LGBT+ cujos temores se assentavam na possibilidade de as manifestações públicas colocarem em risco a liberdade que agora desfrutavam em uma espécie de clandestinidade.[456]

Tensões religiosas e políticas semelhantes surgiram na Turquia. As celebrações do orgulho começaram em Istambul, no ano de 2003. Em 2014, o evento anual atraiu mais de 100 mil pessoas, de longe a maior celebração do orgulho em uma nação de maioria muçulmana. Mas em 2015, depois de os organizadores prosseguirem com os preparativos apesar de terem a permissão negada, uma vez que a parada ocorreria durante o mês sagrado para os muçulmanos, o Ramadã, a polícia turca usou canhão de água e balas de borracha para dispersar os manifestantes.[457] Em 2016, o governo, citando preocupações de segurança e a necessidade para manter a ordem pública após uma tentativa fracassada de golpe, proibiu eventos de orgulho em Istambul e instituiu a mesma proibição em Ancara no ano seguinte.[458] Embora a homossexualidade seja legal na Turquia desde 1923, posturas e atitudes homofóbicas persistem; além disso, a comunidade LGBT+ tornou-se alvo em um período de crescente repressão política no governo do presidente Recep Tayyip Erdogan e seu Partido da Justiça e Desenvolvimento (AKP, na sigla em turco), cuja base é o islamismo conservador. Quando, em junho de 2018, cerca de mil pessoas desafiaram a proibição da parada do orgulho gay e marcharam em Istambul, a polícia atacou os manifestantes com gás lacrimogêneo e balas de borracha e prendeu 11 pessoas.[459] Em abril de 2019, o grupo turco de direitos LGBT+ Kaos GL venceu em sua apelação legal, cujo resultado foi o fim da proibição da parada do orgulho em Ancara, determinada pela corte administrativa.[460] Mesmo assim, as autoridades de Istambul ignoraram os apelos da AI para suspender a "proibição arbitrária", proibindo dessa forma a parada do orgulho pelo quinto ano consecutivo. Quando centenas de pessoas marcharam em protesto, no mês de junho, a polícia mais uma vez dispersou a multidão utilizando a força.[461]

O governo russo tomou medidas especialmente duras para suprimir tanto eventos quanto organizações LGBT+.[462] Em 2005, para marcar o décimo terceiro aniversário daquela que foi a data em que ocorreu a descriminalização da homossexualidade na Rússia, Nikolay Alexeyev, líder do novo grupo GayRussia, anunciou que solicitaria permissão para realizar a primeira parada do orgulho LGBT+ em Moscou no ano seguinte. O governo local, liderado pelo prefeito Yuri Luzhkov, proibiu todas as atividades planejadas para a parada e rejeitou o pedido de realização de uma marcha na rua Tverskaya. O chefe da Igreja Ortodoxa Russa, o rabino-chefe, Berl Lazar, e o Grande Mufti islâmico, Talgat Tadzhuddin, opuseram-se publicamente à marcha.[463] Em 27 de maio de 2006, quando várias dezenas de militantes LGBT+ russos, acompanhados por seus aliados europeus, marcharam em protesto, cerca de 300 nacionalistas e militantes neonazistas atacaram a manifestação, enquanto a polícia pouco fez para intervir. O neto de Oscar Wilde, Merlin Holland, e Volker Beck, membro abertamente gay do Bundestag alemão, estavam entre os que sofreram com as agressões e o espancamento.[464] Inabaláveis, os organizadores continuaram a realizar marchas do orgulho LGBT+ todos os anos. Em 2007, 2008 e 2012, enfrentaram novamente violência brutal e prisões. Em outros anos, evitaram os violentos ataques apenas mantendo em segredo o local das manifestações. Em outubro de 2010, o TEDH criticou as autoridades moscovitas por discriminação aos organizadores da parada do orgulho, utilizando por base a orientação sexual deles e negando-lhes a liberdade de associação.[465]

As autoridades russas permaneceram inflexíveis e ignoraram a decisão do TEDH. Em 2012, após São Petersburgo proibir organizações LGBT+ e eventos públicos, a banda punk feminista Pussy Riot fez um show na Catedral de Cristo Salvador, em Moscou, para protestar contra Vladimir Putin e a Igreja Ortodoxa Russa. Elas acabaram presas por "vandalismo motivado por ódio religioso" e sentenciadas a dois anos de prisão.[466] No mesmo dia em que ocorreu a condenação da banda Pussy Riot, a corte de Moscou manteve a proibição de cem anos da parada do orgulho naquela cidade.[467]

A batalha entre defensores da liberdade de expressão e dos direitos LGBT+, em contraposição àqueles que defendem os valores "tradicionais" daquilo que caracterizaram como ataques ocidentais à natureza e à religião, ampliaram-se nos últimos anos. Após o colapso da União Soviética em 1991, a censura estatal acabou, de modo que expressões de sexualidade inundaram a mídia e a cultura russas. Mas a transição do comunismo para o capitalismo global criou profunda desigualdade econômica e uma sensação generalizada de desencanto na maioria da população russa. No início dos anos 2000, o presidente Vladimir Putin e uma nova classe oligárquica uniram forças com nacionalistas e líderes religiosos conservadores para demonizar as pessoas LGBT+ como causa central da decadência moral, declínio da taxa de natalidade e pobreza. Discursos homofóbicos proferidos em público e crimes de ódio anti-LGBT+ tiveram enorme crescimento. Em junho de 2013, após diversas tentativas fracassadas anteriores, a Duma (parlamento da Rússia) adotou, por unanimidade, nova lei nacional criminalizando tanto a promoção dos direitos LGBT+ quanto o que foi definido como a divulgação de "propaganda envolvendo relações sexuais não tradicionais" entre menores. Aqueles que fossem considerados culpados de violação do estatuto poderiam ser condenados ao pagamento de multas, cujas somas alcançavam os 100 mil rublos (US$ 1.750). Organizações condenadas teriam de pagar multas substancialmente mais altas e estariam sujeitas a fechamento por até 90 dias. Infratores estrangeiros teriam de lidar com multas e deportação. A lei de propaganda entrou em vigor imediatamente e as autoridades locais rapidamente a usaram para perseguir centenas de jovens militantes LGBT+, profissionais de saúde mental, jornalistas e professores. O regime de Putin incentivou conservadores religiosos e nacionalistas de direita na Europa, Oriente Médio e África a rejeitar a promoção dos direitos LGBT+ pela UE e pela ONU.[468]

O potencial político de tais esforços é evidente na Polônia. Na primavera de 2019, quando o prefeito de Varsóvia, Rafal Trzaskowski, emitiu uma declaração pedindo a integração da educação sexual e questões LGBT+ nos currículos do ensino médio de acordo com as diretrizes da Organização Mundial da Saúde, Jarosław Kaczyński, líder do partido de direita Lei e Justiça (PiS), denunciou essa medida como "ideologia LGBT+" que constituía uma "ameaça para famílias e crianças" e uma "ameaça para a identidade polonesa, para nossa nação, para a existência mesma de nossa pátria e, portanto, para o Estado polonês". Como resposta a tal clamor, 30 conselhos municipais e regionais se declararam "zonas livres de LGBT+". Em julho de 2019, quando Bialystok, uma cidade do nordeste da Polônia com 298 mil habitantes e reduto do PiS, celebrou sua primeira marcha do orgulho gay, os mil participantes da parada foram cercados pela polícia, protegendo-os de cerca de 4 mil contramanifestantes que jogavam objetos e gritavam

"Deus, honra e pátria" e "Bialystok livre de pervertidos!". Embora a parada do orgulho de Bialystok tenha sido uma das 24 celebrações do orgulho LGBT+ realizadas em toda a Polônia e as pesquisas mostrem um apoio crescente aos direitos LGBT+ entre os poloneses nos centros urbanos, os líderes católicos e locais encorajam, com sucesso, a animosidade popular em relação à secularização, recanalizando a xenofobia usada para animar os eleitores no auge da crise provocada pelas imigrações em 2015. Explorar posturas anti-LGBT+ arraigadas não é difícil em um país onde o casamento e as adoções entre pessoas do mesmo sexo são proibidos. Mais ameaçador, o clima político contribuiu para o aumento dos crimes de ódio anti-LGBT+.[469]

Conservadores religiosos e nacionalistas de extrema direita em diversos países do Leste Europeu e da Rússia uniram forças para se opor aos direitos LGBT+. Na fotografia, registrada na Marcha pela Igualdade em Cracóvia, Polônia, a 19 de maio de 2018, manifestantes anti-LGBT+ seguram uma faixa com a sugestão de que a igualdade LGBT+ ameaçaria as famílias.

Essas tendências deixam incerto o resultado final do movimento internacional pelos direitos LGBT+. Instituições supranacionais como o TEDH e a Comissão de Direitos Humanos das Nações Unidas ajudaram a promover a igualdade LGBT+ em termos globais, mas essas instituições multilaterais estão sob pressão em uma era de populismo ressurgente. Embora seja inegável que houve progresso monumental para a igualdade LGBT+ em nações específicas, em dezenas de outros países, as relações entre pessoas do mesmo sexo permanecem ilegais e as atitudes culturais ainda são intensamente hostis. A intervenção de ativistas estrangeiros em batalhas localizadas pelos direitos LGBT+ pode, por vezes, inflamar o anti-imperialismo arraigado, tendo por resultado a perseguição intensificada dos ativistas de base. Mas a coragem e a convicção daqueles que lutam pelo direito de amar e desejar quem quer que seja nunca foram extintas, nem mesmo pelo governo mais repressor, e a luta pela igualdade LGBT+ mundial persistirá.

Conclusão

Este pequeno volume não poderia abranger toda a história do movimento internacional pelos direitos LGBT+; aponta, contudo, para muitos caminhos valiosos de investigação futura. Por que o norte da Europa e os países da América Latina adotaram a igualdade LGBT+ antes de muitas das principais democracias ocidentais? Como a religião obteve tanto poder para obstruir os direitos LGBT+ em todo o mundo? O que a ascensão do autoritarismo de direita nas sociedades democráticas pressagia para o futuro dos direitos LGBT+ em termos globais? Como concepções mais radicais de identidade *queer* e noções não binárias de gênero tornam mais complicados os esforços para expandir os direitos LGBT+ em nível nacional e internacional? O movimento internacional anti-LGBT+, um tanto incipiente, conseguirá se unir para ganhar uma força que acabará revertendo os ganhos LGBT+ obtidos em instituições supranacionais como a União Europeia e a Organização das Nações Unidas

(ONU)? Estas são apenas algumas das questões que os estudiosos que desejam construir algo a partir desta narrativa devem explorar.

As noções universalizadas de direitos baseadas na orientação sexual e na identidade de gênero permanecerão fortemente contestadas em um futuro próximo. Os frouxos mecanismos de aplicação de decisões da ONU e uma forte relutância em violar as normas da soberania nacional compõem os desafios da aplicação dos princípios que estruturam os direitos humanos em escala global e de forma consistente. Se as principais potências internacionais forem além da retórica condenatória e da diplomacia informal para empregar táticas mais contundentes – como convocar embaixadores de nações que aprovam leis anti-LGBT+, retirar a ajuda externa ou suspender privilégios de visto para funcionários responsáveis por tal legislação –, tais medidas podem comprometer ainda mais os ativistas em comunidades locais, que já enfrentam intenso controle, assédio policial e violência nessas nações. A pressão de grupos internacionais de defesa LGBT+ também costuma desencadear resistência anti-imperialista e nacionalista em muitos lugares. Embora as medidas tomadas para forjar um consenso global sobre a igualdade LGBT+ sejam bastante notáveis, está claro que há muito mais a ser feito para garantir a segurança e a proteção das pessoas LGBT+ em todo o mundo. É possível ansiar para que a história da igualdade LGBT+ global seja uma narrativa de progresso que termine com a aceitação de pessoas não heteronormativas e não binárias em todos os lugares, mas o futuro está repleto de incertezas.

A rapidez com que os ganhos podem ser revertidos foi muito bem demonstrada pelos acontecimentos nos Estados Unidos. Durante a campanha nas primárias presidenciais republicanas em abril de 2016, Donald Trump se opôs ao casamento entre pessoas do mesmo sexo, mas ainda assim se apresentou como um defensor dos direitos LGBT+, criticando publicamente uma lei da Carolina do Norte que havia sido aprovada à época, proibindo o uso de banheiros que não correspondam ao gênero de uma pessoa conforme definido em seu nascimento.[470] Em 12 de junho, Omar Mateen, um segurança de 29 anos, matou 49 pessoas e feriu outras 53 em um tiroteio em massa na Pulse, boate gay em Orlando, Flórida. Mateen, um muçulmano nascido nos Estados Unidos de pais imigrantes do Afeganistão, jurou lealdade ao Estado Islâmico do Iraque e do Levante (Isis, na sigla em inglês) em uma ligação para o número de emergência 911 feita durante o tiroteio.[471] Dois dias depois, Trump – que era então o candidato republicano – condenou o Estado Islâmico por jogar homens supostamente gays de prédios. Ele alegava que sua proposta, que proibia a emigração de muçulmanos, protegeria as "liberdades e crenças" dos americanos LGBT+ de forma mais robusta do que qualquer política adotada pela candidata democrata, Hillary Clinton. Trump se aliou a ativistas antimuçulmanos, como o político holandês Geert Wilders e a blogueira Pamela Geller, que apontavam a perseguição e a violência contra pessoas LGBT+ por extremistas islâmicos como justificativa para as restrições à imigração. O uso feito por Trump do massacre na Pulse, um dos tiroteios em massa mais mortíferos da história dos Estados Unidos, para promover o homonacionalismo e o nativismo foi motivo de indignação da parte de muitos ativistas LGBT+, que destacaram o fato de a maioria das vítimas na Pulse serem hispânicas. "Ele não tem vergonha", disse Jay Brown, porta-voz da Human Rights Campaign, a maior organização de defesa LGBT+ dos Estados Unidos. "Muitos gays também são muçulmanos, latinos e mulheres", acrescentou, "somos as mesmas pessoas em torno das quais ele construiu toda uma campanha, calcada na depreciação e difamação a cada passo."[472]

O ceticismo sobre o compromisso declarado de Trump com os direitos LGBT+ revelou-se justificado. Depois de ganhar a eleição para a presidência, seu governo embarcou em uma reversão sistemática de ordens executivas pró-LGBT+ e mudanças nas políticas federais feitas pelo governo Obama. Além de restabelecer a proibição de pessoas transexuais servirem nas forças armadas, o governo Trump reverteu amplas proteções relacionadas a adoção, assistência médica, educação, habitação e contratação em termos federais. Em outubro de 2019, advogados do Departamento de Justiça dos EUA compareceram perante a Suprema Corte e argumentaram que as disposições da Lei dos

Direitos Civis de 1964, que proíbem discriminação sexual, não abrangem orientação sexual ou identidade de gênero. O caso teve enormes implicações para o futuro dos direitos LGBT+ nos Estados Unidos.[473]

Simultaneamente, o governo Trump tentou se apresentar como um defensor dos direitos LGBT+ internacionais. Em um tuíte de junho de 2019, marcando o Mês do Orgulho LGBT+, Trump afirmou que seu governo havia lançado uma campanha global para descriminalizar a homossexualidade em 70 países – anúncio feito inicialmente por Richard Grenell, o embaixador abertamente gay de Trump na Alemanha. Mas, ao mesmo tempo, o novo governo rejeitava pedidos das embaixadas dos EUA para hastear a bandeira do arco-íris nos mastros oficiais do lado de fora de seus prédios – um gesto anual do Mês do Orgulho LGBT+, que se tornara rotina desde que Hillary Clinton declarou que "os direitos dos gays são direitos humanos", em 2011. Alguns diplomatas dos EUA e militantes internacionais dos direitos LGBT+ interpretaram a medida como um sinal de que os Estados Unidos abandonavam seu recente papel de liderança no avanço da igualdade LGBT+ global.[474] Permaneceram céticos mesmo depois de Trump se dirigir à ONU em setembro de 2019 para declarar: "Somos solidários com as pessoas LGBTQ que vivem em países que punem, prendem ou executam indivíduos com base na orientação sexual". Ao destacar os ataques de Trump aos direitos LGBT+ na esfera interna e a recusa dos EUA em conceder vistos a homens gays e bissexuais que fugiam de abusos aos direitos humanos na Chechênia, diversos ativistas LGBT+ acusaram Trump de desonestidade e hipocrisia.[475]

A polarização da presidência de Trump e sua retórica e ações contraditórias fazem parte de uma onda maior de populismo de direita, que colocou em risco os direitos LGBT+ em várias nações.[476] O caso do Brasil é ilustrativo. Nos últimos anos, o Brasil tornou vigentes várias proteções aos LGBT+, incluindo a legalização do casamento entre pessoas do mesmo sexo em 2013 e uma lei de março de 2018 que permite a mudança de nome e gênero no registro civil sem a necessidade de cirurgia, tratamentos hormonais ou diagnóstico médico. Assim, muitos LGBT+ brasileiros

Conclusão

ficaram, justificadamente, alarmados quando Jair Bolsonaro iniciou campanha para a presidência, em 2018. Bolsonaro, um militar aposentado de direita, não fez segredo de suas opiniões anti-LGBT+. "Sim, sou homofóbico", afirmou certa vez, "e tenho muito orgulho disso". Em 2011, ele disse preferir "um filho morto a um filho gay". Também encorajou os pais, que suspeitassem da possibilidade de seus filhos serem gays ou lésbicas, a empregar o espancamento para que esse filho ou filha voltasse ao "normal". Ao assumir o cargo, dia 1º de janeiro de 2019, Bolsonaro imediatamente proibiu o Ministério de Direitos Humanos do país de considerar questões LGBT+. A medida foi uma mensagem assustadora em um país com uma das taxas mais altas de violência anti-LGBT+ do mundo.[477] Mas apenas seis meses depois, o Supremo Tribunal Federal do Brasil decidiu que a orientação sexual e a identidade de gênero deveriam ser protegidas pela lei de não discriminação vigente no país.[478]

Em termos legais, houve vários avanços para a comunidade LGBT+ no Brasil nos últimos anos. Ao mesmo tempo, o país tem número altíssimo de homicídios dessa população. Na foto, o Congresso Nacional recebe iluminação especial em homenagem ao Dia do Orgulho LGBT+.

LGBT+ na luta

Embora o ressurgimento do populismo de direita tenha contribuído para o aumento da violência contra minorias raciais, religiosas e sexuais em vários países, também há motivos para um otimismo cauteloso. As mídias sociais fornecem às pessoas LGBT+ que vivem sob governos repressivos ou em sociedades hostis os meios para se conectar. Na China, o Blued, um dos aplicativos de namoro mais populares do mundo, é conscientemente apolítico, mas mesmo assim auxilia no aumento da visibilidade LGBT+ e do apoio popular aos direitos LGBT+, evitando a censura do regime comunista.[479] Imigrantes muçulmanos na Europa Ocidental estão usando o Grindr, um aplicativo mais conhecido por facilitar encontros sexuais gays, para buscar amizade e apoio em um local estranho e, por vezes, hostil.[480] Há sinais de que a onda populista pode ter vida curta. Recentes protestos em massa contra regimes autoritários no Irã e em Hong Kong e comícios Global Climate Strike e Black Lives Matter em todo o mundo atestam a disposição e a persistência em combater injustiças e exigir reformas.[481] Em maio de 2019, apesar dos ataques do movimento anti-LGBT+ transnacional à "ideologia de gênero" (um dispositivo retórico usado para encapsular a hostilidade em relação à igualdade de gênero, transgenerismo e justiça reprodutiva), a Organização Mundial da Saúde removeu "distúrbio de identidade de gênero" de sua lista de doenças mentais – um marco importante na busca global pelos direitos das pessoas transgênero.[482]

De acordo com uma pesquisa Gallup de 2019, que envolveu mais de 130 mil pessoas em 167 nações, a tolerância para indivíduos LGBT+ está aumentando acentuadamente em quase todos os países do mundo. De forma nada surpreendente, as nações com os níveis mais altos de apoio são Islândia, Holanda, Noruega, Canadá e Dinamarca – todos países com uma longa história de proteção dos direitos LGBT+. Também nada surpreendente é a persistência da homofobia e da transfobia em vários ex-estados soviéticos e na África Subsaariana. Apesar de terem, respectivamente, descriminalizado as relações consensuais entre homens em 1988 e 2000, o Tajiquistão

274

Conclusão

e o Azerbaijão estão entre os cinco países menos tolerantes. A homossexualidade masculina continua ilegal nos outros três – Somália, Senegal e Mauritânia.[483]

Embora o resultado final da busca global pela igualdade LGBT+ permaneça incerto, corajosos ativistas, sem dúvida, continuarão lutando por amor, dignidade, segurança e pela verdade vivida de cada um. Esse caminho pareceu muito distinto em diferentes épocas e lugares, e tais diferenças persistirão. Mas o caminho para a justiça nunca termina, e sempre haverá desbravadores dispostos a trilhar essa jornada.

Notas

Introdução

[1] International Lesbian, Gay, Bisexual, Trans and Intersex Association: Lucas Ramón Mendos, *State Sponsored Homophobia 2019*. Décima terceira edição. Genebra: ILGA, 2019. Disponível em https://ilga.org/downloads/ILGA_State_Sponsored_Homophobia_2019.pdf.

[2] Podemos mencionar, por exemplo, D'Emilio, John. *Sexual Politics, Sexual Communities: The Making of a Homosexual Minority in the United States, 1940-1970*. Chicago: University of Chicago Press, 1983; Jackson, Julian. *Living in Arcadia: Homosexuality, Politics, and Morality in France from the Liberation to AIDS*. Chicago: University of Chicago Press, 2009; Marhoefer, Laurie. *Sex and the Weimar Republic: German Homosexual Emancipation and the Rise of the Nazis*. Toronto: University of Toronto Press, 2015; Weeks, Jeffrey. *Coming Out: Homosexual Politics in Britain from the Nineteenth Century to the Present*. London: Quartet Books, 1977; Encarnación, Omar G. *Out in the Periphery: Latin America's Gay Rights Revolution*. New York: Oxford University Press, 2016; Puri, Jyoti. *Sexual States: Governance and the Struggle over the Antisodomy Law in India*. Durham, NC: Duke University Press, 2016; Currier, Ashley. *Out in Africa: LGBT Organizing in Namibia and South Africa*. Minneapolis: University of Minnesota Press, 2012.

[3] Churchill, David S. "'Transnationalism and Homophile Political Culture in the Postwar Decades". *GLQ: A Journal of Lesbian and Gay Studies* 15:1 (2009): pp. 31-65; Rupp, Leila. "The Persistence of Transnational Organizing: The Case of the Homophile Movement". *American Historical Review* (Outubro de 2011): pp. 1014-39; Minto, David. *Special Relationships: Transnational Homophile Activism and Anglo-American Sexual Politics*. Tese de Doutorado, Yale University, 2014; Bosia, Michael J.; McEvoy, Sandra M.; Rahman, Momin (orgs.). *The Global Handbook of Global LGBT and Sexual Diversity Politics*. Oxford University Press online, 2019, disponível em https://www.oxfordhandbooks.com/view/10.1093/oxfordhb/9780190673741.001.0001/oxfordhb-9780190673741.

[4] Ayoub, Phillip M. *When States Come Out: Europe's Sexual Minorities and the Politics of Visibility*. Cambridge: Cambridge University Press, 2016; Altman, Dennis; Symons, Jonathan. "International Norm Polarization: Sexuality as a Subject of Human Rights Protection". *International Theory* 7:1 (2015): pp. 61-95; Tremblay, Manon; Paternotte, David; Johnson, Carol. *The Lesbian and Gay Movement and the State*. Burlington: Ashgate, 2011.

[5] Para uma boa visão geral dessas tendências, ver Joanne Meyerowitz, "AHR Forum: Transnational Sex and U.S. History". *American Historical Review*. Dezembro de 2009: pp. 1273-86.

[6] Os exemplos incluem: Moyn, Samuel. *The Last Utopia: Human Rights in History*. Cambridge: Belknap Press, 2010; Snyder, Sarah B. *From Selma to Moscow: How Human Rights Activists Transformed U.S. Foreign Policy*. New York: Columbia University Press, 2018; Keys, Barbara. *Reclaiming American Virtue: The Human Rights Revolution of the 1970s*. Cambridge: Harvard University Press, 2014; Borgwardt, Elizabeth. *A New Deal for the World: America's Vision for Human Rights*. Cambridge: Belknap Press, 2007; Iriye, Akira; Goedde, Petra; Hitchcock, William I. (Orgs.). *The Human Rights Revolution: An International History*.

New York: Oxford University Press, 2012. O trabalho de Ryan Thoreson na *International Lesbian and Gay Human Rights Commission* (que foi rebatizada *OutRight Action International* em setembro de 2015) e a organização de textos diversos *Envisioning Global LGBT Human Rights* são exceções à pouca atenção dada na literatura mais ampla a respeito de direitos humanos aos direitos LGBT+. Thoreson, Ryan. *Transnational LGBT Activism: Working for Sexual Rights Worldwide.* Minneapolis: University of Minnesota Press, 2014; Nicol, Nancy; Jjuuko, Adrian; Lusimbo, Richard et al. (Orgs.). *Envisioning Global LGBT Human Rights: (Neo)colonialism, Neoliberalism, Resistance, and Hope.* London: ICwS, School of Advanced Study, 2018; Lavers, Michael K. "Exclusive: IGLHRC to Change Its Name," *Washington Blade*, 28 de setembro de 2015, http://www.washingtonblade.com/2015/09/28/exclusive-iglhrc-to-change-its-name/.

7 Sobre as origens transnacionais e posterior evolução da sexologia, ver Fuechtner, Veronika; Haynes, Douglas E.; Jonas, Ryan M. (Orgs.). *A Global History of Sexual Science, 1880-1960.* Berkeley: University of California Press, 2017.

8 Para uma síntese de abordagem acadêmica a respeito de movimentos sociais e ativismo político, ver Tarrow, Sidney G. *Power in Movement: Social Movements and Contentious Politics.* Terceira edição revisada. New York: Cambridge University Press, 2011.

9 Para mais informações a respeito das definições e dos elementos da militância, ver Keck, Margaret E.; Sikkink, Kathryn. *Activists beyond Borders: Advocacy Networks in International Politics.* Ithaca, NY: Cornell University Press, 1999.

10 Para excelentes panoramas a respeito de arquivos com material concernente à homoafetividade na África, Ásia, Austrália e Nova Zelândia, Europa, América Latina e do Norte, consulte, respectivamente, os ensaios de Xavier Livermon, Howard Chiang, Graham Willett, Christopher Ewing, Pablo Ben e Rachel Corbman em Chiang, Howard. (Org). *Global Encyclopedia of Lesbian, Gay, Bisexual, Transgender, and Queer (LGBTQ) History.* Chicago: Gale, 2019, 1: pp. 91-118.

11 Stein, Marc. "Canonizing Homophile Sexual Respectability: Archives, History, and Memory". *Radical History Review*, 120 (outono de 2014): pp. 53-73.

12 Stychin, Carl F. "Same-Sex Sexualities and the Globalization of Human Rights Discourse". *In: McGill Law Journal*, 49:4 (2004): pp. 951-68; Ritchie, Jason. "How Do You Say 'Come Out of the Closet' in Arabic? Queer Activism and the Politics of Visibility in Israel-Palestine". *GLQ: A Journal of Lesbian and Gay Studies*, 16:4 (2010): pp. 557-75.

13 Para uma gama considerável de perspectivas, ver Corrales, Javier et Pecheny, Mario. Orgs). *The Politics of Sexuality in Latin America: A Reader on Lesbian, Gay, Bisexual, and Transgender Rights.* Pittsburg: University of Pittsburgh Press, 2010.

14 Epprecht, Marc. *Sexuality and Social Justice in Africa: Rethinking Homophobia and Forging Resistance.* London: Zed Books, 2013.

15 Choudry, Aziz; Kapoor, Dip. (Orgs.). *NGOization: Complicity, Contradictions and Prospects.* New York: Zed Books, 2013.

Origens

16 Sobre a emergência das subculturas homossexuais urbanas no final do século XIX, ver Cook, Matt. *London and the Culture of Homosexuality, 1885-1914.* New York: Cambridge University Press, 2008; Higgs, David. (Org.) *Queer Sites: Gay Urban Histories since 1600.* London: Routledge, 1999; Chauncey, George. *Gay New York: Gender, Urban Culture, and the Making of the Gay Male World, 1890-1940.* New York: Basic Books, 1994.

17 O texto clássico é de John Boswell, *Christianity, Social Tolerance, and Homosexuality: Gay People in Western Europe from the Beginning of the Christian Era to the Fourteenth Century.* Chicago: University of Chicago Press, 1980; Schmitt, Arno; Sofer, Jehoeda. (Orgs.). *Sexuality and Eroticism among Males in Moslem Societies.* New York: Harrington Park Press, 1992; El-Rouayheb, Khaled. *Before Homosexuality in the Arab-Islamic World, 1500-1800.* Chicago: University of Chicago Press, 2005. Ver também Akyol, Mustaka, "What Does Islam Say about Being Gay?". *New York Times*, 28 de julho, 2015.

18 Há vasta literatura a respeito de tais temas. Para um panorama geral, ver Aldrich, Robert. (Org). *Gay Life and Culture: A World History.* New York: Universe Publishing, 2006; Epprecht, Marc. *Heterosexual Africa? The History of an Idea from the Age of Exploration to the Age of AIDS.* Athens: Ohio University Press, 2008; ver também *Gay & Lesbian Vaishnava Association, A Timeline of Gay World History*, disponível em http://www.galva108.org/single-post/2014/05/08/A-Timelineof-Gay-World-History.

Notas

[19] Johnson, Paul. "Buggery and Parliament, 1533-2017". *SSRN*, 3 de abril de 2018, disponível em https://papers.ssrn.com/sol3/papers.cfm?abstract_id=3155522.

[20] Green, James N. *Beyond Carnival: Male Homosexuality in Twentieth-Century Brazil*. Chicago: University of Chicago Press, 1996, pp. 20-2.

[21] Foster, Thomas A. (Org.). *Long before Stonewall: Histories of Same-Sex Sexuality in Early America*. New York: New York University, 2007, pp. 5-6.

[22] Stryker, Susan. *Transgender History: The Roots of Today's Revolution*. Segunda edição. New York: Seal Press, 2017, pp. 45-6.

[23] Greenberg, David F. *The Construction of Homosexuality*. Chicago: University of Chicago Press, 1988; Edsall, Nicholas C. *Toward Stonewall: Homosexuality in the Modern Western World*. Charlottesville: University of Virginia, 2003, pp. 17-32; e Spencer, Colin. *Homosexuality in History*. New York: Harcourt Brace & Company, 1995.

[24] Wiesner-Hanks, Merry E. *Women and Gender in Early Modern Europe*. Terceira edição. New York: Cambridge University Press, 2008, pp. 70-5, 293; Froide, Amy M. *Never Married: Singlewomen in Early Modern England*. New York: Oxford University Press, 2005, pp. 71-4; Mendelson, Sara; Crawford, Patricia. *Women in Early Modern England, 1550-1720*. New York: Oxford University Press, 1998, pp. 242-51.

[25] Hinsch, Bret. *Passions of the Cut Sleeve: The Male Homosexual Tradition in China*. Berkeley: University of California Press, 1990, pp. 142-4.

[26] Edsall, *Toward Stonewall*, pp. 33-5; Ragan, Bryant T. "The Enlightenment Confronts Homosexuality". *In*: Merrick, Jeffrey et Ragan, Bryant T. (Orgs.). *Homosexuality in Modern France*. New York: Oxford University Press, 1996, pp. 8-29.

[27] Edsall, *Toward Stonewall*, p. 37.

[28] Bentham, Jeremy. "Offenses against One's Self", disponível em http://www.columbia.edu/cu/lweb/eresources/exhibitions/sw25/bentham/.

[29] Bentham, *Op. cit.*

[30] Edsall, *Toward Stonewall*, pp. 39-40.

[31] Foster, (Org.). *Long before Stonewall*, p. 6.

[32] Sibalis, Michael D. "The Regulation of Male Homosexuality in Revolutionary and Napoleonic France, 1789-1815". *In*: Merrick; Ragan (Orgs.). *Homosexuality in Modern France*, pp. 80-101.

[33] Kirby, Michael. "The Sodomy Offence: England's Least Lovely Criminal Law Export?". In: Lennox, Corinne; Waites, Matthew. (Orgs.) *Human Rights, Sexual Orientation, and Gender Identity in the Commonwealth: Struggles for Decriminalization and Change*. London: Human Rights Consortium, Institute of Commonwealth Studies, University of London, 2013, p. 64.

[34] Murphy, Timothy. *Reader's Guide to Lesbian and Gay Studies*. New York: Routledge, 2000, p. 413.

[35] Green, Beyond Carnival, pp. 21-2.

[36] Hekma, Gert. "Same-Sex Relations among Men in Europe, 1700-1900". In: Eder, Franz X.; Hall, Lesley; Hekma, Gert. (Orgs.) *Sexual Cultures in Europe, Vol. 2, Themes in Sexuality*. Manchester: University of Manchester Press, 1999, p. 90.

[37] Evans, Len. *Chronology of Mexican Gay History*. Disponível em https://web.archive.org/web/20090729181055/; http://geocities.com/gueroperro/Chron-Mex.htm.

[38] Kon, Igor S. *The Sexual Revolution in Russia: From the Age of the Czars to Today*. New York: The Free Press, 1995, pp. 15-16.

[39] Para um panorama sintético, ver Timm, Annette F.; Sanborn, Joshua A. *Gender, Sex, and the Shaping of Modern Europe*. Segunda edição. New York: Bloomsbury Academic, 2016, pp. 89-96.

[40] Edsall, *Toward Stonewall*, pp. 69-80.

[41] Stryker, *Transgender History*, pp. 46-7.

[42] Edsall, *Toward Stonewall*, pp. 129-30.

[43] Sobre os esforços do governo britânico em impor seus padrões morais e sexuais aos povos colonizados, ver Stoler, Ann Laura. *Carnal Knowledge and Imperial Power: Race and the Intimate in Colonial Rule*. Berkeley: University of California Press, 2002. Sobre o fascínio das colônias – na África, sul e Sudeste Asiático, Pacífico Sul e Caribe – para homens que buscavam abertura sexual, ver Aldrich, Robert. *Colonialism and Homosexuality*. New York: Routledge, 2003.

[44] Kirby, "The Sodomy Offence", pp. 64-7. As colônias na Ásia e no Pacífico que instituíram variantes ou replicaram do Parágrafo 377 foram as seguintes: Austrália, Bangladesh, Butão, Brunei, Fiji, Hong Kong, Índia, Kiribati, Malásia, Maldivas, Ilhas Marshall, Myanmar (Birmânia), Nauru, Nova Zelândia,

Paquistão, Papua-Nova Guiné, Singapura, Ilhas Salomão, Sri Lanka, Tonga, Tuvalu e Samoa Ocidental. Na África, o Parágrafo 377 foi imposto em Botswana, Gâmbia, Gana, Quênia, Lesoto, Malawi, Ilhas Maurício, Nigéria, Seicheles, Serra Leoa, Somália, Suazilândia, Sudão, Tanzânia, Uganda e Zimbábue. Ver *Human Rights Watch*. "This Alien Legacy: The Origins of 'Sodomy' Laws in British Colonialism", 17 de dezembro de 2008, p. 6, disponível em https://www.hrw. org/sites/default/files/reports/lgbt1208_webwcover.pdf.

[45] O texto completo do ato está disponível em http://www.legislation.gov.uk/ukpga/Vict/24-25/100/contents. Em 1885, o governo britânico reforçou suas leis de sodomia de forma ainda mais rigorosa do que a prevista no Parágrafo 377, um episódio que explicaremos mais adiante, neste capítulo.

[46] Situação similar surgiu na Itália. Em 1859, Victor Emmanuel II promulgou um código penal para o Reino da Sardenha que criminalizava o sexo homossexual entre homens. Quando a Itália foi unificada um ano depois, as leis de sodomia da Sardenha foram aplicadas nacionalmente, tendo por única exceção a Sicília.

[47] Kennedy, Hubert C. "The 'Third Sex' Theory of Karl Heinrich Ulrichs". *Journal of Homosexuality* 6:1/2 (Outono/Inverno 1980/81): pp. 103-11.

[48] Takács, Judit. "The Double Life of Kertbeny", texto da conferência apresentada em "Past and Present of Radical Sexual Politics," University de Amsterdam, 3-4 de outubro, 2003, http://www.policy. hu/takacs/pdf-lib/TheDoubleLifeOfKertbeny.pdf.

[49] Kertbeny usou o termo "homossexual" pela primeira vez em uma carta, data de maio de 1868, para Ulrichs.

[50] Takács, "The Double Life of Kertbeny".

[51] Walkowitz, Judith. *Prostitution and Victorian Society: Women, Class, and the State*. Cambridge, UK: Cambridge University Press, 1980.

[52] Carton, Adrian. "Desire and Same-Sex Intimacies in Asia". *In*: Aldrich, Robert. (Org.). *Gay Life and Culture: A World History*. New York: Universe Publishing, 2006, pp. 313-21.

[53] Para o contexto a respeito da mudança nas atitudes concernentes à homossexualidade na Europa de 1860 a 1914, ver Herzog, Dagmar. *Sexuality in Europe: A Twentieth-Century History*. New York: Cambridge University Press, 2011, pp. 31-44.

[54] Murphy, James H. "'Disgusted by the Details': Dr. Jekyll and Mr. Hyde and the Dublin Castle Scandals of 1884". *In*: O'Connor, Maureen (Org.). *Back to the Future of Irish Studies*. New York: Peter Lang, 2010, pp. 177-190; Lacey, Brian. *Terrible Queer Creatures: Homosexuality in Irish History*. Dublin: Wordwell Ltd., 2008, pp. 135-145.

[55] Edsall, *Toward Stonewall*, pp. 112-114.

[56] Edsall, *Toward Stonewall*, pp. 131-132.

[57] Agradeço especialmente ao meu colega Jason Lavery pelo contexto desta mudança significativa. Ver também Löfström, Jan. "A Premodern Legacy: The 'Easy' Criminalization of Homosexual Acts between Women in the Finnish Penal Code of 1889". *Journal of Homosexuality*, 35:3-4 (1998): pp. 53-79; Ministry of Justice. *The Criminal Code of Finland*, disponível em http://www.finlex.fi/en/laki/ kaannokset/1889/en18890039.pdf.

[58] Green, *Beyond Carnival*, pp. 22-23.

[59] Guaiana, Yuri; Seymour, Mark. "From Giarre to Civil Unions: The 'Long March' for Same-Sex Relationships in Italy". *In*: Brady, Sean; Seymour, Mark (Orgs.). *From Sodomy Laws to Same-Sex Marriage: International Perspectives since 1789*. London: Bloomsbury Academic, 2019, p. 167.

[60] Kaplan, Morris B. *Sodom on the Thames: Sex, Love, and Scandal in Wilde Times*. Ithaca, NY: Cornell University Press, 2005, pp. 166-213.

[61] Irwin, Robert McKee; McCaughan, Edward J.; Nasser, Michelle Rocio. (Orgs.). *The Famous 41: Sexuality and Social Control in Mexico*. New York: Palgrave Macmillan, 2003; Tamagne, Florence. "The Homosexual Age, 1870-1940". *In*: Aldrich. (Org.). *Gay Life and Culture: A World History*, p. 172.

[62] Edsall, *Toward Stonewall*, pp. 70, 78-80, 100-109; Weeks, *Coming Out*, pp. 34-35.

[63] Para um amplo e envolvente relato a respeito da vida e dos julgamentos de Wilde, ver Kaplan, *Sodom on the Thames*, pp. 224-251.

[64] Ver Kaplan, *Sodom on the Thames*, pp. 224-251.

[65] Robinson, Greg. "International Significance of the Wilde Trials". *In*: Chiang, Howard. (Org.). Global Encyclopedia of Lesbian, Gay, Bisexual, Transgender, and Queer (LGBTQ) History. Chicago: Gale, 2019, 3, pp. 1731-1735.

Notas

66 Inspirado no relacionamento entre seu amigo Edward Carpenter e o parceiro deste, George Merrill, Forster escreveu *Maurice* em 1913-14. O romance foi parcialmente baseado no caso que Forster teve com Hugh Meredith, quando ambos eram estudantes na Universidade de Cambridge. Embora tenha mostrado o manuscrito para alguns amigos seletos e revisado o texto ainda nos anos 1960, o medo de um possível escândalo o impediu de publicar esse material. O romance só seria lançado em 1971, após a morte de Forster. Sobre isso, ver Edsall, *Toward Stonewall*, pp. 175-177.

67 Dixon, Joy. "Havelock Ellis and John Addington Symonds". *Sexual Inversion* (1897), *Victorian Review* 35:1. Primavera de 2009, pp. 72-77.

68 Mancini, Ellen. *Magnus Hirschfeld and the Quest for Sexual Freedom*. New York: Palgrave Macmillan, 2010, pp. 46-7.

69 Mancini, *Op. cit.*, pp. 54-64.

70 Mancini, *Op. cit*, pp. 88-91.

71 Mancini, *Op. cit*, pp. 94-96.

72 Lauritsen, John; Thorstad, David. *The Early Homosexual Rights Movement (1864-1935)*. Edição revista. Ojai: Times Change Press, 1995, p. 33.

73 Para um panorama conciso da vida e obra de Hirschfeld, ver Dose, Ralf. *Magnus Hirschfeld: The Origins of the Gay Liberation Movement*. New York: Monthly Review Press, 2014.

74 Para um relato detalhado dos escândalos de Eulenburg, ver Beachy, Robert. *Gay Berlin: Birthplace of a Modern Identity*. New York: Vintage Books, 2014, pp. 120-139. Ver também Dose, *Magnus Hirschfeld*, pp. 43-45.

75 Healey, Dan. *Homosexual Desire in Revolutionary Russia: The Regulation of Sexual and Gender Dissent*. Chicago: University of Chicago Press, 2001, pp. 92-110.

76 Mancini, *Magnus Hirschfeld and the Quest for Sexual Freedom*, pp. ix-x, 25.

77 Dose, *Magnus Hirschfeld*, pp. 45-47; Lauritsen e Thorstad, *The Early Homosexual Rights Movement*, p. 30; Tielman, Rob. "Dutch Gay Emancipation History". *Journal of Homosexuality*. 13:2-3 (1986), pp. 10-11; Edsall, *Toward Stonewall*, pp. 138-140; Weeks, *Coming Out*, pp. 130-131.

Protestos e perseguição, 1914-1945

78 Skidmore, Emily. *True Sex: The Lives of Trans Men at the Turn of the 20th Century*. New York: New York University Press, 2017. Para uma ampla perspectiva geográfica e cronológica, ver Manion, Jen. *Female Husbands: A Trans History*. New York: Cambridge University Press, 2020.

79 Meyerowitz, Joanne. *How Sex Changed: A History of Transsexuality in the United States*. Cambridge: Harvard University Press, 2002, pp. 16-18.

80 Flanders, Sara *et al.* "On the Subject of Homosexuality: What Freud Said". In: *International Journal of Psychoanalysis* 97:3 (junho de 2016): pp. 933-950.

81 Weeks, *Coming Out*, pp. 132-135.

82 Alguns relatos afirmam que Redl foi chantageado para realizar ações de espionagem para o governo czarista após agentes russos descobrirem sua homossexualidade, em 1901. Outros estudiosos colocam tais alegações em questão, destacando a natureza aberta da homossexualidade entre os oficiais do exército austro-húngaro, e que a motivação principal de Redl ter se tornado espião seria, mais simplesmente, a ganância. Para uma ampla abordagem dos efeitos militares e psicológicos da traição de Redl, ver Schindler, John R. "Redl–Spy of the Century?" *International Journal of Intelligence and CounterIntelligence*, 18:3 (2005): pp. 483-507.

83 Lauritsen; Thorstad, *The Early Homosexual Rights Movement*, p. 41.

84 Tamagne, "The Homosexual Age, 1870-1940", pp. 174-175, 370; Crouthamel, Jason. *An Intimate History of the Front: Masculinity, Sexuality, and German Soldiers in the First World War*. New York: Palgrave Macmillan, 2014, 59, pp. 124-125.

85 Lauritsen; Thorstad, *The Early Homosexual Rights Movement*, p. 26; Mancini, *Magnus Hirschfeld and the Quest for Sexual Freedom*, pp. 111-112; Marhoefer, *Sex and the Weimar Republic*, p. 24.

86 Tamagne, "The Homosexual Age, 1870-1940", p. 174.

87 Publicados na íntegra apenas em 1995, os "diários negros" de Casement permanecem controversos. Muitos estudiosos colocam a autoria desses textos em questão, destacando que seria particularmente suspeito o fato de esse material ter sido produzido em alguns poucos anos, à diferença dos chamados diários brancos, que foram escritos continuamente e que poderiam, assim, servir de base para a descoberta das atividades indecorosas de Casement. Ver Aldrich, *Colonialism and Homosexuality*, pp. 190-193.

281

88 Jennings, Rebecca. *A Lesbian History of Britain: Love and Sex between Women since 1500*. Westport: Greenwood World Publishing, 2007, pp. 94-97.

89 Cohler, Deborah. "Sapphism and Sedition: Producing Female Homosexuality in Great War Britain". *Journal of the History of Sexuality*, 16:1 (janeiro de 2007), pp. 68-94.

90 A homossexualidade permaneceu ilegal na Geórgia, no Azerbaijão, Uzbequistão e Turcomenistão. Ver Tamagne, Florence. *A History of Homosexuality in Europe, Vol. I & II Berlin, London, Paris 1919-1939*. New York: Algora Publishing, 2006, p. 280.

91 Estudiosos ainda debatem os motivos pelos quais os bolcheviques descriminalizaram a sodomia e há pouca documentação descrevendo as visões de tal grupo a respeito de atividades sexuais entre mesmo sexo. Ver Healey. *Homosexual Desire in Revolutionary Russia*, pp. 110-125.

92 Mancini. *Magnus Hirschfeld and the Quest for Sexual Freedom*, pp. 110-126.

93 Hirschfeld continuou a exibir o filme em sessões privadas e, em 1927, inseriu 40 minutos da versão original em seu filme *Gesetze der Liebe* (*Leis do Amor*); algumas cópias desse material chegaram até os arquivos de cinema russos. E isso teve grande significado posteriormente. Por décadas, os pesquisadores acreditavam que os nazistas haviam destruído todas as cópias de *Diferente dos outros*. Nos anos 1980, restauradores de filmes tentaram remontar o original, mas foi apenas em 2017 que tal objetivo foi parcialmente alcançado, usando uma versão positiva altamente granulada de *Leis do Amor*, adquirida da Rússia pelos arquivos da UCLA Film & Television seis anos antes. Tal material foi usado para reconstruir o máximo possível de *Diferente dos outros*, utilizando como orientação os registros de censura nazistas e a inserção de fotos no lugar de cenas perdidas. Ver Ito, Robert. "A Daring Film, Silenced No More". *New York Times*, 15 de novembro de 2011, disponível em https://www.nytimes.com/2013/11/17/movies/different-from-the-othersa-1919-film-on-homosexuality.html; Wenger, Daniel. "The Tragic Lessons of Cinema's First Gay Love Story". *The New Yorker*, 14 de fevereiro de 2017, disponível em https://www.newyorker.com/culture/cultural-comment/the-tragic-lessons-of-cinemas-first-gay-love-story.

94 Lauritsen; Thorstad, *The Early Homosexual Rights Movement*, pp. 26-29.

95 Murphy, Lawrence R. *Perverts by Official Order: The Campaign against Homosexuals by the United States Navy*. New York: Harrington Park Press, 1988; Brenkert, Ben. "Franklin D. Roosevelt's Forgotten Anti-Gay Sex Crusade". *The Daily Beast*, 15 de junho de 2015, disponível em https://www.thedailybeast.com/franklin-d-roosevelts-forgotten-anti-gay-sex-crusade.

96 Marhoefer, *Sex and the Weimar Republic*, pp. 3-7.

97 Tamagne, *A History of Homosexuality in Europe*, pp. 81-85.

98 Lauritsen; Thorstad, *The Early Homosexual Rights Movement*, pp. 31-33.

99 Marhoefer, *Sex and the Weimar Republic*, pp. 38-41.

100 Marhoefer, *Sex and the Weimar Republic*, p. 17 e pp. 41-51; Tamagne, *A History of Homosexuality in Europe*, p. 76.

101 Lauritsen; Thorstad, *The Early Homosexual Rights Movement*, p. 37.

102 Jennings, *A Lesbian History of Britain*, pp. 108-114.

103 Jennings, *A Lesbian History of Britain*, pp. 114-127; Tamagne, *A History of Homosexuality in Europe*, pp. 320-324.

104 O artigo de Emma Goldman foi citado por Lauritsen; Thorstad, *The Early Homosexual Rights Movement*, pp. 40-41.

105 Mora, Hayden L. "Henry Gerber's Bridge to the World". *In*: Brooks, Adrian (Org.). *The Right Side of History: 100 Years of LGBTQ Activism*. New York: Cleis Press, 2015, pp. 10-15.

106 Tamagne, *A History of Homosexuality in Europe*, pp. 69-72.

107 Tamagne, *A History of Homosexuality in Europe*, p. 77; Marhoefer, *Sex and the Weimar Republic*, pp. 113-128.

108 Idem, pp. 78-81; Ibidem, pp. 129-145.

109 Mancini, *Magnus Hirschfeld and the Quest for Sexual Freedom*, pp. 69 e 118; Meyerowitz, *How Sex Changed*, pp. 15-21 e 30.

110 Bauer, Heike. *The Hirschfeld Archives: Violence, Death, and Modern Queer Culture*. Philadelphia: Temple University Press, 2017, pp. 103-108.

111 Sang, Tze-Ian D. *The Emerging Lesbian: Female Same-Sex Desire in Modern China*. Chicago: University of Chicago Press, 2003.

112 Bauer, *The Hirschfeld Archives*, pp. 109-123.

113 Dose, *Magnus Hirschfeld*, pp. 58-67.

114 Beachy, *Gay Berlin*, pp. 243-245. Para uma análise convincente das visões mais amplas que os nazistas tinham a respeito da sexualidade, ver Herzog, Dagmar. *Sex after Fascism: Memory and Morality in Twentieth-Century Germany*. Princeton: Princeton University Press, 2005, pp. 10-63.

Notas

115 Giles, Geoffrey J. "'The Most Unkindest Cut of All': Castration, Homosexuality, and Nazi Justice". *Journal of Contemporary History*, 27 (1992): pp. 41-61; Newsome, W. Jake. *Homosexuals after the Holocaust: Sexual Citizenship and the Politics of Memory in Germany and the United States, 1945-2008*, tese de doutorado apresentada na State University of New York at Buffalo, 2016, pp. 20-64.

116 Plant, Richard. *The Pink Triangle: The Nazi War against Homosexuals*. New York: Henry Holt and Company, 1986; Tamagne, *A History of Homosexuality in Europe*, pp. 355-88.

117 Benadusi, Lorenzo. *The Enemy of the New Man: Homosexuality in Fascist Italy*. Tradução de Suzanne Dingee e Jennifer Pudney. Madison: University of Wisconsin Press, 2012; Johnston, Alan. "A Gay Island Community Created by Italy's Fascists". *BBC News*, 13 de junho de 2013, disponível em http://www.bbc.com/news/magazine-22856586.

118 Healey, *Homosexual Desire in Revolutionary Russia*, pp. 181-204; Tamagne, *A History of Homosexuality in Europe*, pp. 280-282.

119 O texto clássico a respeito desse tema é de Chauncey, *Gay New York*.

120 Russo, Vito. *The Celluloid Closet: Homosexuality in the Movies*. Edição revisada. New York: Harper & Row, 1987.

121 Tielman, "Dutch Gay Emancipation History", pp. 11-12.

122 Sibalis, Michael. "Homophobia, Vichy France, and the 'Crime of Homosexuality': The Origins of the Ordinance of 6 August 1942". *GLQ: A Journal of Lesbian and Gay Studies*, 8:3 (2002): pp. 301-318.

123 Bérubé, Allan. *Coming Out under Fire: The History of Gay Men and Women in World War Two*. New York: Penguin Books, 1990; Canady, Margot. *The Straight State: Sexuality and Citizenship in Twentieth-Century America*. Princeton: Princeton University Press, 2009, pp. 87-90.

O movimento homófilo global, 1945-1965

124 Johnson, David K. "America's Cold War Empire: Exporting the Lavender Scare". *In*: Weiss, Meredith L; Bosia, Michael J. (Orgs.). *Global Homophobia*. Urbana: University of Illinois Press, 2013, pp. 55-74.

125 Loftin, Craig. *Masked Voices: Gay Men and Lesbians in Cold War America*. Albany: State University of New York Press, 2012, p. 68; Bauer, Heike; Cook, Matt (Orgs.). *Queer 1950s: Rethinking Sexuality in the Postwar Years*. London: Palgrave Macmillan, 2012.

126 Sobre as origens e a evolução desses debates, ver Newsome, "Homosexuals after the Holocaust".

127 Newsome, *Op. cit.*, pp. 21-64.

128 *Idem, Ibidem.*, pp. 69-75.

129 Newsome, "Homosexuals after the Holocaust", pp. 75-84; Gammerl, Benno. "Affecting Legal Change: Law and Same-Sex Feelings in West Germany since the 1950s". *In: From Sodomy Laws to Same-Sex Marriage*, pp. 109-114.

130 Em junho de 2017, o parlamento alemão votou, por unanimidade, a revogação dessas condenações e a concessão, aos sobreviventes condenados por transgressão ao Parágrafo 175, de 3 mil euros (R$ 16.230,00), além de um adicional de € 1.500 (R$ 8.060,00) para cada ano de encarceramento. Cf. Shimer, David. "Germany Wipes Slate Clean for 50,000 Men Convicted under Anti-Gay Law". *New York Times*, 23 de junho de 2017, disponível em https://www.nytimes.com/2017/06/23/world/europe/germany-anti-gay-law.html.

131 LaViolette, Nicole; Whitworth, Sandra. "No Safe Haven: Sexuality as a Universal Human Right and Gay and Lesbian Activism in International Politics". *Millennium: Journal of International Studies* 23:3 (1994), p. 567.

132 Newsome, "Homosexuals after the Holocaust", pp. 84-97.

133 Newsome, *Op. cit.*, pp. 100-105.

134 McLellan, Josie. *Love in the Time of Communism: Intimacy and Sexuality in the GDR*. New York: Cambridge University Press, 2011, pp. 114-43.

135 Huneke, Erik G. *Morality, Law, and the Socialist Sexual Self in the German Democratic Republic, 1945-1972*. Tese de doutorado, Universidade de Michigan, 2013, pp. 141-143.

136 Szulc, Lukasz. *Was Homosexuality Illegal in Communist Europe?* Seminário público, 22 de abril de 2022, 2018, disponível em http://www.publicseminar.org/2018/04/was-homosexuality-illegal-in-communisteurope/.

137 Huneke, *Morality, Law, and the Socialist Sexual Self in the German Democratic Republic*, pp. 67-141.

138 Tielman, "Dutch Gay Emancipation History", pp. 9-13.

139 Heede, Dag. "Denmark". In: *GLBTQ Archive*, disponível em http://www.glbtqarchive.com/ssh/denmark_S.pdf.

283

[140] *RFSL History*, disponível em https://www.rfsl.se/en/about-us/history/.

[141] *RFSL History, idem.*

[142] Edsall, *Toward Stonewall*, pp. 243-248.

[143] *Idem, ibidem*, pp. 264-265.

[144] Stryker, *Transgender History*, pp. 58-59.

[145] Reumann, Miriam G. *American Sexual Character: Sex, Gender, and National Identity in the Kinsey Reports.* Berkeley: University of California Press, 2005, pp. 165-198.

[146] *Der Kreis* foi uma das únicas publicações fundadas nos anos entreguerras que sobreviveu ao fim da Segunda Guerra Mundial. Lançada em 1932 com o nome *Menschenrecht (Direitos Humanos)*, a revista foi inicialmente editada por Anna Vock, que conseguiu mantê-la em atividade mesmo durante os anos da Depressão e apesar dos conflitos com a polícia. Em 1942, depois que a Suíça legalizou o sexo homossexual consensual e privado, Karl Meier tornou-se editor e, sob o pseudônimo de Rolf, conduziu tal publicação até seu encerramento, que se deu em 1967.

[147] Minto, "Special Relationships", pp. 28-55.

[148] Val Berry foi submetida à cirurgia de redesignação sexual em 1953; ver Stryker, *Transgender History*, p. 62; Meyerowitz, *How Sex Changed*, pp. 45-48.

[149] Stryker, *Op. Cit*, pp. 65-67; Meyerowitz, *Op.Cit*, pp. 51-97.

[150] Johnson, David K. *The Lavender Scare: The Cold War Persecution of Gays and Lesbians in the Federal Government.* Chicago: University of Chicago, 2004.

[151] D'Emilio, *Sexual Politics, Sexual Communities*, pp. 40-56; Gerassi, John. *The Boys of Boise: Furor, Vice, and Folly in an American City.* New York: Macmillan, 1966.

[152] Edsall, *Toward Stonewall*, pp. 268-275.

[153] Johnson, "America's Cold War Empire", pp. 63-65.

[154] Minto, "Special Relationships", pp. 110-136.

[155] Em agosto de 2017, o Tribunal Distrital dos EUA em Colúmbia ordenou que o Departamento de Justiça dos EUA divulgasse seus registros sobre a Ordem Executiva 10450 e suas ramificações. Ver Sopelsa, Brooke. "Justice Department Ordered to Release 1950s Gay 'Purge' Documents." *NBC News*, 3 de agosto de 2017, disponível em https://www.nbcnews.com/feature/nbc-out/court-tells-justice-department-release1950s-gay-purge-documents-n789056.

[156] Minto, "Special Relationships", pp. 110-136.

[157] Davison, Kate. "The Sexual (Geo)Politics of Loyalty: Homosexuality and Emotion in Cold War Security Policy." *In: From Sodomy Laws to Same-Sex Marriage*, pp. 123-40; Garry Wotherspoon, "'The Greatest Menace Facing Australia': Homosexuality and the State in NSW During the Cold War". *In: Labour History*, 56 (maio de 1989), p. 17; Willett, Graham. "The Darkest Decade: Homophobia in 1950s Australia". *In: Australian Historical Studies*, 27, 1997, pp. 120-132.

[158] Johnson, "America's Cold War Empire", pp. 67-9; Girard, Philip. "From Subversives to Liberation: Homosexuals and the Immigration Act, 1952-1972". *Canadian Journal of Law & Society*, 2, 1987, pp. 1-27.

[159] Canady, *The Straight State*, pp. 215-250.

[160] Edsall, *Toward Stonewall*, pp. 291-293.

[161] Hodges, Andrew. *Alan Turing: The Enigma*. Princeton: Princeton University Press, 2012. A morte de Turing poderia ser resultado da exposição por uso ou armazenamento inadequado de produtos químicos em sua residência. Ver Pease, Roland. "Alan Turing: Inquest's Suicide Verdict 'Not Supportable'". *BBC News*, 26 de junho de 2012, disponível em https://www.bbc.com/news/science-environment-18561092. Em 2013, Turning recebeu perdão real póstumo. Em janeiro de 2017, o governo britânico promulgou a assim chamada Lei Alan Turing, que inocentou aproximadamente 49 mil homens ainda vivos, todos eles condenados por crimes relacionados a atos de homossexualidade consensual. Ver "Thousands of Gay Men Pardoned for Past Convictions". *BBC News*, 31 de janeiro de 2017. Disponível em https://www.bbc.com/news/uk-38814338.

[162] Edsall, *Toward Stonewall*, p. 293.

[163] Koenig, Rhoda. "John Gielgud: When England Hounded a Hero." *Independent*, 28 de fevereiro de 2008, disponível em https://www.independent.co.uk/arts-entertainment/theatre-dance/features/john-gielgud-when-england-hounded-a-hero-788459.html.

[164] "Lord Montagu on the Court Case Which Ended the Legal Persecution of Homosexuals". *London Evening Standard*, 14 de julho de 2007, disponível em https://www.standard.co.uk/news/lord-montagu-onthe-court-case-which-ended-the-legal-persecution-of-homosexuals-6597923.html.

Notas

165 O advogado de Wildeblood, Arthur Prothero, era filho de um detetive da Scotland Yard que fora a única testemunha de acusação no julgamento de obscenidade, em 1928, de *The Well of Loneliness*. Suas observações resultaram na atitude do juiz, que ordenou a destruição de todas as cópias do romance. Ver Honan, William H. "Peter Wildeblood, 76, Writer Who Fought Britain's Laws against Homosexuality". *New York Times*, 21 de novembro de 1999. Disponível em https://www.nytimes.com/1999/11/21/nyregion/peterwildeblood-76-writer-who-fought-britain-s-laws-against-homosexuality.html; Mars-Jones, Adam. "The Wildeblood Scandal: The Trial That Rocked 1950s Britain–and Changed Gay Rights". *The Guardian*, 14 de julho de 2017. Disponível em https://www.theguardian.com/books/2017/jul/14/againstthe-law-the-wildeblood-scandal-the-case-that-rocked-1950s-britain-and-changed-gay-rights.

166 Minto, "Special Relationships", pp. 145-151.

167 Sobre a resposta homófila à Declaração Universal dos Direitos Humanos, ver Churchill, David S. "Transnationalism and Homophile Political Cultural in the Postwar Decades". *GLQ: A Journal of Gay and Lesbian Studies*, 15:1 (2009), pp. 33-34.

168 Rizzo, Domenico. "Public Spheres and Gay Politics since the Second World War". In: Aldrich, Robert (Org.). *Gay Life & Culture: A World History*. New York: Universe Publishing, 2006, pp. 209-211.

169 Sobre as origens e evolução do ICSE, ver Rupp, "The Persistence of Transnational Organizing", pp. 1014-1039.

170 Loftin, *Masked Voices*, pp. 64 e 69-71.

171 Alessio Ponzio estudou como uma cultura local comparável neutralizou a organização homófila na Itália. Sobre o Mexico, ver Macías-González, Victor M. "The Transnational Homophile Movement and the Development of Domesticity in Mexico City's Homosexual Community, 1930-70". *Gender & History*. 26:3 (novembro de 2014), pp. 519-525.

172 Loftin, *Masked Voices*, pp. 64 e 69-71.

173 Loftin, *Masked Voices*, pp. 63-64.

174 Edsall, *Toward Stonewall*, pp. 286-289.

175 Jablonski, Olivier. "The Birth of a French Homosexual Press in the 1950s". *Journal of Homosexuality*, 41:3-4 (2002), pp. 235-240. Ver também Jackson, *Living in Arcadia*, pp. 58-97; Sibalis, Michael D. "Baudry, André Émile". Disponível em http://www.glbtqarchive.com/ssh/baudry_a_S.pdf.

176 Sobre o impacto do Relatório Wolfenden na Austrália, Nova Zelândia e no Canadá, ver Willett, Graham. "Homosexual Politics in the British World: Toward a Transnational Understanding". *From Sodomy Laws to Same-Sex Marriage*, pp. 141-153.

177 Conforme descrevemos em um momento anterior deste capítulo, Peter Wildeblood foi encarcerado por crimes homossexuais após sua prisão em janeiro de 1954. Carl Winter era diretor do Museu Fitzwilliam. Patrick Trevor-Roper, célebre cirurgião oftalmologista, era irmão do renomado historiador Hugh Trevor-Roper. Ver Higgins, Patrick. *Heterosexual Dictatorship: Male Homosexuality in Postwar Britain*. London: Fourth Estate, 1996, pp. 41-42. Para uma coletânea, com anotações, dos testemunhos apresentados ao Comitê Wolfenden, ver Lewis, Brian. *Wolfenden's Witnesses: Homosexuality in Postwar Britain*. London: Palgrave Macmillan, 2016.

178 Sobre as deliberações privadas do comitê, ver Minto, "Special Relationships", pp. 181-203. Para o texto completo do Relatório Wolfenden, consulte https://www.ncbi.nlm.nih.gov/pmc/articles/PMC1962139/.

179 Tatchell, Peter. "Wolfenden: Not So Liberal on Homosexuality After All." *The Guardian*, 17 de agosto de 2017, disponível em https://www.theguardian.com/commentisfree/2017/aug/20/wolfenden-not- so-liberal-on-homosexuality-peter-tatchell.

180 Embora com uma cobertura bem mais morna que a de suas contrapartes britânicas, os jornais dos Estados Unidos também reconheceram a importância do Relatório Wolfenden. O *New York Times* publicou o documento na íntegra, acrescentando comentários sobre as implicações da distinção, feita no relatório, entre importunação pública e comportamento privado. Weeks, Jeffery. *Sex, Politics, and Society: The Regulation of Sexuality since 1800*. London: Longman, 1981, p. 240; Edsall, *Toward Stonewall*, p. 316.

181 "No Early Vice Law Change: 'Further Study of Report Needed', Lord Chancellor's Statement." *The Times*, 12 de dezembro de 1957, p. 10.

182 Edsall, *Toward Stonewall*, pp. 316-317.

183 Edsall, *Toward Stonewall*, p. 317.

184 Minto, "Special Relationships", pp. 206-207.

185 Minto, *Op. cit.*, pp. 212-213; Eskridge, William N. *Dishonorable Passions: Sodomy Laws in America: 1861-2003*. New York: Viking, 2008, pp. 123-127.

[186] Minto, David. "Perversion by Penumbras: Wolfenden, Griswold, and the Transatlantic Trajectory of Sexual Privacy." *American Historical Review*, 123:4 (outubro de 2018): pp. 1093-1121.

[187] Rauch, Jonathan. "The Unknown Supreme Court Decision That Changed Everything for Gays". *Washington Post*, 5 de fevereiro de 2014. Disponível em https://www.washingtonpost.com/news/volokhconspiracy/wp/2014/02/05/the-unknown-supreme-court-decision-that-changed-everythingfor-gays/?utm_term=.6fbbe5ce2b1b.

[188] Savage, David G. "Supreme Court Faced Gay Rights Decision in 1958 over 'Obscene' Magazine". *Los Angeles Times*, 11 de janeiro de 2015. Disponível em https://www.latimes.com/nation/la-nacourt-gay-magazine-20150111-story.html.

[189] *Idem, ibidem.*

[190] *Idem, ibidem.*

[191] Jackson, *Living in Arcadia*, pp. 97-104.

[192] Kinsman, Gary; Gentile, Patrizia. *The Canadian War on Queers: National Security as Sexual Regulation.* Vancouver: University of British Columbia Press, 2010, p. 73.

[193] Kinsman, Gary "'Character Weaknesses' and 'Fruit Machines': Towards an Analysis of the Anti-Homosexual Security Campaign in the Canadian Civil Service." *Labour/Le Travail* 35 (1995): pp. 133-61.

[194] Edsall, *Toward Stonewall*, pp. 288-291.

[195] Edelberg, Peter. "The Queer Road to Frisind: Copenhagen, 1945-2012". *In*: Cook, Matt; Evans, Jennifer V. (Orgs.). *Queer Cities, Queer Cultures: Europe since 1945*. London: Bloomsbury, 2014, pp. 55-74.

[196] Alexander, Rustam. "Soviet Legal and Criminological Debates on the Decriminalization of Homosexuality (1965-1975)". *Slavic Review*, 77:1 (outono, 2018), pp. 30-35.

[197] Kurimay, Anita; Takács, Judit. "Emergence of the Hungarian Homosexual Movement in Late Refrigerator Socialism". *Sexualities*, 20:5-6 (2017), pp. 585-590.

[198] Freeman, Karen. "Karl Freund Dies at 82; Studied Deviant Sexual Arousal". *New York Times*, 17 de outubro de 1996. Disponível em https://www.nytimes.com/1996/10/27/us/kurt-freund-dies-at-82-studieddeviant-sexual-arousal.html.

[199] Russo, *The Celluloid Closet*; Minto, "Special Relationships", pp. 271-272.

[200] Minto, "Special Relationships", p. 273-279; D'Emilio, *Sexual Politics, Sexual Communities*, p. 137.

[201] Waters, Chris. "The Homosexual as a Social Being in Britain, 1945-1968". *Journal of British Studies*, 51:3, julho de 2010: 702, p. 5.

[202] Stryker, Susan. *Queer Pulp: Perverted Passions from the Golden Age of the Paperback*. San Francisco: Chronicle Books, 2001.

[203] Johnson, David K. *Buying Gay: How Physique Entrepreneurs Sparked a Movement*. New York: Columbia University Press, 2019.

[204] D'Emilio, *Sexual Politics, Sexual Communities*, pp. 134-144.

[205] D'Emilio, *Sexual Politics, Sexual Communities*; American Psychiatry Association. "'Reparative' Therapy: Does It Work?" Release público, 3 de fevereiro de 2000. Disponível em https://www.eurekalert.org/pub_releases/2000-02/APA-tdiw-0302100.php.

[206] Rupp, "The Persistence of Transnational Organizing", p. 1024.

[207] D'Emilio, *Sexual Politics, Sexual Communities*, pp. 75-91.

[208] Churchill, "Transnationalism and Homophile Political Cultural", pp. 43-48.

[209] Minto, David. "Mr. Grey Goes to Washington: The Homophile Internationalism of Britain's Homosexual Law Reform Society". *In*: Loughlin, Marie H. (Org.). *British Queer History: New Approaches and Perspectives*. Manchester: Manchester University Press, 2013, p. 220.

[210] D'Emilio, *Sexual Politics, Sexual Communities*, pp. 150-86; Stein, Marc. *City of Sisterly and Brotherly Loves: Lesbian and Gay Philadelphia, 1945-1972*. Chicago: University of Chicago Press, 2000, pp. 179-184.

[211] D'Emilio, *Op. cit*, pp. 150-2.

[212] D'Emilio, *Op. cit.*, pp. 153-157; Johnson, *The Lavender Scare*, p. 203.

[213] D'Emilio, *Sexual Politics, Sexual Communities*, pp. 158-161.

Liberação e confronto, 1965-1981

[214] Arguelles, Lourdes; Rich, B. Ruby. "Homosexuality, Homophobia, and Revolution: Notes toward an Understanding of the Cuban Lesbian and Gay Male Experience." *In*: Duberman, Martin; Vicinus, Martha; Chauncey, Jr., George. (Orgs.). *Hidden from History: Reclaiming the Gay and Lesbian Past*. New York: Meridan, 1989, pp. 443-446.

Notas

215 Capó, Julio. "It's Not Queer to Be Gay: Miami and the Emergence of the Gay Rights Movement, 1945-1995." Tese de doutorado, Florida International University, 2011, pp. 96-100.

216 Arguelles; Rich, "Homosexuality, Homophobia, and Revolution", pp. 447-448.

217 Guerra, Lillian. "Gender Policing, Homosexuality, and the New Patriarchy of the Cuban Revolution, 1965-70". *Social History*, 35:3, agosto de 2010, pp. 268-89.

218 D'Emilio, *Sexual Politics, Sexual Communities*, p. 164; Johnson, *The Lavender Scare*, p. 199.

219 Teal, Don. *The Gay Militants*. New York: Stein and Day, 1971, p. 101.

220 Kinsman, Gary. *The Regulation of Desire: Homo and Hetero Sexualities*. Segunda edição revista. Montréal: Black Rose Books, 1996, pp. 229-235.

221 Kinsman, *The Regulation of Desire*, pp. 257-261.

222 Kinsman, *Op. cit.*, pp. 261-264. Embora a declaração sobre os "quartos da nação" tenha sido, de forma geral, atribuída a Trudeau, ele na verdade estava citando Martin O'Malley do *The Globe and Mail*. Ver Trudeau, "There's No Place for the State in the Bedrooms of the Nation". *CBC Archives*, 21 de dezembro de 1967. Disponível em https://www.cbc.ca/archives/entry/omnibus-bill-theres-no-placefor-the-state-in-the-bedrooms-of-the-nation.

223 Jeffery-Poulter, Stephen. *Peers, Queers, & Commons: The Struggle for Gay Law Reform from 1950 to the Present*. London: Routledge, 1991, pp. 60-62.

224 Para um panorama detalhado da história legislativa da Lei de Crimes Sexuais de 1967, ver Jeffery-Poulter, *Peers, Queers, & Commons*, pp. 49-89.

225 D'Emilio, *Sexual Politics, Sexual Communities*, pp. 165-173.

226 *Idem, Ibidem*, pp. 193-199.

227 Marc Stein é a maior autoridade na fascinante história desse caso. Ver Stein, Marc. *Sexual Injustice: Supreme Court Decisions from Griswold to Roe*. Chapel Hill: University of North Carolina Press, 2010; Stein, Marc. "All the Immigrants Are Straight, All the Homosexuals Are Citizens, but Some of Us Are Queer Aliens: Genealogies of Legal Strategy in Boutilier v. INS". *Journal of American Ethnic History*, 29:4 (verão de 2010), pp. 45-77; Stein, Marc. "Boutilier and the U.S. Supreme Court's Sexual Revolution". *Law and History Review*, 23 (2005), pp. 491-536; Stein, Marc. "Boutilier v. Immigration and Naturalization Service (1967)". *OutHistory.org*, 22 de maio de 2017. Disponível em http://outhistory.org/exhibits/show/boutilier/intro.

228 Stein, "Boutilier v. Immigration and Naturalization Service". *OutHistory.org*, 22 de maio de 2017, disponível em http://outhistory.org/exhibits/show/boutilier/intro.

229 Rizzo, "Public Spheres and Gay Politics since the Second World War", p. 212.

230 D'Emilio, *Sexual Politics, Sexual Communities*, pp. 202-209, p. 219.

231 Jackson, *Living in Arcadia*, pp. 172-179.

232 Worth, Heather; Jing, Jing *et al.* "'Under the Same Quilt': The Paradoxes of Sex between Men in the Cultural Revolution". *Journal of Homosexuality*, 64:1 (2017), pp. 61-74.

233 Evans, Jennifer V. "Decriminalization, Seduction, and 'Unnatural Desire' in East Germany". *Feminist Studies*, 36:3 (inverno de 2010), pp. 553-577.

234 Chambers, Stuart. "Pierre Elliott Trudeau and Bill C-150: A Rational Approach to Homosexual Acts, 1968-69". *Journal of Homosexuality*, 57:2 (2010), pp. 256-61.

235 Kimmel, David; Robinson, Daniel. "Sex, Crime, Pathology: Homosexuality and Criminal Code Reform in Canada, 1949-1969". *Canadian Journal of Law and Society*. 16:1 (2001), pp. 163-164.

236 Moeller, Robert G. "Private Acts, Public Anxieties, and the Fight to Decriminalize Male Homosexuality in West Germany". *Feminist Studies*, 36:1 (outono de 2010), pp. 535-541.

237 Stein, Marc. *Rethinking the Gay and Lesbian Movement*. New York: Routledge, 2012, p. 78.

238 Duberman, Martin. *Stonewall*. New York: Dutton, 1993; Carter, David. *Stonewall: The Riots That Sparked the Gay Revolution*. New York: St. Martin's, 2004.

239 Stein, *Rethinking the Gay and Lesbian Movement*, pp. 81-82.

240 Para um importante contexto histórico e ramificações dessa lei, ver Huard, Geoffroy. "Spain from Franco's Repressive Regime to Same-Sex Marriage". In: *From Sodomy Laws to Same-Sex Marriage*, pp. 95-107.

241 Marc Daniel para Antony Grey, a 22 de janeiro de 1970, e Albany Trust para o embaixador da Espanha, 9 de março de 1970. In: *HCA/Albany Trust*, série 7, pasta 20/c, registros de Albany Trust na Hall-Carpenter Collection, London School of Economics, Londres, Inglaterra (doravante, HCA). Ver também Galeano, Javier Fernández. "Is He a 'Social Danger:' The Franco Regime's Judicial Prosecution of Homosexuality in Málaga under the Ley de Vagos y Maleantes". *Journal of the History of Sexuality*, 25 (2016), pp. 1-31.

287

[242] Em outubro de 1973, a Homosexuelle Aktion Westberlin se tornou a primeira organização no mundo a adotar o triângulo rosa como símbolo da luta pelos direitos gays. Sobre as origens, a evolução e as controvérsias do triângulo rosa como logotipo do ativismo LGBT+ transnacional, ver Newsome, "Homosexuals after the Holocaust", pp. 120-140.

[243] Weeks, *Coming Out*, pp. 185-192.

[244] Ewing, Christopher. "The Color of Desire: Contradictions of Race, Sex, and Gay Rights in the Federal Republic of Germany." Tese de doutorado, City University of New York, 2018, pp. 48, 54.

[245] Sibalis, Michael. "Gay Liberation Comes to France: The Front Homosexual d'Action Révolutionnaire (FHAR)." *French History and Civilization* (2005), pp. 265-276.

[246] Sobre a fundação da FUORI! e o contexto no qual atuou, ver Dario Pasquini, "'This Will Be the Love of the Future': Italian LGBT People and Their Emotions from the Fuori! and Massimo Consoli Archives, 1970-1984." *Journal of the History of Sexuality* 29:1 (janeiro de 2020), pp. 52-57.

[247] Ben, Pablo; Insausti, Santiago Joaquin. "Dictatorial Rule and Sexual Politics in Argentina: The Case of the Frente de Liberación Homosexual, 1967-1976." *Hispanic American Historical Review* 97:2 (maio de 2017), pp. 297-325.

[248] "Chile Junta Hits Gays with Reign of Terror." *The Advocate*, 5 de junho de 1974, p. 20.

[249] Ben; Insausti, "Dictatorial Rule and Sexual Politics in Argentina." Ver também *RFSL Sweden, A First Report on the Situation of Gays in Chile*, IGA, Segunda Conferência Anual, Barcelona, Espanha, 4-7 de abril, 1980, HCA/Ephemera/217, HCA.

[250] Sobre tais desdobramentos, ver Green, *Beyond Carnival*, pp. 147-198.

[251] Green, *Beyond Carnival*, pp. 242-66.

[252] Teal, *The Gay Militants*, pp. 322-323.

[253] "U.N. Commission to Study Request to Aid Homosexuals". *The Advocate*. 2-15 de setembro de 1970, p. 13.

[254] "Swede Calls for U.N. Action for Homosexuals". *The Advocate*. 23 de maio de 1973, p. 114.

[255] Em 1969, Ian Dunn organizou o primeiro encontro daquilo que se tornaria o Scottish Minorities Group (SMG), equivalente no norte do CHE. Ver "First International Gay Rights Conference Set". In: *The Advocate*, 6 de novembro de 1974, p. 19.

[256] "Heavyweight National Gay Group Formed". *The Advocate*, 7 de novembro de 1973, p. 1.

[257] *A Report on the First International Gay Rights Congress*, Edinburgh, 18-22 de dezembro, 1974, HCA/Ephemera/164, HCA.

[258] Pelos termos da lei de 1970, o regime de Franco inclui gays e lésbicas na lista de "ameaças sociais" que o Estado deveria suprimir. Formado em 1971, o Movimento para Libertação Gay espanhol promoveu encontros em casas e espaços privados, mas mesmo dessa forma estavam em risco por violarem a lei local, que exigia uma permissão para reuniões com mais de 20 pessoas. O grupo conseguiu apoio da Arcadie, a maior associação gay francesa, para publicar seu boletim, intitulado *AGHOIS*. Os ativistas que estavam em Barcelona enviavam os textos para Paris. Após a impressão de cada edição, a Arcadie então enviava cada uma das cópias individuais de volta para a Espanha. As autoridades espanholas, contudo, descobriram esse método e contataram as autoridades francesas, que pressionaram a Arcadie para que interrompesse a impressão de *AGHOIS*. Esforços subsequentes para impressão na Alemanha e Suécia de exemplares que seriam contrabandeados para a Espanha falharam. Ver Thompson, Mark. "Gay Liberation in Spain: Struggle and Secrecy–For a Better Future". *The Advocate*, 19 de novembro de 1977, 17, p. 22.

[259] Foster, Jim. "International Congress Report". *The Advocate*, 29 de janeiro de 1975, 5, pp. 8-9; Ben; Insausti, "Dictatorial Rule and Sexual Politics in Argentina", p. 319; Minto, "Special Relationships", p. 379.

[260] Sobre as mudanças em termos de comunicação, finanças e logística que surgiram depois do Congresso, ver, por exemplo, a correspondência do International Gay Rights Congress, 27 de abril de 1975 a 11 de setembro de, 1975, HCA/Ephemera/166, HCA.

[261] Olcott, Jocelyn. "Cold War Conflicts and Cheap Cabaret: Sexual Politics at the 1975 United Nations International Women's Year Conference." *Gender & History* 22:3 (novembro de 2010): pp. 733-54.

[262] Hopgood, Stephe. *Keepers of the Flame: Understanding Amnesty International*. Ithaca: Cornell University Press, 2006, p. 93.

[263] Para uma cronologia desses eventos, ver Myers, Joanne. *Historical Dictionary of the Lesbian and Gay Liberation Movements*. Latham: Scarecrow Press, 2013, pp. 24-53.

[264] Robert Mehl, "CHE Conference in Europe: International Gay Group Formed." *The Advocate*, 29 de novembro de 1978, pp. 7, 11.

Notas

265 *IGA News*, Vol. 1, No. 1 (novembro de 1978): pp. 3-4.

266 "Gay Britisher Barred from U.S., Then Let In." *The Advocate*, 26 de julho 26 de 1979, p. 7.

267 "Immigration Finally Relents, Will No Longer Bar Gays." *The Advocate*, 20 de setembro de 1979, p. 13; Knutson, Don. "Immigration Lifts Its Lamp to Gays–Reluctantly." *The Advocate*, 4 de outubro de 1979, pp. 7, 14.

268 "Congressmembers Ask INS to Change Policy." *The Advocate*, 4 de outubro de 1979, pp. 9-10.

269 IGA Memo 0003/79/IGA, 10 de agosto de 1979, HCA/Ephemera/163, HCA. Friele era uma experiente ativista dos direitos dos gays que tornou público o antes secreto *Forbundet av 1948* quando foi presidente da organização, entre 1966 a 1971. Ela teve fundamental importância na descriminalização de atos homossexuais na Noruega em 1972 e na retirada da homossexualidade da lista de doenças mentais, seis anos depois. Para um panorama biográfico, ver https://nbl.snl.no/Kim_Friele.

270 IGA Memo 0006/IGA/79, 20 de novembro de 1979, HCA/Ephemera/173, HCA.

271 "Major Dailies Oppose INS Policy." *Washington Blade*, 10 de janeiro de 1980, p. 6.

272 Green, Michael D. "Senate to Get Bill Striking INS Ban." *Washington Blade*, 10 de janeiro de 1980, p. 3.

273 Chibbaro, Jr., Lou. "Justice to Reconsider Immigration Policy." *Washington Blade*, 7 de fevereiro de 1980, p. 3; "House Bill Would End Antigay INS Policy." *The Advocate*, 3 de abril de 1980, p. 7.

274 Testemunho de Clint C. Hockenberry diante da Comissão Selecionada de Imigração e Políticas de Refugiados do Senado dos EUA, 21 de janeiro de 1980, HCA/Ephemera/215, HCA.

275 Edmund Lynch para Jimmy Carter, 29 de janeiro de 1980, HCA/Ephemera/215, HCA.

276 Os Acordos de Helsinque foram um importante conjunto de acordos diplomáticos assinados por 35 nações em 1° de agosto de 1975. Tendo por objetivo aliviar as tensões soviético-americanas, os acordos resolveram disputas de fronteiras europeias que datavam da Segunda Guerra Mundial. Os signatários – que incluíam todos os países europeus, exceto a Albânia, bem como os Estados Unidos e o Canadá – também se comprometeram a respeitar os direitos humanos e as liberdades fundamentais, incluindo o direito de emigrar e viajar. Ativistas de direitos humanos reconheceram instantaneamente a gravidade dessas disposições e começaram a rastrear e divulgar violações do acordo. Ver Snyder, Sarah. *Human Rights Activism and the End of the Cold War: A Transnational History of the Helsinki Network*. Cambridge (GB): Cambridge University Press, 2013.

277 O Conselho da Europa é uma organização intergovernamental fundada em 1949. Em 1953, esse conselho estabeleceu a Convenção Europeia dos Direitos Humanos. Tal Convenção pode ser aplicada pela Comissão Europeia e pelo Tribunal Europeu dos Direitos Humanos em Estrasburgo, França. IGA Memo 0007/IGA/80 16 março 1980, HCA/Ephemera/163, HCA; Green, Michael D. "Dutch Parliament Protests INS Exclusion of Gays." *Washington Blade*, 24 de janeiro de 1980, pp. 1, 4.

278 Myers, *Historical Dictionary of the Lesbian and Gay Liberation Movements*, pp. 24-53; Ferro, Shaunacy. "The Time Swedes Called in Gay to Work." *Mental Floss*, 28 de abril de 2015, disponível em https://www.mentalfloss.com/article/63529/time-swedes-called-gay-work.

279 Conferência ILIS, 1980, Amsterdã, HCA/Ephemera/163, HCA.

280 Propostas e Resoluções com Acordos para Sua Implementação, International Gay Association, Primeira Conferência Anual, 14 de abril de 1979, HCA/Ephemera/163, HCA.

281 *IGA Newsletter* 80-2 (julho de 1980), *IGA News/Newsletter*, caixa ILGA Bulletin 1978-1989, IHLIA.

282 Myers, *Historical Dictionary of the Lesbian and Gay Liberation Movements*, pp. 24-53.

283 de Wals, Joost. "International Diffusion of Movement Mobilization: Dutch Actions against Anita Bryant and the Birth of Dutch Gay Pride." Dissertação de mestrado, Katholieke Universiteit Nijmegen, 1996: pp. 1-40. Uma reprodução do anúncio do *Miami Herald* pode ser vista na página 66.

284 De Wals, "International Diffusion of Movement Mobilization," p. 47. Uma reprodução do anúncio da *Time* pode ser vista na página 67.

285 De Wals, "International Diffusion of Movement Mobilization", pp. 42-57.

286 Julia Pyryeskina, "'A Remarkably Dense Historical and Political Juncture': Anita Bryant, the Body Politic, and the Canadian Gay and Lesbian Community in January 1978." *Canadian Journal of History* 53:1 (primavera/verão 2018): pp. 58-68.

287 Pyryeskina, "'A Remarkably Dense Historical and Political Juncture'.", pp. 68-69.

288 A operação policial no *The Body Politic* foi parte de uma onda maior de repressão policial contra gays e lésbicas. Por exemplo, em 22 de outubro de 1977, 50 policiais usando coletes à prova de balas e armados com metralhadoras invadiram Truxx, um bar gay de Montreal, e acusaram 146 homens de vários delitos, incluindo tráfico de drogas, atentado violento ao pudor e manutenção de estabelecimento

289

LGBT+ *na luta*

obsceno. Ver Warner, Tom. *Never Going Back: A History of Queer Activism in Canada*. Toronto: University of Toronto Press, 2002, pp. 107-108.

[289] "Police Raid Body Politic" e "Quebec Gives Gay Rights", *The Advocate*, 8 de fevereiro de 1978, p. 10.

[290] Pyryeskina, "'A Remarkably Dense Historical and Political Juncture'," pp. 76-85. Ativistas dos direitos gays em toda a América do Norte acompanharam de perto o caso *The Body Politic*. Ver, por exemplo, "Body Politic Acquitted of 'Obscenity'." *The Advocate*, 22 de março de 1979, p. 7.

[291] No início de 1979, Enzo Francone, membro da IGA e do Partido Radical da Itália, foi preso enquanto realizava um protesto individual contra essas execuções do lado de fora da prisão central de Teerã. Ativistas da IGA na Europa Ocidental e nos Estados Unidos entraram em contato com as embaixadas iranianas para protestar e as autoridades libertaram Francone menos de duas horas depois. Ver "News Brief." *The Advocate*, 17 de maio de 1979, pp. 8-9.

[292] FUORI! Working Paper, Agosto de 1978, HCA/Ephemera/649, HCA.

[293] O célebre romancista Reinaldo Arenas foi a vítima mais conhecida tanto das políticas de Castro para a homossexualidade quanto da censura. Arenas entrou em confronto repetidamente com funcionários do Estado e foi preso de 1974 a 1976. Depois de emigrar para os Estados Unidos quando do resgate do Mariel em 1980, compôs vívido retrato do submundo homossexual cubano, suas batalhas pela liberdade artística e o tratamento brutal dos gays pelo regime de Castro, em sua autobiografia publicada postumamente em 1993, *Antes do anoitecer*. Em 1984, os exilados cubanos Néstor Almendros e Orlando Jiménez-Leal lançaram *Improper Conduct*, um documentário que mostrava em primeira mão testemunhos de gays e lésbicas exilados, vítimas do governo cubano. Ver Rafael Ocasio, "Gays and the Cuban Revolution: The Case of Reinaldo Arenas." *Latin American Perspectives* 29:2 (março de 2002): pp. 78-89.

[294] Lekus, Ian. "Queer Harvests: Homosexuality, the U.S. New Left, and the Venceremos Brigades to Cuba." *Radical History Review* 89 (primavera de 2004): pp. 57-91.

[295] Lumsden, Ian. *Machos, Maricones, and Gays: Cuba and Homosexuality*. Philadelphia: Temple University Press, 1996), pp. 71-82.

[296] Para uma excelente análise dos motivos, da implementação e do impacto dessa política, ver Peña, Susana. "'Obvious Gays' and the State Gaze: Cuban Gay Visibility and U.S. Immigration Policy during the Mariel Boatlift." *Journal of the History of Sexuality* 16:3 (setembro de 2007): pp. 482- 514.

[297] Capó, Jr., Julio. "Queering Mariel: Mediating Cold War Foreign Policy and U.S. Citizenship among Cuba's Homosexual Exile Community, 1978-1980". *Journal of American Ethnic History* 29:4 (verão de 2010): pp. 78-81.

[298] Historicamente, refugiados e exilados de nações comunistas como Hungria, Vietnã, Camboja e União Soviética, geralmente, obtinham permissão de admissão nos Estados Unidos, enquanto aqueles que fugiam de governos autoritários como o regime de Duvalier, no Haiti, tinham permissões frequentemente negadas. Capó, Jr. "Queering Mariel". pp. 82-92.

[299] Capó, Jr. "Queering Mariel". pp. 92-95.

[300] Nunes, Donnel. "Rules on Immigration by Homosexuals Eased". *Washington Post*, 10 de setembro de 1980; Capó, Jr. "Queering Mariel". pp. 95-98; Peña, "'Obvious Gays' and the State Gaze."

[301] "White House Waffles on Gay Immigration". *The Advocate*, 10 de julho de 1980, p. 8; "Immigration Softens Its Antigay Policy". *The Advocate*, 16 de outubro de 1980, p. 9.

[302] "Foreign Gay Wins the First Round". *Washington Blade*, 21 de novembro de 1980, A-7.

[303] "Gay Side Wins One in Battle with INS". and "After the INS Delay, Dutch Man Allowed into U.S.," *The Advocate*, 14 de maio de 1981, p. 8.

[304] "INS Deports Gay Man, Sparks Demonstrations." *The Advocate*, 9 de julho de 1981, p. 10.

[305] "Bill to OK Gay Aliens Introduced in House." *The Advocate*, 25 de junho de 1981, p. 9.

[306] "INS Board Upholds Ban on Gay Aliens." *The Advocate*, 20 de agosto de 1981, p. 8.

[307] "The Immigration Mess." *The Advocate*, 1º de outubro de 1981, pp. 17-18.

[308] "Immigration Protests Staged All over World." *The Advocate*, 12 de novembro de 1981, p. 8.

[309] "New Right Attack on Immigration Bill." *The Advocate*, 24 de dezembro de 1981, p.10.

[310] Sobre a estratégia de utilização das cooperações supranacionais, ver Campaign for Homosexual Equality, Proposals for Co-Ordinated Political Action Offered for Consideration by the International Committee Meeting, agosto de 1978, HCA/Ephemera/649, HCA

[311] "Gay Rights are Human Rights." 9 de julho de 1978, HCA/Ephemera/649, HCA.

[312] Campaign for Homosexual Equality, Annual Report, 1980, HCA/CHE–Campaign for Homosexual Equality Collection, Series 1-Annual Reports, HCA.

Notas

313 A Escócia descriminalizou o sexo homossexual consensual masculino em 1980. "A Gay Activist in Ireland." *The Advocate*, 25 de dezembro de 1980, pp. 16, 23.

314 Para uma visão geral das principais decisões do TEDH sobre questões LGBT+, consulte *European Court of Human Rights, Factsheet–Sexual Orientation Issues*, disponível em https://www.echr.coe.int/Documents/FS_Sexual_orientation_ENG.pdf; Goldhaber, Michael D. *A People's History of the European Court of Human Rights*. New Brunswick: Rutgers University Press, 2009, pp. 37-41. Para uma avaliação das ramificações legais de *Dudgeon v. United Kingdom*, consulte Sperti, Angioletta. *Constitucional Courts, Gay Rights, and Sexual Orientation Equality*. London: Hart Publishing, 2017), pp. 19-23.

315 "French Activists Win Fight for Consent." *The Advocate*, 30 de setembro de 1982, p. 10.

316 "Major Gain for Italian Transsexuals." *The Advocate*, 13 de maio de 1982, p. 9.

317 Myers, *Historical Dictionary of the Lesbian and Gay Liberation, Movements*, pp. 24-53; "Norway Gets Tough Progay Legislation." *The Advocate*, 25 de junho de 1981, p. 9; "Gay Liberation Hits Indonesia." *The Advocate*, 24 de junho de 1982, pp. 8-9; "Gay Sex Legalized in Northern Ireland." *The Advocate*, 23 de dezembro de 1982, p. 11; Rapp, Linda. "Portugal". *GLBTQ Archive*, disponível em http://www.glbtqarchive.com/ssh/portugal_S.pdf.

318 "Gays Win Major Victory in Immigration Battle." *The Advocate*, 27 de maio de 1982, p. 9.

319 "S.F. Judge Lifts Antigay Ban for All U.S. Borders." *The Advocate*, 30 de julho de 1982, p. 9.

320 "INS Appeals Progay Decision on Hill." *The Advocate*, 5 de agosto de 1982, p. 13.

321 *IGA Bulletin*, 82/4, 12 de dezembro de 1982, p. 10.

322 *IGA Bulletin*, 82/4, 12 de dezembro de 1982, p. 11.

Fúria e esperança, 1981-2000

323 *IGA Bulletin*, 83/6, sem data, 6-7. Para um relato contemporâneo exaustivo, embora errôneo, das dimensões internacionais da epidemia inicial de AIDS, ver Shilts, Randy. *And the Band Played On: Politics, People, and AIDS*. New York: St. Martin's Press, 1987. Para uma perspectiva mais recente, acadêmica, ver Pepin, Jacques. *The Origins of AIDS*. New York: Cambridge University Press, 2011.

324 Press Release, 6th Annual Conference of the International Association of Lesbian/Gay Women and Gay Men, 9-15 de julho de 1984, Helsinque, Finlândia, reimpresso em *IGA Bulletin* 84/4, 1, Sub-File IGA 1984 Bulletin, Box–ILGA Bulletin 1978-1989, IHLIA.

325 "Pink Book Editing Team Meets." *IGA Bulletin*, 84/4, p. 6, Sub-File IGA 1984 Bulletin, Box– ILGA Bulletin, 1978-1989, IHLIA.

326 International March and Conference for Lesbian and Gay Freedom, *IGA Bulletin*, 84/4, pp. 7-10, Sub-File IGA 1984 Bulletin, Box–ILGA Bulletin, 1978-1989, IHLIA; Gary Kinsman, "March on the United Nations." *Rites for Lesbian and Gay Liberation* (Toronto) 1:6 (novembro de 1984).

327 *IGA Pink Book 1985: A Global View of Lesbian and Gay Oppression and Liberation*. Amsterdam: COC-Magazijn, 1985.

328 Seventh World Lesbian and Gay Conference Ends in Canada, 6 de julho de 1985, and IGA Conference Statement, *IGA Bulletin*, 4/85, pp. 3-4, tudo localizado em Sub-File IGA 1985 Bulletin, Box–ILGA Bulletin 1978-1989, IHLIA.

329 Ver, por exemplo, *IGA Bulletin* 1/85, 27-31, *IGA Bulletin*, 2/85, 28-30 e *IGA Bulletin*, 4/85, 22-6, todos em Sub-File IGA 1985 Bulletin, Box–ILGA Bulletin 1978-1989, IHLIA.

330 IGA Conference Statement, *IGA Bulletin*, 4/85, 4, Sub-File IGA 1985 Bulletin, Box–ILGA Bulletin 1978-1989, IHLIA.

331 *IGA Bulletin*, 86/3, 1, Sub-File IGA 1986 IGA Bulletin, Box–ILGA Bulletin 1978-1989, IHLIA.

332 Myers, Joanne. *Historical Dictionary of the Lesbian and Gay Movements*. Latham: Scarecrow Press, 2013, pp. 24-53; Gill, Ernest. "Danish Gay Couples Given Inheritance Tax Break." *The Advocate*, 8 de julho de 1986, p. 15.

333 Press Release, *IGA Bulletin* 86/4, 25, Sub-File IGA 1986 IGA Bulletin, Box–ILGA Bulletin 1978-1989, IHLIA.

334 Para um excelente relato do funcionamento interno e do impacto da ACT-UP, ver David France, *How to Survive a Plague: The Inside Story of How Citizens and Science Tamed AIDS*. New York: Knopf, 2016.

335 Stein, *Rethinking the Gay and Lesbian Movement*, p. 173.

336 Cummings, Peter. "Homophobic Legislation Threatens British Gays." *The Advocate*, 19 de janeiro de 1988, pp. 13, 17; Cummings, Peter. "British Gays Step Up Protests of Antigay Bill." *The Advocate*, 15 de março de

1988, pp. 14, 16-17; Cummings, Peter. "A Lesbian Takeover at the BBC." *The Advocate*, 5 de julho de 1988, p. 29; Cummings, Peter. "U.K. Gays Take to the Streets." *The Advocate*, 7 de junho de 1988, p. 33; Cummings, Peter. "U.K. Destroys AIDS Leaflets." *The Advocate*, 2 de agosto de 1988, p. 30; "What Was Section 28? The History of the Homophobic Legislation 30 Years On." *Pink News*, 24 de maio de 2018, disponível em https://www.pinknews.co.uk/2018/05/24/what-was-section-28- homophobic-legislation-30-years-thatcher/.

[337] 10th Annual World Conference Statement, *IGA Bulletin* 88/4, 3-4, Sub-File IGA 1988 IGA Bulletin, Box–ILGA Bulletin 1978-1989, IHLIA. Ver também *The Second ILGA Pink Book: A Global View of Lesbian and Gay Liberation and Oppression*. Utrecht: Interfacultaire Werkgroup Homostudies Utrecht, 1988.

[338] Cummings, Peter. "Israeli Knesset Reforms Sex Laws." *The Advocate*, 7 de junho de 1988, p. 33; Myers, *Historical Dictionary of the Lesbian and Gay Liberation Movements*, pp. 24-53.

[339] Cummings, Peter. "Ireland's Sodomy Law Violates Rights, European Court Says." *The Advocate*, 5 de dezembro de 1988, p. 23; Irish Legal Heritage. *Norris v. Ireland*, disponível em https://www.irishlegal.com/article/irish-legal-heritage-norris-v-ireland.

[340] Freiberg, Peter. "Danish Measure Will Sanction Gay Weddings." *The Advocate*, 4 de julho de 1989, p. 16.

[341] Stein, *Rethinking the Gay and Lesbian Movement*, p. 173.

[342] In Brief, *The Advocate*, 5 de julho de 1988, p. 29.

[343] Cummings, Peter. "Soviets Consider Dropping Antigay Law." *The Advocate*, 2 de agosto de 1988, p. 30.

[344] In Brief, *The Advocate*, 7 de junho de 1988, p. 33.

[345] Gessen, Masha. "Moscow Activists Push for Gay Glasnost." *The Advocate*, 18 de dezembro de 1990, pp. 50-51.

[346] Thoreson, *Transnational LGBT Activism*, pp. 29-32.

[347] Bull, Chris. "Antigay Fallout from Eastern European Revolutions Dominates ILGA Conference." *The Advocate*, 14 de agosto de 1990, pp. 8-11.

[348] "Big U.S. Role Worries Some, Delights Others." *The Advocate*, 14 de agosto de 1990, p. 10.

[349] Bull, Chris. "The Iranian Case." *The Advocate*, 25 de setembro de 1990, p. 13.

[350] "Today in History: WHO Removed Homosexuality from Its List of Mental Illnesses." *Roodeport Record*, 17 de maio de 2018, disponível em https://roodepoortrecord.co.za/2018/05/17/today-in-history-who-removed-homosexuality-from-its-list-of-mental-illnesses-web/.

[351] Bull, Chris. "Embassy Protests Focus on Argentinian Claims of Repression." *The Advocate*, 11 de setembro de 1990, p. 10.

[352] Julian, Robert. "Argentina's Gays and Lesbians Are Locked Out of the System." *The Advocate*, 18 de junho de 1991, pp. 44-47.

[353] Chris Bull, "Religious Opposition Derails Gay Group's U.N. Consultancy Bid." *The Advocate*, 12 de março de 1991, p. 23.

[354] "Global Warning: The New International Activism." *The Advocate*, 18 de junho de 1991, pp. 29-43, 48-49.

[355] Calder, Bill "Australia Reforms Immigration Law to Embrace Gays and Lesbians." *The Advocate*, 18 de junho de 1991, p. 43.

[356] A ILGA escolheu Guadalajara por sugestão de um grupo membro, Orgullo Homosexual de Liberación (GOHL). Lida, David. "Multinational Gay and Lesbian Conference Cancelled." *The Advocate*, 16 de julho de 1991, pp. 44-45.

[357] Whitington, G. Luther. "ILGA Holds Historic Meeting." *The Advocate*, 13 de agosto de 1991, p. 36.

[358] Harding, RFick. "Members of Congress Protest Homophobia in Mexico." *The Advocate*, 10 de setembro de 1991, p. 58.

[359] Notícias internacionais em Brief, *The Advocate*, 10 de setembro de 1991, p. 29; Gessen, Masha "Soviet Queers Fight Coup." *The Advocate*, 24 de setembro de 1991, p. 50.

[360] Queer Planet/IGA AI campaign materials, file–HCA/Woods/2/2b, coleção Christopher Woods, HCA.

[361] ILGA packet on Amnesty International project, file–HCA/Woods/2/2a, coleção Christopher Woods, HCA.

[362] "A Gender Variance Who's Who, Demet Demir", disponível em https://zagria.blogspot.com/2008/05/demetdemir-1961-turkish-activist.html#.XTHcyC2ZMnW.

[363] Pasta "Implementation on the Yokohama Mandate Decisions", 19 de maio de 1992–International Council Meeting [Mandate Review Committee], Yokohama, Japão, 30 de agosto-7 de setembro, 1991, RG I–Board of Directors' Files, 1965-2003, subseries I.3–International Councils and Committees, 1968-1995, box I.3.5, AUISA. Ver também "Guidelines: Amnesty International's Work on Behalf of Imprisoned Homosexuals", 31 de dezembro de 1992, RG I–Board of Directors' Files, 1965-2003, subseries I.1–Board Meetings, 1965-2003, box I.1.15, AUISA.

Notas

364 AIUSA Homosexuality Task Force Report, 11 de janeiro de 1992, folder–BOD Meetings, 31 de janeiro-2 de fevereiro, 1992, RG–Board of Directors' Files, 1965-2003, subseries I.1– Board Meetings, 1965-2003, box I.1.14, AUISA.

365 Notícias internacionais em "Brief: Argentina", *The Advocate*, 31 de dezembro de 1991, p. 25; Thoreson, *Transnational LGBT Activism*, p. 32.

366 O Chile era um dos dois únicos países sul-americanos que ainda criminalizava atos homossexuais consensuais entre adultos. Em 1992, a presidente Violetta Chamorro assinou uma legislação recriminalizando a homossexualidade na Nicarágua – uma lei que permaneceu em vigor até março de 2008. IGLHRC Emergency Response Network, Action Alert– março 1992, Folder–Emergency Response Network, Box–Newsletters-International Gay-Intersex, GLBT Historical Society, San Francisco, California (Hereafter GLBTHS).

367 Thoreson, *Transnational LGBT Activism*, p. 32; Gessen, Masha "The Gay Gulag." *The Advocate*, 23 de fevereiro de, 1993, 44-6; "Ballet Russe: Russia Drops Its Sodomy Law, but Additional Change May Be Elusive." *The Advocate*, 13 de julho de 1993, p. 31.

368 Corte Europeia dos Direitos Humanos, "Case of Modinos v. Cyprus", Application No. 15070/89, 22 de abril de 1993, disponível em https://hudoc.echr.coe.int/eng#{"itemid":["001-57834"]}.

369 "UN Gives ILGA Official Status Despite Strong Opposition." *ILGA Bulletin* 3/93, junho/agosto de 1993, pp. 5-6, Sub-File–1993 ILGA Bulletin, Box–ILGA Bulletin, 1990-2004, IHLIA.

370 Osborne, Duncan. "The Trouble with NAMBLA." *The Advocate*, 14 de dezembro de 1993, pp. 40-41; ILGA Report on NAMBLA Debate, 1994, pasta em ILGA and Pedophilia, IHLIA.

371 Osborne, Duncan. "Ill Will toward ILGA." *The Advocate*, 8 de março de 1994, p. 27.

372 Morales, Jorge. "Undone at the U.N.?" *The Advocate*, 1 de novembro de 1994, pp. 29-30.

373 "Double Victory in Buenos Aires," Emergency Response Network, IGLHRC Action Alert, novembro de 1996, Folder–Emergency Response Network, Box–Newsletters-International Gay-Intersex, GLBTHS; Myers, Historical Dictionary of the Lesbian and Gay Liberation Movements, pp. 24-53.

374 Capó, "Queering Mariel", pp. 99-100. A decisão de 1990 do BIA pode ser encontrada em https://www.justice.gov/sites/default/files/eoir/legacy/2012/08/14/3222.pdf.

375 Sobre a missão e a história da Immigration Equality, ver https://www.immigrationequality.org/about-us/#.XTJasy2ZOt8.

376 Thoreson, *Transnational LGBT Activism*, pp. 32-33; "Judge Grants Asylum Because of Gay Bashing in Brazil." *Florida Today*, 5 de agosto de 1993, 7A. A totalidade da decisão do caso Marcel Tenorio está disponível em https://www.refworld.org/cases,USA_CA_9,3ae6b6c320.html.

377 Gallagher, John Gallagher. "No Amnesty for Bigotry," *The Advocate* March 22, 1994, 28-9; McMillan, Dennis. "Amnesty International and Gay Rights." *San Francisco Sentinel*, 8 de junho de 1994; Amnesty International advertisement, "In Many Countries, Coming Out of the Closet Means Facing More than Just Your Parents." *The Advocate*, 23 de agosto de 1994. "No Amnesty for Bigotry." *The Advocate*, 22 de março de 1994, pp. 28-29; McMillan, Dennis. "Amnesty International and Gay Rights." *San Francisco Sentinel*, 8 de junho de 1994; anúncio da Anestia International, "In Many Countries, Coming Out of the Closet Means Facing More than Just Your Parents." *The Advocate*, 23 de agosto de 1994.

378 "Major Gay Law Reform in Tasmania, Australia," Emergency Response Network, *IGLHRC Action Alert*, Vol. VI, No. 3, 1997, Folder–Emergency Response Network, Box–Newsletters-International Gay-Intersex, GLBTHS.

379 Harrison, Dan. "How a Tasmanian Gay Rights Battle Influenced the World." *Sydney Morning Herald*, 10 de abril de 2014, disponível em https://www.smh.com.au/politics/federal/how-a-tasmanian-gay-rightsbattle-influenced-the-world-20140412-zqt2p.html; Croome, Rodney. "20 Years since Toonen Changed the World." *New Matilda*, 11 de abril de 2014, disponível em https://newmatilda.com/2014/04/11/20years-toonen-changed-world/; *Toonen v. Australia*, Communication No. 488/1992, U.N. Doc CCPR/C/50/D/488/1992 (1994), University of Minnesota Human Rights Library, disponível em http://hrlibrary.umn.edu/undocs/html/vws488.htm.

380 "European Parliament Passes Gay Rights Resolution–Pope Responds." Emergency Response Network, *IGLHRC Action Alert*, março/abril de 1994, Folder–Emergency Response Network, Box–Newsletters-International Gay-Intersex, GLBTHS.

381 Thoreson, *Transnational Activism*, p. 34; Tempest, Rone; Farley, Maggie. "Beijing Meeting Affirms Sexual Rights of Women." *Los Angeles Times*, 16 de setembro de 1995, disponível em https://www.latimes.com/archives/la-xpm-1995-09-16-mn-46385-story.html.

293

[382] "Lesbians and Gays Demand Action from UN on Human Rights Violations." *ILGA Bulletin*, janeiro-março de 1996, p. 23, Sub-File–1996 ILGA Bulletin, Box–ILGA Bulletin, 1990-2004, IHLIA.

[383] Corte Europeia dos Direitos Humanos, *Case of Sutherland v. the United Kingdom*, Application No. 25186/94, disponível em https://hudoc.echr.coe.int/eng#{"itemid":["001-59354"]}.

[384] "Anti-Gay Rhetoric Escalates in Zimbabwe," Emergency Response Network, *IGLHRC Action Alert*, janeiro de 1996, Folder–Emergency Response Network, Box–Newsletters-International Gay-Intersex, GLBTHS.

[385] "Namibia's Nujoma Attacks Homosexuals," Emergency Response Network, *IGLHRC Action Alert*, janeiro de 1997, Folder–Emergency Response Network, Box–Newsletters-International Gay-Intersex, GLBTHS. Em junho de 1999, os grupos pelos direitos dos gays da Namíbia obtiveram uma grande vitória quando o tribunal superior da Namíbia decidiu que os casais gays e lésbicas tinham exatamente os mesmos direitos que os casais heterossexuais. A decisão foi uma forte repreensão ao presidente Nujoma, ao ministro do Interior Jerry Ekandjo e a outros membros conservadores do partido governante SWAPO (agora conhecido como Organização do Povo do Sudoeste Africano), cujas alegações se centravam no fato de a homossexualidade supostamente não ser africana. Ver "Favorable Ruling on Gay and Lesbian Couples in Namibia." *ILGA Bulletin*, Issue 2/99, p. 6, Sub-File–1999 ILGA Bulletin, Box–ILGA Bulletin, 1990-2004, IHLIA.

[386] Após a ascensão de Nicolae Ceaușescu ao poder em 1968, o Código Penal romeno foi revisado para tornar ilegais as relações homossexuais entre homens ou mulheres, tanto públicas quanto privadas. Embora a Romênia tenha alterado o primeiro parágrafo do Artigo 200, que criminalizava as relações entre pessoas do mesmo sexo em privado quando se candidatou à adesão à UE em 1995, manteve outras partes do Artigo 200 que proibiam atos homossexuais "causadores de escândalo público", por "incitar ou encorajar" pessoas a envolver-se em relações homossexuais e que seriam "propaganda" da homossexualidade. As penas variavam de um a cinco anos de reclusão. "Romanian Penal Code Reform Rejected," Emergency Response Network, *IGLHRC Action Alert*, janeiro de 1996 e "Romanian Parliament Retains Notorious Anti-Homosexual Law: Police Persecution of Gays & Lesbians Expected to Escalate," Emergency Response Network, *IGLHRC Action Alert*, novembro de 1996, Folder– Emergency Response Network, Box–Newsletters-International Gay-Intersex, GLBTHS; "ILGA Leads Global Boycott to Protest Romanian Penal Code." *ILGA Bulletin*, abril-junho de 1997, p. 5, Sub-File–1997 ILGA Bulletin, Box–ILGA Bulletin, 1990-2004, IHLIA.

[387] No início de 1998, o CoE abrangia 40 Estados-membros, cada um dos 45 países da Europa, exceto Belarus, Bósnia e Herzegovina, Mônaco, Vaticano e Iugoslávia (Sérvia/Montenegro). "ILGA Receives NGO Consultative Status with CoE," *ILGA Bulletin*, 1/98, janeiro-março, 1, p. 31, Sub-File–1998 ILGA Bulletin e "Council of Europe Brings Progress for Lesbian, Gay and Bisexual Rights in Europe," *ILGA Bulletin*, 3/00, p. 7, subfile–2000 ILGA Bulletin, Box–ILGA Bulletin, 1990-2004, IHLIA.

[388] Parlamento Europeu, Fact Sheets on the EU–The Maastricht and Amsterdam Treaties, disponível em http://www.europarl.europa.eu/factsheets/en/sheet/3/the-maastricht-and-amsterdam-treaties.

[389] "UN High Commissioner for Human Rights with International Lesbian & Gay Group in Historic First," Vol. 16, Issue 21, Ambush, disponível em http://archive.ambushmag.com/is2198/news4.htm.

[390] "ILGA Bisexuality Information Pool," janeiro-março, p. 4, Sub-File–1998 ILGA Bulletin, Box–ILGA Bulletin, 1990-2004, IHLIA.

[391] "Largest Ever International Conference on Bisexuality Held in Boston." *ILGA Bulletin*, 2/98, abril-junho de 1998, p. 23, Sub-File–1998 ILGA Bulletin, Box–ILGA Bulletin, 1990-2004, IHLIA.

[392] "ILGA Announces GLBT Human Rights Project for Latin America." *ILGA Bulletin*, Issue 2/00, p. 3, Sub-File–1998 ILGA Bulletin, Box–ILGA Bulletin, 1990-2004, IHLIA.

[393] ILGA Africa, *ILGA Bulletin*, Issue 3/00, pp. 4-7, Sub-File–2000 ILGA Bulletin, Box–ILGA Bulletin, 1990-2004, IHLIA.

[394] Para o contexto histórico e comparações com outros países pós-comunistas do Leste Europeu, ver O'Dwyer, Conor. *Coming Out of Communism: The Emergence of LGBT Activism in Eastern Europe*. New York: New York University Press, 2018.

[395] "Council of Europe Pressure Brings Progress for Lesbian, Gay and Bisexual Rights in Europe." *ILGA Bulletin*, 3/00, p. 7, Sub-File–2000 ILGA Bulletin, Box–ILGA Bulletin, 1990-2004, IHLIA; Popescu, Karin. "Gays Tell Romania to Stop Treating Them as Criminals." *Reuters*, 4 de outubro de 2000, disponível em http://www.glapn.org/sodomylaws/world/romania/ronews18.htm.

[396] "ILGA-Europe Calls on Romanian Senate to Repeal Laws Criminalizing Same-Sex Relations." *ILGA Bulletin*, 3/00, p. 9, Sub-File–2000 ILGA Bulletin, Box–ILGA Bulletin, 1990-2004, IHLIA.

[397] "Romania Repeals Anti-Gay Law," *ILGA-Europe* Newsletter, inverno de 2002, p. 9, IHLIA.

Notas

Igualdade global, reação global, 2001-2020

[398] OutRight (formerly IGLHRC), "Egypt: Egyptian Justice on Trial–The Case of the Cairo 52," Fact Sheet, 15 de outubro de 2001, disponível em https://www.outrightinternational.org/content/egypt-egyptianjustice-trial-case-cairo-52.

[399] OutRight (formerly IGLHRC), "Egypt: Egyptian Justice on Trial."

[400] Kershaw, Sarah. "Cairo, Once 'the Scene', Cracks Down on Gays." *New York Times*, 3 de abril de 2003, disponível em https://www.nytimes.com/2003/04/03/world/cairo-once-the-scene-cracks-down-on-gays.html.

[401] "Continuing Pressure on Egypt," *ILGA-Europe Newsletter*, inverno de 2002, pp. 12-13, IHLIA.

[402] Long, Scott. "The Trials of Culture: Sex and Security in Egypt." *Middle East Report* 230 (2004): pp. 12-20; Pratt, Nicola. "The Queen Boat Case in Egypt: Sexuality, National Security, and State Sovereignty." *Review of International Studies* 33:1 (2007): pp. 129-144; Lilly, Christiana. "The Cairo 52: 13 Years Later–Its Impact and Legacy." *South Florida Gay News*, 19 de junho de 2015, disponível em https://southflorida-gaynews.com/World/the-cairo-52-13-years-later-it-s-impactand-legacy.html.

[403] "Homophobia Defeats ILGA's Bid for Consultative Status." *ILGA-Europe Newsletter*, primavera de 2002, pp. 12-13, IHLIA.

[404] Alqaisiya, Walaa. "Decolonial Queering: The Politics of Being Queer in Palestine." *Journal of Palestine Studies* 47:3 (primavera de 2018): pp. 29-44; Alqaisiya, Walaa; Hilal, Ghaith; Maikey, Haneen. "Dismantling the Image of the Palestinian Homosexual: Exploring the Role of alQaws." *In*: Bakshi, Sandeep; Jivraj, Suhraiya; Posoco, Silvia. (Org.). *Decolonizing Sexualities: Transnational Perspectives, Critical Interventions*. London: Counterpress, 2016, pp. 126-140.

[405] Ver, por exemplo, Elman, Miriam. "Reverse Pinkwashing: Exploiting Isolated Israeli Anti-Gay Violence to Excuse Widespread Palestinian LGBT Persecution." *Legal Insurrection*, 6 de agosto de 2015, disponível em https://legalinsurrection.com/2015/08/reverse-pinkwashing-exploiting-isolated-israelianti-gay-violence-to-excuse-widespread-palestinian-lgbt-persecution/.

[406] Puar, Jasbir K. *Terrorist Assemblages: Homonationalism in Queer Times*. Durham: Duke University Press, 2007.

[407] Simons, Marlise. "Rightist Candidate in the Netherlands Is Slain, and the Nation Is Stunned." *New York Times*, 7 de maio de 2002, disponível em https://www.nytimes.com/2002/05/07/world/rightistcandi-date-in-netherlands-is-slain-and-the-nation-is-stunned.html.

[408] Osborn, Andrew. "I Shot Fortuyn for Dutch Muslims." *The Guardian*, 27 de março de 2003, disponível em https://www.theguardian.com/world/2003/mar/28/thefarright.politics; "Dutch Free Killer of Anti-Islam Politican Pim Fortuyn." *BBC*, 2 de maio de 2014, disponível em https://www.bbc.com/news/worldeurope-27261291.

[409] Para um exemplo dessa visão, ver a declaração referente à interseccionalidade da Equality Network, um grupo escocês de luta pelos direitos LGBT+, disponível em https://www.equality-network.org/our-work/intersectional/.

[410] Chalk, Will. "Why Gay French Men Are Voting Far Right." *BBC*, 19 de abril de 2017, disponível em http://www.bbc.co.uk/newsbeat/article/39641822/why-gay-french-men-are-voting-far-right.

[411] Corte Europeia dos Direitos Humanos, *Karner v Austria*, 24 de julho de 2003, disponível em https://hudoc.echr.coe.int/eng#{"itemid":["001-61263"]}.

[412] "ILGA-Europe Welcomes EU Anti-Discrimination Directive." *ILGA-Europe Newsletter*, inverno de 2003, p. 8, IHLIA.

[413] "The First ILGA World Conference in Asia." *ILGA-Europe Newsletter*, inverno de 2003, p. 7, IHLIA.

[414] Girard, Françoise. "United Nations: Negotiating Sexual Rights and Sexual Orientation," *In*: Parker, Richard; Petchesky, Rosalind; Sember, Robert. (Orgs.). *SexPolitics: Reports from the Front Lines*, pp. 311-58, Sexuality Policy Watch, 2004, disponível em https://www.sxpolitics.org/frontlines/book/pdf/sexpolitics.pdf.

[415] Myers, *Historical Dictionary of the Lesbian and Gay Liberation Movements*, pp. 24-53.

[416] "17 May 2005: The First International Day against Homophobia." *Sur in English*, 17 de maio de 2019, disponível em http://www.surinenglish.com/lifestyle/201905/17/2005the-first-international-against20190517102414-v.html; biografia de Louis-Georges Tin, disponível em http://frenchculture.org/sites/default/files/2012-pres-tin2.pdf; International Day against Homophobia, Transphobia, & Biphobia, https://may17.org.

[417] Hoge, Warren. "Rights Groups Fault U.S. Vote in U.N. on Gays." *New York Times*, 27 de janeiro de 2006, A6.

295

LGBT+ na luta

[418] "UN Denies Consultative Status to ILGA-Europe." *ILGA-Europe*, 18 de maio de 2006, disponível em https://www.ilga-europe.org/resources/news/latest-news/un-denies-consultative-status-ilga-europe.

[419] "ILGA-Europe Gets Consultative Status with United Nations!" *ILGA-Europe*, disponível em https://www.ilga-europe.org/resources/news/ilga-europe-gets-consultative-status-united-nations.

[420] 2006 Joint Statement, 3rd Session of the Human Rights Council, ARC International, 1º de dezembro de 2006, disponível em http://arc-international.net/global-advocacy/sogi-statements/2006-joint-statement/.

[421] Os Princípios de Yogyakarta foram publicados e estão disponíveis na íntegra, em todos os seis idiomas das Nações Unidas, em http://www.yogyakartaprinciples.org. Ver também Human Rights Watch, "Yogyakarta Principles," A Milestone for Lesbian, Gay, Bisexual, and Transgender Rights, 26 de março de 2007, disponível em https://www.hrw.org/news/2007/03/26/yogyakarta-principles-milestone-lesbian-gay-bisexual-andtransgender-rights.

[422] MacFarquhar, Neil. "In a First, Gay Rights Are Pressed at the U.N." *New York Times*, 19 de dezembro de 2008, A22. Em junho de 2011, a Organização da Conferência Islâmica mudou formalmente seu nome para Organização de Cooperação Islâmica.

[423] Eleveld, Kerry. "Clinton Condemns International Homophobia." *The Advocate*, 30 de novembro de 2009, disponível em http://www.advocate.com/news/daily-news/2009/11/30/clinton-condemns-international- homophobia.

[424] Clinton, Hillary Rodham. "Remarks at an Event Celebrating Lesbian, Gay, Bisexual, and Transgender (LGBT) Month", 22 de junho de 2010, disponível em https://2009-2017.state.gov/.secretary/20092013clinton/rm/2010/06/143517.htm.

[425] "A Victory against Homophobic Silencing of Civil Society," Press Release da ILGHRC, 19 de julho de 2010, disponível em https://outrightinternational.org/content/united-nations-grants-official-status-us-base-dinternational-lgbt-rights-group.

[426] "ILGA Granted UN Consultative Status." *Freedom House Press Release*, 30 de junho de 2011, disponível em https://freedomhouse.org/article/ilga-granted-un-consultative-status.

[427] "U.N. Council: Gay Rights Are Human Rights." *The Advocate*, 17 de junho de 2011, disponível em http://www.advocate.com/news/daily-news/2011/06/17/un-gay-rights-are-human-rights.

[428] "Obama Addresses Global Gay Rights in UN Speech." *The Advocate*, 21 de setembro de 2011, disponível em http://www.advocate.com/news/daily-news/2011/09/21/obama-addresses-global-gay-rightsun-speech.

[429] Myers, *Historical Dictionary of the Lesbian and Gay Liberation Movements*, pp. 24-53.

[430] "Discriminatory Laws and Practices and Acts of Violence against Individuals Based on Their Sexual Orientation and Gender Identity." *Report of the United Nations High Commissioner for Human Rights*, 17 de novembro de 2011, disponível em https://www2.ohchr.org/english/bodies/hrcouncil/docs/19session/a.hrc.19.41_english.pdf.

[431] Robinson, Dan. "Obama Elevates Gay Rights as a Foreign Policy Priority." *Voice of America*, 5 de dezembro de 2011, disponível em http://www.voanews.com/content/obama-elevates-gay-rights-as-a-foreignpolicy-priority-135136743/174955.html; Myers, Steven Lee e Cooper, Helene. "U.S. to Aid Gay Rights Abroad, Obama and Clinton Say." *New York Times*, 6 de dezembro de 2011, disponível em http://www.nytimes.com/2011/12/07/world/united-states-to-use-aid-to-promote-gay-rightsabroad.html?pagewanted=all&_r=0; Clinton, Hillary Rodham. "Remarks in Recognition of International Human Rights Day, Palais des Nations, Geneva, Switzerland", 6 de dezembro de 2011, disponível em https://photos.state.gov/libraries/belize/231771/PDFs/Remarks%20in%20Recognition%20of%20International%20Human%20Rights%20Day.pdf; e The White House; Office of the Press Secretary, "Presidential Memorandum–International Initiatives to Advance the Human Rights of Lesbian, Gay, Bisexual, and Transgender Persons," 6 de dezembro de 2011, disponível em https://obamawhitehouse.archives.gov/the-press-office/2011/12/06/presidential-memoranduminternational-initiatives-advance-human-rights-l.

[432] Lavers, Michael K. "Advocates Welcome U.S. Efforts to Promote Global LGBT Rights." *Washington Blade*, 7 de dezembro de 2014.

[433] Lavers, Michael K. "State Department Names Randy Berry as LGBT Envoy." *Washington Blade*, 23 de fevereiro de 2015.

[434] Lavers, Michael K. "Randy Berry Makes First Year as LGBT Envoy." *Washington Blade*, 25 de abril de 2016. Sob o governo Trump, o Departamento de Estado aboliu o cargo de Berry, juntamente com os de vários outros enviados especiais. Ver Londoño, Ernesto. "Pride Flags and Foreign Policy: U.S. Diplomats See Shift on Gay Rights." *New York Times*, 9 de junho de 2019, disponível em https://www.nytimes.

Notas

com/2019/06/09/world/americas/pride-flags-us-embassies.html?nl=todaysheadlines& emc=edit_th_190610?campaign_id=2&instance_id=10067&segment_id=14141&user_id=00 9e3a5e9e977a807281a8e42634915a&regi_id=582352630610.

[435] Power, Samantha. "Making History: The First UN Security Council Meeting on LGBT Rights." *Medium*, 24 de agosto de 2015, disponível em https://medium.com/@AmbassadorPower/making-history-the-firstun-security-council-meeting-on-lgbt-rights-f0ec18d216b; Bruni, Frank. "Gay and Marked for Death." *New York Times*, 21 de agosto de 2015, disponível em https://www.nytimes.com/2015/08/23/opinion/sunday/frank-bruni-gay-and-marked-for-death.html?_r=0.

[436] Feder, J. Lester "The U.N. Votes to Create Its First LGBT Rights Watchdog." *Washington Blade*, 30 de junho de 2016; Human Rights Watch, "UN Makes History on Sexual Orientation, Gender Identity," 30 de junho de 2016.

[437] Human Rights Campaign, UN Appoints First-Ever Independent Expert on Sexual Orientation and Gender Identity, 30 de setembro de 2016. Um esforço para bloquear a criação do especialista independente liderado por estados africanos e islâmicos fracassou decisivamente em dezembro de 2016; ver "New Attempt to Block United Nations Mandate on Sexual Orientation and Gender Identity Proves Unsuccessful." *ILGA Bulletin 69*, 19 de dezembro de 2016, pp. 15-22, 2016.

[438] Lavers, Michael K. "Costa Rican Lawyer Named New UN LGBTI Rights Watchdog." *Washington Blade*, 6 de dezembro de 2017, disponível em https://www.washingtonblade.com/2017/12/06/costarican-lawyer-named-new-un-lgbti-rights-watchdog/.

[439] Myers, *Historical Dictionary of the Lesbian and Gay Liberation Movements*, pp. 24-53.

[440] Schmall, Emily. "Transgender Advocates Hail Law Easing Rules in Argentina." *New York Times*, 24 de maio de 2012, disponível em https://www.nytimes.com/2012/05/25/world/americas/transgenderadvocates-hail-argentina-law.html.

[441] International Service for Human Rights, "African Commission Adopts Landmark Resolution on LGBT Rights," 22 de maio de 2014, disponível em https://www.ishr.ch/news/african-commission-adoptslandmark-resolution-lgbt-rights.

[442] Embora cada país tenha que aplicar a decisão para suas próprias leis, ela teve implicações imediatas para 19 nações em que não havia igualdade no caso do casamento, incluindo Barbados, Bolívia, Chile, Costa Rica, Dominica, República Dominicana, Equador, El Salvador, Guatemala, Granada, Haiti, Honduras, Jamaica, México, Nicarágua, Panamá, Paraguai, Peru e Suriname. Ver Ford, Zack. "This Court Just Issued a Sweeping LGBTQ Victory for the Western Hemisphere." *Think Progress*, 10 de janeiro de 2018, disponível em https://thinkprogress.org/inter-american-marriage-equalitytransgender-rights-096258591a40/.

[443] Ulate, Juan Carlos. "'Love Will Prevail:' Costa Rica's Same-Sex Couples Can Marry in 2020." *Reuters*, 16 de novembro de 2018, disponível em https://www.reuters.com/article/us-costa-rica-lgbt/love-willprevail-costa-ricas-same-sex-couples-can-marry-in-2020-idUSKCN1NL06T.

[444] Lavers, Michael K. "India Supreme Court Ruling Decriminalizes Homosexuality." *Washington Blade*, 6 de setembro de 2018, disponível em https://www.washingtonblade.com/2018/09/06/india-supremecourt-ruling-decriminalizes-homosexuality/.

[445] Busari, Stephanie; Sevenzo, Farai; Leposo, Lillian. "Kenyan Court Upholds Law Making Gay Sex Illegal." *CNN*, 24 de maio de 2019, disponível em https://www.cnn.com/2019/05/24/health/kenya-lgbtqiruling-intl/index.html; Bearak, Max. "Botswana Legalizes Gay Sex, Striking Down ColonialEra Laws." *Washington Post*, 11 de junho de 2019, disponível em https://www.washingtonpost.com/world/africa/botswana-legalizes-homosexuality-striking-down-colonial-era-laws/2019/06/11/7b3f93768c0f-11e9-b08e-cfd89bd36d4e_story.html.

[446] Aspinwall, Nick. "Taiwan Becomes First in Asia to Legalize Same-Sex Marriage." *Washington Post*, 17 de maio de 2019, disponível em https://www.washingtonpost.com/world/asia_pacific/taiwan-becomesfirst-country-in-asia-to-legalize-same-sex-marriage/2019/05/17/d60e511e-7893-11e9-bd25c989555e7766_story.html.

[447] Morrison, Aaron. "Malawi Gay Rights: New Marriage Law Further Criminalizes LGBT Relationships and Identities, Group Says." *International Business Times*, 17 de abril de 2015, disponível em https://www.ibtimes.com/malawi-gay-rights-new-marriage-law-further-criminalizes-lgbtrelationships-identities-1886670.

[448] Ver, por exemplo, McAlister, Melani. *The Kingdom of God Has No Borders: A Global History of American Evangelicals*. New York: Oxford University Press, 2018, pp. 247-67; Wahab, Amar. "'Homosexuality/Homophobia Is Un-African?' Un-Mapping Transnational Discourses in the Context of Uganda's Anti-Homosexuality Bill/Act." *Journal of Homosexuality* 63:5 (2016): pp. 685-718; "We Need to Talk about

Colonialism before We Criticize International AntiLGBTQ Legislation." *Autostraddle*, 22 de janeiro de 2014, disponível em http://www.autostraddle.com/we-needto-talk-about-colonialism-before-we-criticize-international-anti-lgbtq-legislation-218306/; Onishi, Norimimitsu. "U.S. Support of Gay Rights in Africa May Have Done More Harm Than Good." *New York Times*, 20 de dezembro de 2015; NPR Goats and Soda, "When the U.S. Back Gay and Lesbian Rights in Africa, Is There a Backlash?", 30 de agosto de 2016, https://www.npr.org/. sections/goatsandsoda/2016/08/30/491818892/when-the-u-s-backs-gay-and-lesbian-rights-inafrica-is-there-a-backlash.

[449] Knight, Kyle. "Gay Men in Chechnya Are Being Tortured and Killed." *The Guardian*, 17 de abril de 2017, disponível em https://www.theguardian.com/commentisfree/2017/apr/13/gay-men-targe-ted-chechnyarussia; Gessen, Masha. "The Gay Men Who Fled Chechnya's Purge." *New Yorker*, 3 de julho de 2017, disponível em https://www.newyorker.com/magazine/2017/07/03/the-gay-men-who-fled-chechnyas-purge; Gilchrist, Tracy E. "Rainbow Railroad Helps 31 Persecuted Chechen Gay and Bisexual Men to Safety." *The Advocate*, 3 de setembro de 2017, disponível em https://www.advocate.com/world/2017/9/03/ rainbow-railroad-helps-31-persecuted-chechen-gay-bisexual-men-safety.

[450] Ammaturo, Francesca Romana. "Pride Parades and Marches." *In*: Chiang, Howard. (Org.). *Global Encyclopedia of Lesbian, Gay, Bisexual, Transgender, and Queer History*. Chicago: Gale, 2019, Vol. 3, pp. 1281-1287.

[451] Kershner, Isabel. "Ultra-Orthodox Israeli Stabs 6 at a Gay Pride Parade for the Second Time, Police Say" *New York Times*, 30 de julho de 2015, disponível em https://www.nytimes.com/2015/07/31/world/middleeast/man-attacks-gay-pride-marchers-in-jerusalem-for-second-time-police-say.html; "Jerusalem Gay Pride Stabbing: Ultra-Orthodox Yishai Schlissel Jailed for Life." *BBC News*, 26 de junho de 2016, disponível em https://www.bbc.com/news/world-middle-east-36634148.

[452] "Serbia Gay Pride March Attacked with Bombs, Stones." *CNN*, 10 de outubro de 2010, disponível em https:// www.cnn.com/2010/WORLD/europe/10/10/serbia.gay.violence/index.html.

[453] Cheney-Rice, Zak. "Here's What Happened at Serbia's First LGBT Pride March in Four Years." *Mic*, 30 de setembro de 2014, disponível em https://www.mic.com/articles/100082/here-s-what-happened-atserbia-s-first-lgbt-pride-march-in-four-years.

[454] "Serbian Prime Minister, Belgrade Mayor Join Gay Pride Parade." *Radio Free Europe/Radio Liberty*, 16 de setembro de 2018, disponível em https://www.rferl.org/a/gay-rights-activists-to-march-in-central-belgrade/29492367.html.

[455] Amnesty International, "Georgia: Homophobic Violence Mars Tbilisi Pride Event," 17 de maio de 2013, disponível em https://www.amnesty.org/en/latest/news/2013/05/georgia-homophobic-vio-lencemars-tbilisi-pride-event/; Roth, Andrew. "Crowd Led by Priests Attacks Gay Rights Marchers in Georgia." *New York Times*, 17 de maio de 2013, disponível em https://www.nytimes.com/2013/05/18/world/ europe/gay-rights-rally-is-attacked-in-georgia.html?hpw.

[456] Bacchi, Umberto. "Georgia's First Pride Event Kicks Off amid Tensions, Threats." *Reuters*, 8 de junho de 2019, disponível em https://www.reuters.com/article/us-georgia-lgbt-pride/georgias-first-prideevent-kicks-off-amid-tensions-threats-idUSKCN1TK003.

[457] Mehmet, Caliskan; Dikmen, Yesmin. "Turkish Police Use Water Cannon to Disperse Gay Pride Parade." *Reuters*, 28 de junho de 2015, disponível em https://in.reuters.com/article/turkey-rights-gay-pride/ turkish-police-use-water-cannon-to-disperse-gay-pride-parade-idINKCN0P80O420150628.

[458] "Turkish Capital Ankara Bans All Gay Rights Functions." *BBC*, 19 de novembro de 2017, disponível em https:// www.bbc.com/news/world-europe-42043910.

[459] McKenzie, Sheena. "Hundreds of LGBTI+ Campaigners March in Banned Istanbul Pride Parade." *CNN*, 2 de julho de 2018, disponível em https://www.cnn.com/2018/07/02/europe/istanbul-pride-paradeintl/index.html.

[460] MacDonald, Alex. "Court Lifts Ban on Pride Events in Ankara." *Middle East Eye*, 19 de abril de 2019, disponível em https://www.middleeasteye.net/news/court-lifts-ban-lgbt-pride-events-ankara.

[461] Tobin, Olivia. "Istanbul Pride 2019: Thousands March despite Being Banned by Authorities." *The Evening Standard*, 30 de junho de 2019, disponível em https://www.standard.co.uk/news/world/hun-dredscelebrate-istanbul-pride-despite-march-being-banned-by-authorities-a4178996.html.

[462] Stella, Francesca. "Queer Space, Pride, and Shame in Moscow." *Slavic Review* 72:3 (2013): pp. 458-80.

[463] Tatchell, Peter. "Marching in Moscow." *The Guardian*, 24 de maio de 2006, disponível em https://www.theguardian.com/commentisfree/2006/may/24/moscowbansgayprideparade.

[464] Ireland, Doug. "Police, Fascists Crush Moscow Pride." *Gay City News*, 7 de maio de 2006, disponível em https://www.gaycitynews.nyc/stories/2006/9/police-fascists-crush-moscow-2006-05-07.html.

298

Notas

465 Human Rights Watch, "Russia: European Court Rules Gay Pride Ban Unlawful," 21 de outubro de 2010, disponível em https://www.hrw.org/news/2010/10/21/russia-european-court-rules-gay-pride-banunlawful.

466 Memmott, Mark. "Two-Year Prison Terms for Russia's Pussy Riot Rockers." *NPR*, 17 de agosto de 2012, disponível em https://www.npr.org/blogs/thetwo-way/2012/08/17/158976733/coming-up-womenin-russian-punk-band-to-be-sentenced.

467 Peralta, Eyder. "Moscow Court Upholds 100-Year Ban on Gay Pride Events." *NPR*, 17 de agosto de 2002, disponível em https://www.npr.org/sections/thetwo-way/2012/08/17/159025451/moscow-courtupholds-100-year-ban-on-gay-pride-events.

468 Elder, Miriam. "Russia Passes Law Banning Gay 'Propaganda'." *The Guardian*, 11 de junho de 2013, disponível em https://www.theguardian.com/world/2013/jun/11/russia-law-banning-gay-propaganda; Healey, Dan. *Russian Homophobia from Stalin to Sochi*. London: Bloomsbury Academic, 2017.

469 John, Tara; Darwish, Muhammad. "Polish City Holds First LGBTQ Pride Parade despite Far-Right Violence," *CNN*, 21 de julho de 2019, disponível em https://www.cnn.com/2019/07/21/europe/ bialystok-polish-lgbtq-pride-intl/index.html; Noack, Rick. "Polish Towns Advocate 'LGBTFree' Zones while the Ruling Party Cheers Them On." *Washington Post*, 21 de julho de 2019, disponível em https://www.washingtonpost.com/world/europe/polands-right-wing-ruling-party-has-founda-new-targetlgbt-ideology/2019/07/19/775f25c6-a4ad-11e9-a767-d7ab84aef3e9_story. html?wpisrc=nl_headlines&wpmm=1.

Conclusão

470 Haberman, Maggie. "Donald Trump's More Accepting Views on Gay Issues Set Him Apart in G.O.P." *New York Times*, 22 de abril de 2016, disponível em https://www.nytimes.com/2016/04/23/us/politics/ donald-trump-gay-rights.html.

471 Ellis, Ralph; Fantz, Ashley; Karimi, Faith; McLaughlin, Eliott C. "Orlando Shooting: 49 Killed, Shooter Pledged ISIS Allegiance." *CNN*, 13 de junho de 2016, disponível em https://www.cnn. com/2016/06/12/us/orlando-nightclub-shooting/index.html.

472 Reinhard, Beth; Epstein, Reid J. "Donald Trump Casts Himself as Gay-Rights Champion after Orlando Shooting." *Wall Street Journal*, 15 de junho de 2016, disponível em https://www.wsj.com/articles/donald-trump-casts-himself-as-gay-rights-champion-after-orlando-shooting-1465988402.

473 Levin, Sam. "'A Critical Point in History': How Trump's Attack on LGBT Rights Is Escalating." *The Guardian*, 3 de setembro de 2019, disponível em https://www.theguardian.com/world/2019/sep/03/trumpattack-lgbt-rights-supreme-court; Berg, Kristen; Syed, Moiz. "Under Trump, LGBTQ Progress Is Being Reversed in Plain Sight." *ProPublica*, 22 de novembro de 2019, disponível em https://projects. propublica.org/graphics/lgbtq-rights-rollback.

474 Lederman, Josh. "Trump Admin Tells U.S. Embassies They Can't Fly Pride Flag on Flagpoles." *NBC News*, 7 de junho de 2019, disponível em https://www.nbcnews.com/politics/national-security/trump-admintells-u-s-embassies-they-can-t-fly-n1015236.

475 Savage, Rachel. "Rights Advocates Call Trump's Pledge to Decriminalize Gay Sex 'a Lie'." *Reuters*, 25 de setembro de 2019, disponível em https://www.reuters.com/article/united-nations-lgbt-usa/rightsadvocates-call-trumps-pledge-to-decriminalize-gay-sex-a-lie-idUSL5N26G5ZK.

476 Ibbitson, John. "Rising Populism Threatens LGBTQ in West and around the World." *The Globe and Mail*, 28 de dezembro de 2018, disponível em https://www.theglobeandmail.com/politics/article-risingpopulism-threatens-lgbtq-in-west-and-around-the-world/?fbclid=IwAR2PrAa6DPoXnYHb1Z4gq6u95QE4cxkKhz50AmwjAEd1MZ_JkH8tq_vWYTk; Lekus, Ian. "The Movement for LGBTQ Rights Is on the March around the World." *The Nation*, 28 de junho de 2019, disponível em https://www. thenation.com/article/international-lgbtq-rights-legacy-imperialism/.

477 Power, Shannon "Brazil's New President Strips LGBTI Rights on His First Day in Office." *Gay Star News*, 3 de janeiro de 2019, disponível em https://www.gaystarnews.com/article/brazils-new-presidentstrips-lgbti-rights-on-his-first-day-in-office/.

478 Bote, Joshua. "Brazil's Supreme Court Criminalizes Homophobia and Transphobia." *USA Today*, 14 de junho de 2019, disponível em https://www.usatoday.com/story/news/world/2019/06/14/brazilsupreme-court-bans-homophobia-transphobia-despite-bolsonaro/1454855001/.

479 Liu, Yi-Ling. "How a Dating App Helped a Generation of Chinese Come Out of the Closet." *New York Times Magazine*, 5 de março de 2020, disponível em https://www.nytimes.com/2020/03/05/

299

LGBT+ na luta

magazine/blued-china-gay-dating-app.html?nl=todaysheadlines&emc=edit_th_200308&campaign_id=2&instance_id=16585&segment_id=21991&user_id=009e3a5e9e977a807281a8e42634915a&regi_id=582352630308.

[480] Shield, Andrew, D. J. *Immigrants on Grindr: Race Sexuality, and Belonging Online*. Cham, Switzerland: Palgrave Macmillan, 2019.

[481] Akhtar, Allana; Kaplan, Juliana. "A World on Fire: Here Are All the Major Protests Happening around the Globe Right Now", *Business Insider*, 22 de outubro de 2019, disponível em https://www.businessinsider.com/all-the-protests-around-the-world-right-now; Kirby, Jen. "'Black Lives Matter' Has Become A Global Rallying Cry against Racism and Police Brutality." *Vox*, 12 de junho de 2020, disponível em https://www.vox.com/2020/6/12/21285244/black-lives-matter-global-protests-george-floyd-uk-belgium.

[482] Holmes, Alex R. "World Health Organization Drops Transgender from List of Mental Disorders." *Metro*, 27 de maio de 2019, disponível em https://metro.co.uk/2019/05/27/world-health-organisation-drops-transgender-from-list-of-mental-disorders-9698165/.

[483] Elks, Sonia. "Tolerance towards LGBT+ People Seen Rising Globally". Reuters, 24 de novembro de 2019, disponível em https://www.reuters.com/article/us-global-lgbt-tolerance/tolerance-towards-lgbt-people-seen-rising-globally-idUSKBN1XZ02M.

Bibliografia

FONTES PRIMÁRIAS

Coleções de arquivos

Registros da Columbia University Libraries Rare Book & Manuscript Library, Nova York, EUA.
Anistia Internacional dos EUA, National Office Records, 1966–2003.

Registros na GLBT Historical Society, São Francisco, Califórnia.
Desi Del Valle collection.
The Ladder.
Coleção de boletins.
Coleção de periódicos.

Registros na Hall-Carpenter Archives, London School of Economics, Londres, Inglaterra.
Coleção Albany Trust.
Coleção Campaign for Homosexual Equality.
Coleção Gay Liberation Front.
Coleção de efemérides.
Coleção Lisa Power.

Registros no IHLIA LGBT Heritage, Amsterdam Public Library, Amsterdã, Holanda.
Conferências anuais da ILGA — documentos anteriores à conferência, documentos da conferência e relatórios da conferência.
Grupo de Informação do Leste Europeu.
Reuniões informais da IGA.
Memorandos da IGA.
Notícias / *Newsletter* da IGA.
Encontros de verão da IGA.
Boletim da IGA / ILGA.
ILGA e pedofilia.
Relatórios do conselho executivo da ILGA.
Relatórios da ILGA.
Conferences Ilis.

Registros da ONE National Gay & Lesbian Archives, Los Angeles, Califórnia.
The Advocate.
Albany Trust.
International Committee for Sexual Equality.
Mattachine Society Project Collection.
Registros da ONE, Inc.
ONE Calendar/ONE Confidential.
ONE Institute, Quarterly Homophile Studies.
ONE Magazine.

Jornais e periódicos

The Advocate.
Washington Blade.

Outras fontes

IGA Pink Book 1985: A Global View of Lesbian and Gay Oppression and Liberation. Amsterdã: COC-Magazijn, 1985.

The Second ILGA Pink Book: A Global View of Lesbian and Gay Liberation and Oppression. Utrecht: Interfacultaire Werkgroup Homostudies Utrecht, 1988.

Hendriks, Aart; Tielman, Rob; e van der Veen, Evert. *The Third Pink Book: A Global View of Lesbian and Gay Liberation and Oppression.* Buffalo, NY: Prometheus Books, 1993.

LIVROS

Adam, Barry D.; Duyvendak, Jan Willem; e Krouwel, André. *The Global Emergence of Gay and Lesbian Politics.* Philadelphia: Temple University Press, 1998.

Aldrich, Robert. *Colonialism and Homosexuality.* New York: Routledge, 2003.

Aldrich, Robert. (Org.). *Gay Life & Culture: A World History.* New York: Universe Publishing, 2006.

Altman, Dennis e Symons, Jonathan. *Queer Wars: The New Global Polarization over Gay Rights.* Cambridge (GB): Polity Press, 2016.

Ayoub, Phillip. *When States Come Out: Europe's Sexual Minorities and the Politics of Visibility.* Cambridge (GB): Cambridge University Press, 2016.

Ayoub, Phillip; Paternotte, David. (Orgs.). *LGBT Activism and the Making of Europe: A Rainbow Europe?* New York: Palgrave Macmillan, 2014.

Bakshi, Sandeep; Jivraj, Suhraiya; e Posoco, Silvia. (Orgs.). *Decolonizing Sexualities: Transnational Perspectives, Critical Interventions.* London: Counterpress, 2016.

Bauer, Heike. *The Hirschfeld Archives: Violence, Death, and Modern Queer Culture.* Philadelphia: Temple University Press, 2017.

Bauer, Heike; Cook, Matt. *Queer 1950s: Rethinking Sexuality in the Postwar Years.* London: Palgrave Macmillan, 2012.

Beachy, Robert. *Gay Berlin: Birthplace of a Modern Identity.* New York: Vintage Books, 2014.

Benadusi, Lorenzo. *The Enemy of the New Man: Homosexuality in Fascist Italy.* Tradução de Suzanne Dingee and Jennifer Pudney. Madison: University of Wisconsin Press, 2012.

Bérubé, Allen. *Coming Out under Fire: The History of Gay Men and Women in World War II.* New York: Penguin Books, 1990.

Borgwardt, Elizabeth. *A New Deal for the World: America's Vision for Human Rights.* Cambridge (EUA): Belknap Press, 2007.

Bosia, Michael J.; McEvoy, Sandra M.; e Rahman, Momin. (Orgs.). *The Global Handbook of Global LGBT and Sexual Diversity Politics.* Oxford University Press online, 2019, disponível em https://www.oxfordhandbooks.com/view/10.1093/oxfordhb/9780190673741.001.0001/oxfordhb-9780190673741.

Boswell, John. *Christianity, Social Tolerance, and Homosexuality: Gay People in Western Europe from the Beginning of the Christian Era to the Fourteenth Century.* Chicago: University of Chicago Press, 1980.

Brady, Sean; Seymour, Mark. (Orgs.). *From Sodomy Laws to Same-Sex Marriage: International Perspectives since 1789.* London: Bloomsbury Academic, 2019.

Bibliografia

Brooks, Adrian. (Org.). *The Right Side of History: 100 Years of LGBTQI Activism*. New York: Cleis Press, 2015.

Canaday, Margot. *The Straight State: Sexuality and Citizenship in Twentieth-Century America*. Princeton (NJ): Princeton University Press, 2009.

Carter, David. *Stonewall: The Riots That Sparked the Gay Revolution*. New York: St. Martin's, 2004.

Chauncey, George. *Gay New York: Gender, Urban Culture, and the Making of the Gay Male World, 1890–1940*. New York: Basic Books, 1994.

Chiang, Howard. (Org.). *Global Encyclopedia of Lesbian, Gay, Bisexual, Transgender, and Queer (LGBTQ) History*. 3 volumes. Chicago: Gale, 2019.

Choudry, Aziz; Kapoor, Dip. (Orgs.). *NGOization: Complicity, Contradictions and Prospects*. New York: Zed Books, 2013.

Cook, Matt. *London and the Culture of Homosexuality, 1885–1914*. New York: Cambridge University Press, 2008.

Cook, Matt; Evans, Jennifer V. *Queer Cities, Queer Cultures: Europe since 1945*. London: Bloomsbury, 2014.

Corrales, Javier; Pecheny, Mario. (Orgs.). *The Politics of Sexuality in Latin America: A Reader on Lesbian, Gay, Bisexual, and Transgender Rights*. Pittsburg: University of Pittsburgh Press, 2010.

Crouthamel, Jason. *An Intimate History of the Front: Masculinity, Sexuality, and German Soldiers in the First World War*. New York: Palgrave Macmillan, 2014.

Currier, Ashley. *Out in Africa: LGBT Organizing in Namibia and South Africa*. Minneapolis: University of Minnesota Press, 2012.

D'Emilio, John. *Sexual Politics, Sexual Communities: The Making of a Homosexual Minority in the United States, 1940–1970*. Chicago: University of Chicago Press, 1983.

Díez, Jordi. *The Politics of Gay Marriage: Argentina, Chile, and Mexico*. New York: Cambridge University Press, 2015.

Dose, Ralf. *Magnus Hirschfeld: The Origins of the Gay Liberation Movement*. New York: Monthly Review Press, 2014.

Duberman, Martin. *Stonewall*. New York: Dutton, 1993.

Duberman, Martin; Vicinus, Martha; e Chauncey, Jr, George. *Hidden from History: Reclaiming the Gay and Lesbian Past*. New York: Meridan, 1989.

Eder, Franz X; Hall, Lesley; Hekma, Gert. *Sexual Cultures in Europe. Vol. 2. Themes in Sexuality*. Manchester: University of Manchester Press, 1999.

Edsall, Nicholas. *Toward Stonewall: Homosexuality and Society in the Modern Western World*. Charlottesville: University of Virginia Press, 2003.

El-Rouayheb, Khaled. *Before Homosexuality in the Arab-Islamic World, 1500-1800*. Chicago: University of Chicago Press, 2005.

Encarnación, Omar G. *Out in the Periphery: Latin America's Gay Rights Revolution*. New York: Oxford University Press, 2016.

Epprecht, Marc. *Heterosexual Africa? The History of an Idea from the Age of Exploration to the Age of AIDS*. Athens: Ohio University Press, 2008.

Epprecht, Marc. *Sexuality and Social Justice in Africa: Rethinking Homophobia and Forging Resistance*. London: Zed Books, 2013.

Eskridge, Jr., William N. *Dishonorable Passions: Sodomy Laws in America, 1861–2003*. New York: Viking, 2008.

Foster, Thomas. (Org.). *Long before Stonewall: Histories of Same-Sex Sexuality in Early America*. New York: New York University, 2007.

France, David. *How to Survive a Plague: The Inside Story of How Citizens and Science Tamed AIDS*. New York: Knopf, 2016.

Froide, Amy M. *Never Married: Singlewomen in Early Modern England*. New York: Oxford University Press, 2005.

Fuechtner, Veronika; Haynes, Douglas E.; e Jones, Ryan M. (Orgs.). *A Global History of Sexual Science, 1880–1960*. Berkeley: University of California Press, 2018.

Gerassi, John. *The Boys of Boise: Furor, Vice, and Folly in an American City*. New York: Macmillan, 1966.

Gevisser, Mark; Cameron, Edwin. *Defiant Desire: Gay and Lesbian Lives in South Africa*. New York: Routledge, 1995.

Goldhaber, Michael D. *A People's History of the European Court of Human Rights*. New Brunswick: Rutgers University Press, 2009.

Green, James Naylor. *Beyond Carnival: Male Homosexuality in Twentieth-Century Brazil*. Chicago: University of Chicago Press, 1996.

Greenberg, David F. *The Construction of Homosexuality*. Chicago: University of Chicago Press, 1988.

Habib, Samar. *Female Homosexuality in the Middle East*. New York: Routledge, 2007.

303

Healey, Dan. *Homosexual Desire in Revolutionary Russia: The Regulation of Sexual and Gender Dissent*. Chicago: University of Chicago Press, 2001.

Healey, Dan. *Russian Homophobia from Stalin to Sochi*. London: Bloomsbury Academic, 2017.

Herzog, Dagmar. *Sex after Fascism: Memory and Morality in Twentieth-Century Germany*. Princeton: Princeton University Press, 2005.

Herzog, Dagmar. *Sexuality in Europe: A Twentieth-Century History*. New York: Cambridge University Press, 2011.

Higgins, Patrick. *Heterosexual Dictatorship: Male Homosexuality in Postwar Britain*. London: Fourth Estate, 1996.

Higgs, David. (Org.). *Queer Sites: Gay Urban Histories since 1600*. London: Routledge, 1999.

Hinsch, Bret. *Passions of the Cut Sleeve: The Male Homosexual Tradition in China*. Berkeley: University of California Press, 1990.

Hobson, Emily K. *Lavender and Red: Liberation and Solidarity in the Gay and Lesbian Left*. Berkeley: University of California Press, 2016.

Hodges, Andrew. *Alan Turing: The Enigma*. Princeton: Princeton University Press, 2012.

Hopgood, Steven. *Keepers of the Flame: Understanding Amnesty International*. Ithaca: Cornell University Press, 2006.

Iriye, Akira; Goedde, Petra, Hitchcock, William I. (Orgs.). *The Human Rights Revolution: An International History*. New York: Oxford University Press, 2012.

Irwin, Robert McKee; McCaughan, Edward J.; Nasser, Michelle Rocio. (Orgs.). *The Famous 41: Sexuality and Social Control in Mexico*. New York: Palgrave Macmillan, 2003.

Jackson, Julian. *Living in Arcadia: Homosexuality, Politics, and Morality in France from the Liberation to AIDS*. Chicago: University of Chicago Press, 2009.

Jeffery-Poulter, Stephen. *Peers, Queers, and Commons: The Struggle for Gay Law Reform from 1950 to the Present*. London: Routledge, 1991.

Jennings, Rebecca. *A Lesbian History of Britain: Love and Sex between Women since 1500*. Westport: Greenwood World Publishing, 2007.

Johnson, David K. *Buying Gay: How Physique Entrepreneurs Sparked a Movement*. New York: Columbia University Press, 2019.

Johnson, David K. *The Lavender Scare: The Cold War Persecution of Gays and Lesbians in the Federal Government*. Chicago: University of Chicago, 2006.

Johnson, Paul. *Homosexuality and the European Court of Human Rights*. Abingdon: Taylor & Francis, 2012.

Kaplan, Morris B. *Sodom on the Thames: Sex, Love, and Scandal in Wilde Times*. Ithaca: Cornell University Press, 2005.

Keck, Margaret E.; Sikkink, Kathryn. *Activists beyond Borders: Advocacy Networks in International Politics*. Ithaca: Cornell University Press, 1998.

Kennedy, Hubert. *The Ideal Gay Man: The Story of "Der Kreis"*. New York: Haworth, 1999.

Keys, Barbara. *Reclaiming American Virtue: The Human Rights Revolution of the 1970s*. Cambridge (EUA): Harvard University Press, 2014.

Kinsman, Gary. *The Regulation of Desire: Homo and Hetero Sexualities*. Segunda edição revisada. Montreal: Black Rose Books, 1996.

Kinsman, Gary; Gentile, Patrizia. *The Canadian War on Queers: National Security as Sexual Regulation*. Vancouver: University of British Columbia Press, 2010.

Kollman, Kelly. *The Same-Sex Unions Revolution in Western Democracies: International Norms and Domestic Policy Change*. Manchester: Manchester University Press, 2013.

Kon, Igor S. *The Sexual Revolution in Russia: From the Age of the Czars to Today*. New York: The Free Press, 1995.

Lacey, Brian. *Terrible Queer Creatures: Homosexuality in Irish History*. Dublin: Wordwell Ltd., 2008.

Lauritsen, John; Thorstad, David. *The Early Homosexual Rights Movement, 1864–1935*. Edição revista. Novato: Times Change Press, 1995.

Lennox, Corinne; Waites, Matthew. (Org.). *Human Rights, Sexual Orientation, and Gender Identity in the Commonwealth: Struggles for Decriminalization and Change*. London: Human Rights Consortium, Institute of Commonwealth Studies, University of London, 2013.

Lewis, Brian. *Wolfenden's Witnesses: Homosexuality in Postwar Britain*. London: Palgrave Macmillan, 2016.

Loftin, Craig M. *Masked Voices: Gay Men and Lesbians in Cold War America*. Albany: State University of New York Press, 2012.

Long, Michael G. *Gay Is Good: The Life and Letters of Franklin Kameny*. Syracuse: Syracuse University Press, 2014.

304

Bibliografia

Luibhéid, Eithne. *Entry Denied: Controlling Sexuality at the Border*. Minneapolis: University of Minnesota Press, 2002.

Luibhéid, Eithne; Cantú, Jr., Lionel. (Orgs.). *Queer Migrations: Sexuality, U.S. Citizenship, and Border Crossings*. Minneapolis: University of Minnesota Press, 2005.

Lumsden, Ian. *Machos, Maricones, & Gays: Cuba and Homosexuality*. Philadelphia: Temple University Press, 1996.

Mancini, Elena. *Magnus Hirschfeld and the Quest for Sexual Freedom: A History of the First International Sexual Freedom Movement*. London: Macmillan, 2010.

Manion, Jen. *Female Husbands: A Trans History*. New York: Cambridge University Press, 2020.

Marhoefer, Laurie. *Sex and the Weimar Republic: German Homosexual Emancipation and the Rise of the Nazis*. Toronto: University of Toronto Press, 2015.

Martel, Frédéric. *Global Gay: How Gay Culture Is Changing the World*. Cambridge (EUA): MIT Press, 2018.

Martel, Frédéric. *The Pink and the Black: Homosexuals in France since 1968*. Palo Alto: Stanford University Press, 2000.

Massad, Joseph. *Desiring Arabs*. Chicago: University of Chicago Press, 2007.

McAlister, Melani. *The Kingdom of God Has No Borders: A Global History of American Evangelicals*. New York: Oxford University Press, 2018.

McClellan, Josie. *Love in the Time of Communism: Intimacy and Sexuality in the GDR*. New York: Cambridge University Press, 2011.

Meeker, Martin. *Contacts Desired: Gay and Lesbian Communications and Community, 1940–1970s*. Chicago: University of Chicago Press, 2006.

Mendelson, Sara; Crawford, Patricia. *Women in Early Modern England, 1550–1720*. New York: Oxford University Press, 1998.

Merrick, Jeffrey; Ragan, Bryant T. (Orgs.). *Homosexuality in Modern France*. New York: Oxford University Press, 1996.

Merrick, Jeffrey; Sibalis, Michael. (Orgs.). *Homosexuality in French History and Culture*. Binghamton, NY: Haworth, 2001.

Meyerowitz, Joanne. *How Sex Changed: A History of Transsexuality in the United States*. Cambridge (GB): Harvard University Press, 2002.

Moyn, Samuel. *The Last Utopia: Human Rights in History*. Cambridge (EUA): Belknap Press, 2010.

Murphy, Lawrence R. *Perverts by Official Order: The Campaign against Homosexuals by the United States Navy*. New York: Harrington Park Press, 1988.

Murphy, Timothy. (Org.). *Reader's Guide to Lesbian and Gay Studies*. New York: Routledge, 2000.

Murray, Stephen O. e Roscoe, Will. (Orgs.). *Boy-Wives and Female Husbands: Studies of African Homosexualities*. New York: St. Martin's Press, 1998.

Myers, Joanne. *Historical Dictionary of the Lesbian and Gay Movements*. Latham: Scarecrow Press, 2013.

Nicol, Nancy; Jjuuko, Adrian; Lusimbo, Richard; et al. (Orgs.). *Envisioning Global LGBT Human Rights: (Neo) colonialism, Neoliberalism, Resistance, and Hope*. London: ICwS, School of Advanced Study, 2018.

O'Dwyer, Conor. *Coming Out of Communism: The Emergence of LGBT Activism in Eastern Europe*. New York: New York University Press, 2018.

Paternotte, David; Tremblay, Manon. *The Ashgate Research Companion to Lesbian and Gay Activism*. Burlington: Ashgate, 2015.

Pepin, Jacques. *The Origins of AIDS*. New York: Cambridge University Press, 2011.

Pflugfelder, Gregory M. *Cartographies of Desire: Male-Male Sexuality in Japanese Discourse, 1600–1950*. Berkeley: University of California Press, 1999.

Plant, Richard. *The Pink Triangle: The Nazi War against Homosexuals*. New York: Henry Holt, 1986.

Puar, Jasbir. *Terrorist Assemblages: Homonationalism in Queer Times*. Durham (EUA): Duke University Press, 2007.

Puri, Jyoti. *Sexual States: Governance and the Struggle over the Antisodomy Law in India*. Durham (EUA): Duke University Press, 2016.

Reumann, Miriam G. *American Sexual Character: Sex, Gender, and National Identity in the Kinsey Reports*. Berkeley: University of California Press, 2005.

Rupp, Leila. *A Desired Past: A Short History of Same-Sex Love in America*. Berkeley: University of California Press, 1999.

Rupp, Leila. *Sapphistries: A Global History of Love between Women*. New York: New York University Press, 2009.

Russo, Vito. *The Celluloid Closet: Homosexuality in the Movies*. Edição revisada. New York: Harper & Row, 1987.

Rydström, Jens. *Odd Couples: A History of Gay Marriage in Scandinavia*. Amsterdam: Aksant Academic Publishers, 2011.

Rydström, Jens. *Sinners and Citizens: Bestiality and Homosexuality in Sweden, 1880–1950*. Chicago: University of Chicago Press, 2003.

Rydström, Jens; Mustola, Kati. (Orgs.). *Criminally Queer: Homosexuality and Criminal Law in Scandinavia, 1842–1999*. Amsterdam: Aksant Academic Publishers, 2007.

Sang, Tze-Ian D. *The Emerging Lesbian: Female Same-Sex Desire in Modern China*. Chicago: University of Chicago Press, 2003.

Schmitt, Arno; Sofer, Jehoeda. (Orgs.). *Sexuality and Eroticism among Males in Moslem Societies*. New York: Harrington Park Press, 1992.

Shield, Andrew D. J. *Immigrants on Grindr: Race, Sexuality, and Belonging Online*. Cham, Switzerland: Palgrave Macmillan, 2019.

Shilts, Randy. *And the Band Played On: Politics, People, and the AIDS Epidemic*. New York: St. Martin's Press, 1987.

Skidmore, Emily. *True Sex: The Lives of Trans Men at the Turn of the 20th Century*. New York: New York University Press, 2017.

Snyder, Sarah. *Human Rights Activism and the End of the Cold War: A Transnational History of the Helsinki Network*. Cambridge (GB): Cambridge University Press, 2013.

Snyder, Sarah. *From Selma to Moscow: How Human Rights Activists Transformed U.S. Foreign Policy*. New York: Columbia University Press, 2018.

Spencer, Colin. *Homosexuality in History*. New York: Harcourt Brace & Company, 1995.

Sperti, Angioletta. *Constitutional Courts, Gay Rights and Sexual Orientation Equality*. London: Hart Publishing, 2017.

Stein, Marc. *City of Sisterly and Brotherly Loves: Lesbian and Gay Philadelphia, 1945–1972*. Chicago: University of Chicago Press, 2000.

Stein, Mark. (Org.). *Encyclopedia of Lesbian, Gay, Bisexual, and Transgender History in America*. New York: Charles Scribner's Sons / Thomson Gale, 2003.

Stein, Marc. *Rethinking the Gay and Lesbian Movement*. New York: Routledge, 2012.

Stein, Marc. *Sexual Injustice: Supreme Court Decisions from Griswold to Roe*. Chapel Hill: University of North Carolina Press, 2010.

Stoler, Ann Laura. *Carnal Knowledge and Imperial Power: Race and the Intimate in Colonial Rule*. Berkeley: University of California Press, 2002.

Stryker, Susan. *Queer Pulp: Perverted Passions from the Golden Age of the Paperback*. San Francisco: Chronicle Books, 2001.

Stryker, Susan. *Transgender History: The Roots of Today's Revolution*. Segunda edição. New York: Seal Press, 2017.

Tamagne, Florence. *A History of Homosexuality in Europe. Vol. I & II Berlin, London, Paris, 1919–1939*. New York: Algora Publishing, 2006.

Tarrow, Sidney G. *Power in Movement: Social Movements and Contentious Politics*. Terceira edição revista. New York: Cambridge University Press, 2011.

Teal, Donn. *The Gay Militants*. New York: Stein and Day, 1971.

Thoreson, Ryan. *Transnational LGBT Activism: Working for Sexual Rights Worldwide*. Minneapolis: University of Minnesota Press, 2014.

Timm, Annette F.; e Sanborn, Joshua A. *Gender, Sex, and the Shaping of Modern Europe*. Segunda edição. New York: Bloomsbury Academic, 2016.

Tin, Louis-Georges. *The Dictionary of Homophobia: A Global History of Gay & Lesbian Experience*. Vancouver: Arsenal Pulp Press, 2008.

Tremblay, Manon; Paternotte, David; Johnson, Carol. *The Lesbian and Gay Movement and the State: Comparative Insights into a Transformed Relationship*. Burlington: Ashgate, 2011.

Walkowitz, Judith. *Prostitution and Victorian Society: Women, Class, and the State*. Cambridge (GB): Cambridge University Press, 1980.

Warner, Tom. *Never Going Back: A History of Queer Activism in Canada*. Toronto: University of Toronto Press, 2002.

Weeks, Jeffrey. *Coming Out: Homosexual Politics in Britain from the Nineteenth Century to the Present*. London: Quartet Books, 1977.

Weeks, Jeffrey. *Sex, Politics, and Society: The Regulation of Sexuality since 1800*. London: Longman, 1981.

Weiss, Meredith L.; Bosia, Michael J. (Orgs.). *Global Homophobia*. Urbana: University of Illinois Press, 2013.

Bibliografia

Wenqing, Kang. *Obsession: Male Same-Sex Relations in China, 1900–1950*. Hong Kong: Hong Kong University Press, 2009.

Wiesner-Hanks, Merry E. *Women and Gender in Early Modern Europe*. Terceira edição. New York: Cambridge University Press, 2008.

Willettt, Graham. *Living Out Loud: A History of Gay and Lesbian Activism in Australia*. Sydney: Allen & Unwin, 2001.

ARTIGOS

Alexander, Rustam. "Soviet Legal and Criminological Debates on the Decriminalization of Homosexuality (1965–1975)." *Slavic Review*, 77:1 (Spring 2018): pp. 30–52.

Alqaisiya, Walaa. "Decolonial Queering: The Politics of Being Queer in Palestine". *Journal of Palestine Studies* 47:3 (Spring 2018): pp. 29–44.

Altman, Dennis; Symons, Jonathan. "International Norm Polarization: Sexuality as a Subject of Human Rights Protection." *International Theory* 7:1 (2015): pp. 61–95.

Arguelles, Lourdes; Rich, B. Ruby. "Homosexuality, Homophobia, and Revolution: Notes toward an Understanding of the Cuban Lesbian and Gay Male Experience." *In*: Duberman, Martin; Vicinus, Martha; Chauncey, Jr., George. (Orgs.). *Hidden from History: Reclaiming the Gay and Lesbian Past*. New York: Meridan, 1989.

Ayoub, Phillip M. "With Arms Wide Shut: Threat Perception, Norm Reception, and Mobilized Resistance to LGBT Rights." *Journal of Human Rights* 13:3 (2014): pp. 337–362.

Ayoub, Phillip M. "Contested Norms in New-Adopter States: International Determinants of LGBT Rights Legislation." *European Journal of International Relations* 2:2 (2015): pp. 293–322.

Belmonte, Laura A.; Bradley, Mark Philip; Capó, Julio et al. "Colloquy: Queering America and the World." *Diplomatic History* 40:1 (January 2016): pp. 19–80.

Ben, Pablo; Insausti, Santiago Joaquin. "Dictatorial Rule and Sexual Politics in Argentina: The Case of the Frente de Liberación Homosexual, 1967–1976." *Hispanic American Historical Review* 97:2 (May 2017): pp. 297–325.

Capó, Julio. "Queering Mariel: Mediating Cold War Foreign Policy and U.S. Citizenship among Cuba's Homosexual Exile Community, 1978–1994." *Journal of American Ethnic History* 29:4 (Summer 2010): pp. 78–106.

Chambers, Stuart. "Pierre Elliott Trudeau and Bill C-150: A Rational Approach to Homosexual Acts, 1968–1969." *Journal of Homosexuality* 57:2 (2010): pp. 249–266.

Churchill, David S. "Transnationalism and Homophile Political Culture in the Postwar Decades." *GLQ: A Journal of Lesbian and Gay Studies* 15:1 (2009): pp. 31–65.

Cohler, Deborah. "Sapphism and Sedition: Producing Female Homosexuality in Great War Britain." *Journal of the History of Sexuality* 16:1 (January 2007): pp. 68–94.

Dixon, Joy. "Havelock Ellis and John Addington Symonds Sexual Inversion (1897)." *Victorian Review* 35:1 (Spring 2009): pp. 72–77.

Doan, Laura. "Queer History/Queer Memory: The Case of Alan Turning." *GLQ: A Journal of Lesbian and Gay Studies* 23:1 (January 2017): pp. 113–136.

Edelberg, Peter. "The Queer Road to Frisind: Copenhagen, 1945–2012". In: Cook, Matt e Evans, Jennifer V. (Orgs.). *Queer Cities, Queer Cultures: Europe since 1945*. London: Bloomsbury, 2014, pp. 55–74.

Evans, Jennifer V. "Decriminalization, Seduction, and 'Unnatural Desire' in East Germany." *Feminist Studies* 36:3 (Fall 2010): pp. 553–577.

Flanders, Sara *et al.* "On the Subject of Homosexuality: What Freud Said." *International Journal of Psychoanalysis* 97:3 (June 2016): pp. 933–950.

Galeano, Javier Fernández. "Is He a 'Social Danger': The Franco Regime's Judicial Prosecution of Homosexuality in Málaga under the Ley de Vagos y Maleantes." *Journal of the History of Sexuality* 25 (2016): pp. 1–31.

Giles, Geoffrey J. "'The Most Unkindest Cut of All': Castration, Homosexuality, and Nazi Justice." *Journal of Contemporary History* 27 (1992): pp. 41–61.

Girard, Francois. "United Nations: Negotiating Sexual Rights and Sexual Orientation." *In*: Parker, Richard; Petchesky, Rosalind; Sember, Robert. (Orgs.). *Sex Politics: Reports from the Front Lines*. Sexuality Policy Watch, 2004, disponível em https://www.sxpolitics.org/frontlines/book/pdf/sexpolitics.pdf, pp. 311–358.

Girard, Philip. "From Subversives to Liberation: Homosexuals and the Immigration Act, 1952–1972." *Canadian Journal of Law & Society* 2 (1987): pp. 1–27.

Jablonski, Olivier. "The Birth of a French Homosexual Press in the 1950s." *ournal of Homosexuality* 41:3–4(2001): pp. 233–248.

Johnson, David K. "America's Cold War Empire: Exporting the Lavender Scare." In: Weiss, Meredith L.; e Bosia, Michael J. (Orgs.). *Global Homophobia*. Urbana: University of Illinois Press, 2013, pp. 55–74.

Johnson, David K. "Physique Pioneers: The Politics of 1960s Gay Consumer Culture." *Journal of Social History* 43 (2010); pp. 867–892.

Kennedy, Hubert C. "The 'Third Sex' Theory of Karl Heinrich Ulrichs." *Journal of Homosexuality* 6:1/2 (Fall/Winter 1980/81): pp. 103–111.

Kimmel, David; Robinson, Daniel. "Sex, Crime, Pathology: Homosexuality and Criminal Code Reform in Canada, 1949–1969." *Canadian Journal of Law and Society* 16 (2001): pp. 147–165.

Kinsman, Gary. "'Character Weaknesses' and 'Fruit Machines': Towards an Analysis of the Anti-Homosexual Security Campaign in the Canadian Civil Service." *Labour/Le Travail* 35 (1995): pp. 133–161.

Kollman, Kelly; Waites, Matthew. "The Global Politics of Lesbian, Gay, Bisexual, and Trans Rights: An Introduction." *Contemporary Politics* 15:1 (2009): pp. 1–37.

Kurimay, Anita; Takács, Judit. "Emergence of the Hungarian Homosexual Movement in Late Refrigerator Socialism." *Sexualities* 20:5–6 (2017): pp. 585–602.

LaViolette, Nicole; Whitworth, Sandra. "No Safe Haven: Sexuality as a Universal Human Right and Gay and Lesbian Activism in International Politics." *Millennium: Journal of International Studies* 23:3 (1994): pp. 562–588.

Lekus, Ian. "Queer Harvests: Homosexuality, the U.S. New Left, and the Venceremos Brigades to Cuba." *Radical History Review* 89 (Spring 2004): pp. 57–91.

Löfström, Jan. "A Premodern Legacy: The 'Easy' Criminalization of Homosexual Acts between Women in the Finnish Penal Code of 1889." *Journal of Homosexuality*, 35:3–4 (1998): pp. 53–79.

Long, Scott. "The Trials of Culture: Sex and Security in Egypt." *Middle East Report* 230 (2004): pp. 12–20.

Macías-González, Victor M. "The Transnational Homophile Movement and the Development of Domesticity in Mexico City's Homosexual Community, 1930–70." *Gender & History* 26:3 (November 2014): pp. 519–544.

Meyerowitz, Joanne. "AHR Forum: Transnational Sex and U.S. History." *American Historical Review* 114:5 (December 2009): pp. 1273–1286.

Minto, David. "Mr. Grey Goes to Washington: The Homophile Internationalism of Britain's Homosexual Law Reform Society." In: Loughlin, Marie H. (Org.). *British Queer History: New Approaches and Perspectives*. Manchester: Manchester University Press, 2013, pp. 219–243.

Minto, David. "Perversion by Penumbras: Wolfenden, Griswold, and the Transatlantic Trajectory of Sexual Privacy." *American Historical Review* 123:4 (October 2018): pp. 1093–1121.

Moeller, Robert G. "Private Acts, Public Anxieties, and the Fight to Decriminalize Male Homosexuality in West Germany." *Feminist Studies* 36:3 (Fall 2010): pp. 528–552.

Murphy, James H. "'Disgusted by the Details': Dr. Jekyll and Mr. Hyde and the Dublin Castle Scandals of 1884." In: O'Connor, Maureen. (Org.). *Back to the Future of Irish Studies*. New York: Peter Lang, 2010, pp. 177–190.

Ocasio, Rafael. "Gays and the Cuban Revolution: The Case of Reinaldo Arenas." *Latin American Perspectives* 29:2 (March 2002): pp. 78–98.

Olcott, Jocelyn. "Cold War Conflicts and Cheap Cabaret: Sexual Politics at the 1975 United Nations International Women's Year Conference." *Gender & History* 22:3 (November 2010): pp. 733–754.

Pasquini, Dario. ""This Will Be the Love of the Future': Italian LGBT People and Their Emotions from the Fuori! and Massimo Consoli Archives, 1970–1984." *Journal of the History of Sexuality* 29:1 (January 2020): pp. 51–78.

Peña, Susana. "'Obvious Gays' and the State Gaze: Cuban Gay Visibility and U.S. Immigration Policy during the Mariel Boatlift." *Journal of the History of Sexuality* 16:3 (September 2007): pp. 482–514.

Pratt, Nicola. "The Queen Boat Case in Egypt: Sexuality, National Security, and State Sovereignty." *Review of International Studies* 33:1 (2007): pp. 129–144.

Pyryeskina, Julia. "'A Remarkably Dense Historical and Political Juncture': Anita Bryant, the Body Politic, and the Canadian Gay and Lesbian Community in January 1978." *Canadian Journal of History*, 53:1 (Spring/Summer 2018): pp. 58–85.

Bibliografia

Ritchie, Jason. "How Do You Say 'Come Out of the Closet' in Arabic? Queer Activism and the Politics of Visibility in Israel-Palestine." *GLQ: A Journal of Gay and Lesbian Studies* 16:4 (2010): pp. 557–576.

Rupp, Leila. "The Persistence of Transnational Organizing: The Case of the Homophile Movement." *American Historical Review* 116:4 (October 2011): pp. 1014–1039.

Schindler, John R. "Redl—Spy of the Century?" *International Journal of Intelligence and CounterIntelligence* 18:3 (2005): pp. 483–507.

Sibalis, Michael. "Gay Liberation Comes to France: The Front Homosexual d'Action Révolutionnaire (FHAR)." *French History and Civilization* (2005): pp. 265–276.

Sibalis, Michael. "Homophobia, Vichy France, and the 'Crime of Homosexuality': The Origins of the Ordinance of 6 August 1942." *GLQ: A Journal of Lesbian and Gay Studies* 8:3 (2002): pp. 301–318.

Stein, Marc. "All the Immigrants Are Straight, All the Homosexuals Are Citizens, but Some of Us Are Queer Aliens: Genealogies of Legal Strategy in Boutilier v. INS." *Journal of American Ethnic History* 29:4 (Summer 2010): pp. 45–77.

Stein, Marc. "Boutilier and the U.S. Supreme Court's Sexual Revolution." *Law and History Review* 23:3 (Fall 2005): pp. 491–536.

Stein, Marc. "Canonizing Homophile Sexual Respectability: Archives, History, and Memory." *Radical History Review* (Fall 2014): pp. 52–73.

Stella, Francesca. "Queer Space, Pride, and Shame in Moscow." *Slavic Review* 72:3 (2013): pp. 458–480.

Stychin, Carl F. "Same-Sex Sexualities and the Globalization of Human Rights Discourse." *McGill Law Journal* 49:4 (2004): pp. 951–968.

Tielman, Rob. "Dutch Gay Emancipation History." *Journal of Homosexuality* 13:2–3 (1986): pp. 9–17.

Wahab, Amar. "'Homosexuality/Homophobia Is Un-African?' Un-Mapping Transnational Discourses in the Context of Uganda's Anti-Homosexuality Bill/ Act." *Journal of Homosexuality* 63:5 (2016): pp. 685–718.

Waites, Matthew. "Critique of 'Sexual Orientation' and 'Gender Identity' in Human Rights Discourse: Global Queer Politics beyond the Yogyakarta Principles." *Contemporary Politics* 15:1 (March 2009): pp. 137–156.

Waters, Chris. "The Homosexual as a Social Being in Britain, 1945–1968." *Journal of British Studies* 51: 3 (July 2010): pp. 685–710.

Willett, Graham. "The Darkest Decade: Homophobia in 1950s Australia." *Australian Historical Studies* 27:109 (1997): pp. 120–132.

Worth, Heather; Jing, Jing et al. "'Under the Same Quilt': The Paradoxes of Sex between Men in the Cultural Revolution." *Journal of Homosexuality* 64:1 (2017): pp. 61–74.

Wotherspoon, Gary. "'The Greatest Menace Facing Australia': Homosexuality and the State in NSW during the Cold War." *Labour History* 56 (May 1989): pp. 15–28.

TESES E DISSERTAÇÕES

Capó, Julio. "It's Not Queer to Be Gay: Miami and the Emergence of the Gay Rights Movement, 1945–1995." Tese de doutorado, Florida International University, 2011.

de Wals, Joost. "International Diffusion of Movement Mobilization: Dutch Actions against Anita Bryant and the Birth of Dutch Gay Pride." Dissertação de mestrado, Katholieke Universiteit Nijmegen, 1996.

Ewing, Christopher. "The Color of Desire: Contradictions of Race, Sex, and Gay Rights in the Federal Republic of Government." Tese de doutorado, The City University of New York, 2018.

Huneke, Erik. "Morality, Law, and the Socialist Sexual Self in the German Democratic Republic, 1945–1972." Tese de doutorado, University of Michigan, 2013.

Minto, David. "Special Relationships: Transnational Homophile Activism and Anglo-American Sexual Politics." Tese de doutorado, Yale University, 2014.

Newsome, W. Jake. "Homosexuals and the Holocaust: Sexual Citizenship and the Politics of Memory in Germany and the United States, 1945–2008." Tese de doutorado, State University of New York at Buffalo, 2016.

COMUNICAÇÕES EM CONFERÊNCIAS

Takács, Judit. "The Double Life of Kertbeny." Comunicação apresentada em *Past and Present of Radical Sexual Politics*, Universidade de Amsterdã, 3–4 de outubro, 2003, disponível em http://www.policy. hu/takacs/pdf-lib/TheDoubleLifeOfKertbeny.pdf.

Siglas e acrônimos

ACT-UP   Aids Coalition to Unleash Power (Coalização Aids para Liberar Poderio)

ACLU   American Civil Liberties Union (União Americana pelas Liberdades Civis)

AI   Anistia Internacional

ASK   Association for Social Knowledge (Associação para Conhecimento Social)

BIA   Board of Immigration Appeals (Conselho de Apelações de Imigração dos Estados Unidos)

BfM   Bund für Menschenrecht (Liga pelos Direitos Humanos)

BSSSP   British Society for the Study of Sex Psychology (Sociedade Britânica para o Estudo da Psicologia do Sexo)

CAPR   Comité d'action Rédérastique Révolutionnaire (Comitê de Ação Pederástica Revolucionária, da França)

CDU   Christlich-Demokratische Union Deutschlands (União Democrata-Cristã)

CEDH   Comissão Europeia de Direitos Humanos

CHA   Communidad Homosexual Argentina (Comunidade Homossexual Argentina)

Clespala   Club Littéraire et Scientifique des Pays Latins (Clube Literário e Científico dos Países Latinos)

COC   Cultuur-en Ontspannings Centrum (Centro Cultural e Recreativo)

CoE   Council of Europe (Conselho da Europa)

DOB   Daughters of Bilitis (Filhas de Bilitis)

LGBT+ na luta

Echo — East Coast Homophile Organizations (Organizações Homófilas da Costa Leste)

Ecosoc — United Nations Economic and Social Council (Conselho Econômico e Social das Nações Unidas)

F-48 — Forbundet af 1948 (Liga de 1948, da Dinamarca)

Fhar — Front Homosexuel d'Action Révolutionnaire (Frente Homossexual de Ação Revolucionária, da França)

FLH — Frente de Liberación Homosexual (Frente de Libertação Homossexual, da Argentina e do México)

FUORI — Fronte Unitario Omosessuale Rivoluzionario Italiano (Frente Homossexual Unitária Revolucionária Italiana)

GLF — Gay Liberation Front (Frente de Libertação Gay)

HLRS — Homosexual Law Reform Society (Sociedade pela Reforma da Legislação Homossexual)

ICCPR — International Covenant on Civil and Political Rights (Pacto Internacional sobre Direitos Civis e Políticos)

ICS — Institut für Sexualwissenschaft (Instituto de Ciência da Sexualidade)

ICSE — International Committee for Sexual Equality (Comitê Internacional para a Igualdade Sexual)

IGA — International Gay Association (Associação Gay Internacional)

IGLHRC — International Gay and Lesbian Human Rights Commission (Comissão Internacional de Direitos Humanos de Gays e Lésbicas)

ILGA — International Lesbian and Gay Association (Associação Internacional de Lésbicas e Gays)

INS — Immigration and Naturalization Service (Serviço de Imigração e Naturalização)

NACHO — North American Conference of Homophile Organizations (Conferência Norte-Americana de Organizações Homófilas)

Nambla — North American Man/Boy Love Association (Associação Norte-Americana para o Amor entre Homens e Rapazes)

NGTF — National Gay Task Force (Força-Tarefa Gay Nacional)

Nigra — Northern Ireland Gay Rights Association (Associação pelos Direitos dos Gays da Irlanda do Norte)

312

Siglas e acrônimos

NWHK   Nederlandsch Wetenschappelijk Humanitai Komittee, ramificação holandesa do Comitê Científico-Humanitário (WhK)

PE   Parlamento Europeu

PRIDE   Personal Rights in Defense and Education (Direitos Pessoais em Defesa e Educação)

RCMP   Royal Canadian Mounted Police (Real Polícia Montada do Canadá)

RDA   República Democrática Alemã

RFA   República Federal da Alemanha

RFSL   Riksförbundet för sexuellt likaberättigande (Organização Nacional para Igualdade Sexual, da Suécia)

SDS   Students for a Democratic Society (Estudantes por uma Sociedade Democrática)

SHR   Society for Human Rights (Sociedade para os Direitos Humanos)

SMG   Scottish Minorities Group (Grupo de Minorias Escocês)

TEDH   Tribunal Europeu de Direitos Humanos

UNHRC   United Nations Human Rights Committee/Council (Comitê de Direitos Humanos das Nações Unidas)

WhK   Wissenschaftlich humanitäres Komitee (Comitê Científico-Humanitário, fundado na Alemanha)

Agradecimentos

Seria um clichê descrever este livro como um trabalho feito com amor, mas amor foi aquilo que me impeliu a propor sua escrita. E as muitas formas do amor foram inspiração e apoio através do complicado, por vezes extenuante, processo de manter uma ativa agenda de atividades acadêmicas enquanto ocupava, sucessivamente, posições administrativas cujo escopo de responsabilidades aumentava constantemente.

Preciso começar com o amor compartilhado por homens e mulheres que ousam, e sempre ousaram, desafiar convenções sociais, a lei e as tradições religiosas para amar seus parceiros do mesmo sexo, para celebrar o desejo pelo mesmo sexo, para existir com autenticidade. Admiro os ativistas pioneiros que desafiaram e desafiam, por vezes ao custo de um imenso risco pessoal, as forças culturais, políticas e legais que constrangeram, demonizaram e criminalizaram pessoas lésbicas, gays, bissexuais e transgênero (LGBT+) em diferentes épocas e nações.

Depois, temos aqueles que constroem suas carreiras com base no amor pela vida das ideias. Agradeço aos brilhantes arquivistas do IHLIA LGBT Heritage na Amsterdam Public Library, da coleção Hall-Carpenter da London School of Economics, do ONE National Lesbian & Gay Archives da University of Southern California, da coleção da Anistia Internacional na Columbia University Libraries Rare Book & Manuscript Library, e do GLBT Historical Society em São Francisco, Califórnia. A notável equipe do escritório de empréstimo entre bibliotecas da Oklahoma State University (OSU) atendeu a uma montanha de solicitações minhas com velocidade recorde. O falecido David Oberhelman, talentoso bibliotecário da OSU que nos deixou muito cedo, generosamente me auxiliou na expansão dos acervos da biblioteca na área da história LGBT+.

LGBT+ na luta

Queridos colegas, de todo o mundo, foram essenciais para este projeto, ao compartilhar ideias e fontes generosamente. Ao encerrar uma carreira extraordinária, Mel Leffler continua a ser o melhor dos mentores e o melhor dos seres humanos. Elizabeth Williams, querida amiga e brilhante historiadora da Europa moderna e da medicina, forneceu uma notável leitura atenta do manuscrito que enriqueceu e melhorou consideravelmente o produto final. Sou extremamente grata aos estudiosos que, ao compartilharem observações e citações, tornaram este livro mais rico e inclusivo. Uma longa lista inclui Julio Capó, Jr., Víctor M. Macías-González, Eric Huneke, Mona Russell, Jun Pierre Pow, David Paternotte, Matt Schauer, Emily Graham, Jason Lavery, Dave D'Andrea, Ian Lekus, Christopher Ewing e Sébastien Tremblay. Sou incrivelmente afortunada por pertencer à Society of Historians for American Foreign Relations (SHAFR), uma comunidade que prezo tanto por seu calor e camaradagem, quanto por seus princípios intelectuais e profissionais. Em uma longa lista de tipos SHAFR que percorreram o longo caminho até este livro, um caminho que nunca percorri sozinha (e que proporcionaram uma boa dose de incrível diversão no percurso), agradeço a Anne Foster, Justin Hart, Mark Bradley, Petra Goedde, Kelly Shannon, Andy Rotter, Ara Keys, Frank Costigliola, Richard Immerman, Tom Zeiler, Katie Sibley, Julia Irwin e muitos outros. Enquanto escrevia este livro, tornei-me diretora da College of Liberal Arts and Human Sciences na Virginia Tech, deixando a OSU após 23 anos. Sinto muita falta do grupo de escrita do corpo docente da OSU, que forneceu ótimos comentários sobre o Capítulo Um. Sou grata a Susan Oliver, Exa von Alt, Lori Scanlon e Tasia Persson, todas excelentes assistentes administrativas. Seu talento e dedicação foram essenciais para que eu pudesse equilibrar a liderança acadêmica e a pesquisa acadêmico.

Sou apaixonada por viagens, e uma das vantagens de trabalhar com história internacional de alguma coisa é que as pessoas costumam enviar convites, de todas as partes do mundo, para que falemos sobre esse assunto. Agradeço àqueles que me forneceram oportunidades inestimáveis para que eu pudesse apresentar este trabalho a diversos públicos estrangeiros e locais, muitos dos quais me forçaram a repensar minhas principais suposições e ampliar a base de evidências de meu trabalho. Sou particularmente grata ao History Department da Grand Valley State University, Shanon Fitzpatrick da McGill University em Quebec, Jessica Gienow-Hecht do JFK Institute na Freie Universidade Livre de Berlim, Brewster Lecture Committee da East Carolina University, Nick Cull do Center for Public Diplomacy na University of Southern California, Christopher Nichols no Center for Humanities na Oregon State University, Ann Wilson e Andrew Juster Shield do Queer History Workshop na Universidade de Leiden. Agradecimentos especiais a Maria Montoya, com quem permaneci unida durante boa parte da composição deste livro pois, mesmo durante as dificuldades que ela enfrentava ao escrever um livro de grande importância com outros seis coautores, me convidou para uma palestra na NYU-Shanghai.

Sou imensamente feliz, além de qualquer medida, pelo amor de amigos queridos. Muito amor para Kyle e Maria Longley, Rebecca Sheehan, Michelle e Jimmy Jarrard, Felicia Lopez e Bob Threeton, Farida Jalalzai e Chad Hankinson, Anna Zeide, Eric Ramirez-Ferrero, Stacy Takacs e Betsy Myers, Pat Hobbs e John

Agradecimentos

Orsulak, Barry Friedman, Isabel Álvarez-Sancho e Erik Ekman, Helen Laville e Judith e Skip Wolfe.

Finalmente, eu precisaria de uma contagem de palavras muito maior do que este pequeno volume permite para expressar meu amor por minha família. Mamãe, papai e a minha irmã Susan foram meus maiores defensores e um apoio infalível. Não consigo imaginar ter passado horas de trabalho isolado sem o humor e o afeto de meus assistentes de pesquisa peludos, William Howard-Taft, James Madison e o falecido Truman. E, finalmente, Susie precisa receber um reconhecimento muito merecido, esperado e algo tardio. Susie não é uma acadêmica e, se ela soubesse o que, por vezes, implica ser casada com alguém desse meio, tenho certeza de que ela teria deixado passar a oportunidade de voar até Los Angeles para um jantar comigo no nosso primeiro encontro, que coincidiu com uma viagem de pesquisa que tive de fazer até a Reagan Library. Tenho certeza de que ela jamais imaginaria que estaria digitalizando PDFs de materiais dos arquivos LGBT+ alguns anos depois – pois dessa forma eu terminaria meu trabalho e poderíamos nos divertir. Cada dia com Susan é repleto de gargalhadas, amizade e amor que se torna mais e mais profundo a cada dia. Muito obrigada, meu amor, por ser minha companheira de viagem nas aventuras grandes e pequenas, em uma vida de alegria, e em estar sempre ao meu lado de todas as formas concebíveis.

A autora

Laura A. Belmonte foi professora na Oklahoma State University, onde cofundou o programa de Estudos de Gênero e Mulheres. Tem ampla experiência em conselhos de organizações sem fins lucrativos, tendo sido inclusive cofundadora da Freedom Oklahoma, uma organização estadual de defesa dos direitos LGBT+. Graduou-se em História pela Universidade da Geórgia e fez mestrado e doutorado na Universidade de Virgínia. Especialista em História das Relações Internacionais dos Estados Unidos, é autora de diversos livros e artigos sobre diplomacia cultural. É reitora da Faculdade de Artes Liberais e Ciências Humanas do Instituto Politécnico na Universidade Estadual da Virgínia, onde atua como professora de História.

GRÁFICA PAYM
Tel. [11] 4392-3344
paym@graficapaym.com.br